Oscar Sanchez-Sibony

·

Red Globalization

The Political Economy of the Soviet Cold War from Stalin to Khrushchev

Cambridge University Press

2014

Оскар Санчес-Сибони

•

Красная глобализация

Политическая экономия холодной войны от Сталина до Хрущева

Academic Studies Press

Библироссика

Бостон / Санкт-Петербург

2022

УДК 330.341:32
ББК У018
  С18

Перевод с английского Константина Фомина

Серийное оформление и оформление обложки Ивана Граве

Санчес-Сибони О.

С18   Красная глобализация. Политическая экономия холодной войны от Сталина до Хрущева / Оскар Санчес-Сибони ; [пер. с англ. К. Фомина]. — Санкт-Петербург : Academic Studies Press / Библиороссика, 2022. — 407 с. : ил. — (Серия «Современная западная русистика» = «Contemporary Western Rusistika»).

ISBN 978-1-6446976-7-2 (Academic Studies Press)
ISBN 978-5-6046149-6-9 (Библиороссика)

Был ли Советский Союз сверхдержавой? «Красная глобализация» — это книга, в которой холодная война трактуется как экономическая борьба, определяемая влиянием глобальных экономических сил. Оскар Санчес-Сибони подвергает сомнению идею о том, что Советский Союз был обособленной частью мировой экономики. Напротив, он показывает, что СССР, страна со средним уровнем дохода, как правило, находящаяся во власти глобальных экономических сил, шел по тому же пути, что и другие страны мира: от системы замкнутого воспроизводства 1930-х годов к процессам глобализации послевоенного периода. СССР, не являющийся мировой экономической силой, сумел лишь стать зависимым поставщиком энергоносителей для богатых стран мира и вторым по значимости партнером глобального Юга. Изучая ограниченность и возможности Советского Союза в его взаимодействии с капиталистическим миром, Оскар Санчес-Сибони ставит под сомнение сами основы сюжета о холодной войне как противостоянии сверхдержав в биполярном мире.

УДК 330.341:32
ББК У018

ISBN 978-1-6446976-7-2
ISBN 978-5-6046149-6-9

Моя первая книга посвящается моим родителям. Их присутствие на этих страницах не может быть передано словами. Они произвели меня на свет, и эта книга также принадлежит им.

Слова благодарности

Благодарю Вас, Шейла. Вы не были впечатлены мои изначальным видением книги и ограничились лишь напоминанием о мотивациях, которые двигали мной при поступлении в Чикагский университет и о которых я забыл по мере погружения в исследовательскую область. Однако туман рассеялся; новая идея для книги была поддержана Вами. И когда распахнулись ворота архивов Министерства иностранных дел, Вы одобрили наскоро скорректированный план работы. Вы продемонстрировали веру в мои силы и интересы, и диссертация, которая легла в основу этой книги, во многом обязана сочетанию постоянства и гибкости, сделавшему Вас одним из лучших консультантов в этой области. Позже, во время предпринятой с целью превращения диссертации в монографию поездки в Москву, Вы порекомендовали мне несколько прекрасных источников, которые помогли мне в работе над этой книгой. Ее содержание, пожалуй, вышло за пределы привычного Вам исследовательского поля. Я несу персональную ответственность за невзвешенные утверждения, идущий вразрез с вашим научным этосом воинственный тон и ошибки. Но то, что эта книга может оказаться полезна нашим коллегам и обычным читателям, это по большей части заслуга Вашего руководства. Благодарю Вас.

Перед моими товарищами из чикагской группы я тоже в большом долгу. В течение многих лет мы обсуждали работы друг друга в университетских аудиториях и барах, во время прогулок и еды. Дать друг другу конструктивные советы по улучшению работы мы могли не всегда, но, я полагаю, сам обмен идеями помогал нам поддерживать постоянный интеллектуальный тонус. Обсуждение бесконечного числа вопросов, касающихся советской действительности, отдавалось эхом в моем мозгу, находя выход в аргументах, выражениях, риторических приемах, которые я демонстрирую в книге. Конечно, моя интуиция не является определяющим фактором, способствовавшим появлению книги. Стейси Мэнли, Андрей Шляхтер, Кен Ро, Майкл Уэстрен, Энди Янко, Ке-чин Ся, Ми Накачи, Бен Зайчек, Эд Кон, Дженнифер Амос, Алан Баренберг, Джулия Фейн, Рэйчел Эпплбаум, Джули Башкина, Лия Голдман, Флора Робертс и Натали Бельски, ваши сильные стороны — трудовая этика, интерес к истории и опыту Советского Союза, навыки архивной экспертизы — стали примером, подражать которому я стремился; спасибо вам всем за дружескую атмосферу в Чикаго. Я особенно благодарен судьбе за то, что мне довелось встретиться с одним из многих талантливых студентов Чикагского университета — Эндрю Слойном. Эндрю, не так давно я перечитал Ваше первое письмо. Вы отправили мне свои комментарии по поводу какой-то главы, возможно первой, моей диссертации. Сейчас я уже не могу вспомнить о том, как они мной были восприняты — вероятно, показались мне неуместными и несколько эксцентричными. По мере повторного прочтения письма мое смущение росло. Многие из основных аргументов книги, над которыми велась усиленная работа, присутствовали в Вашем электронном письме в явной или зачаточной форме. В работе над книгой я каким-то подсознательным образом стремился к представленному в первом письме видению главы, вероятно, потому, что ему было придано большее значение по сравнению с множеством сортов пива и электронных писем, которыми мы позже делились и обменивались.

В Чикаго мне довелось познакомиться с еще тремя людьми, которые по сей день продолжают определять мою академическую идентичность и след общения с которыми можно обнаружить в этой книге. Покойный Ричард Хелли часто склонялся к идеям, которых я не разделял, но он был выдающимся учителем. Он был грубым, иногда прибегающим к провокациям человеком, чьи похвалы были столь же неохотными, сколь и воодушевляющими. Ричард Хелли был образцом для подражания — идеальным коллегой, на которого я по сей день хочу походить. Рональд Суни — последний из изучающей российско-советскую историю замечательной чикагской команды, кого я не упомянул. Рон, с Вашими способностями к оценке и улучшению аргументации сложно соперничать, но одно только наблюдение за Вашей работой на семинарах в Чикаго и во время частных консультаций уже много значило для моего интеллектуального развития. Не менее значимыми были советы Брюса Камингса. Брюс, я помню Ваши комментарии, непринужденные и вместе с тем всегда обоснованные. Возможная интеллектуальная ценность этой книги во многом обязана моему знакомству с Вашими идеями. При повторном прочтении Ваших работ я испытываю удовольствие, которое не могу до конца объяснить себе самому. Эта книга, конечно, не дотягивает до стандартов, предъявляемых Вами к хорошему письму, но я принял Ваш символ веры, и то литературное удовольствие, которое она может принести, объясняется тем, что я следовал Вашему примеру.

Брюс Камингс — специалист в области международной политэкономии (МПЭ); характерной чертой этого направления является общий подход к пониманию власти и международных отношений, практически не оспариваемый политологами, но необоснованно трактуемый консервативным крылом историков, занимающихся холодной войной, как марксистский «ревизионизм» и «экономический детерминизм». Если Брюс бросил семена, Омар, брат мой, ты провел меня через заросли МПЭ. Твоя помощь в вычитке, критике и улучшении работы неоценима. Как и наша сестра Оливия, ты направлял меня с незапамятных времен и продолжаешь это делать. Без твоего участия не было бы никакого нового плана книги, который могла бы поддержать Шейла Фицпатрик, или продолжения, в которое она могла бы поверить; эта книга, возможно, не была бы написана, если бы не ты, или она могла бы быть чем-то совсем другим, и, безусловно, менее интересным.

Не только моя собственная семья или чикагские друзья и коллеги оказывали мне моральную и интеллектуальную поддержку. От Элизабет Макгвайр я мог получить и то и другое. В моменты пика интеллектуального одиночества Вы, как по волшебству, появлялись, чтобы организовывать аудиторию в десять тысяч человек или дать стимулирующую критическую оценку. В последний раз Вы совершили чудо, предоставив рецензию на диссертацию (за которую я также благодарю редакторов соответствующего веб-сайта) как раз в тот момент, когда я предпринял последний рывок к завершению книги. Благодарю Вас за это. Бен Лоринг, Бриджид О'Киф, Бен Сойер, Келли Колар и другие время от времени обсуждали со мной связанные с советской действительностью и не только вопросы уже после защиты диссертации — чтобы убедиться, насколько я далеко ушел, — и в этом состояло обнадеживающее продолжение. Стив Мэддокс, Кристиан Тайхманн, Джош Сэнборн, Джесси Феррис, Арч Гетти, Шон Гиллори, Майя Хабер, Грег Квеберг, Алекс Оберлендер, Кристоф Гамб и многие другие, кто собирался в Москве каждую пятницу вечером в тот период, когда я проводил там критически важную часть исследования для этой книги, благодарю вас за компанию и общение.

В ходе работы над книгой я пользовался финансовой и инфраструктурной поддержкой со стороны множества институций. Стипендия Фулбрайта — Хейса и неожиданно выигранная стипендия Международного совета по научным исследованиям и обменам (IREX) позволили мне работать над первоначальным вариантом диссертации. В итоге получился текст, сильно отошедший от изначального замысла, который я представил стипендиальным комиссиям, за что не переставал чувствовать себя отчасти виноватым, особенно с учетом того, что новая тема, которую раскрывает эта книга, никогда не находила того же восторженного отклика, что и предыдущая, посвященная советско-кубинским отношениям. Вернувшись в Чикаго, я выиграл стипендию попечителей Чикагского университета, позволившую мне написать большую часть диссертации. Сотрудники Государственного архива Российской Федерации (ГАРФ), Российского государственного архива экономики (РГАЭ) и Российского государственного архива новейшей истории (РГАНИ), а также работники Библиотеки Ламонта Гарвардского университета и Джун Фаррис, работающая в библиотеке Чикагского университета, всегда оказывали мне квалифицированную помощь. И хоть ни одно учреждение не считало эту тему достойной дополнительной поддержки, моя работа в конце концов была отмечена премией Такера — Коэна Ассоциации славянских, восточноевропейских и евразийских исследований (ASEEES); я всегда буду благодарен комиссии 2010 года, особенно ее председателю Льюису Сигельбауму, за моральную поддержку и оказанное мне доверие. Некоторое время спустя, находясь в чудесной Польше, я переработал первоначальный вариант книги. Выражаю благодарность Анджею Камински и Джиму Коллинзу за приглашение на конференцию «Восстановление забытой истории: образ Восточной и Центральной Европы в англосаксонских учебниках», сотрудникам Университета Лазарского — за безупречную организацию и урок гостеприимства, а также Дарье Наленч и Анджею Новаку — за то, что нашли в своем плотном графике время для вычитки и критики первоначального варианта книги. В 2011 году на обратном пути в Москву я познакомился с сотрудником Российского государственного архива социально-политической истории (РГАСПИ), которому я также многим обязан. Деньги на упомянутую поездку были предоставлены щедрым Университетом Макао. Я должен особенно поблагодарить его сотрудника Тима Симпсона за неоценимую помощь в своевременном получении средств.

Кай, тебе никогда особо не нравилась эта книга, не так ли? К тому времени, когда у тебя появится мысль прочитать ее, изложенные в ней идеи устареют. Вне зависимости от своей полезности она запомнится, если вообще запомнится, тем, что в ней было упущено или сделано не так. Кай, работа над этой книгой отдалила меня от тебя, и другие проекты в будущем сделают то же самое. Они также не позволят проводить с твоим братом Лукой (еще не рожденным, но собирающимся появиться на свет до выхода этой книги) столько времени, сколько я бы хотел проводить. Кай, не сердись. Я должен проложить путь, и эта книга его начало. Я не знаю, к чему приведет инициированная ей дискуссия, Кай, но на данный момент она является частью проекта по освещению остающихся в тени сюжетов, который позволил бы вам жить в более безопасном мире. Твоя мама также хочет, чтобы ты проявил благоразумие. Она пожертвовала больше, чем кто-либо другой, внося свой вклад, и этот проект, наряду с другими, в такой же степени ее, как и мой. Кай, не сердись. Я надеюсь, что однажды ты тоже присоединишься к обсуждению. Его формы многочисленны и разнообразны, и ты сможешь выбрать свою. До того дня мы с твоей мамой будем разговаривать с тобой и Лукой, а также со многими тысячами, вместе с которыми мы прокладываем дорогу. Спасибо тебе за это.

Введение

Лоренцо путешествовал налегке. Этот знакомый с крайней нуждой молодой человек был выслан из Испании во Францию и ехал в идущем на Восток поезде, взяв с собой несколько рубашек, легкую куртку, присланную матерью из Испании резиновую обувь, а также самую ценную для него вещь — вырезку из газеты *Le Monde*, бережно хранившуюся в кармане. Было начало 1963 года, в Европу пришли холода. Упомянутый молодой человек, которому еще не исполнилось двадцати лет, был представителем испанской коммунистической студенческой организации (по-испански FUDE), не являясь при этом студентом. Конечно, он получил образование, изучая книги Карла Маркса, однако учебным заведением для него стало исправительное учреждение для политических преступников. Освоение марксизма у Лоренцо проходило в условиях постоянного психологического давления. Он попал в тюрьму как антифранкист, а вышел из нее и отправился в изгнание убежденным коммунистом. Его путь лежал через железный занавес в Варшаву — место проведения собрания Международного союза студентов. Сотни представителей этого союза со всей Европы должны были встретиться с министром иностранных дел Польши в Дворце культуры и науки, в мозолящем глаза здании, вызывающем ассоциации со старой Варшавской цитаделью, символизировавшей власть России над Польшей 100 лет назад. План Лоренцо состоял в том, чтобы достать вырезку из газеты *Le Monde* прямо на встрече.

Коммунистический блок его разочаровал. Пересекая границу с Восточным Берлином, еще совсем недавно обнесенную длинной стеной, Лоренцо отметил множество пулеметов, занимающих пространство вокруг станции. Его польская попутчица, пожилая учительница французского языка, возвращающаяся домой, после пересечения границы примолкла. По прибытии в Варшаву она обратилась к Лоренцо вновь. Попутчица порекомендовала ему не менять французские франки у официального лица в поезде. «Он вор, — пояснила она, — ты можешь получить на улице в четыре раза больше злотых». Лоренцо посчитал ее реакционеркой и буржуазной особой, но тем не менее поменял в поезде лишь небольшую часть своего скудного богатства, а затем обнаружил, что его попутчица была совершенно права.

В варшавском студенческом общежитии Лоренцо познакомился с дежурной, которая не стеснялась во время обхода этажей входить в комнаты, где местные студентки общались с иностранцами. Он заметил, что в коммунистической Польше почти столько же церквей, сколько и во франкистской Испании, и их посещало большее количество прихожан. Если бы человеку будущего суждено было родиться в этих условиях, то в его образе можно бы было уловить черты типичного самодовольного божьего человека, так хорошо известного Лоренцо по своему испанскому прошлому, — того, кто преподавал в католических школах, видел в образовании проклятие и распределял столь многих одноклассников Лоренцо по комнатам, закрытым для любой дежурной.

Более теплый прием, который скорее соответствовал бы сложившемуся у него образу коммунистического блока, мог бы успокоить испанского коммуниста и заставить держать себя в руках во время встречи с польским министром иностранных дел. Но этого не произошло, и Лоренцо чувствовал себя увереннее, чем когда-либо. Он был обязан продемонстрировать статью из газеты Le Monde — свое неопровержимое доказательство — и потребовать ответов. О чем была эта статья? Она была посвящена ничем не примечательной истории торговли. В течение года Польша продавала уголь Испании. В конце концов, твердая валюта, как Лоренцо уже убедился сам, очень ценится в коммунистическом блоке. Казалось, в газетной информации нет ничего компрометирующего: речь шла о привычном коммерческом обмене, выгодоприобретателем которого являлись коммунистические чиновники. Но для Лоренцо и его товарищей, находящихся в изгнании, действия Коммунистической партии Польши были актом вопиющего предательства.

Центром антифранкистской агитации в Испании были угольные шахты северного региона Астурия. Весной 1962 года шахтеры этого горного района с сильно пересеченной местностью устроили массовую забастовку, и высланные из страны испанские коммунисты их всячески поддерживали. Лоренцо и его товарищи вынуждены были предпринимать тайные поездки в Испанию, рискуя попасть в тюрьму, если не хуже. Забастовки непокорных и отважных астурийцев вызвали волну протестных настроений по всей стране. Эта волна в конце концов расшатала режим и заложила фундамент новой Испании, в которой рабочие получили право на создание собственных организаций и проведение забастовок. Не будет большим преувеличением сказать, что угольные забастовки 1962 года возвестили о конце сформировавшейся в межвоенную эпоху франкистской Испании, и этот год стал годом зарождения в Испании общественного движения, которое завершилось после смерти Франко в 1975 году формированием нового европейского социал-демократического режима; во всем этом не было никакой заслуги Польской коммунистической партии.

В Дворце культуры и науки Лоренцо дождался конца выступления министра и взял слово. Сначала тяжелый ком, подступивший к горлу, не позволил ему говорить. Преодолев волнение и энергично размахивая придававшей ему силы вырезкой из газеты, испанский коммунист изложил суть статьи. Он хотел узнать причины, по которым польские коммунисты противодействовали самой важной попытке борьбы за социализм в Испании с тех пор, как в 1939 году предыдущая была подавлена. Ошеломленный таким неожиданным поворотом дела, министр пробормотал что-то о дружбе народов и быстро сменил тему. Министр, конечно, поступил в полном соответствии с занимаемым им во властной иерархии статусом, и его комментарии в значительной степени соответствовали политике Кремля и всего коммунистического блока.

Лоренцо успокоился уже в Париже. Спустя небольшой промежуток времени он вышел из Коммунистической партии и вернулся в Испанию, едва избежав участи многих своих товарищей, которые, рискуя сгореть от американского напалма дотла, продолжали бороться против правых диктатур в Латинской Америке. Однако между сменявшими друг друга американскими администрациями, убивавшими друзей Лоренцо в их убежищах в джунглях, и самим Лоренцо имелось любопытное сходство: у них было схожее представление о Советском Союзе и коммунистическом блоке. Правительство США, Лоренцо и большинство ученых видели в советском блоке идущий за высокими стенами эксперимент, отдельный мир, который встречался с остальным миром в основном в пространстве идей. И в этом качестве, действуя за пределами своих границ, он мыслился неизменно идеологичным, ставящим свою мессианскую миссию выше грубых финансовых проблем — над идеологическими интересами могли время от времени преобладать только политические соображения безопасности и выигрыша в великих геополитических играх. Таким образом, сторонники и противники коммунизма разделяли одно и то же, имевшее мало отношения к реальной политике и даже риторике чиновников коммунистических режимов представление о коммунистическом блоке. Торговля как способ достижения мира и смягчения напряженности времен холодной войны казалась Лоренцо — и фактически была — ужасным предательством. Указанные выше соображения звучали для Лоренцо, правительства США и нескольких поколений западных ученых циничным оправданием, непременно скрывающим что-то более разрушительное.

В этой книге утверждается прямо противоположное. Польский министр апеллировал к истории торговой политики СССР и Советской империи после Второй мировой войны[1]. Западные люди, относящиеся к разным частям политического спектра, разделяли

---

[1] Польша, увы, не рассматривается в данной книге, хотя можно предположить, что ее коммерческая политика соответствовала советской и, возможно, за ней стояло более сильное желание к интеграции в либеральный мировой порядок.

представление о строго биполярном характере послевоенного международного порядка. Эта убеждение является важной составляющей западноевропейского и североамериканского нарратива, позволяющего западным людям понять самих себя и мир вокруг них, — только такое распределение глобальной власти могло объяснить вполне реальное разделение Европы. Неотъемлемой частью конструкции биполярности является представление об СССР как об автаркии. Эта часто непроговариваемая, но фундаментальная предпосылка любого анализа Советского Союза позволила создать две различные, но связанные между собой идеологические конструкции. С одной стороны, автаркия лежала в основе предложенного советологами нарратива антилиберальной по своей сути страны, являющейся результатом чисто идеологического предприятия (это объясняет использование термина «советский эксперимент»). В основании тоталитарной парадигмы, определившей образ СССР в западных академических кругах и обществах в целом, лежало как раз такое представление об автаркии: только полное отделение от мира могло увести страну так далеко от более естественного либерального курса, который служит нормативным ориентиром для исторического развития[2]. Однако идею автаркии с энтузиазмом подхватили также и представители левой части политического спектра: восприятие Советского Союза как эксперимента подкрепило их убежденность в том, что именно там происходят процессы, не запятнанные коммерциализированным эксплуататорским капитализмом западных обществ. В смежной области исследований холодной войны понятие автаркии помогло ученым построить нарратив, который требовал четкого разграничения двух лагерей.

---

[2] Хорошим путеводителем по тоталитаризму как концептуальной рамке исследований является книга Э. Глисона [Gleason 1995]. Самым свежим вариантом этого нарратива является модернистская парадигма, которая, по крайней мере, помещает СССР в более широкий общеевропейский контекст, но трактует его как максимально отталкивающее воплощение логики Просвещения по причине его нелиберального характера и дистанции, отделяющей СССР от господствующего либерального порядка. Первым и лучшим образчиком этого направления исследований является статья С. Коткина [Kotkin 2001].

Власти США, прежде всего Государственный департамент, действовали исходя из этого требования и оправдывали им внешне-политический курс Америки, часто опираясь на невежество, расистские установки и цинизм (см. Гватемала около 1954 года). В исследованиях холодной войны указанные допущения не подвергаются критическому анализу; биполярность по-прежнему остается названием игры, а автаркия — ее по большей части непризнанной основой.

Проблема заключается в том, что тезис о Советском Союзе как автаркии ложен. Он не подтверждается статистическими данными. Он неверен с точки зрения четкой логики политического целеполагания советского руководства. Используя для анализа внешней торговли не представленные в ее официальной статистике и конвертированные по официальному курсу в рубли, а используемые внутри страны цены на товары внешней торговли, экономист В. Тремль подсчитал, что доля внешней торговли в национальном доходе увеличилась в 1960–1975 годы с 12 до 21 % и уже в 1980 году составляла примерно 27 % (см. рис. 1). Другими словами, Советский Союз был автаркией уровня Японии, которая два десятилетия спустя, следуя тем же самым путем, перешла от практически полного соответствия упомянутому статусу в начале 1950-х годов к более глобализированной экономике[3].

СССР послевоенной эпохи был гораздо более зависим от мировой экономической конъюнктуры, чем другие вписанные в глобальную капиталистическую систему крупные страны — такие, как США, Бразилия, Индия, а к концу 1970-х годов даже Япония. Но наводящие на размышления цифры Тремля не были приняты во внимание — эти данные не могли быть интегрированы в существующие метанарративы «советского эксперимента».

---

[3] Япония вошла в послевоенную Бреттон-Вудскую эпоху, находясь в состоянии крайней зависимости от США, что объясняет более высокое соотношение торговли к ВВП на раннем этапе. Встретила же она конец этой эпохи менее глобализированной, чем СССР, соотношение торговли к ВВП которого, согласно расчетам В. Тремля, к 1980-м годам должно было составить 30% [Treml 1983: 35].

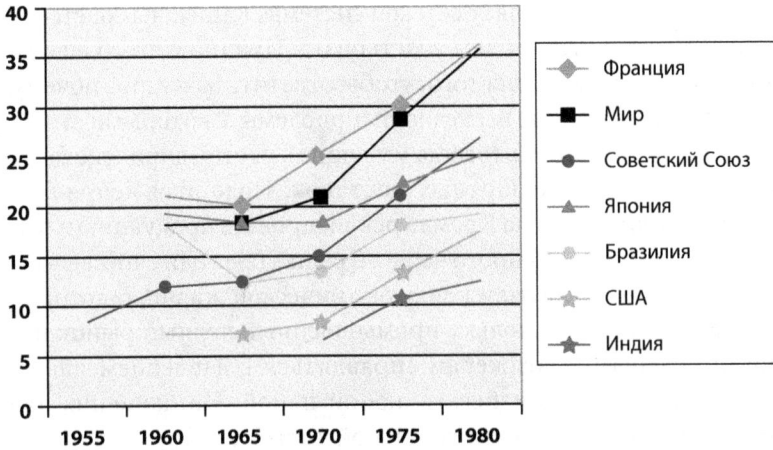

Рис. 1. Доля торговли в национальной экономике
Источник: [Тремль 1983: 35].

Исследователи, за редким исключением, игнорировали опубликованную более сорока лет назад работу Майкла Дохана, в основе которой лежал тезис о быстром росте советских экономических отношений в 1960–70-е годы [Dohan 1969]. Ее автор утверждал, что автаркия 1930-х годов была не политическим выбором, а результатом Великой депрессии. Книга, которую читатель держит перед собой, призвана развить идеи, заложенные в блестящем исследовании американского ученого. То, что советская экономика во все времена ее истории была в значительной степени встроена в глобальные экономические структуры, является фактом. Была ли это система золотого стандарта, Бреттон-Вудская система или пост-Бреттон-Вудская квазисистема, которая структурировала международные экономические и политические отношения, Советский Союз был по большей части задействован в тенденциях и злоключениях глобального финансового и коммерческого обмена — а то и в глобальном финансовом и коммерческом управлении, в котором доминировали гораздо более богатые страны Западной Европы и США.

Отчасти права была только одна группа ученых: экономические советологи. Действительно, экспорт продукции страны был большой проблемой для советской системы. Капитаны советской индустрии не хотели в нем участвовать. Причины этого еще до конца не изучены, но для того, чтобы ответить на вопрос почему, вероятно, необходимо исследовать проблемы, с которыми столкнулся бы руководитель (всегда мужчина), чье предприятие было бы выбрано для экспортных поставок. Подобная неприязнь к экспорту принуждала Кремль реквизировать продукцию и выводить ее с промышленного черного рынка (еще одна чрезвычайно важная область советской экономической жизни, о которой мы мало знаем). Поскольку промышленный черный рынок помогал красным менеджерам справляться с давлением плана, экспорта следовало избегать любой ценой. Но, конечно, это только половина истории советской торговли. Другая половина — это импорт, которого Советский Союз жаждал, вероятно, больше, чем другие, более либеральные страны. Это было частью хорошо известного феномена советской экономической системы: предприятия накапливали ресурсы, а затем требовали еще, чтобы, как уже говорилось, уменьшить давление требований Госплана[4]. Но там, где система находилась в противоречии с миром за пределами советских границ, у Кремля таких противоречий не было. Результат направленной на интеграцию сознательной политики советского руководства очевиден: советская экономика, бывшая поначалу автаркией, затем глобализировалась примерно в той же степени и примерно в течение того же промежутка времени, что и экономики других стран.

Если советская торговля осуществлялась вне рамок свободного глобального рынка, это происходило не потому, что, как принято считать, политические интересы в большей степени определяли поведение советского руководства, чем коммерческие. Политика, безусловно, вмешивалась в советскую торговлю, но чаще всего в форме ограничений, накладываемых американским правительством через такие институты, как Координационный комитет (CoCom) по многостороннему экспортному

---

[4] Это системное противоречие (ирония!) исследуется в статье О. Санчеса-Сибони [Sanchez-Sibony 2010].

контролю в промышленно развитом мире, или через скрытые
и явные угрозы коммерческому благополучию неиндустриальных
стран. Именно стремление к снятию этих созданных американцами ограничений определило действия советского руководства
в области торговли в течение первых двух десятилетий торговой
экспансии СССР. Это важный момент, который необходимо понять и усвоить в процессе анализа советской внешней политики.
В посвященной холодной войне литературе слишком много
внимания уделялось краткосрочным политическим решениям,
принимаемым во время горячих фаз этой войны, а не уровню
понимания советской элитой — часто близкого к полному —
политических и экономических реалий, которые ограничивали
их действия и определяли долгосрочную политику.

В этой книге предпринята попытка реконструировать мировую
финансовую и коммерческую систему, определившую границы
советской внешней политики. Но ее цель не сводится лишь
к демонстрации того, что историки холодной войны называют
«экономическим аспектом» холодной войны, или доказательству
того, что экономика каким-то образом превосходит политику.
Скорее, автор разделяет точку зрения о том, что экономическое
развитие ограничивает и делает возможной определенную политику — во всяком случае, в той же мере, в какой политика ограничивает и делает возможной разработку определенного экономического курса. Взаимодействие первого и второго породило
мировоззрение и ложные представления политиков, часто под-
водимые историками холодной войны под категорию «идеология». Эта категория отсылала к доктринальным текстам и негиб-
кому мышлению, признаваемому в качестве характеристики
советского человека, но редко приписываемому невинным аме-
риканцам за рубежом. Все вышеуказанное не противоречит тому,
что некоторые идеи в Советском Союзе были совершенно авто-
номными и довольно неизменными. Например, советские политики явно предпочитали импорт товаров производственного
назначения (станки, корабли, кабели и т. д.) импорту потребительских товаров, которые промышленно развитые страны часто
пытались продавать в Советском Союзе. Причина, по которой

это происходило, не имеет ничего общего с предпочтениями, сформированными экономическими стимулами и конъюнктурой, и, вероятно, связана с представлениями об эксплуатации, привилегиях и нецелесообразных тратах, порожденными способами мышления, сложившимися задолго до прихода большевиков к власти. Можно было бы назвать это представление марксистским, объяснить его возникновение работой кремлевской идеологии, но такое предположение нужно согласовать с тем фактом, что слишком многие немарксисты во всем мире это представление разделяли. Подобные же вещи можно утверждать и в отношении идей (например, планирования), которые обычно рассматривались как свидетельство приверженности Кремля бестелесной и абсолютной «марксистской идеологии».

В этой книге исследуется внутренняя логика и реальная практика советской экономической политики и то, как она менялась с течением времени вместе с мировой экономикой. Отправной точкой книги стали недвусмысленные и широко встречающиеся свидетельства — во внутренней переписке, хранящейся в архивах, в публичных выступлениях и во всех советских публикациях по этому вопросу — того, что автаркия не была желаемым состоянием для кого-либо в Советском Союзе. Советское руководство действительно осознавало ограниченную техническую базу страны и превосходство западной экономической мощи. Литература, посвященная холодной войне, демонстрирующая установки сотрудников Госдепартамента США, постоянно искажает эти две фундаментальные характеристики дискурса советского руководства. Вопреки свидетельствам, многие историки отстаивали тезис об эквивалентности интересов Запада и Востока. Холодная война в этой биполярной конструкции трактовалась как направленная на расширение своего лагеря игра, в которой выигрыш одного всегда равняется проигрышу другого. Но факт заключается в том, что советские экономические интересы имеют мало общего со стремлением к победе в конкурентной борьбе на выбывание, как это представляется большинству историков (воспроизводство такого видения ситуации — заслуга не только исторического, но и советского идеационного дискурса). Скорее, фактические экономические отношения страны в значительной степени характеризовалась соглашением и сотрудничеством с Западом и поиском элементарного доступа к рынкам глобального Юга.

Для понимания этой коммерческой политики необходимо сначала осознать, в какой степени советские успехи в области физики (запуск спутника и разработка ядерного оружия) и экономический рост в 1950-х годах маскировали относительную экономическую недоразвитость. Этот момент игнорируется в большинстве исторических монографий о холодной войне. Показательно, что те немногие историки, которые признают советскую экономическую реальность, вместе с тем отвергают идею о том, что распределение материальных ресурсов в значительной степени влияет на распределение глобальной власти. В «Кембриджской истории холодной войны», например, историк О. А. Уэстад пишет:

> Хотя возможности СССР превосходили возможности Великобритании и Франции, но не Соединенных Штатов, милитаризация советской экономики и ее общества сделали его грозным противником в международных делах. В первую очередь, Советский Союз являлся второй сверхдержавой вследствие своей оппозиционной идеологии: он был единственной великой державой, которая на протяжении всей холодной войны решительно противостояла целям США и отказывалась интегрироваться в мировую капиталистическую экономику. Поступая таким образом, он играл главную роль в международных делах, что со временем дорого обходилось его развитию [Westad 2010: 11][5].

---

[5] Эта критика присущих подходу Уэстада акцента на идеологии и отрицания варьируемого значения относительной отсталости Советского Союза не имеет целью смешивать его научные изыскания с изысканиями других исследователей, которые не хотят признавать ограничения советской системы, обусловленные ее экономической слабостью. Кембриджское многотомное издание, редактором которого был норвежский ученый, достойно похвалы за включение в него взглядов, идущих вразрез с актуальной позицией Уэстада по этому вопросу. Например, в помещенной в том же томе статье Ч. Майер утверждает, что «различия между социализмом и капитализмом

Поразителен тот факт, что об экономике забывают, когда дело доходит до оценки советской глобальной мощи. Конечно, У. Б. Ладен доказывает правоту тезиса Уэстада о скрытом потенциале простого акта противостояния. Замыкая логический круг, Уэстад выдвигает тезис о наличии советской автаркии (отказ СССР «от интеграции в глобальную капиталистическую экономику»). Но представление о ее существовании ошибочно[6]. Не нужно ли историкам, пишущим о холодной войне, примириться с реальностью советской экономической отсталости, чтобы выдвигать взвешенные суждения о соперничестве «сверхдержав»?[7]

казались фундаментальными для идеологической идентичности и внутриблокового единства в 1950-х годах» [Maier 2010: 44]. Автор этой цитаты рассматривает идеологический конфликт скорее как вопрос дискурса, чем практики, трактует проводимую той и другой стороной внешнеэкономическую политику как политику в большей степени конвергентную, чем допускают Уэстад и значительная часть исследователей холодной войны. Цитата Майера подводит нас к другой теме, практически не раскрытой в этом томе, но подробно разработанной М. Калдор: идеологический дискурс холодной войны, постоянно напоминающий о двухстороннем военном конфликте, скорее служил инструментом сплочения и подчинения внутренней аудитории в Америке, Европе и Советском Союзе, чем средством завоевания умов и сердец за рубежом. Последняя не отстаивает тезис о том, что борьба за сердца и умы иностранцев не существовала и даже была бессмысленна, — она лишь полагает, что вышеупомянутый дискурс в меньшей степени ориентирован на международную аудиторию, что, по крайней мере, советское руководство часто признавало, находясь за границей. См. [Kaldor 1990].

[6] Его настойчивые утверждения о власти идей вызывают недоумение. В своей блестящей и безусловно важной работе Уэстад [Westad 2005] совершил сомнительный нарративный подвиг, соединив в рамках одного тома дискурсивный исток холодной войны, исключающий каузальную роль (способность к накладыванию ограничений и организации) экономики, со структурной развязкой холодной войны, которая предполагает ее.

[7] Э. Уильямс уже давно акцентировал внимание на ограниченности советской власти. Он писал: «Мы постоянно подчеркивали военную мощь Советов, в связи с чем поразительным представляется тот факт, что основная проблема, стоявшая перед всеми прошлыми и нынешними русскими лидерами, заключалась в том, что они были вынуждены постоянно иметь дело с неустойчивостью экономического и политического развития страны. История как царской, так и советской России представляет собой летопись беспрерывной, упорной борьбы за достижение минимального уровня материаль-

Немало страниц этой книги посвящено экономической вовлеченности Советского Союза в дела глобального Юга. Однако автор полагает, что реальной целью советских коммерческих и экономических устремлений была Западная Европа (и в некоторой степени Япония). В свидетельствующих о холодной войне источниках наблюдается смещение фокуса внимания к глобальному Югу[8]. Это смещение обосновывается следующим аргументом: с возведением Берлинской стены (этого великого символа советской автаркии) холодная война в Европе остановилась, после чего советская и американская энергия были перенаправлены на юг[9]. В действительности холодная война в Европе продолжалась, особенно в коммерческой и финансовой сферах. Но поскольку в погоне за химерой идеологии историки холодной войны перестали признавать важность торговли и финансов, они посчитали необходимым переключить внимание с Европы после возведения там Берлинской стены на глобальный Юг. Кроме того, представляется проблематичным сохранение нарратива холодной войны о биполярном противостоянии в европейском контексте, в котором советская власть демонстрирует готовность к поиску компромисса и желает достижения минимальной степени интеграции. В данном случае европейский контекст действительно более важен, чем контекст глобального Юга, и исключение его из господствующего нарратива о холодной войне после начала 1960-х годов затушевывает испытываемую американским истеблишментом неприязнь к советским экономическим инте-

---

ного благосостояния, не говоря уже об относительном процветании или настоящем богатстве» [Williams 1959: 280]. Александр Гершенкрон подсчитал, что накануне Первой мировой войны объем промышленного производства Российской империи составлял 6,9 % от объема производства Соединенных Штатов. См. [Gerschenkron 1974: 155].

8   Первый решительный шаг был предпринят Уэстадом [Westad 2005].

9   В выбивающейся из общего ряда книге Д. Сури [Suri 2003] стена трактуется как символ изменения цели политики. Речь идет о цели, заставляющей сверхдержавы сместить фокус внимания на внутренние проблемы. Это, безусловно, шаг в правильном направлении, поэтому его книга дисгармонирует с другими работами, относящимися к канону литературы о холодной войне.

ресам в Западной Европе, которые определяли политику СССР в целом[10].

В этой книге также пересматриваются с точки зрения материальных ресурсов, которыми обладает каждая страна, отношения Восток — Юг. По поводу двух моделей развития, предложенных третьему миру (выбор в пользу одной из моделей определяет принадлежность к лагерю), сегодня проливается немало чернил. Но реальность продемонстрировала несостоятельность этого тезиса. В контексте стран глобального Юга нельзя говорить об абсолютно свободном выборе. Выбор делался в рамках развивающейся структуры ограничений и возможностей, определяющейся глобальным либеральным экономическим порядком и международной политикой, в которой по преимуществу доминировали Соединенные Штаты, европейские империи и сильные государства, когда-то входившие в состав этих империй. Естественно, что Советский Союз, как страна со средним уровнем дохода, был подчинен тем же процессам.

Повествуя о советской торговле, автор отказывается от широко разделяемой, но не подтверждаемой фактами идее. Речь идет о транслируемой историками истории о советских агентах, которые в переходный период между правлением И. В. Сталина и Н. С. Хрущева «разъезжали» по странам третьего мира с целью завязать отношения[11]. Эти действия рассматриваются как проявления совершенно новой политики, которая радикально отличает Хрущева от его более осторожного предшественника. Выбранный язык описания создает особые проблемы. Используя его, историки увековечивают расистские и гендерные стереотипы, которое транслируют работники Государственного департамента. Жители стран третьего мира представлены этими стереотипами как лишенные амбициозности и инициативности люди, причем обе эти, по преимуществу «мужские», характеристики рассматриваются как естественно присущие тем, кто относится

---

[10] Тема чрезвычайной значимости Западной Европы для СССР раскрыта в книге Дж. Хаслама [Haslam 2011].

[11] Лучше всего эта тема раскрыта в [Фурсенко, Нафтли 2018].

к одному из двух лагерей холодной войны. Однако советские
архивные материалы говорят о другом. Советское руководство,
как правило, ждало, пока инициативу проявят другие: имеющие
отношение к делу документы сложно интерпретировать иначе
как реакцию на запросы (исходящие от богатых бизнесменов или
лидеров стран третьего мира) извне, и существует лишь небольшое количество документов, свидетельствующих об обратном[12].
Кроме того, эта история о новом руководстве, отправляющем
после смерти Сталина своих агентов по всему миру, заслоняет
собой явную преемственность, наблюдающуюся в советской
торговой политике, ключевой фигурой которой как во время, так
и после правления Сталина был высокопоставленный чиновник
А. И. Микоян. Конечно, нельзя отрицать того, что с середины
1950-х годов — с момента прихода к власти Хрущева — советская
внешняя политика в целом стала намного более активной. Однако эта возросшая активность скорее являлась результатом радикальных изменений, вызванных деколонизацией, чем следствием сознательного изменения внешнеполитического курса
в Кремле. Хотя эта книга посвящена по преимуществу Советскому Союзу, в ней также затрагивается тема поведения лидеров
стран глобального Юга. Автор полагает, что новые лидеры глобального Юга не были безынициативными, слабыми и беззащит-
ными людьми, ищущими идеологического руководства у дина-
мичных белых мужчин. Они — по факту каждый из них — были
амбициозными людьми, которые использовали Советский Союз
в своих интересах, чтобы занять наиболее выгодную позицию
в иерархическом мировом порядке, карающем за неповиновение
диктату Запада. Причина сходства их мировоззрений кроется не
в советском руководстве или осуществляемой СССР подрывной
деятельности, а в общих экономических и политических обстоятельствах, в которых они действовали.

В этой книге не рассматриваются три важных момента коммерческой истории СССР: торговля в рамках коммунистическо-

---

[12] Некоторые историки также отмечали эту тенденцию. См. исследование со-
ветско-индийских отношений В. Мастны [Mastny 2010: 51].

го блока, недолгий, но важный экономический обмен с КНР после победы Мао над войсками генералиссимуса Ч. Кайши, торговля военной продукцией. Первые две темы уже неплохо освещены, хотя, конечно, большая работа над ними еще предстоит. Проведение исследования советской военной торговли не представляется возможным ввиду отсутствия доступа к архивным документам в Москве[13]. Однако непонятно, может ли изучение любого из этих трех моментов привести к пересмотру структуры советской международной политэкономии, представленной в этой книге. Экономическая и технологическая помощь, оказанная СССР КНР, пожалуй, не имела далекоидущих последствий по сравнению с более поздними советскими программами помощи — даже если она в значительной степени повлияла на траекторию развития Китая. А экономический обмен внутри коммунистического блока сами участники называли «обменом неэффективностью»[14]. Несмотря на то что внутриблоковая торговля составляла львиную долю советского торгового объема, ее доля не только непрерывно снижалась с середины 1950-х годов, но почти наверняка была завышена в советской статистике по отношению к доле торговли за твердую валюту. Даже если сделанные в этой книге выводы потребуют пересмотра в свете новых исследований, посвященных трем вышеупомянутым моментам коммерческой истории СССР, даже если появятся новые работы, в которых будет более полно, чем в этой книге, раскрыта тема советских двусторонних экономических обменов с конкретными странами, она послужит своему делу — включению в дискуссии по вопросам советской истории, советской внешней политики, холодной войны и всеобщей истории XX века экономического измерения.

---

[13] Лучшей книгой об экономических отношениях СССР со странами Восточной и Центральной Европы является не получившая достаточного признания книга Рэндалла У. Стоуна [Stone 1996]. Тема советской экономической помощи Китаю 1950-х годов требует дальнейшей разработки. Лучшая и единственная книга по этой теме — все еще не переведенная на английский язык книга Ш. Чжихуа [Zhihua 2003]. Стоит отметить книгу Уэстада [Westad 1998], подготавливающую почву для обсуждения этого вопроса.

[14] См. [Hanson 2003: 120].

Дискуссия относительно размера советской экономики

Прежде чем продолжить повествование о советской глобализации, я хотел бы кратко остановиться на дискуссии относительно размеров советской экономики. Прояснение вопросов, относящихся к данной дискуссии, подготовит читателя к тому, с чем ему придется столкнуться по мере прочтения книги. Дискуссия об относительных размерах советской экономики еще не закрыта. Произвольность внутренних цен и неизмеримость отличительных особенностей советской системы (повсеместного дефицита, систематического искажения информации о производстве и т. д.) заставляет нас задуматься о возможности получения адекватного знания о состоянии экономики. Вполне вероятно, в течение неопределенно долгого времени будет сохраняться широкий спектр мнений. Как выразил эту мысль историк экономики М. Харрисон,

> не существует единственной объективной истины, ожидающей, пока ее обнаружат под поверхностью лжи. Советский ВНП — это не скрытая цифра, которую необходимо открыть, а совокупность предположений и гипотез о многомерной реальности, которую нельзя свести конкретному числу [Harrison 1996: 4].

Первая попытка исследования советского национального дохода была предпринята британским экономистом Колином Кларком, первопроходцем использования валового национального продукта (ВНП) в качестве инструмента анализа национальных экономик. Первая работа Кларка по советской экономике появилась в 1939 году, и она была вынуждена основываться на очень скудных данных [Clark 1939]. Главной проблемой для исследователя оказались цены: перед ним встал вопрос, как можно осуществить сравнительную оценку экономики с неконвертируемой валютой и командной системой, в которой цены устанавливаются не в соответствии со спросом и предложением, и, следовательно, не измеряется относительный дефицит. Должны браться за основу цены в рублях или экономисту необходимо найти для соответствующих европейских товаров цены в долларах и создать систему счетов, аналогичных счетам в рыночной экономике? Кларк выбрал второе. Хотя к более полной статистической информации у него не было доступа, он тем не менее смог получить различные наборы данных для ограниченного набора продуктов. Вопреки более позднему анализу Кларк пришел к выводу, что с 1928 года до Второй мировой войны советский национальный доход вырос менее чем на 50 % при годовом уровне в 3,1 % [Clark 1957: 247].

Глубокий скептицизм Кларка по отношению к советской статистике разделял Н. Ясный, бывший меньшевик-эмигрант, чья работа по советской экономике впервые выдвинула на передний план экономическую катастрофу советского сельского хозяйства. Ясный также отмечал неадекватность общедоступных статистических данных, отражающих уровень жизни в Советском Союзе: хотя полученный им показатель темпов роста советской экономики вдвое превышал показатель Кларка, все же он был намного ниже официальных советских цифр. В то время как Центральное статистическое управление (ЦСУ) пришло к выводу о пятикратном увеличении советского реального национального продукта в период с 1928 по 1940 год, Ясный утверждал, что имело место почти двукратное увеличение [Jasny 1961: 444][15].

Наиболее солидная и длительная аналитическая работа по созданию адекватной картины советских национальных экономических балансов велась в рамках проекта А. Бергсона. Последний привлек к проводимому под эгидой «Rand Corporation» исследованию ряд ученых[16]. Возглавляемая им исследовательская группа разработала проект советского национального дохода и продукта (СНДП). Бергсон в большей, чем его предшествен-

---

[15] Заявляя, что «точность невозможна» и что можно получить лишь приблизительные цифры, Ясный в то же время подсчитал, что валовой национальный продукт в реальных ценах 1926–1927 годов составил 29,8 млрд рублей в 1928 году и 56,4 млрд — в 1940 году. К 1955 году эта цифра почти удвоилась и составила 111,5 млрд.

[16] Среди его коллег можно назвать Р. Пауэлла, Д. Чэпмена, Р. Бернаута, А. С. Беккера, Р. Мурстина, Л. Терджена и Е. Ф. Карч.

ники, степени доверял советским статистическим публикациям, утверждая, что если бы советское руководство «рисовало» цифры, то не пошло бы на все, чтобы скрыть определенные данные (например, касающиеся расходов на оборону). Более того, захваченные во время Второй мировой войны архивные документы свидетельствовали о соответствии между опубликованными и секретными данными. Отсюда вытекает несовпадение экономических оценок ученых, относящихся к школе Бергсона, и оценок их предшественников. Бергсон и его коллеги подвергли особой критике работы Ясного за их ненаучность и политическую предвзятость автора по отношению к СССР. Ясный вскоре осознал, что американские журналы для него закрыты и единственный журнал, в котором он может быть опубликован — это «Советские исследования» («Soviet Studies») при университете в Глазго. Идея об адекватности советской статистики настолько укоренилась в американских университетах, что этого ученого редко приглашали на проводимые там конференции и симпозиумы и он не мог найти для своей работы финансирование[17]. Полученные Бергсоном цифры оказались более внушительными, чем цифры каждого из его предшественников, но разброс представленных им выводов предвещал методологические проблемы. Используя рублевые цены 1928 года, Бергсон пришел к выводу, что за девять лет показатель ВНП Советского Союза утроился. Однако аналогичные расчеты с базовыми ценами 1937 года дали иной результат: за тот же период времени ВНП вырос лишь на 60 % [Bergson 1961: 128, 153]. Позднее это расхождение было объяснено эффектом Гершенкрона — изменением значения показателя экономического роста в зависимости от выбранного базового периода[18]. Так или иначе, именно

---

[17] Хорошее описание проблем, с которыми столкнулся Ясный, дается в книге Дж. Х. Вильгельма [Wilhelm 2003].

[18] Это происходит потому, что по мере развития экономики структура цен меняется так, что, например, капиталоемкие товары могут стать менее дорогими по сравнению с трудоемкими товарами, как это произошло в Советском Союзе в 1930-е годы. Рост производства машин, сравнительно дорогих в 1928 году, будет казаться высоким с точки зрения цен 1928 года, но менее

работа Бергсона и его коллег будет определять методологический стандарт будущих исследований, посвященных советскому национальному доходу.

Крайне важно, что именно Центральное разведывательное управление (ЦРУ) следовало заложенной Бергсоном традиции работы с советскими данными и преобразовало их в статистические системы советских национальных экономических балансов, наиболее полных по сравнению с делавшимися до этого. Вслед за Бергсоном ЦРУ агрегировало официальные ряды физического объема продукции в отраслевые, секторальные и ВНП индексы, а затем взвешивало их с поправкой на факторные цены: без косвенного налогообложения. Полученный показатель экономического роста был меньше официального, но ненамного; ЦРУ использовало большую часть данных ЦСУ СССР. Издаваемые ежегодно статистические справочники ЦРУ стали в западной науке самыми влиятельными справочниками по советской экономике. Естественно, учитывая их исходную базу и методологию, выводы агентства вызвали тревогу у американских политиков. СССР, согласно статистике ЦРУ, был второй по величине экономикой в мире: к 1965 году он уже более чем в три раза превышал британскую экономику [CIA 1975: 29]. В 1965 году ВНП СССР составил 49 % от аналогичного показателя США, а в 1974 году вырос до 57 %. Это соотношение сохранялось примерно до середины 1980-х годов [CIA 1991: 34].

Британские экономисты никогда не разделяли позитивистского отношения к советской статистике своих американских коллег и даже не видели смысла в сравнении показателей ВНП США

высоким с точки зрения цен 1937 года, когда машины стали менее дорогими по отношению к трудоемким продуктам, таким как продукты питания. Другими словами, использование цен более ранних лет даст более высокие темпы роста, чем использование цен более поздних лет, по крайней мере в быстрорастущих экономиках. Советские статистики заработали себе дурную славу, систематически прибегая к этому приему в своих публикациях. Хорошее и краткое объяснение того, как эффект Гершенкрона повлиял на экономические расчеты советского национального дохода, дается в книге Харрисона [Harrison 1996: 51–53].

и СССР, ввиду того что концепция ВНП — это западная концепция, разработанная для анализа стран с рыночной экономикой [Nove 1977: 353–365]. Цифры, подсчитанные ЦРУ, никогда не принимались на веру и критиковались в этой области исследования, но струйка критики стала потоком только после того, как британские экономисты привлекли внимание западных ученых к скептицизму советских экономистов по отношению к официальной статистике СССР. Последовавшие за этим дискуссии сосредоточились в основном вокруг двух тем: надежность советской статистики и разыгрывавшийся в основном на страницах журнала «Советские исследования» спор о советских инвестициях и скрытой инфляции.

А. Ноув был первопроходцем в деле наведения мостов. Опираясь на исследования В. П. Красовского и В. К. Фальцмана, он утверждал, что, вопреки полученным ЦСУ и ЦРУ цифрам, свидетельствующим о росте капиталовложений, их фактический объем в конце 1970-х — начале 1980-х годов, вероятнее всего, снижался [Nove 1981]. Статистические данные были ошибочными, поскольку они скрывали значительный уровень инфляции, которая возникла из-за растущего несоответствия между ростом цены на данный продукт и его реальными потребительскими характеристиками, которые часто оставались неизменными. Другими словами, более высокие цены, которые улучшали показатели успеха предприятия, слишком часто шли в паре с фиктивным повышением качества. Это, вкупе с систематическим завышением результатов, характерным для советской системы, заставляло сомневаться в статистике ЦСУ СССР и ЦРУ. Цены на капиталоемкую и быстро устаревающую технологическую продукцию, как правило, в большей степени завышались и фальсифицировались, чем цены на более массовые товары.

В работах П. Уайлса и Ф. Хэнсона вопрос скрытого роста цен и завышенных советских индексов капиталовложений получил свое развитие. Уайлс утверждал, что экономические статистики должны скорее измерять полезность, чем выпуск товаров, а Хэнсон вовлек в орбиту дискуссии работы Г. И. Ханина и К. К. Вальтуха

[Wiles 1982; Hanson 1984][19]. Еще один получивший советское образование эмигрант и экономист, Игорь Бирман, высказал предположение, что экономический рост СССР уже в конце 1970-х — начале 1980-х был отрицательным, а не двухпроцентным, как полагали сотрудники ЦРУ[20]. Он никогда не предпринимал попытки проведения всеобъемлющего исследования советского ВНП, но критически относился к оценкам ЦРУ и утверждал — вопреки широко распространенному в Соединенных Штатах мнению, — что советская экономика на протяжении 1980-х годов находилась на грани краха [Birman 1988]. Эта позиция не позволила ему снискать признания. Так обозначился конфликт между выводами, сделанными из сложных, но методологически проблематичных статистических представлений о Советском Союзе, и живой реальностью советской экономики. Призрак Ясного продолжал бросать вызов Бергсону и его наследию.

---

[19] Хэнсон лучше всего резюмировал последующую дискуссию: «Как и во многих спорах между советскими эмигрантами и разведывательными службами США, вопрос заключается в том, стоите ли вы на стороне своего человека, производящего грубые расчеты, или чужого, осуществляющего с помощью компьютера точные. Один из них или оба могут ошибаться, но и тот и другой ограничены чрезвычайной скудностью данных» [Hanson 184: 578].
Опираясь на ранее не опубликованные архивные данные, Пен-Йон Ким пришел к выводу, что государственные дотации предприятиям розничной торговли, которые в конце 1980-х годов составляли около 20 % государственного бюджета, привели к сокращению кредитования предприятий и ограничению инвестиций в целом, что, в свою очередь, привело к увеличению дотаций. Эта дестабилизирующая торговлю политика субсидирования, возможно, уже имела место в 1950-х годах, набрала обороты после реформ 1965 года и стала особенно пагубной в конце 1970-х и в течение 1980-х годов. Она породила сильные дефицит товаров розничной торговли и скрытую инфляцию, способствующие краху советской экономики. Все это происходило в контексте истощения нефтяных доходов, связанного с обвалом цен на нефть в 1985 году, что, в свою очередь, повлекло дальнейшее сокращение государственных ресурсов. См. [Kim 2002].

[20] В своей статье Бирман [Birman 1980] приводил доводы в пользу весьма значительного бюджетного дефицита, нераспознаваемого из-за скрытой инфляции. Знаменитый экономист А. Аганбегян, ставший одним из главных экономических советников М. С. Горбачева, позже подтвердил, что, несмотря на официальную статистику, правительство действительно действовало в соответствии с более пессимистичными оценками российских экономистов.

Дальше всех в деле пересмотра в сторону понижения статистических показателей ЦСУ и ЦРУ продвинулся экономист Григорий Ханин. Его резкая критика официальной советской статистики сделала его в Советском Союзе изгоем. Григорий Ханин испытывал трудности, связанные с публикацией своих работ и трудоустройством. Однако в 1987 году, в период гласности, он при содействии журналиста В. И. Селюнина опубликовал в журнале «Новый мир», который не являлся специализированным журналом по экономике, свою знаменитую среди экономистов статью «Лукавая цифра»[21]. Ханин привел весомые соображения в пользу статистического анализа, соответствующего действительности. В своем обзоре западной экономической советологии он, критикуя школу Бергсона, утверждал:

> ...нигде я не смог найти подтверждения тому, что ученые
> этой школы [школы Бергсона] читали советскую прессу,
> сатирические публикации о советской действительности,
> журнал «Крокодил», книги писателей-эмигрантов и т. д.,
> именно ту литературу, в которой можно найти более или
> менее правдивое описание советской действительности
> [Ханин 1993: 92].

Низкое качество и незначительный ассортимент продуктов, острый товарный дефицит, вызванный искусственной ценовой стабильностью, свидетельствовали о том, что уровень жизни в СССР значительно отличался от уровня жизни в западных странах, что бы ни показывала статистика. Ханин предпринял попытку, возможно изначально обреченную на провал, количественной оценки окружающей его повседневной реальности.

Считая официальные агрегированные статистические данные чистейшим обманом, Ханин рассчитал набор альтернативных статистических данных, основанных на цифрах, которые, по его мнению, в меньшей степени, чем агрегированные показатели,

---

[21] Обсуждение трудов Ханина в англоязычном мире, предваряющее ряд работ 1990-х годов, посвященных детальному разбору позиции российского экономиста, представлено в статье Р. Э. Эриксона [Ericson 1990]. Ханин представил свои аргументы в следующей книге: [Ханин 1991].

используемые ЦРУ и ЦСУ, были подвержены искажению[22]. Он
утверждал, что данные по типовой продукции, как правило,
являются более надежными, потому что менеджерам и бюрокра-
там, занимающимся ее производством, было труднее заявлять
о несуществующем улучшении качества и ассортимента. Поэтому он сверялся с советскими таблицами затрат на выпуск продукции, чтобы измерить среди прочего рост потребления сырья
и электроэнергии. Он подсчитал, что с 1928 года и до распада
Советского Союза советская экономика выросла примерно в семь
раз, а не в 90 раз, как утверждали сотрудники Госкомстата СССР.
Советская экономика к концу 1980-х годов составляла от 8 до
20 % экономики США — в зависимости от того, какой размер
советской экономики в 1928 году мы берем в качестве исходного.
Ханин оспаривал точку зрения сотрудников ЦРУ, в соответствии
с которой экономика Советского Союза в 1980-х годах превышала размеры экономики Великобритании в три раза, как это
представлялось ЦРУ. В лучшем случае она соответствовала последней. Между прочим, картина советской экономики, представленная Ханиным, соответствовала оценкам Федеральной
резервной системы, несмотря на тревожные цифры, поступающие
из города Лэнгли, расположенного на другом берегу реки Пото-
мак. Когда А. Гринспен прибыл в Россию в 1990 году с целью
оказания помощи в предотвращении возможного финансового
кризиса, он считал ВНП СССР «примерно равным ВВП Великобритании, т. е. около одной шестой общеевропейского ВВП»
[Гринспен 2010].

Расчеты и выводы Ханина были благожелательно восприняты
западным академическим истеблишментом, но это не означало,
что они обладали безусловным авторитетом[23]. На первый план

---

[22] Превосходный разбор проблем советской статистики и накопленных относительно ее предубеждений можно найти в статье А. Ослунда [Åslund 1990].

[23] Никто из академического истеблишмента, по крайней мере среди западных
экономистов, не подверг работы Ханина серьезной критике, так как полученные им цифры казались столь же правдоподобными, что и все остальные.
Наиболее полный критический анализ исследований российского экономиста был дан в статье Харрисона [Harrison 1993]. Последний критикует Хани-

вышли уже другие расчеты советского национального дохода, которые позволили пересмотреть не соответствующие действительности цифры ЦРУ в сторону уменьшения. У ученых появилась возможность выбора методики расчета в соответствии с их системой релевантностей[24]. Важно учитывать еще один нюанс, связанный с оценкой советского национального дохода. А. Ослунд утверждал, что после краха советской экономики по крайней мере пятая часть спада советского производства должна была быть отнесена на счет полной бесполезности последнего. Другими словами, когда производство, наконец, стало удовлетворять реальный спрос, большая часть его продукции оказалась невостре-

на за игнорирование эффекта Гершенкрона. Согласно Харрисону, российский экономист Ханин склонен относить учет эффекта, приводящий к раздуванию результатов в западных расчетах, к методологическим ошибкам, хотя в своих собственных расчетах он несправедливо добавляет его к скрытой инфляции. Харрисон высоко оценивает модели Ханина, считая их «последовательными и хорошо обоснованными», и отмечает, что максимальное расхождение между расчетами Ханина и ЦРУ относится к довоенной эпохе. Ханин, как и Кларк до него, пришел к выводу о 50-процентном росте советской экономики в период с 1928 по 1940 год. Если мы возьмем послевоенный период до 1980-х годов, цифры Ханина будут отклоняться от цифр ЦРУ не так уж сильно; в результате расчетов он, в отличие от сотрудников американских спецслужб, приходит к выводу о более резком росте экономики СССР в 1950-е годы и более резком замедлении роста в 1960-х и 1970-х годах. Расчеты Ханина свидетельствовали об отсутствии роста в 1980-х годах и его превращении в падение в пересчете на душу населения, что шло вразрез с цифрами ЦРУ: 2 %. Таким образом, значительное расхождение между ними за весь период в значительной степени объясняется оценкой экономической базы в послевоенный период, которая, по мнению Ханина, была результатом скромного экономического роста в 1930-х годах.

[24] В результате применения этих методов расчета исследователи приходили к выводу о том, что доход на душу населения в СССР составляет треть дохода в Соединенных Штатах. Они признавали, что из-за методологических трудностей показатель роста экономики СССР зачастую завышается. К числу наиболее важных работ относятся исследования Всемирного банка, проведенные П. Марером [Marer 1985], И. Эдвардсом и Г. Шредером [Edwards, Schroeder 1981] и А. Мэддисоном [Maddison 2001], которые пересмотрели показатели ЦРУ в сторону понижения, в результате чего советская экономика стал четвертой по величине экономикой в 1990 году после Соединенных Штатов, Японии и, как ни странно, Китая.

бованной; падение производства этой бесполезной продукции, рассчитываемое статистически как внезапное и реальное сокращение советской экономики, по мнению исследователя, следует рассматривать как желательное развитие, как прекращение расточительного производства. «Экономическое развитие России, — заключил Ослунд, — остается на том же уровне, что и в советское время: примерно на уровне Бразилии» [Åslund 2001: 20][25].

Даже если нет возможности расчета единственно верного показателя ВНП, для раскрытия авторского тезиса оправдано обращение к британской и российской критике американской экономической советологии. В дальнейшем мы покажем, что развивать международное экономическое сотрудничество советскому руководству мешали по преимуществу проблемы качества и ассортимента. Продукция советского производства представляла для богатых стран малый интерес, а импортировавшие советское промышленное оборудование и технологические товары бедные страны были вынуждены считаться с их крайне неудовлетворительным качеством. Несмотря на проблемы с твердой валютой, поразившие большую часть стран глобального Юга и побудившие их наладить с Советским Союзом бартерную торговлю, импорт советских товаров на протяжении всей холодной войны оставался вторым по оптимальности вариантом решения проблемы экономического развития. Вопреки ожиданиям советского руководства, в индустриально развитых государствах промышленными товарами СССР, особенно капиталоемкими, продажа которых свидетельствовала бы в пользу больших технологических успехов, достигнутых советской экономической системой, была занята лишь малая доля рынка. Более того, изменение структуры внешней торговли Советского Союза с богатыми, индустриально развитыми государствами было более характерно для страны со средним уровнем дохода, постепенно переключающейся на производство одного типа товара и приближающейся к бедным странам — экспортерам сырья. Если в 1955 году промышленные товары составляли 28 % советского экспорта в Западную Европу, то в 1983 го-

---

[25] Если это так, то необходимо задать вопрос, имел ли место «коллапс», 44-процентный спад, о котором свидетельствует официальная статистика.

ду — 6 %[26]. В середине 1980-х годов примерно три четверти экспорта СССР в индустриально развитые государства составляли нефть, природный газ и золото.

Обратная сторона медали — импорт в Советский Союз западных промышленных товаров. Как было отмечено Владимиром Тремлем, в 1970-е годы наблюдалось увеличение значения торговли для советской экономики: если измерять во внутренних ценах, она составляла более одной пятой национального дохода [Treml 1980]. Большая часть этого роста пришлась на импорт, который увеличился с 7 % национального дохода в 1960 году до почти 15 % в 1976 году[27]. Этот более быстрый темп роста импорта в номинальном выражении был результатом изменения структуры торговли. Советское руководство стало больше полагаться на экспорт топлива, которое, особенно после резкого роста мировых цен в 1973 году, имело на внутреннем рынке меньшую стоимость; в то же время оно увеличило импорт машин из западных стран: показатель вырос с 17 % от общего импорта машин в 1970 году до почти 40 % семь лет спустя [Treml 1980: 190]. СССР отнюдь не являлся банановой республикой, но его растущая зависимость от экспорта сырья для финансирования импорта большого количества западных промышленных товаров была столь же очевидна, сколь и тенденция к увеличению экономических ограничений. Вышеупомянутые особенности советской экономики позволяют отличить ее от экономики таких промышленных «тяжеловесов», как Япония и Германия.

Достижению целей настоящего исследования неоднозначные и, возможно, ненаучные наблюдения Гринспена и Ханина способствуют больше, чем систематические и вызывающие — у амери-

---

[26] Обращение к глобальному контексту подтверждает этот упадок. Если в 1965 году СССР обеспечивал 0,82 % импорта промышленных товаров Организации экономического сотрудничества и развития (ОЭСР), то к 1981 году этот показатель уже составлял 0,51. В тот же период доля импорта из новых индустриальных стран увеличилась с 2,74 до 6,95 %. См. [Åslund 1990: 43].

[27] Сохранялся баланс между импортом и экспортом в конвертируемой валюте: советское руководство не финансировало импорт за счет долгов. Несоответствие было функцией исключительно внутренних цен.

канцев — тревогу статистические сборники ЦРУ. Причины этого будут раскрыты далее. Под «рублем» в книге, как правило, будет подразумеваться инвалютный рубль, хотя из архивных материалов это не всегда сразу понятно. Речь идет о денежной единице, в которую по установленному советским правительством произвольному обменному курсу конвертировалась иностранная валюта[28]. В таком контексте оценка стоимостного объема экспорта затруднена, за исключением случаев, когда экспортная продукция покупалась за твердую валюту. Однако коммерческие отношения со странами третьего мира редко основывались на твердой валюте — в этом случае имели место бартерные обмены. Именно здесь проблема качества, скрытая статистической методологий ЦСУ, становятся политически значимой.

В связи с этим показательна судьба восьми советских самолетов Ил-18, проданных Гане в начале 1960-х годов. Советская делегация в Гане удостоверилась в справедливости претензий ганских официальных лиц, связанных с тем, что из восьми самолетов, проданных этой стране, только четыре работали исправно, но их средний налет составил 15 часов в месяц. Для сравнения: единственный самолет Бристоль «Британия» в парке страны налетал 113 часов в месяц, и его обслуживание обходилось правительству в меньшую сумму[29]. Казалось бы, стоимость одного британского самолета — при прочих равных характеристиках — была почти вдвое больше, чем у восьми советских самолетов. Однако подобные расчеты историка не имеют большого значения,

---

[28] В книге курс рубля берется по умолчанию по состоянию на рассматриваемый год. С 1950 по 1961 год обменный курс к доллару США составлял около четырех рублей за доллар, после чего было решено, что обменный курс составит 1,1 доллара за рубль. Это вполне могло быть расценено как невероятная переоценка рубля — другими словами, свидетельство советской силы. Однако внутри страны рубли обменивались по курсу из расчета десять рублей старыми за один рубль новыми деньгами, а цены снижались на десять. Это не означает, что рубль был девальвирован по отношению к доллару. Это лишь значило наличие учета фактически конвертируемой валюты в рублях. Тема соотношения рублевых стоимостей и коэффициентов пересчета внешнеторговых рублей на 1961 год раскрывается в тексте Дохана [Dohan 1969: 703–708].

[29] ГАРФ. Ф. 5446. Оп. 97. Д. 1382. Л. 63–64.

поскольку торговые партнеры СССР сами определяли ценность продолжения экономических отношений с Советским Союзом, часто отворачиваясь от советских рынков и возвращаясь к мировым. Другими словами, сравнительная отсталость сдерживала СССР политически и экономически таким образом, который не был описан в литературе времен холодной войны.

На основании того, что сектор внешней торговли стал и оставался одним из наиболее быстрорастущих секторов советской послевоенной экономики, можно утверждать, что руководство в целом преуспело в стимулировании внешней торговли страны. Однако этот успех был весьма ограничен. Согласно архивным свидетельствам, на отношения СССР с Западом и Югом накладывались серьезные экономические ограничения. Этому описанию в большей степени соответствуют не расчеты ЦРУ, а предположения Ханина и поверхностные наблюдения Гринспена. Объем внешнеэкономических связей Советского Союза соответствовал размерам страны и уровню экономического развития. Осознание советским руководством ограничений и связанное с этим осознанием ощущение фрустрации, задокументированные в этой книге, должны помочь определить точное место Советского Союза в мировой экономике XX века и пересмотреть способность этой страны к распространению своей власти в сторону уменьшения этой способности, что до сих пор не предпринималось в литературе по международной истории. Послевоенное возвращение Советского Союза на мировую арену произошло на фоне зарождающейся экономической глобализации и стало возможным благодаря ей. Это книга о СССР в контексте спада, а затем подъема великого процесса глобализации XX века.

Часть I

ИЗОЛЯЦИЯ

Глава 1
Депрессивный сталинизм

В своей вышедшей в 1994 году книге «Великая трансформация» К. Поланьи обратился к теме международного фундамента капитализма и объяснил, как разрушение одного из его столпов — золотого стандарта — привело к появлению сил экономического национализма, подорвавших изнутри европейский политический порядок. Ученый рассматривал большевизм как одну из этих радикальных сил, но в то же время в небольшом отрывке, посвященном России, назвал эту страну особым случаем. Поланьи выделял две русские революции (позже эту точку зрения будут разделять многие историки): первая, произошедшая в 1917 году, «воплотила традиционные западноевропейские идеалы, а вторая стала частью совершенно нового процесса 30-х гг.» [Поланьи 2002: 267]. И если первая, согласно К. Поланьи, была внутрироссийским событием, то вторая «составляла часть процесса всеобщей трансформации» [Поланьи 2002: 267]. Прекращение функционирования золотого стандарта ощущалось по всему миру, приводя к схожим во многих отношениях результатам:

> К 1924 г. о «военном коммунизме» уже забыли, Россия восстановила свободный внутренний рынок зерна, сохраняя при этом государственный контроль над внешней торговлей и ключевыми отраслями промышленности. Теперь она упорно стремилась увеличить свою внешнюю торговлю, зависевшую преимущественно от экспорта хлеба, леса, мехов и других сырьевых материалов, цены на которые резко упали в ходе аграрной депрессии, предшествовавшей общему кризису в торговле. Неспособность России развивать

экспортную торговлю на выгодных условиях ограничивала ее возможности в импорте машин и оборудования, а следовательно, и в создании национальной промышленности; это, в свою очередь, неблагоприятно повлияло на условия товарообмена между городом и деревней (т. н. «ножницы»), обостряя вражду крестьянства к власти городских рабочих. Таким образом, дезинтеграция мировой экономики усилила давление на паллиативные меры решения аграрного вопроса в России и ускорила создание колхозов. В том же направлении действовала и неспособность традиционной европейской политической системы обеспечить безопасность отдельных государств, ибо она стимулировала потребность в вооружениях, увеличивая тяготы мучительной индустриализации. Отсутствие системы политического равновесия образца XIX в., равно как и неспособность мирового рынка поглотить русскую сельскохозяйственную продукцию, вынудило Россию вступить на путь экономической самодостаточности. Социализм в отдельной стране был порожден неспособностью рыночной экономики обеспечить экономические связи между всеми странами; то, что казалось русской автаркией, было лишь кончиной капиталистического интернационализма [Поланьи 2002: 268].

Более поздние объяснения советской автаркии будут предполагать целенаправленную попытку реализации стратегии импортозамещения, которая быстро увенчалась успехом[1]. На первый взгляд, это вполне логичный вывод. Объем советской торговли

---

[1]   См. аргументацию Гершенкрона [Gerschenkron 1945], позднее развитую Ф. Хольцманом в его книге, во всех иных отношениях превосходной [Holzman 1974], особенно в главе 6, в которой он нерешительно подхватил некоторые тезисы Поланьи, но вместе с тем акцентировал внимание на внутреннем стремлении к автаркии, а не на давлении извне. См. также работу Э. Х. Карр и Р. У. Дэвис [Carr, Davies 1969: 402–413], в которой преувеличивается роль аргументации Преображенского о внешней зависимости и преуменьшается значение аргументов правых (Сокольников) и центристов (Базаров). Последние два выступали за развитие экспорта сельскохозяйственной продукции в качестве первоочередной задачи, так как только с помощью него СССР мог импортировать промышленное оборудование. Непонятно, почему Карр и Дэвис считали, что руководство не брало в расчет эти мнения, если Сокольников был частью руководства и позиция его фракции на первых порах была господствующей.

в период первой пятилетки быстро увеличивался, чтобы потом резко упасть. Изначальный импорт западных технологий привел к повышению производительности и общему экономическому росту, а уже во второй половине 1930-х годов импортозамещение было лейтмотивом советской пропаганды. Но подобное рассуждение, однако, не принимает во внимание быстро меняющиеся мировые тенденции, которые Поланьи и исследователи международной политической экономии рассматривали как определяющие для последующих десятилетий.

Анализ Поланьи предвосхищает более поздние исследования советской экономики. В 1920-х годах мир переживал механизацию и модернизацию сельского хозяйства [Frieden 2006: 167–168]. Хотя механизация сама по себе не увеличивала урожайность, она повышала производительность труда, снижая потребность в рабочей силе в деревне, увеличивая городское население и содействуя заселению плодородных пахотных равнин Аргентины, Австралии и других регионов, куда направилась новая волна эмиграции. Развитие транспортной инфраструктуры позволило включить эти новые, более урожайные регионы, производящие зерно, в мировой рынок. Общим итогом стало падение мировых цен на зерно и сворачивание европейского сельскохозяйственного сектора, нуждающегося теперь в защите и субсидиях от своих правительств. Как отметил Ч. Киндлбергер, именно страны — экспортеры зерна, в том числе Советский Союз, первыми ощутили леденящую хватку того, что впоследствии переросло в Великую депрессию.

В Советском Союзе колебание цен на зерно было обусловлено двумя факторами. В то время как рост в СССР внутреннего спроса привел к увеличению цен, с целью экспорта зерна на выгодных условиях советское руководство было вынуждено удерживать низкие цены, что становилось все более затруднительным в контексте падения цен мировых [Dohan 1969: 342–345][2]. Таким образом, официальные закупочные цены колебались под влия-

---

[2] Большую озабоченность по сравнению с ценами на зерно вызывали цены на другие сельскохозяйственные продукты, особенно яйца, масло и лен.

нием двух противоречащих друг другу устремлений — получать прибыль от экспорта и стимулировать сбыт зерна. Крестьянство, в свою очередь, использовало зерно для увеличения поголовья скота и стремилось выйти на более прибыльный рынок мяса и других продуктов животного происхождения, цены на котором в основном определялись внутренним рынком и резко росли из-за возросшего спроса.

В результате успеха новой экономической политики (НЭП), увеличившей совокупный спрос, выросли также цены на промышленные товары. Сознательное решение советского правительства сдержать этот рост цен привело к дефициту, так называемому товарному голоду — иными словами, к инфляции [Davies 1980: 38–41]. Реакция крестьянства на плачевную ситуацию в области торговли не заставила себя ждать: отказываясь от обмена зерна на изготовленные в городах промышленные товары и предметы потребления, оно уходило с рынка и в ожидании более благоприятных времен хранило зерно либо скармливало его скоту. Р. К. Аллен пришел к выводу о значительной эластичности рынка сельскохозяйственной продукции до окончания НЭПа. Повышение уровня цен на сельскохозяйственную продукцию на 10 % стимулировало семипроцентный рост объемов торговли[3]; улучшение условий торговли в сельской местности могло бы увеличить объем продаж зерна в городе [Allen 1997][4].

---

[3] Противоположная точка зрения представлена в книге П. Р. Грегори [Gregory 1994: 107].

[4] Другой причиной спада торговли зерновыми было существенное уменьшение среднего размера хозяйств, наметившееся еще во время революции. Поместья и крупные хозяйства обеспечивали большую часть излишков зерна, экспортируемых царской Россией; однако они были ликвидированы во время большевистской революции, что привело к уменьшению размеров хозяйств и увеличению потребления зерна в хозяйствах. Данная ситуация была усугублена ростом сельского населения. По мере развития натурального хозяйства торговый оборот с городом уменьшался. Аллен подсчитал, что «на счет фактора снижения добавочного количества продукта можно отнести четверть всего объема спада торгового оборота, в то время как остальные три четверти были результатом ухудшения торговых условий» [Аллен 2013: 122].

В советском руководстве многие разделяли эту точку зрения. Однако нужно учитывать то, что в то же время внутренние рынки зерна были не единственной постоянно отдаляющейся целью: приходилось вести конкурентную борьбу на мировых рынках, которые мало согласовывались с советскими планами индустриализации в конце 1920-х годов.

В дореволюционные времена, когда золотой стандарт поддерживал мировую экономическую интеграцию и рост, российская экономика могла привлекать иностранные кредиты для стимулирования роста промышленного сектора даже в условиях неустойчивого, но в целом растущего экспорта сельскохозяйственной продукции, который обеспечивал большую часть необходимых иностранных инвестиций и технологического трансфера, преобразовавшего российскую промышленность. Ситуация кардинально поменялась в период правительственной дискуссии об индустриализации второй половины 1920-х годов. Положительное сальдо внешней торговли было необходимо для рывка в промышленном инвестировании, который советское правительство задумывало осуществить после общего восстановления экономики. Государству в 1926/1927 отчетном году едва удавалось экспортировать пятую часть того, что экспортировалось в царской России, а в следующем году объем экспорта не превысил даже 1/10 [Wheatcroft 1991: 99]. Политика изменилась, в 1927/1928 отчетном году экспорт впервые подчинялся экспортному контролю безотносительно получения коммерческой прибыли [Dohan 1969: 482–483]. Когда мировая экономика начинала скатываться в пропасть 1930-х годов, в СССР рыночные механизмы сменялись командно-административными.

Ленинское наследие: золотой стандарт

Ни один другой сегмент российской экономики не пострадал от большевистской революции и Гражданской войны так сильно, как сегмент внешней торговли. Как писал Майкл Дохан, вся инфраструктура царской внешней торговли, включая квалифицированный персонал, торговые соглашения, тарифную и торговую политику, обменные курсы, финансовые институты и функционирующую рыночную систему, была разрушена. Таким образом, возобновление внешней торговли зависело не только от физического производства экспортной продукции и распределения импортируемой продукции, но и от восстановления всей структуры внешней торговли [Dohan 1991: 217].

Ситуация осложнялась относительной нехваткой экспертов в области внешней торговли, подавляющее большинство которых в царские времена составляли иностранцы. Другими словами, большевики не могли поступить так, как они поступили в сфере промышленного производства, — пригласить буржуазных экспертов (см. рис. 2) [Quigley 1972: 467].

Захватив власть, большевики получили под свое начало преимущественно аграрную систему, которая имеет больше схожих черт с развивающимися незападными, а не с европейскими экономиками, которые так часто служили мерилом оценки российского прогресса. Доходы на душу населения, экономическая структура и демография России — все указывало на это [Аллен 2013: 22–25]. Доход на душу населения был выше уровня Индии и Китая, но значительно уступал показателям беднейших стран европейской средиземноморской и скандинавской периферии [Аллен 2013: 14][5]. Несмотря на то что в течение последних двух десятилетий царского правления темпы промышленного роста были сопоставимыми с его темпами в европейских странах, российская экономика оставалась по преимуществу аграрной: три четверти ее населения занимались сельским хозяйством — это превышало показатели большей части стран Южной Амери-

---

5   Опираясь на исследования мировой экономики А. Мэддисона, Аллен рассчитал годовой доход на душу населения в России 1913 года в $ 1488, тогда как в странах средиземноморской периферии — $ 2263, скандинавской периферии — $ 2652, в Восточной Европе — $ 1694, в южном ядре Латинской Америки — $ 3439, в остальных странах Латинской Америки — $ 1095, в Юго-Восточной Азии — около $ 1000.

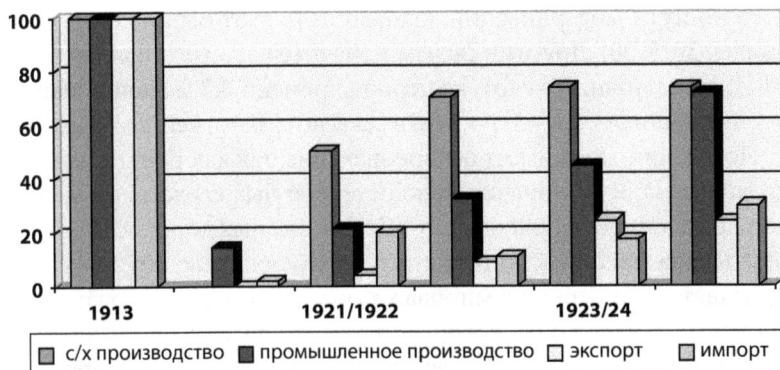

Рис. 2. Восстановление экономики во время НЭПа
(1913 год — 100 %)[6]
Источник: [Dohan 1969: 177].

ки и соответствовало состоянию дел в большей части азиатских
стран. При этом темпы роста населения и рождаемости были
сопоставимы с показателями Индии, что позволяет нам выдвинуть предположение: если бы не война, голод, сталинские репрессии и быстрый экономический рост, Россия вполне могла бы
попасть в мальтузианскую ловушку, в которой оказались Индия,
Индонезия, Филиппины и Бразилия [Аллен 2013: 156–178].

Несмотря на индустриальные амбиции, основой дореволюционной экономики России оставалось сельское хозяйство.
В 1885 году, перед началом периода российского экономического
бума, сельское хозяйство составляло около 59 % валового внутреннего продукта (ВВП); в 1913 году — 51 %. За тот же период
доля промышленности выросла с 6,6 до 14,9 %, а доля транспорта — с 2,3 до 5,8 %. Как писал Аллен, «экономика России развива-

---

6 К 1928 году экспорт все еще составлял лишь немногим более 1/3 от уровня
экспорта 1913 года, тогда как импорт — около 2/3 импорта того же базового
года. Относительно хорошие показатели импорта можно объяснить готовностью советского правительства финансировать возникший дефицит
платежного баланса золотом и другими драгоценными металлами. Объем
промышленного и сельскохозяйственного производства к 1928 году значительно превысил уровень производства 1913 года.

лась по пути модернизации. Однако путь этот был непростым» [Аллен 2013: 38]. Другими словами, значительный ежегодный рост ВВП, составивший за тот же период времени 3,3 %, почти наполовину были обеспечен ростом в сельскохозяйственном секторе.

Последний тезис имеет особое значение, так как рост сельского хозяйства России в значительной степени был следствием ее интеграции в мировую экономику[7]. Сеть железных дорог все больше опутывала российскую глубинку, позволяя сельским жителям продавать свое зерно на мировых рынках, широкий доступ к которым был открыт конвертируемостью рубля, обеспеченного золотом. Рост цен на большую часть сельскохозяйственной продукции, и особенно на пшеницу (так называемый пшеничный бум первой эры глобализации), улучшил условия торговли в сельской местности и стимулировал освоение таких столь непохожих друг на друга стран, как Канада, Австралия и Аргентина. Это, в свою очередь, способствовало повышению производительности сельского хозяйства в большей части стран мира, включая Россию [Frieden 2006: 68–72].

Поэтому неудивительно, что до Первой мировой войны более трех четвертей российского экспорта приходилось на сельскохозяйственную продукцию: одно только зерно составляло 50 % от общего объема экспорта, а основными направлениями оставшейся четверти экспорта были древесина и нефть. Внешняя торговля

---

[7] Пол Грегори, например, проанализировал инвестиционные циклы 1895–1913 годов во Франции, Германии, Швеции, Великобритании и США. Он пришел к следующим выводам: «Во-первых, инвестиционные циклы в России в целом привязаны к циклам прочих стран: Россия приняла участие и в общем росте инвестиций 1890-х годов, и в общем спаде на рубеже столетий, и в новом подъеме 1908–1913 годов. Во-вторых, инвестиционный цикл России выглядит более тесно связанным с германским и шведским циклами. В-третьих, изменения происходят сначала в более крупных экономиках (Великобритания, Франция и Германия), а затем уже передаются в меньшие (Швеция и Россия)». 1905 год существенно поменял российский инвестиционный цикл: несмотря на общемировую тенденцию к увеличению капиталовложений, в 1906 г. произошло резкое снижение российских инвестиционных расходов. Что касается циклов роста ВВП, картина несколько усложняется: на рост в большей степени повлияли общественные волнения в 1905 и 1906 годах, чем спад мировой экономики на рубеже веков [Gregory 1994: 77–80].

России была классическим примером обмена, основанного на принципе сравнительных преимуществ, поскольку она импортировала промышленные материалы (шерстяное волокно, бумагу, каучук и свинец), на которые приходилось 42 % общего импорта; доля промышленных товаров составляла 22 %; доля продуктов питания, в частности чая и сельди, — 20%; доля промышленного оборудования — 15 % [Davies 1991: 326][8]. Россия, однако, нуждалась в поддержании положительного торгового баланса, поскольку должна была обслуживать все более обременительной долг, с которого финансировался такой важный элемент ее промышленности и связи, как железные дороги [Lewis 1994: 200][9]. Но несмотря на то, что импорт составлял в среднем около 75 % экспорта, дефицит платежного баланса России все еще оставался значительным. Основным торговым партнером России была Германия, на долю которой приходилось 30 % ее экспорта и почти 50 % импорта. В то же время в Великобританию отправлялось 18 % экспортной продукции, а доля британской продукции в общем импорте составляла менее 13 %. Нидерланды покупали 12 % экспортируемых из России товаров и поставляли менее 1,5 % импортируемых[10]. То есть Россия продавала свое зерно и лес в Великобританию и Нидерланды, чтобы покупать промышленные материалы и потребительские товары из Германии. Золотой стандарт лежал в основе этого обмена.

Война предсказуемо обрушила платежный баланс России [Gatrell 2005: 132–153][11]. Страна начала импортировать большое

---

[8] Разбивку стоимостного объема импорта по годам (четыре года Российской империи и за весь период НЭПа) можно посмотреть в табл. 58 [Davies 1991: 326].

[9] В действительности в последние несколько лет существования империи расходы на обслуживание российского долга, наряду с переводами прибыли иностранными инвесторами и существенными расходами российских туристов за границей, превышали импорт нового капитала, что в целом характерно для зависимых стран третьего мира.

[10] Высчитано с опорой на статистические данные [Министерство внешней торговли 1960: 21, 23].

[11] Гатрелл подсчитал, что общие военные расходы государства составили 38 650 млн рублей; при этом на Русско-японскую войну в свое время было потрачено 2295 млн рублей. В российской экономической политике наблю-

количество материалов, необходимых для ведения войны, в то время как экспорт практически прекратился; продукция была перенаправлена на военные нужды, а транспортные связи страдали от постоянных перебоев, имевших разрушительные последствия [Dohan 1969: 154–157][12]. Решающий удар нанесла большевистская революция: политика молодого правительства вызвала блокаду со стороны основных торговых партнеров России, которые еще не были в состоянии войны с ней. Новое революционное правительство продолжило курс на постепенную монополизацию внешней торговли, проводимый царским и Временным правительствами во время войны в жизнь посредством расширения существующей системы импортных и экспортных лицензий. Царское Министерство торговли и промышленности осуществляло политику в контексте экономической мобилизации, призванной обеспечить военные потребности и усилить государственный контроль. Этот процесс набирал обороты, о чем свидетельствовали создание специальных советов в мае 1915 года и эффективное секвестирование Путиловской компании [Gatrell 2005: 108–127][13]. По мере роста спроса на колчедан и другие материалы для военной промышленности государство перешло от контроля с помощью лицензий к прямому участию во внешней торговле с целью гарантировать получение этих материалов и исключить необходимые для внутренних нужд страны товары

дается определенная преемственность. Царское правительство финансировало военные расходы за счет эмиссии денег; эта же инфляционная политика проводилась большевистским правительством вплоть до 1923 года и введения в обращение червонца.

[12] Крайняя зависимость царской России от иностранного вооружения и военной техники во время Первой мировой войны была уроком, который советское руководство никогда не забудет, фактором, объясняющим как стремление советского правительства к индустриализации, так и его ставку на тяжелую промышленность, машиностроение, развитие производства промышленных материалов и транспорта.

[13] Следует отметить, что почти сразу же после создания советов возникли трения между ответственными за торговлю и промышленность и Специальным советом по транспорту. Они никуда не исчезнут в период НЭПа и сохранятся вплоть до конца правления Хрущева.

из экспорта. Предвосхищая создание Народного комиссариата внешней торговли, в мае 1916 года царское правительство обязало экспортеров вносить свои валютные поступления на счета Министерства финансов [Baykov 1946: 5–6].

Начавшиеся в царской России процессы продолжились после революции и достигли своей кульминации в правительственном декрете об аннулировании государственных займов в январе 1918 года (это означало отключение от финансовой сети, к которой принадлежал предыдущий режим) и окончательной национализации внешней торговли в апреле того же года. Помимо идеологических причин, отказ от выплаты царского долга имел прагматические резоны: в контексте враждебно настроенного окружения получение новых иностранных кредитов представлялось маловероятным, а выплата процентов быстро бы истощила запасы молодого революционного государства [Lewis 1994: 201–202]. Национализация внешней торговли была в определенном отношении практическим решением проблемы соблюдения условий Брест-Литовского мирного договора, подписанного месяцем ранее. В соответствии с этим договором советское правительство не могло повышать тарифные ставки на немецкие товары и экспортные пошлины на лесную и горнодобывающую продукцию, в которой нуждались немцы. Так или иначе, именно мир с Германией в итоге повлек за собой блокаду, в следующем году эмбарго было ужесточено, а российские активы за рубежом арестованы [Dohan 1969: 218].

Блокада ознаменовала конец технологического трансфера, который был основным фактором индустриализации России. Рыночный механизм, лежавший в основе внешней торговли царской России, и выстроенная вокруг него система кредитования и коммуникации были разрушены войной. Несмотря на восстановление внешнеэкономических связей после снятия блокады в 1920 году и подписание торгового договора с Великобританией в следующем году, большевистское правительство так и не смогло восстановить приток иностранных технологий, которые служили одним из столпов дореволюционного процесса индустриализации. Необходимо отметить, что оно предпринимало попытки, которые, однако, не принесли успеха. Внешнеэкономические отношения периода НЭПа все больше соответствовали царской модели; коммерческая рентабельность должна была стать главным ориентиром для экспорта, даже если большевики пытались содействовать технологическому трансферу путем предоставления концессий иностранцам. Но даже на пике своего развития, во вторую половину периода НЭПа, концессии давали не более 0,5 % от общего объема производства [Davies 1989: 33][14]. Краеугольным камнем и одновременно семенем погибели этой опирающейся на рынок системы стало восстановление связи с либеральной мировой экономикой посредством золотого стандарта и введение червонца — новой валюты, стоимость которой будет обеспечиваться золотыми резервами[15].

Несмотря на то что НЭП позволил в определенной степени восстановить объем экономического производства царской России, внешняя торговля на протяжении 1920-х годов находилась в упадке, в результате чего Россия по своему технологическому уровню все больше отставала от западных стран. Так, внешнеторговый сектор, перешедший под контроль государства как одна из «командных высот», если использовать выражение Ленина, был одним из наименее эффективных секторов экономики Советского Союза (см. рис. 3). С июня 1920 года уполномоченным органом по совершению внешнеторговых операций становится Наркомат внешней торговли, возглавляемый исполняющим обязанности наркома торговли и промышленности Л. Б. Красиным. В деле восстановления царской модели экономики последний делал ставку на западные кредиты, концессии,

---

[14] Особенно успешными оказались марганцевая концессия будущего американского посла А. Гарримана в Грузии, концессия Лены Голдфилдс, которая восстановила поток британских инвестиций, и карандашная компания американца А. Хаммера, который также экспортировал в Советский Союз фармацевтические препараты и в конце концов стал председателем *Occidental Petroleum*.

[15] Значение того и другого в дебатах 1925–1926 годов раскрывается в книге Д. Вудрафа [Woodruff 2008]. Как отмечает Вудраф, стенограммы дискуссий в Политбюро свидетельствуют о том, что «международная экономика была центральным вопросом для большевиков в тот период». См. [Woodruff 2008: 200].

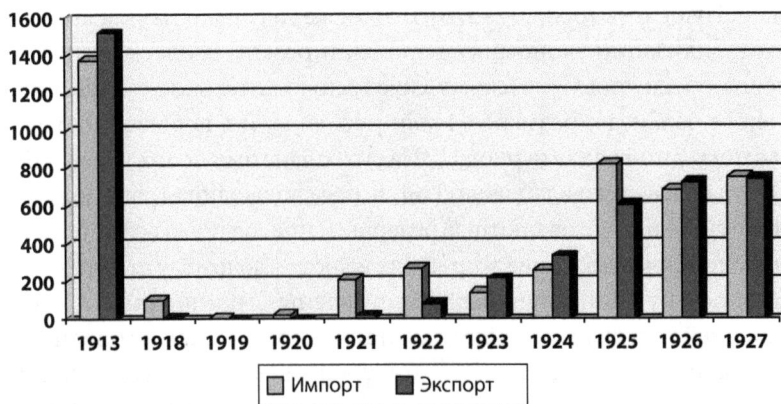

Рис. 3. Объемы внешней торговли Российской империи
и Советского Союза в текущих ценах (млн руб.)
Источник: [Внешняя торговля за 1918–1940: 14].

торговлю и займы. Красин хотел создать комиссариат, который
позволил бы осуществить эту задачу [О'Коннор 1993].

Провал внешнеэкономической политики 1920-х годов был по
большей части обусловлен неблагоприятной ситуацией, связанной
с неурожаем зерновых. В начале 1920-х годов импорт в значительной степени финансировался за счет золотовалютных резервов[16].
Они были исчерпаны в 1922 году. Реакцией на это стал более рег-
ламентированный план внешней торговли, позволивший уменьшить отрицательное сальдо в 1922/1923 отчетном году. С 1923 года Народный комиссариат финансов проводил кампанию по
восстановлению фискальной дисциплины, призванную вернуть
страну к золотому стандарту. В 1924 году, выступая перед регио-
нальными партийными работниками, Г. Я. Сокольников сравнил
декреты наркомата с боевыми приказами [Доброхотов, Колодеж-

---

[16] Основной причиной сокращения золотых резервов стала попытка модернизации железнодорожной системы с помощью масштабного импорта локо-
мотивов и прочего оборудования. Практически 30 % золотого запаса России
было израсходовано на эту первую непосредственную попытку реализации
стратегии восстановления через быструю модернизацию системы связи.
Подробнее см. в [Heywood 1999].

ный, Пушкарев 2008: 577–578]. В этом же году план Дауэса привел к стабилизации экономику Европы, и резкий всплеск экспорта зерна обеспечил Советскому Союзу положительное сальдо торгового баланса в размере 94 млн рублей — и в первый, но, увы, и в последний раз за период НЭПа его баланс был положительный. Этот всплеск вызвал большой оптимизм, позволил стране восстановить свои золотовалютные резервы и присоединиться к международной системе конвертируемых валют — золотому стандарту[17]. На последующие годы были составлены амбициозные планы внешней торговли, но валютная стабильность никак не повлияла на стабильность погоды, и плохой урожай 1924–1925 года вернул к жизни отрицательное сальдо. В том же году Советский Союз стал нетто-импортером зерна, что сократило с трудом накопленные золотые резервы до уровня, который ставил под угрозу обеспеченность червонца золотом[18].

К концу 1925 года растрата резервов и завершение безинфляционной ремонетизации экономики, в результате которой денежная масса была удвоена без значительного увеличения инфляции, уже явно сдерживали действия государств. Как мы увидим, накануне XIV съезда партии в конце того же года это породило среди партийного руководства множество дискуссий [Woodruff 2008: 202–204][19]. Финансирование закупок зерна пришлось сократить, поскольку внутренние цены на него начали расти, опередив мировые цены, — неблагоприятный сценарий для правительства, стремящегося использовать экспорт зерна для

---

[17] «Присоединение» означало приобретение средств (золотовалютных запасов), позволявших осуществлять интервенции на внутренних и внешних рынках с целью поддержания постоянного золотого паритета червонца. В отличие от многих других правительств межвоенного периода советское правительство так и не взяло на себя обязательств по обмену червонца на золото по фиксированному курсу. Наиболее полное изложение короткой, но важной истории червонца можно найти в [Goland 1994: 1251–1296].

[18] Согласно Сокольникову, на поддержание платежного баланса советское руководство потратило 115 млн рублей золотом. См. [Андерсон 2007: 334].

[19] Ю. Голанд изучил аналогичные дискуссии, происходившие на более низком и специализированном уровне Совета труда и обороны (СТО) [Goland 1994].

развития промышленности (см. рис. 4 и 5). А сбалансированность внутреннего и международного рынков стала для советской власти невыполнимой задачей.

Рис. 4. Стоимость продажи зерна (1913 г. — 100 %)
Источник: [Davies 1991: 279].

Рис. 5. Объем зернового экспорта в 1913 и 1922/23–1934 годы
Источник: [Davies, Harrison, Wheatcroft 1994: 316].
Рассчитано по: [Внешняя торговля за 1918–1940: 84, 110, 144, 179].

Дискуссии о внешней торговле и советской индустриализации

Попытка найти сходство между действиями большевистского руководства и администрации Гувера либо политических элит промышленно развитых стран по большей части бесплодна. Одну важную параллель все же можно провести. Столкнувшись с экономическим кризисом в 1920-х годах, и те и другие предпочли следовать либеральным предписаниям золотого стандарта. Речь идет о мерах жесткой экономии. Исторический период от смерти Ленина до первой пятилетки обычно описывали как период политической борьбы между сторонниками противоположных теоретических позиций (перманентная революция vs построение социализма в одной стране). За этой дискуссией об индустриализации между правыми и левыми последовала атака Сталина на правых сторонников сбалансированной индустриализации[20]. Этот нарратив приписывает политикам большую степень свободы, чем та, какой она могла быть в те годы. Он искажает реальное положение дел. Создается образ большевистских лидеров как полностью вовлеченных в идеологическую борьбу агентов, не обремененных задачей преодоления последствий серьезного экономического кризиса. Поэтому помещение дискуссий в кризисный контекст представляется необходимым шагом.

Наряду с более открытыми и широко известными теоретическими дискуссиями об индустриализации в Политбюро, велись более практически ориентированные дискуссии — относительно оптимального политического курса в неблагоприятных условиях мировой экономики. Речь шла о том, как наилучшим образом использовать финансовые и товарные активы страны для индустриализации и модернизации экономики в рамках рыночного взаимодействия. Сами дебаты были следствием не идеологических колебаний, а неожиданных испытаний, которым подверглись червонец и правительственные золотые резервы. Это, в свою

---

[20] С типичным для специальных исследований нарративом можно ознакомиться у [Berend 1998: 210–219].

очередь, подрывало веру в правильность политического курса на поддержание монетарной стабильности как внутри страны, так и за рубежом. Один из вариантов выхода из ситуации заключался в поддержании золотого паритета червонца с помощью продажи золота на открытом рынке: ставка делалась на рост экспорта и промышленное развитие, которые смогут решить проблему хронического дефицита платежного баланса и восстановить золотовалютные резервы. С этим вариантом соглашалось все большевистское руководство. Предполагалось, что отказ от поддержки червонца привел бы к обесцениванию валюты, инфляции и обвалу рынков, а вместе с тем — к изгнанию советского государства с международных рынков капитала. Никто из партийного руководства не рассматривал этот вариант в качестве возможного, пока он не оказался неизбежным. К большевикам медленно приходило осознание того, что в условиях дефляции на мировых рынках сырьевых товаров второй половины 1920-х годов рыночный рост преимущественно аграрной экономики невозможен.

Но в бурные месяцы середины десятилетия никто не мог этого предвидеть. Начиная с осени 1925 года на протяжении многих месяцев члены Политбюро активно обсуждали темы внешней торговли и финансового состояния страны в довольно оптимистическом ключе. Они понимали, что занимались реконструкцией системы царского министра С. Ю. Витте, в которой крестьяне эксплуатировались, а зерно обменивалось на зарубежные промышленные товары и технологии[21]. Ключевым элементом этой политической экономии, конечно же, была исправно функционирующая мировая рыночная система. К сожалению, большая часть источников, посвященных дискуссиям об индустриализации, преуменьшают значимость этого элемента, — возможно, это связано с отсутствием среди большевистских лидеров существенных разногласий по поводу теоретических выгод более активно-

---

[21] «Цели разные», так неназванный член Политбюро ответил на реплику Калинина, напомнившего коллегам, к какой политике они фактически возвращаются [Андерсон 2007: 616].

го вовлечения в мировую экономику, а отсутствие конфликта делает текст менее увлекательным для читателя[22]. Представляет собой интерес единственное исключение из этого правила. Р. Дэй воздал должное дискуссии об интеграции в мировую экономику. Автор, однако, ошибся, представив Сталина как жаждущую превращения России в автаркию фигуру (такой фигурой тот станет только после Великой депрессии) и сделав единственным борцом за интеграцию Л. Д. Троцкого [Дэй 2013][23].

Дискуссии в Политбюро свидетельствуют о том, что Сталин был ярым приверженцем политики жесткой экономии и золотого паритета червонца — то есть убежденным сторонником интеграции и рыночным оптимистом, который верил посулам иностранного капитала[24]. Члены Политбюро на том этапе осознавали серьезность кризиса, но полагали, что он преодолим в рамках существующих институтов. Как продемонстрировал историк Ю. М. Голанд, предпринятые ими административные меры были нацелены на предотвращение «падения доверия к стране и ее кредитоспособности» [Goland 1994: 1279]. Комиссариаты внутренней и внешней торговли были объединены в 1925 году в один именно потому, что большевистское руководство было убеждено, что рынок и золотой стандарт останутся краеугольным камнем их экономического проекта[25].

---

[22] Это характерно для классической работы А. Эрлиха [Эрлих 2010].

[23] На самом деле можно утверждать, что Троцкий в меньшей степени разделял идею интеграции — но все же поддерживал ее.

[24] «Мы должны исправить эту ошибку. В противном случае мы рискуем столкнуться с финансовым кризисом. В этой сфере наши регулирующие органы должны стремиться к абсолютной строгости, иначе валюта может прыгнуть вниз, и мы окажемся в большой опасности». См. [Андерсон 2007: 342].

[25] А. Д. Цюрупа в статье, опубликованной на следующий день после слияния двух комиссариатов, объяснял общественности необходимость решения следующим образом: так будет удобнее регулировать «неразрывную связь» между внутренней и мировой экономиками [РГАЭ. Ф. 5240. Оп. 1. Д. 1. Л. 2–3]. Они были вновь разделены в 1931 году, что свидетельствует о новом этапе экономической политики — этапе, на котором советское руководство осознало свою ошибку и изменило (или, скорее, отложило) свою интеграционистскую политику.

Ф. Э. Дзержинский оказался членом Политбюро, которого менее всего удовлетворило вызванное политикой строгой экономии сокращение бюджета ВСНХ — возглавляемого им органа, ответственного за промышленное развитие СССР. На заседании Политбюро в феврале 1926 года, комментируя планы по сокращению промышленного импорта и восстановлению золотых резервов государства, он с явным недовольством заявил: «Программа, изложенная в постановлении комиссии, конечно, не удовлетворяет ВСНХ. Но ясно, что из пустого ведра налить нельзя» [Андерсон 2007: 613]. И Дзержинский, и Троцкий выступали за увеличение экспорта, которое должно было сбалансировать бюджет — первый даже упомянул способ увеличения экспорта зерна[26]. Оба не побоялись выступить за усиление административных мер, направленных на преодоление кризиса, но не предлагали проектов экономической системы без червонца.

Поведение Сталина во время дискуссий не сводилось к тому, что Эрлих назвал «искусством лавирования» [Эрлих 2010: 90–98][27]. В своей блестящей работе, посвященной дебатам в Политбюро, Д. Вудраф обращает внимание на примечательную дихотомию, присущую политической риторике Сталина в 1925–1926 годах. Позиция последнего на XIV съезде партии по большей части совпадала с позицией Сокольникова: призыв к «положительному торговому балансу, сдерживанию темпов индустриализации и предотвращению инфляции». Однако в качестве политического оружия он использовал риторику промышленного лобби, обвинявшего наркома финансов в желании сохранить экономическую зависимость Советского Союза от Запада [Woodruff 2008:

---

[26] См. выступления Дзержинского и Троцкого на заседании Политбюро 11 января 1926 г. в [Андерсон 2007: 543–590].

[27] Выражение Эрлиха призвано подчеркнуть характер позиции Сталина — центристской и уклончивой — во время дискуссии об индустриализации. Но подобное описание является неудовлетворительным, если мы примем во внимание обсуждение советским руководством вопроса о продолжении функционирования в рамках рынка и золотого стандарта: Сталин был одним из наиболее твердых приверженцев последних.

214–215][28]. Несмотря на политическую борьбу, в 1926 году программа жесткой экономии Сокольникова была утверждена: урезали бюджеты, подняли налоги, ограничили импорт и сократили кредитование[29]. Финансовая дисциплинированность большевиков вскоре была вознаграждена: в апреле 1926 года немцы нарушили табу западных финансистов, предоставив советским торговым организациям ссуду в размере 300 млн марок. Для проаграрной правой фракции это были хорошие времена[30].

Политика жесткой экономии всегда была оптимистичной по своей сути, но сейчас-то мы знаем, что большевики уже чувствовали признаки приближающейся бури. Вполне разумно и терпеливо они ждали попутного ветра, однако их ожидания не оправдались. Произошедшие непосредственно перед завершением дискуссий в Политбюро незначительные изменения в государственной политике возымели далекоидущие последствия. Сокращение золотых резервов весной 1926 года вынудило государство приостановить поддержку червонца на московских валютных рынках — тогда полагали, что это временная мера. В результате доверие к червонцу было утрачено, а привлекать для инвестирования промышленности частные внутренние сбережения для государства оказывалось все сложнее[31]. И наоборот: административное решение проблемы мобилизации инвестиционных ресурсов стало все более привлекательным, — впрочем,

---

[28] Следует отметить, что Сокольников также нападал на Сталина на XIV съезде партии из фракционных соображений. Авторитетное изложение политической жизни этого недооцененного большевика 1920-х годов можно найти в [Oppenheim 1989].

[29] См. выступление начальника Валютного управления Наркомфина Л. Юровского [Андерсон 2007: 602].

[30] Эти оптимистические настроения распространялся и на экспорт сельскохозяйственной продукции, объем которого по прогнозам должен был вырасти по сравнению с предыдущим годом на 38 % [РГАСПИ. Ф. 84. Оп. 2. Д. 1. Л. 184–196].

[31] Причиной этому является все более усиливающееся нежелание населения вкладывать свои накопления в червонцы, процесс обесценивания которых не прекращался [Goland 1994: 1293].

ситуация не ухудшилась настолько, что выбор в пользу мобилизационной стратегии казался единственно возможным.

Принятые ранее меры жесткой экономии позволили сохранить во второй половине 1926 года определенную монетарную стабильность — недостаточную для восстановления золотого запаса, но достаточную для сохранения надежды. Тем не менее в следующем году торговый и финансовый кризис, по мере наводнения экономики кредитами, призванными простимулировать торговлю зерном и ускорить промышленное развитие, только усугубился. Инфляция набирала обороты, и крестьянство снова придерживало зерно — катастрофу предотвратило только значительное расходование драгоценных металлов и усиленный экспорт таких товаров, как яйца, древесина, нефть и хлопчатобумажные ткани [Dohan 1991: 223][32]. Как следствие, нехватка отечественных и импортных материалов замедлила рост легкой, тяжелой промышленности и реализацию партийных планов индустриализации [Dohan 1969: 223–224].

Конечно, это был не первый экономический кризис за весь период НЭПа. Аналогичные кризисы «ножниц цен» имели место в 1923 и 1925 годах, и оба они были преодолены. Но на этот раз неожиданно ухудшился международный экономический и политический климат. Параллельно с ухудшением международной обстановки происходил процесс концентрации власти в руках Сталина — это оказывало давление на советское руководство. В апреле советское посольство в Пекине подверглось налету сил Чжан Цзолиня; в мае британская полиция произвела обыск в англо-советском торговом акционерном обществе «Аркос», а затем разорвала с Советским Союзом дипломатические и торговые отношения; в июне в Польше был убит советский посол; в сентябре — прекращены торговые переговоры с Францией. Всему этому предшествовали два года поставки Дзержинским панических разведданных и ожиданий военных действий против

---

[32] Например, в 1927/28 отчетном году экспорт нефти и древесины составлял соответственно 13,7 и 12,2 % от общего объема экспорта, тогда как в 1913 году — 3,3 и 11 % [Dohan 1969: 409].

Страны Советов французско-британской антикоммунистической коалиции [Harris 2007: 315–321]. Эти события усилили чувство тревоги в рядах советского руководства. Даже Н. И. Бухарин изменил свое мнение и теперь призывал к увеличению инвестиций в тяжелую промышленность, и прежде всего — для повышения обороноспособности Советского Союза — в оборонную отрасль [Sontag 1974: 74–75]. Индустриализация и быстрый экономический рост стали рассматриваться как единственные средства, способные убедить британцев и французов в том, что война с Советским Союзом обойдется им слишком дорого [Harris 2007: 522–523][33].

Тем не менее Сталин все еще надеялся привлечь деловые круги Европы и США к финансовым сделкам и выгодному экономическому обмену. В своем письме, адресованном Политбюро в декабре 1927 года, он написал:

> Мы не проявим слабость, признав, что наше финансовое и экономическое положение плачевно и что нехватка ресурсов не позволяет нам установить экономическую и политическую диктатуру пролетариата самостоятельно. Для реализации программы мы должны использовать иностранную помощь [Reiman 1987: 128–133].

Но международное окружение отказывалось сотрудничать. В 1928 году уровень торговых отношений между СССР и Англи-

---

[33] Следует отметить, что существуют противоречащие друг другу интерпретации военной тревоги. Согласно первой интерпретации — туманной и бездоказательной, — последняя представляется в качестве циничной уловки Сталина, позволившей ему предпринять атаку на Троцкого [Stone 2000]; согласно второй версии — более убедительной, — существовала реальная паника, которая благоприятствовала направленным против сталинско-бухаринского руководства активным действиям левой оппозиции [Jacobson 1994: 216–232]. С полной уверенностью можно судить лишь о вызванном этой паникой вполне осязаемом ощущении опасности среди широких масс населения. См. [Голубев 2008]. В пользу предположения о существовании реальной паники можно привести отмеченный Д. Бранденбергером факт: паника вызвала существенную переоценку государственной идеологической пропаганды государства, адресатом которой был народ. См. [Бранденбергер 2017].

ей снизился до критически низкой отметки, и для поддержания платежного баланса советскому руководству вновь пришлось использовать драгоценные металлы и валютные резервы. В 1927–1928 годы на импорт было израсходовано золота на сумму 145 млн рублей, а также других драгоценных металлов — на 10 млн рублей; в одном только 1928 году советские валютные резервы сократились на 30 % [Lewis 1994: 204–205]. Тревогу большевистского руководства в разы усиливали сомнения иностранных банков по поводу кредитоспособности СССР. Между немецкими фирмами циркулировали записки, отговаривающие от увеличения кредитования советских партнеров. Неслучайно подобные сомнения возникли у Германии именно в то время, когда поток капитала из Соединенных Штатов в Веймарскую республику резко сократился, что вынудило Рейхсбанк ужесточить кредитную политику и положило конец стабильности, с трудом добытой благодаря плану Дауэса четыре года назад [Eichengreen 1992: 241–246]. Последствия не заставили себя долго ждать. Молодой комиссар внешней и внутренней торговли Микоян писал Сталину: «Это диктует необходимость сократить импортный план, приходится резать по живому месту. В предстоящем году будут большие ограничения темпа нашего развития со стороны импорта» [Данилов, Хлевнюк, Ватлин 2000, 3: 591].

В июле Микоян сообщил ЦК о положении дел во внешнеторговом секторе: «Мы имеем чрезвычайно напряженное положение, более напряженное, чем за два последних года»[34]. Он объяснил это прежде всего провалом продажи зерна во время последней кампании и предсказывал подобный же провал в наступившем году. Проблема заключалась в экспорте: скромные успехи в деле вывоза несельскохозяйственной продукции (нефть) не могли полностью компенсировать катастрофу в сфере аграрного экспорта. Согласно Микояну, без него было бы невозможно восстановить экспорт до довоенного уровня, поэтому «внимание ко всем остальным статьям экспорта не снимает вопрос о хлебном

---

[34] Микоян выступал на пленуме ЦК, проходившем 4–12 июля 1928 года [Данилов, Хлевнюк, Ватлин 2000, 2: 181–184].

экспорте». Он напомнил своим слушателям, что до войны зерновые составляли более половины от общего объема экспорта, а теперь «хлеб составляет такую ничтожную цифру, что и в расчет принимать нельзя» [Данилов, Хлевнюк, Ватлин 2000, 2: 186].

Советскую экономику определял мировой рынок. Большевистское руководство было поставлено перед суровым выбором, о котором весной 1928 года членам ЦК говорил Микоян. Для восстановления золотовалютных запасов любыми доступными средствами он предложил мобилизовать все государственные и партийные органы, привлечь все экспортные ресурсы. Но в тогдашних глобальных условиях подобные меры сулили лишь 10 % роста легкой промышленности. Сокольников, М. И. Фрумкин и А. Л. Шейнман предлагали иной курс — дальнейшее сокращение импорта и усиление мер жесткой экономии. Согласно Микояну, подобный курс не только гарантирует отсутствие роста в 1928/1929 году, но и нарушит промышленные и финансовые планы на остаток текущего года[35]. Стимулирование экспорта и выполнение импортного плана позволили хотя бы поддерживать уровень промышленного производства. Однако и это было временным решением; будущий рост импорта, а следовательно, и будущее советской промышленности в конечном счете зависели от контроля над сельскохозяйственным производством и торговлей зерном[36].

Несмотря на то что приверженность экспорту сельскохозяйственной продукции не исчезала, крепла уверенность в ненадежности механизма внешней торговли. Аргументы левых имели мало смысла в 1925 году, когда дул попутный ветер и советское руководство ожидало значительного увеличения внешнеторгового оборота за счет расширения рынка зерна. И правые, и левые

---

[35] РГАСПИ. Ф. 84. Оп. 2. Д. 5. Л. 143–151.

[36] Обмениваясь во время заседания репликами со Сталиным, Микоян отметил, что речь не обязательно идет о полном восстановлении довоенного уровня экспорта зерна. Даже 30–50 % объемов довоенного экспорта было бы достаточно для наращивания валютных резервов и решения проблемы импорта, которую Микоян назвал «главным узким местом нашей промышленности» [Данилов, Хлевнюк, Ватлин 2000, 2: 448].

сходились в том, что широкомасштабное развитие тяжелой промышленности также обеспечит значительный рост легкой промышленности и механизацию деревни. Но в 1925 году подавляющее большинство правых вполне разумно полагало, что наиболее быстрым и гармоничным способом получения необходимых для этого ресурсов является импорт. Экономические тенденции того периода полностью подтверждали их подход и дискредитировали левую оппозицию. К 1928 году левые потерпели полное поражение, и Сталин, как известно, вступил во владение их политической платформой. Однако на тот момент расширение экспорта уже было немыслимо без радикального изменения во взаимоотношениях между государством и сельским населением. Если в 1925 году состояние мировой экономики укрепляло веру в позицию правых и вызывало обоснованный оптимизм, то к 1928 году эта позиция уже не казалась столь убедительной. Переход Сталина с правых на левые позиции не был маневром зловещего гения политической тактики, а скорее предвестием глобального политического и идеологического сдвига, который произойдет в условиях отсутствия сбалансированной экономики в странах, связанных оковами золотого стандарта.

Исчезновение мировой экономики

Великая депрессия стартовала не с драматического обвала Нью-Йоркской фондовой биржи в октябре 1929 года. Ее началом можно назвать экономический спад в других значимых регионах мира. Еще в конце 1927 года его жертвами пали Австралия и Голландская Ост-Индия; в 1928 году кризис распространился на Бразилию и Германию; в первой половине 1929 года признаки рецессии наблюдались в Канаде и Польше. К октябрю 1929 года значительная часть Центральной Европы, Латинской Америки и Азии была охвачена экономическим кризисом [Eichengreen 1992: 222]. Это, в свою очередь, уменьшило поток капитала, идущего из Америки за границу, особенно в Старый Свет.

В результате Первой мировой войны статус мировой финансовой столицы перешел от Лондона к Нью-Йорку. Послевоенное экономическое восстановление Европы финансировалось американским капиталом. Германия, в частности, полностью зависела от этого капитала. Только он позволял ей избегать дефолта и выплачивать репарации Англии и Франции, которые сами нуждались в немецких деньгах для возвращения кредитов, полученных от Соединенных Штатов в годы войны. Это закрепленное в плане Дауэса 1924 года перемещение капитала по образующему треугольник маршруту поддерживало хрупкую экономическую стабильность в Европе в течение четырех лет. После того как в более или менее восстановленной Европе уменьшилась норма прибыли, обеспечивавший такое восстановление американский капитал вернулся в Соединенные Штаты, где экономика и фондовый рынок процветали[37]. Если в первой половине 1928 года объем кредитования иностранных контрагентов составлял в среднем 140 млн долларов в месяц, то на протяжении последующих 12 месяцев этот показатель понизился до 70 млн долларов, а во второй половине 1929 года уменьшился до 35 млн долларов [Frieden 2006: 174][38]. Уход капитала с европейских рынков вынуждал инвесторов обменивать на американские доллары местные валюты. Поскольку валюты были привязаны к золоту, подобные действия грозили опасным оттоком золота из Европы в США. Пытаясь сохранить золото и верность золотому стандарту, европейские правительства повысили процентные ставки и сократили свои расходы. В конечном счете для того, чтобы «охладить» перегретый фондовый рынок, который к осени 1929 года менее чем за два года вырос вдвое, процентные ставки были повышены и в Соединенных Штатах. За пределами Соединенных Штатов сочетание этих мер привело к углублению рецессии. Во всем мире нарастала дефляция; компании, уже имеющие

---

[37] Наиболее четкое изложение истории создания и краха этого карточного домика можно найти в [Ахамед 2010].

[38] Если принять во внимание погашение долгов, чистый отток в размере 900 млн долларов в 1927–1928 годах замедлился в период с 1929 по 1931 год до всего лишь 86 млн долларов в год.

задолженность, правительства и потребители, не имея возможности взять кредиты, снизили уровень своего потребления. Падение потребления приводило к тому, что предприятия разорялись, безработица росла, должники не могли выполнить свои финансовые обязательства, а банки становились банкротами. Все действия субъектов экономики лишь ухудшали ситуацию.

Многие проблемы, с которыми Советское государство столкнулось в годы первой пятилетки, необходимо рассматривать в более широком контексте мировой депрессии. К примеру, СССР был не единственной страной, страдающей от утечки золота. Страны, основной статьей экспорта которых было сырье, имея скромные валютные запасы, использовали золото (и это свидетельствовало о падении цен на сырьевые товары). СССР стал еще одной жертвой этого всеобщего процесса, от которого уже пострадали страны Южной Америки и Дальнего Востока. Страны — экспортеры пшеницы, такие как Австралия и Канада, израсходовали золото раньше, чем страны, экспортирующие другие товары. Аргентина начала терять валютные запасы во второй половине 1928 года. В этом же году советские валютные резервы сократились на 30 %. В Венгрии, которая являлась крупнейшим европейским экспортером пшеницы, происходило в 1929 году то же самое [Kindleberger 1973: 87–89]. Этому всеобщему процессу сопутствовала борьба за иностранную валюту; СССР вместе с другими производителями сырья, особенно странами Латинской Америки, наращивал экспорт. Призывы Микояна к Центральному комитету были лишь отголоском аналогичных призывов в правительственных кабинетах по всему миру. Однако главным результатом этой борьбы стало ускорение падения цен на сырьевые товары и обострение проблем сырьевых государств, связанных с поддержанием платежного баланса [Eichengreen 1992: 222–223].

Дисбаланс между городом и деревней наблюдался в 1920-е годы не только в Советском Союзе. Часто упоминаемые кризисы НЭПа были локальным проявлением глобального феномена. НЭП, в основе которого лежала привязка к золотому стандарту, задумывался как средство получения выгод от всеобщего экономического роста — вместо этого в 1920-е годы большевики в полной мере испытали флуктуации мировой экономики. На протяжении этого десятилетия цены на сельскохозяйственную продукцию, в особенности зерновые, резко снижались. Снижение цен вылилось в СССР в кризисы 1923, 1925, 1927–1928 годов. Дефляционное давление было порождено быстрым восстановлением сельскохозяйственного производства в послевоенной Европе на фоне расширившегося производства в других регионах мира, которое было призвано восполнить недостающую продукцию в период европейских боевых действий [Kindleberger 1973: 72–74][39]. В результате аграрное перепроизводство заставило фермеров всего мира страдать от невыгодных условий торгового обмена с промышленностью. Низкие цены и увеличившиеся запасы зерна стали характерными признаками как экономик Уругвая или Канады, так и Советского Союза.

Наконец, антикризисные меры советского руководства не являлись чем-то выбивающимся из общего ряда, по крайней мере в сфере международных отношений: проблемы страны носили структурный характер, а реакция ее лидеров была прагматичной, подобно реакции любого другого правительства, возглавляющего страну, обремененную задолженностью и экспортирующую сырьевые товары. Эта политика органично вытекала из идеологии золотого стандарта. Дефляция была единственным адекватным ответом на проблему несоответствия между национальными и мировыми ценами. Иными словами, истощение золотых резервов, которое испытывали экспортеры сырьевых товаров в конце 1920-х годов, можно было остановить только путем повышения процентных ставок, введения мер жесткой экономии. Эти меры привели бы к сокращению зарплат промышленных рабочих и доходов крестьян. Проведение советским или другим правительством подобной политики с неизбежностью вызвало бы социальное волнение[40].

---

[39] На протяжении 1925–1929 годов совокупная цена мировой сельскохозяйственной продукции снизились примерно на 30 %, а запасы выросли примерно на 75 %. В 1932 году совокупная цена составляла менее 25% от показателя 1925 года.

[40] Разбор советского примера, политических и социальных импликаций такой политики см. [Reiman 1987: 51–66].

Выходом из такого положения мог бы быть временный отказ от золотого стандарта. Допущение девальвации валюты позволило бы правительствам проводить политику ускоренного развития или, по крайней мере, удержать уровень заработной платы внутри страны, что уменьшило бы внутреннюю напряженность и увеличило бы конкурентоспособность. Рост экспорта облегчил бы правительствам обслуживание внешних долгов и таким образом обеспечил бы постоянный доступ к международным рынкам капитала [Eichengreen 1992: 231–232]. Например, меры, предпринятые в ответ на кризис 1929 года правительством Австралии, совпадали со связанными с отказом от золотого стандарта мерами руководства Советского Союза в 1926 году[41]. В период с 1928 года по конец 1929 года цены на экспортные товары упали примерно на 25 %. Австралия вышла из этой ситуации благодаря валютным запасам, размещенным на счетах лондонских банков. Однако в итоге ей все же пришлось использовать для расчетов золото. В результате она потеряла пятую часть своих золотых резервов. Поддержание кредитоспособности принуждало к обслуживанию внешнего долга. Разумным решением в такой ситуации представлялось обесценивание валюты. Для предотвращения оттока твердой валюты австралийское правительство нормировало валютные резервы для импортеров, что привело к формированию черного рынка твердой валюты с более высокими, чем при официальном обмене, ценами. Оно продолжало вводить импортные пошлины и осуществляло изъятие золота у населения, а также предприняло попытку повысить эффективность использования иностранной валюты с помощью объединения резервов основных банков страны. Отсутствие формального контроля и процветающий черный рынок, на котором иностранная валюта могла быть куплена по более высокой цене, заставили банки капитулировать, и нормирование провалилось. Валюта Австралии отправилась в свободное падение и потеряла 30 % своей прежней стоимости. Однако все эти меры спасли номинальную заработную плату в стране от падения, соответствующего уровню падения цен.

---

[41] Следующий пример взят из [Eichengreen 1992: 232–236].

Политические эффекты экономической нестабильности стали ощутимы во всем мире. В 1929 году лейбористские партии взяли на себя бразды правления в Австралии и Великобритании. Партии, менее привязанные идеологически к золотому стандарту, одерживали победу на протяжении всего этого периода. Примечательно то, что в Советском Союзе аналогичный процесс начался в 1926 году. Одновременно с прекращением конвертируемости рубля начался политический подъем Госплана, возглавляемого С. Г. Струмилиным, и Рабоче-крестьянской инспекции (Рабкрина), тогда как Народный комиссариат финансов Сокольникова, руководивший в 1924 году переходом Советского Союза к золотому стандарту, постепенно терял влияние[42]. Более того, хотя ввозные пошлины в советском контексте исчезли по причине монополии на внешнюю торговлю, советское руководство предвосхитило австралийскую кампанию по повышению эффективности импорта и пыталось — хотя часто безуспешно — нормировать выдачу импортных лицензий для промышленности. Оно всегда подталкивало экспорт.

Вопреки рекомендациям Сокольникова, советское правительство медленно перешло к политике стимулирования промышленности, связанной с эмиссией рубля; эта политика в полной мере развернется со второй половины 1927 года, периода, когда рост промышленности и капитальное строительство стали опираться на систему государственных займов. Именно тогда свободный курс рубля, который потерял по отношению к доллару от 10 до 15 % своей стоимости, но оставался в этом диапазоне с начала 1926 года, резко упал. В течение 1927 года он потерял от 30 до 40 % своей стоимости [Goland 1994: 1293]. Это привело к ситуации, когда привлечение правительством денежных средств населения требовало наличия репрессивного и идеологических аппаратов. Сохранение кредитоспособности на международном уровне стало чем-то вроде навязчивой идеи, особенно для Сталина, который демонстрировал полную готовность реализовать

---

[42] Выражаю свою благодарность Слойну, который много лет назад поделился со мной этой мыслью.

любую политику, необходимую для достижения этой цели, как в 1930-х годах, так и после Второй мировой войны, даже если это усугубило бы положение в голодные времена.

Борьба с катастрофой, или Внешнеэкономическая политика 1930-х годов

Так как относительно усиления внешней торговли существовал консенсус, это было заложено в первый пятилетний план. Как давно уже отметил Дохан, в ходе обсуждения первого пятилетнего плана достижение экономической независимости связывалось «не с сокращением внешней торговли, а, скорее, с обеспечением военных нужд и освобождением экономики от ограничений, налагаемых непосредственно внешнеторговыми проблемами и косвенно неспособностью крестьян продавать зерно и другие продукты» [Dohan 1976: 609]. План вовсе не вводил политику автаркии, напротив — должен был разрешить обозначенные Микояном в июле 1928 года проблемы путем ежегодного увеличения экспорта на 21%, что превращало данный сектор экономики в один из наиболее быстрорастущих [Dohan 1976: 609].

По крайней мере, таким был план-максимум; однако и план-минимум предусматривал впечатляющий рост в 18,5 %. Дохан отметил, что «запланированные темпы роста превышали темпы роста времен НЭПа, существенно опережали темпы роста торговли царской России, как и темпы, которые когда-либо видела история крупных промышленных стран» [Dohan 1969: 523]. Для достижения этого роста советская власть собиралась значительно увеличить инвестирование в отрасли, которые были ориентированы на экспорт, — лесную, нефтяную, пищевую, текстильную и горную промышленности (см. рис. 6). Ее явно не пугала возможность зависимости от мировой экономики. На протяжении 1920-х годов к этому вопросу, конечно, возвращались, но он не вызывал бурных дискуссий [Dohan 1969: 557].

Расширение объема внешней торговли в первые три года пятилетки происходило благодаря форсированному экспорту дре-

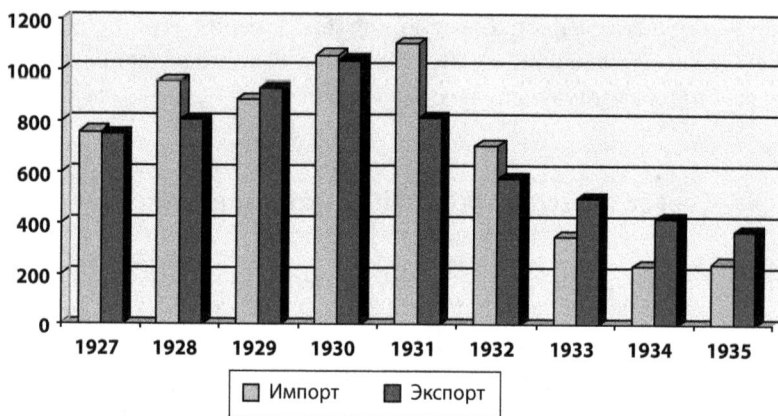

Рис. 6. Внешнеторговый оборот СССР в текущих ценах (млн руб.)
Источник: [Внешняя торговля за 1918–1940: 14].

весины, нефти и льна — за счет появления дефицита этих товаров
внутри страны [Dohan 1969: 561][43]. В этот период произошла
окончательная институционализация политики форсированно-
го экспорта. Речь идет о политике, суть которой заключалась
в полном пренебрежении коммерческой рентабельностью ради
приобретения твердой валюты, что, в свою очередь, вызвало на
Западе постоянную обеспокоенность по поводу советского
демпингования [Dohan 1976: 621][44]. Сталин отчаянно призывал
своих коллег воплощать эту политику в жизнь самым безжалостным образом. Так, в письмах, отправленных В. М. Молотову
в августе 1930 года, генеральный секретарь заявлял:

---

[43] Как отмечает М. Дохан, дискурс импортозамещения, к которому апеллиро-
вали многие западные ученые, доказывая, что Советский Союз всегда проводил автаркическую внешнеторговую политику, появился только в 1931 году — на волне парализующего валютного кризиса.

[44] Советское руководство, в свою очередь, прилагало огромные усилия, чтобы
защитить себя от подобных обвинений, пыталось уменьшить западные
страхи и использовало экономическое оружие для поощрения положительного исхода переговоров. Самым большим их успехом, вероятно, было политическое признание СССР со стороны США, которое стало возможным
благодаря советской готовности импортировать американские технологии
и ноу-хау. См. [Haslam 1983].

Нам остается еще 1–1 1/2 месяца для экспорта хлеба: с конца октября (а может быть, и раньше) начнет поступать на рынок в массовом масштабе американский хлеб, против которого нам трудно будет устоять. Если за эти 1 1/2 месяца не вывезем 130–150 миллионов пудов хлеба, наше валютное положение может стать потом прямо отчаянным. Еще раз: надо форсировать вывоз хлеба изо всех сил. Цит. по: [Кошелева, Наумов, Хлевнюк 1995: 198].

На следующий день он написал:

Микоян сообщает, что заготовки растут, и каждый день вывозим хлеба 1–1 1/2 миллиона пудов. Я думаю, что этого мало. Надо бы поднять (теперь же) норму ежедневного вывоза до 3–4 миллионов пудов минимум. Иначе рискуем остаться без наших новых металлургических и машиностроительных (Автозавод, Челябзавод и пр.) заводов. Найдутся мудрецы, которые предложат подождать с вывозом, пока цены на хлеб на международном рынке не подымутся «до высшей точки». Таких мудрецов немало в Наркомторге. Этих мудрецов надо гнать в шею, ибо они тянут нас в капкан. Чтобы ждать, надо иметь валютные резервы. А у нас их нет. Чтобы ждать, надо иметь обеспеченные позиции на международном хлебном рынке. А у нас нет уже там давно никаких позиций — мы их только завоевываем теперь, пользуясь специфически благоприятными для нас условиями, создавшимися в данный момент.

Словом, нужно бешено форсировать вывоз хлеба. Цит. по: [Кошелева, Наумов, Хлевнюк 1995: 203–204].

Торговая экспансия покоилась на шатких основаниях. Одним из них была коллективизация, которая в 1931–1932 годы обвалила сельскохозяйственное производство до катастрофического уровня. Вместо предполагаемого планом 1928 года двукратного увеличения экспорта зерна произошло его сокращение на треть. Коллективизация также перенаправила товары, приносившие твердую валюту (нефть и др.), на внутренний рынок, поскольку советское правительство было вынуждено механизировать сельскую местность [Dohan 1976: 619–620]. Вторым столпом, на кото-

ром покоилась эта экспансия, была либеральная система мировой
торговли, которая стремительно разрушалась: в начале 1930-х
годов повсеместно устанавливались торговые барьеры, вызванные
крахом золотого стандарта и разворачиванием мирового экономического кризиса. Депрессия ускорила падение экспортных цен
на сырьевые товары во всем мире; в особо тяжелом положении
оказался Советский Союз. Например, для импорта одной едини-
цы технического оборудования в 1931 году необходимо было
экспортировать в 2,5–3 раза больше зерна, чем в 1928 году[45].

Но, пожалуй, к еще более катастрофическим последствиям
привела ограниченная доступность кредита. Даже если в 1931 году импорт финансировался за счет чистого увеличения займов,
кредит становился все более дорогим и труднодоступным[46]. Если
первым значимым событием Великой депрессии стала приостановка потока капитала из Соединенных Штатов в Европу
в 1928 году, а вторым — лопнувший в следующем году пузырь
Нью-Йоркской фондовой биржи, то 1931 год поставил перед
странами трудноразрешимую проблему: ликвидность кредитов
иссякла после волны банковской паники в США. К лету того же
года доверие к платежеспособности европейских банков и стабильность валют континента исчезли. Германия, как и большинство стран Восточной Европы, была вынуждена резко повысить
учетную ставку и ввести контроль за движением капитала, чтобы
остановить отток золота[47].

Советское руководство медленно приходило к осознанию
разворачивающейся вокруг катастрофы. В августе того же года

---

[45] К 1932 году большая часть статей советского экспорта уменьшилась в объеме на 50–60 %, в то время как цены на импортируемые товары снижались
гораздо медленнее [Dohan 1976: 622–623].

[46] Дохан подсчитал, что доля приобретенной в кредит импортной продукции
составляла 20–25 %. Основным кредитором Советского Союза была Германия, которая после 1932 года была озабочена только погашением задолженности [Dohan 1976: 625].

[47] Характеристика Великой депрессии не как непрерывного кризисного процесса, а как последовательности усиливающих другу друга кризисов была
заимствована из [Ахамед 2010].

Л. М. Каганович сообщил Сталину об ухудшении ситуации с немецкими кредитами для импорта:

>...по заказам сейчас главный вопрос в процентной ставке, она все время скачет вверх, сейчас уже дошла до 17 %. <...> Выяснилось, что эта скачущая ставка захватывает не только те заказы, которые мы сейчас даем, но и большое количество прежних заказов. Некоторые заявляли, что они охватывают круг заказов до 500 миллионов марок, точно никто не мог сказать, поэтому мы поручили представить нам точный учет. Цит. по: [Хлевнюк, Дэвис 2001: 39][48].

1930 год, в сравнении с 1931, был как для Советского Союза, так и для мировой экономики не таким уж плохим. Краткосрочные кредиты и сверхплановый экспорт поддерживали платежный баланс Советского Союза. Снижение запланированного импорта во второй половине года помогло вновь приблизиться к положительному сальдо внешней торговли. Если бы мировые цены оставались на уровне 1928 года, СССР получил бы внушительную прибыль [Dohan 1976: 623]. Но ко второй половине 1931 года стало очевидно, что внешняя торговля не сможет обеспечить поступление промышленных товаров, предусмотренное планом. После резкого увеличения импорта в первой половине года Советский Союз просто прекратил размещать заказы на западное оборудование и смирился с тем, что большую часть долгов придется отдавать за счет золотого резерва и прибыли с внешнеторговых операций[49]. Характерная неорганизованность и позиция ВСНХ[50], требующая все большего импорта, вероятно, были главными причинами такого положения дел. Каганович докладывал Сталину:

---

[48] Кроме того, не имея системы контроля качества, немцы отправляли в СССР некачественное оборудование.

[49] К 1935 году советская задолженность была ликвидирована. Международное обращение советского золота в 1930-е годы сделало СССР одним из главных столпов обреченного либерального порядка, так как именно он обеспечивал столь необходимую для функционирования золотого стандарта ликвидность.

[50] Высший совет народного хозяйства отвечал прежде всего за промышленное развитие страны.

На днях в комиссии по валютному плану ВСНХ на август нам пришлось пойти, с одной стороны, на то, чтобы увеличить платежи в Америке по сравнению с тем, что Розенгольц предлагал, а с другой — урезать требования ВСНХ. Новых заказов сейчас не делаем, но за старые, за которые уже 40% уплачено, надо платить. ВСНХ требовал 8–9 мил. руб. Мы, подсчитав, что действительно необходимо платить, остановились на 6 миллионах, но положение с валютой крайне напряженное. Я должен Вам сказать, т. Сталин, что вся постановка дела с импортом на меня произвела очень плохое впечатление: не могут ответить на вопрос, какое оборудование мы ввозим именно в августе, — в результате, может быть, мы спешим ввезти в августе то, что будет потом полгода лежать мертвым капиталом, как это имеет место на ряде заводов. Неизвестно, какие платежи у нас по кварталам, кому и за что платим. Чувствуется, что нет единства между заказом, движением оборудования и движением платежей. Цит. по: [Хлевнюк, Дэвис 2001: 46].

Только после этого непредвиденного экономического фиаско советская пресса начала превозносить драконовскую и приводящую к возникновению дефицита стратегию импортозамещения, господствовавшую весь остаток 1930-х годов [Dohan 1976: 633–634]. Дохан полагал, что «нуждающиеся в срочной реализации программы импортозамещения и их популяризация были прагматическими ответами на современные экономические вызовы» [Dohan 1976: 633]. К дискурсу экономической независимости, прочно укоренившемуся в марксистской литературе, конечно, обращались и ранее. Однако до 1931 года публичных кампаний в поддержку этой стратегии не проводилось, что подтверждает тезис Дохана о том, что дискурс импортозамещения был фиговым листом советской власти. Для уравновешивания платежного баланса ей пришлось бы создать условия, при которых внешняя торговля снова бы приносила прибыль.

Сталин продолжал это требовать от соратников:

Решительно возражаю против решения Политбюро о замене экспорта масла и яиц другими видами экспортных продуктов. Это бессмыслица с точки зрения нынешней конъюнктуры. Вы всячески нажимаете на экспорт хлеба, когда за хлеб платят гроши, и хотите попридержать и ликвидировать экспорт масла и яиц, представляющих более выгодный экспортный товар. Где же тут смысл? Не лучше ли будет попридержать экспорт хлеба и усилить экспорт масла или — в крайнем случае — усилить и то и другое, если вы в самом деле хотите выручить валюту, а не играть в экспорт. Цит. по: [Хлевнюк, Дэвис 2001: 80].

Путь к положительному сальдо внешней торговли был долгим. В 1931–1932 годы все еще наблюдался ее дефицит, а импорт финансировался за счет дорогих краткосрочных кредитов. Именно в это время дали о себе знать катастрофические последствия коллективизации. Советское руководство рассчитывало на то, что зерно и другие сельскохозяйственные продукты (например, мясо) снова станут основой экспорта, а на деле в Советском Союзе был собран худший с 1925 года урожай. В 1932 году совокупный объем экспорта упал на 19 %, а его стоимость — на 29 %. В следующем году стоимость экспорта сократилась еще на 37 %, хотя объем снизился всего на несколько процентов [Dohan 1969: 593][51]. Согласно пятилетнему плану, экспорт в 1932 году должен был увеличиться на 31 %, а в 1933 году — на 23 % [Dohan 1969: 594]. Только сокращение импорта примерно на одну треть от его совокупной стоимости в 1931 году позволило СССР сохранить в 1933 году платежеспособность. Временная задержка между заказами и поставками промышленного оборудования в 1932 году помешала советскому руководству сократить импорт; для сохранения объема импорта требовалось поддержание определенного уровня долга. К 1933 году, однако, СССР удалось ввести в действие меры жесткой экономии, которые позволили ему выплатить к 1935 году внешний долг [Dohan 1969: 594]. С политической точки зрения приход в январе 1933 года к власти нацистской партии и эмбарго со стороны Великобритании в марте того же года означало прекращение ссуд, которые позволили бы

---

[51] В 1931 году экспорт зерна составил около 20 % от совокупного экспорта вопреки предполагаемому объему экспорта данного товара.

Советскому Союзу поддерживать определенный уровень импорта. Вызванное экономическими причинами американское дипломатическое признание Советского Союза в ноябре не смогло переломить ситуацию [Хлевнюк, Дэвис 2001: 129–135][52].

Мировая торговля в 1932–1933 годы находилась в низшей точке. Неудивительно, что для внешнеэкономических связей Советского Союза это были самые тяжелые годы. Поражает другое: в отличие от многих экономически развивающихся стран в те годы, СССР не объявил дефолт по своим внешним долгам[53]. Вместо этого правительство предпочло морить своих граждан голодом и рисковать их доверием, только чтобы сохранить отношения с банкирами и крупными предприятиями, которые могли бы профинансировать экономический эксперимент. Возникает соблазн заявить, что в основе внешней торговли последующих лет лежала стратегия импортозамещения, но в действительности большевистское руководство проводило жесткую политику ограничения импорта, чтобы сохранить свою платежеспособность. Сокращение импорта не было компенсировано увеличением внутреннего производства и носило ситуативный характер. Оно нанесло ущерб приоритетным направлениям, среди которых можно назвать развитие производственных мощностей на машиностроительных предприятиях и обеспечение сельских районов тракторами [Dohan 1976: 632]. Продолжал форсироваться экспорт многих товаров, острый дефицит которых ощущался внутри страны. Речь идет о зерне в годы голода, а также других продовольственных продуктах, хлопке, древесине. Насколько патовой была ситуация, вероятно, лучше всего демонстрирует

---

[52] В сборнике подробно описываются осторожные действия советского руководства, направленные на достижение дипломатического признания США. Сталин даже был непосредственно причастен к отмене критикующего американские расовые отношения фильма «Белое и черное», сценаристом которого был Л. Хьюз. За отменой выпуска фильма скрывалось желание сохранить отношения с полковником Купером, выразившим недовольство по поводу этого проекта.

[53] Полный список государств, переживших тогда дефолт, можно найти здесь: [Рейнхарт, Рогофф 2011: 120].

расцвет магазинов Торгсина, призванных выкачивать в обмен на еду у населения материальные ценности, легко конвертируемые в твердую валюту. Правительство открыло эти магазины для советских покупателей осенью 1931 года неслучайно. И совершенно естественно, что список принимаемых «платежных средств» расширялся. Сначала советские граждане могли приобрести в магазинах Торгсина товары при сдаче ими золота: ювелирных изделий, медалей, монет старого чекана. Позже в магазинах стали принимать серебро, платину, бриллианты и антикварные изделия. И наконец, каналом проникновения в Торгсин стала переведенная родственниками и друзьями твердая валюта [Осокина 1999: 160–169][54]. Количество проводимых операций было весьма внушительным. Если в 1932 году объем продаж составлял приличную сумму — 49,3 млн рублей, то в следующем году продажи увеличились более чем вдвое и составили 105,4 млн рублей. Стоит отметить, что торгсиновская торговля процветала в первые пять месяцев 1933 года — во время ужасного голода [Осокина 1999: 162–163][55].

Кризисные годы прошли, к 1935 году большая часть внешнего долга была выплачена, и форсирование экспорта в условиях неблагоприятной конъюнктуры мировой торговли утратило смысл; распространение торговых барьеров еще больше усложнило

---

[54] Советский получатель попадал в крайне невыгодные условия: в лучшем случае он мог получить в наличной валюте 25 % переведенной суммы. Сервисное обслуживание Торгсина поражало воображение советских граждан. Родственники за границей могли перевести валюту на его счет, и он должен был отправить посылку с едой по указанному ими адресу.

[55] Осокина смотрит на успехи Торгсина с утилитаристской перспективы. За время своего существования Торгсин принес государству 287,2 млн рублей. Это немного превышало стоимость импортного оборудования для индустриальных гигантов того времени: Горьковского автозавода (42,3 млн рублей), Сталинградского тракторного завода (35 млн рублей), автозавода им. Сталина (27,9 млн рублей), Днепростроя (31 млн рублей), «Господшипника» (22,5 млн рублей), Челябинского тракторного завода (23 млн рублей), Харьковского тракторного завода (15,3 млн рублей), Магнитки (44 млн рублей), «Кузнецка» — (25,9 млн рублей) и Уралмаша (15 млн рублей). Подробнее см. [Осокина 1999: 167].

ситуацию[56]. Кроме того, промышленная база СССР была построена, и на нужды национальной промышленности уходило много сырьевых материалов (например, нефти), которые традиционно были основными экспортными товарами[57]. Если мы будем оценивать по мировым меркам, то Советский Союз вряд ли являлся такой уж автаркией. Хотя на протяжении 1931–1934 годов стоимость экспорта и упала вдвое, его объемы снизились только на 28 % и превышали показатели 1929 года на 18 %. Как подчеркнул Дохан, по сравнению с уровнем 1929 года объемы мировой торговли сократились на 20 %; по сравнению с торговлей большинства других стран советская внешняя торговля даже в период своего отступления носила экспансионистский характер [Dohan 1976: 632–663].

По прошествии вышеописанного периода торговля не очень оживилась. Хотя медленное улучшение ее условий позволяло сохранить на протяжении второй половины 1930-х годов ее стоимостный объем на одном и том же уровне, объем внешнеторговых операций уменьшился. Подготовка к войне, судя по всему, заставила советское руководство пересмотреть позицию по отношению к импорту. Возможно, оно само поверило в оправданность ставки на экономическую независимость. Вопрос импорта оборудования уже не стоял так остро, как в начале процесса индустриализации, а вот импорт промышленного сырья для нужд советской промышленности увеличился. Импортируемые технологии, как правило, носили военный характер, что было обусловлено желанием советского руководства перестроить экономику на военный лад. В августе 1936 года Сталин заявлял:

> Я против плана заказов на остающуюся часть английского кредита, одобренного Серго [Орджоникидзе]. Настаиваю, чтобы три четверти остающегося кредита ушло на нужды военно-морского кораблестроения, на турбины или части

---

[56] Примечательно, что тема внешней торговли, которая часто поднималась в переписке Сталина с его коллегами во время летних отпусков генерального секретаря в Сочи, практически не затрагивается после 1933 года.

[57] Экспорт сырой нефти и нефтепродуктов снизился от максимума в 6 117 700 тонн, достигнутого в 1932 году, до 1 930 000 тонн в 1937 году [Министерство внешней торговли 1960: 129, 163].

турбин для эсминцев, крейсеров, линкоров, на образцы крупной морской артиллерии или даже целые батареи, на оборудование для архангельского завода. Цит. по: [Хлевнюк, Дэвис 2001: 652].

Относительная коммерческая экспансия являлась наиболее уникальной особенностью советской внешней торговли, история которой в других отношениях была довольна типична. И. Т. Беренд отмечал, что социополитическое развитие СССР и стран Восточной Европы обусловливала одна и та же структура ограничений [Berend 1998]. Если мы обратимся к еще более глобальному уровню, то увидим, как по мере уменьшения интереса американских инвесторов к иностранным облигациям и международному кредитованию происходило установление торговых барьеров и исчезновение рынков частного капитала. В этом контексте государства замыкались в себе. Если в 1929 году Соединенное Королевство осуществляло в рамках Содружества 51 % экспорта и 42 % импорта, то в 1938 году соответствующие показатели увеличились до 62 и 55 %. За тот же период времени объем торговых операций Японии в ее имперских владениях в Корее, Тайване и Маньчжурии увеличился более чем вдвое [Kindleberger 1973: 279–280]. Политическим следствием такой экономической дезинтеграции стало перевооружение европейских государств, осуществляющееся с особым рвением в Германии и Италии. Эта политика способствовала индустриализации, что ощущалось от Бразилии и Южной Африки до Германии и Индии, хотя мало кто продвинулся по пути к реализации этой цели также далеко, как Советский Союз. Мировая экономика продолжала диктовать советскому руководству условия, нарушая его планы и играя против его интересов. История послевоенного периода подтвердила справедливость слов Александра Байкова:

Можно предположить, что если бы существовала возможность увеличить экспорт или получать регулярные долгосрочные иностранные кредиты, то объем советского импорта в 1933–1938 гг., особенно импорта потребительских товаров, был бы гораздо больше фактического [Baykov 1946: 63].

Заключение

В одном из лучших исследований, посвященных происхождению сталинизма, Михал Рейман пришел к тому же заключению, что когда-то К. Поланьи: сталинизм «не был продуктом положительного социального развития или положительного развития социальной доктрины, концепции, но являлся следствием глубокого и всеобъемлющего кризиса; он сформировался как особая разновидность инструмента или средства выхода из этого кризиса» [Reiman 1987: 115]. К сожалению, этот важный международный контекст практически не учитывается как в академических спорах, так и в большей части учебников. Безусловно, кроме мировой экономики, в истории Великого прорыва и коллективизации сыграли важную роль и другие факторы. Существующие идеологические позиции, опыт Гражданской войны и, вероятно, в большей степени личные амбиции и безграничная жестокость Сталина — все это определяло течение советской истории в этот период. Но даже решающую роль Сталина сложно постигнуть без понимания структурных перемен конца 1920-х — начала 1930-х годов, открывших социально-политическое пространство для мрачной деятельности, которую он осуществлял. Мы можем задаться вопросом: как изменилась бы советская история, если бы СССР развивался в условиях глобализирующейся и инфляционной мировой экономики — похожей на триумфальные 1950-е, а не на реалии катастрофического межвоенного периода? Более благоприятные условия мировой экономики, безусловно, выбили бы почву из-под ног тех, кто выступал за более конфронтационный подход к хлебозаготовкам — как это действительно происходило в более спокойные 1924–1925 годы. *Pax Britannica* или *Pax Americana*, существовавшие до и после межвоенного периода, возможно, ослабили бы опасения, которые вели к чрезмерным инвестициям в промышленный сектор и, в частности, в оборонную промышленность.

Конечно, ход истории был иным. Международные экономические кризисы определили траекторию социально-политического развития Советского Союза и других стран. Эти кризисы вынуждали руководство и общество реагировать на них — при этом дальнейшее развитие кризисов обуславливало характер реакции. Это происходило по всему миру. Проект большевиков был прикован золотыми цепями к хрупкой конструкции мировой экономики. Недостатки этой конструкции и ее последующий распад в значительной степени определили историю НЭПа и сталинистской общественно-политической формации, сложившейся в 1930-е годы. В послевоенную эпоху вдали от советских границ появится новая конструкция мировой экономики, что будет иметь столь же серьезные последствия для советского общества.

Глава 2
Послевоенный период: бреттон-вудская холодная война

Дискуссии об истоках начавшейся в середине 1940-х холодной войны неизменно велись вокруг вопроса идеологии. Ученые демонстрировали политикам США преимущества сомнений на этот счет, описывая курс США как разумный ответ либо на советские инициативы, либо на ситуацию, сложившуюся на местах. С другой стороны, внешняя политика Сталина породила, по сути, два видения проблемы: защита от революционной агитации или реальная политика против идеологии[1]. Удивительно то, что их представляют взаимоисключающими. Такой подход закрывает возможность ведения продуктивной дискуссии. Современная академическая мода побуждает ученых в большей своей части тяготеть к исследованию идеологического детерминизма, который становится все ближе к методологии Госдепартамента времен знаменитой телеграммы поверенного в делах США Дж. Кеннана[2].

---

[1] Тема безопасности является центральной в следующих работах: [Mastny 1996; Kennedy-Pipe 1995].

[2] Две книги Мелвина П. Леффлера свидетельствуют о смещении акцента академической проблематики: от геополитических и экономических вопросов, подробно описанных в [Leffler 1992], к политике, движимой идеями [Leffler 2007]. См. также работы В. М. Зубока [Зубок 2011] и Уэстада [Westad 2007]. Несмотря на академические разногласия, эти авторы следуют путем, проложенным Д. Л. Гэддисом, отказавшись от открытого американского триумфализма последнего. Наиболее влиятельной книгой Гэддиса является [Gaddis 1997].

Утверждается, что советский процесс принятия решений подчиняется идеологии, которая полностью искажает реальность. Эта идеология безоговорочно трактуется как «марксистско-ленинская» и подлежащая осуждению за все неудачи, явившиеся ее следствием. Этот аргумент по-прежнему актуален для наших сегодняшних убеждений.

Однако сходство экономических выводов советского руководства и американцев говорит о том, что не вписывается в рамки дискурса «идеология против безопасности». Восстанавливая систему, которая должна была выдержать как крах либерального порядка в 1930-х годах, так и последовавшие за ним войны, Сталин учитывал возможность повторного провала глобального рынка[3]. Однако план Маршалла, создание бреттон-вудских институтов и многочисленные эксперименты с социал-демократией по всей Западной Европе были вызваны теми же опасениями — все вышеназванное было призвано предотвратить рецидив катастрофических 1930-х годов. Безотчетный страх, порожденный недавним опытом, руководил политикой обеих сторон. В основе американской (массовая бедность приведет к коммунизму в Западной Европе) и советской (массовая бедность приведет к противоречиям и третьей мировой войне) позиций лежал страх, подталкивающий к соблазнительным, но упрощенным прогнозам. При оценке относительной «иррациональности» той или иной идеологии сегодня эти прогнозы не имеют для историка большого значения. Однако они позволяют нам судить о сложившемся после войны широком, идеологически нейтральном консенсусе относительно реальной угрозы нерегулируемого рынка и хрупкости послевоенного экономического порядка[4]. Выстраивание политики после трех десятилетий глобальной социально-политической дезинтеграции с учетом этих рисков нельзя рассматривать как отклонение от разумной политики или отказ от здравого смысла. Тем не менее именно этим понимани-

---

[3] Лучше всего сталинское видение внешнеполитического курса СССР описывается в статье В. О. Печатнова из сборника [Leffler, Westad 2010].

[4] В этом отношении показательны работы теоретиков, относящихся к различным частям политического спектра: [Pollok 1941; Шумпетер 1995].

ем оперируют ученые при определении внешней политики Сталина как «идеологической»[5]. Ясность в обсуждение вопроса должен внести подход, учитывающий как материальные условия, в которых принимались решения, так и экономические чаяния советского руководства.

Опровергая многочисленные нарративы об истоках холодной войны, в которых Восток и Запад предстают как стороны с равными амбициями и ресурсами, Советский Союз фактически был «истощенной» страной. Все европейские страны Запада и Востока, включая СССР, обращались к США за помощью, необходимой для послевоенного восстановления. В начале 1946 года Кеннан предупреждал, что Советский Союз был «политической силой, фанатично преданной идее невозможности установления постоянного *modus vivendi* с Соединенными Штатами»; он считал, что «для сохранения безопасности советской власти желательно и необходимо, чтобы внутренняя гармония нашего общества была нарушена, чтобы наш традиционный способ жизни был уничтожен, а международный авторитет нашего государства подорван» [Jensen 1993: 28]. Едва ли Госдепартамент США придал этому значение, но Кеннан никогда не был так далек от истины. Несмотря на то что Сталин считал, что империалистические противоречия выльются в новую войну [Чуев 1991: 62–63][6], советское руководство стремилось включиться в систему финансового и коммерческого обмена, которая могла гарантировать быстрое восстановление СССР. Хоть Соединенные Штаты и способствовали изоляции Советского Союза и окружили его военными базами, постоянная оккупация США Западной Германии дала советскому руководству ощущение большей безопасности, чем когда-либо с момента прихода к власти в 1917 году [Judt 2005: 243][7]. Несмотря на то что официальный советский

---

[5] Как Зубок и Гэддис делают в вышеупомянутых книгах.

[6] См. также [Zubok, Pleshakov 1996: 47].

[7] Это не означает, что советское руководство не чувствовало себя окруженным, как оно часто заявляло. Испытываемое им чувство, однако, не шло ни в какое сравнение с осознанием ужасающей и неминуемой опасности, исходящей от нацистов или даже британцев после иностранной интервенции

дискурс выстраивался вокруг экзистенциального конфликта с капитализмом — наряду с внутренними репрессиями, — финансовая и коммерческая практика Советского государства была отмечена не враждебностью и подрывной деятельностью, как утверждается в большей части текстов времен холодной войны, а поиском компромисса, сотрудничества и в конечном счете уступками. Холодная война означала стабильность, которой советское руководство не знало в межвоенный период, однако она не была результатом равновесия в биполярном мире, как предполагают некоторые тексты времен холодной войны[8]. Торговая и финансовая практика СССР говорит о стабильности, рожденной американской и потом западной экономической гегемонией, с которой подвергнутые остракизму Советы искали *modus operandi*, а в конечном счете — возможности выгодной вовлеченности.

Предчувствие войны

Первые месяцы войны на Западе открыли для Советского Союза, который последние десять лет пребывал в крайне опасном состоянии автаркии, новые коммерческие возможности. В феврале 1940 года, когда торговое соглашение между СССР и Германией еще было в силе, Микоян сообщил Сталину и Молотову о возможности перевозки во Владивосток оплаченной Германией американской нефти, отправленной, предположительно, друзьями фюрера в Соединенных Штатах. Взамен Советский Союз должен был бы предоставить Германии эквивалентное количество бакинской нефти. Это странное деловое предложение

1920-х годов. Узнав от Ф. Д. Рузвельта о том, что ввод американских солдат потребует два года, Сталин, не задумываясь о возможности развертывания в беззащитной Европе подрывной деятельности, немедленно пошел на компромисс, признав большую, чем он ранее допускал, роль Франции в немецкой оккупации. См. [Plokhy 2010: 107].

8　См. книгу Гэддиса [Gaddis 1987], которая, в свою очередь, была написана под влиянием работ политических реалистов.

сэкономило бы советскому руководству твердую валюту, а также разгрузило бы движение поездов, вагонов и грузов по Транссибирской магистрали, поскольку восточные регионы в таком случае снабжались бы западноуральской нефтью[9]. Те же американские поставщики нефти были также готовы отправить нефть в Мурманск, где немцы предложили построить резервуары для хранения нефти перед ее транспортировкой в Германию. Это была рабочая схема тайной переправки американской нефти в нацистскую Германию. Хотя у Советского Союза не было бы прав на эту нефть, он мог бы использовать резервуары для ее хранения во время войны и оставить их после нее [Gaddis 1987][10]. Союз с Германией также на короткое время возродил традиционный советско-германский обмен сырьевыми товарами, необходимыми для промышленного оборудования, — повторяющиеся и выгодное обеим сторонам сотрудничество, которое процветало всякий раз, когда этому способствовала экономическая и геополитическая конъюнктура.

Однако нападение Германии летом 1941 года положило конец этой торговле и привело к совершенно иному экономическому обмену, осуществляемому в рамках программы ленд-лиза. Согласно глубоко укоренившемуся представлению, которое впервые было сформулировано в одобренной Сталиным книге председателя Госплана Николая Вознесенского «Военная экономика СССР в период Отечественной войны», британская и американская помощь в рамках ленд-лиза составляла всего 4 % от общего объема советского военного производства. Однако в авторитетном исследовании историка-экономиста Марка Харрисона, посвященном

---

[9] РГАСПИ. Ф. 84. Оп. 1. Д. 15. Л. 45.

[10] В документах не упоминаются имена американских поставщиков нефти. Достоверно известно, что несколько нефтяных компаний США уже сотрудничали с фашистами во время Гражданской войны в Испании. Скорее всего, за этими событиями стоял пронацистский генеральный директор Техасо Т. Рибер, так как к тому времени он уже несколько лет нарушал американские законы о нейтралитете, сотрудничал с нацистами, разрабатывал аналогичные сложные схемы перевозки нефти, необходимой Франко и нацистам в их военных операциях.

советской экономике военного времени [Harrison 1996][11], представлены другие цифры: ленд-лиз и другая помощь США и Великобритании повысили показатель ВВП во время войны в среднем приблизительно на 8 % [Harrison 1996: 142–145][12]. Объем помощи в долларовом эквиваленте составил 11,93 млрд[13]. Однако она была распределена неравномерно: большая ее часть была предоставлена в течение последних двух лет войны и лишь какой-то минимум поступил в советские порты в самые мрачные для Советского Союза месяцы — до и во время битвы за Сталинград[14].

Такой объем помощи, возможно, составлял утроенную сумму советского импорта в 1931 году[15]. И ее значение для советской

---

[11] В книге представлены результаты исследования деятельности организаций по планированию и Министерства финансов. Обсуждение цифр, полученных Вознесенским, можно посмотреть в книге Харрисона [Harrison 1996]. Тема умаления значения помощи в рамках программы ленд-лиза раскрывается в [Кумыкин 1967: 58–62].

[12] В той же книге представлена позиция Гершенкрона: «Тот вклад, который вносят поставляемые по ленд-лизу дефицитные товары в российскую военную экономику, не может быть измерен в глобальных процентах» [Harrison 1996: 134].

[13] Соединенные Штаты отправили в СССР 10,6 млрд долларов, что, как советское руководство любило подчеркивать, составляло лишь четвертую часть всей помощи по ленд-лизу. Остальное отправлялось в Великобританию. См. [Harrison 1996: 132].

[14] Если опираться на ханинский, а не используемый Харрисоном бергсоновский расчет размеров советской экономики первой половины 1940-х годов, то сумма, превышающая 10 млрд долларов, вполне могла быть даже больше стоимости 10 % произведенных в СССР товаров, как предположил Харрисон. Полученный Ханиным показатель экономического роста в 1930-е годы был значительно ниже показателя, высчитанного Бергсоном.

[15] Байков продемонстрировал это. Эти данные могли ни о чем не говорить, если учесть, что он просто рассчитал годовую сумму в рублях в соответствии с официальным советским обменным курсом 1938 года: 5,3 рубля за доллар. См. [Baykov 1946: 78–79]. Больший интерес представляют цифры, полученные самим советским руководством, которое, чтобы учесть сумму помощи по ленд-лизу в национальных счетах, прибавляла к сумме импортируемой продукции сумму таможенных пошлин, ставка которых на определенные группы товаров доходила до 160 %. Позже суммы были представлены в таблице с 20%-й надбавкой. Такое ведение счетов было произвольным, но оно,

материальной базы не следует преуменьшать. В рамках программы ленд-лиза поставлялись самолеты, танки и автомобили, если мы говорим о транспортной отрасли; радиоприемники, если мы говорим о сфере коммуникаций; промышленные материалы, в особенности железо, цветные металлы, топливо, резина, продукты питания. Благодаря ей солдаты Советского Союза могли действовать последние два года войны более стремительно, скоординировано, не падая в голодные обмороки. Поскольку советская экономика находилась на грани краха, система расчетов в рамках программы ленд-лиза позволила советскому руководству инвестировать крайне скудные ресурсы с целью смягчения последствий голода и амортизации основного фонда. Она также способствовала восстановлению производственных мощностей и инфраструктуры после войны, позволила, если использовать экономическую лексику, избежать больших потерь трудового капитала[16]. Кроме того, поскольку основную часть помощи Советскому Союзу составляли передовые технологии, их заимствование и использование в отечественном производстве повысили уровень производительности труда [Hanson 2003: 24]. Только в конце 1950-х годов, во времена инициированных Хрущевым проектов «под ключ» и активизации экономического взаимодействия с Западом, Советский Союз снова получил доступ к западным технологиям.

Война обрушила платежный баланс Советского Союза и других европейских стран. К 1945 году СССР импортировал в десять раз больше товаров, чем экспортировал [Nove 1992: 296][17]. Как и после Первой мировой войны, советское руководство активно тратило золотые резервы и продолжало использовать золото для расчетов

по-видимому, указывает на то, в какой степени Советское государство считало свою валюту переоцененной, а следовательно, и на то, в какой степени западные товары были недооценены. См. [Harrison 1996: 135–137].

[16] Но были и проблемы. Британское снаряжение и танки, например, имели в Советской армии очень плохую репутацию, а неспособность советской экономики военного времени использовать всю поставляемую продукцию приводила к тому, что часть западной техники простаивала.

[17] Объем экспорта составил 1 433 млн рублей, а объем импорта — 14 805 млн рублей.

в течение нескольких лет[18]. Поэтому неудивительно, что оно не только одобряло американские кредиты, но и добивалось их; Сталин и Молотов ожидали получить эти кредиты с того момента, когда победа в Сталинграде развеяла страхи первого относительно возможной разрядки между англосаксонскими державами и Гитлером[19]. Погоня за западными кредитами во многом соответствовала довоенному внешнеэкономическому курсу. Принятие СССР на себя основного удара немецкой военной машины и большей части бремени войны против нацистов, чрезмерная, с советской точки зрения, задержка открытия Второго фронта — все это придало ожиданию большого кредита нравственный аспект.

Как позже вспоминал Микоян, достижение договоренностей по предоставлению послевоенных кредитов на восстановление было одной из его приоритетных задач на последних этапах войны. Администрация Рузвельта уполномочила посла США У. А. Гарримана обсудить послевоенные займы еще в феврале 1944 года[20]. Согласно Микояну, именно этот посол впервые предложил Советскому Союзу кредит на сумму один миллиард долларов незадолго до Ялтинской конференции [Микоян 1999: 493–494][21]. Если бы это

---

18 См., например, запрос Микояна от 26 апреля 1945 года на 10 тонн золота для погашения долгов перед Великобританией и импорта газовых труб из Соединенных Штатов, в РГАСПИ. Ф. 84. Оп. 1. Д. 28. Л. 3. Полтора года спустя Микоян запрашивает 35 тонн золота для погашения задолженности перед британцами и закупки импортных товаров: РГАСПИ. Ф. 84. Оп. 1. Д. 29. Л. 103–104.

19 Затишье по поводу поставок в рамках ленд-лиза в конце 1941 года вместе с кажущейся бесконечной отсрочкой Второго фронта укрепляли уверенность Сталина в том, что Черчилль и Рузвельт планируют договориться с Гитлером. См. [Roberts 2006: 140–142]. Согласно Робертсу, его уверенность в союзниках и в их полной готовности поддерживать его после войны вернулась после победы под Сталинградом.

20 Письмо Халла Гарриману от 2 февраля 1944 года [FRUS 1944, 4: 1042–1043].

21 Кредит предлагался на вполне приемлемых условиях: под 3 % годовых и на 30 лет. Микоян вспоминал, как председатель Госплана Вознесенский удивил его и Сталина, выступив против этого предложения, утверждая, что оно невыгодно, так как советское правительство в итоге заплатит вдвое больше, чем ему будет предоставлено. Я разделяю удивление Сталина и Микояна и подозреваю, что вмешательство Вознесенского могло быть несколько более изощренным, чем представляется Микояну.

предложение было максимально быстро принято, возможно, Советский Союз действительно бы получил американский заем. Однако Сталин настоял на шестимиллиардном кредите, и сделка не состоялась. Микоян, отстаивающий необходимость двухмиллиардного, был удивлен позицией Сталина и пытался убедить его, что попытка получить столь внушительную сумму обречена на провал. Он не знал, что Госдепартамент был готов предоставить в то время «несколько миллиардов»[22]. Министр финансов Г. Моргентау обратился к президенту Рузвельту с просьбой о выделении СССР 10 млрд[23]. Сомнения по поводу одобрения Конгрессом столь значительной суммы, однако, не позволили реализовать план. Тем не менее важность кредитов была ясна всем, и Микоян не прекращал предпринимать попыток получить их до тех пор, пока обе стороны продолжали диалог. «Занимаясь вопросами экономики и хорошо зная наши потребности внутри страны, — писал он позже, — я понимал, что послевоенных экспортных ресурсов у нас будет крайне мало ввиду разорения хозяйства и огромных потребностей внутри страны, поэтому без больших кредитов развивать внешнюю торговлю и иметь большой импорт, так необходимый нам, нельзя» [Микоян 1999: 494].

Во время Тегеранской (1943 г.) и Ялтинской конференций (1944 г.) Сталин описывал преимущества, которые откроются американским фирмам на советских рынках, в радужных тонах — многообещающая перспектива для руководства США[24]. В конце концов, именно сокращение мирового экономического обмена, а не сознательная политика советского руководства ограничила советский спрос на импорт в 1930-е годы. Хотя экспортный потенциал СССР, как можно было ожидать, останется в ближайшем будущем ограниченным, немецкие репарации ускорили бы вос-

---

[22] Меморандум начальника отдела финансовых и валютных вопросов от 4 января 1945 года [FRUS 1945, 5: 938–939].

[23] Меморандум Моргентау от 10 января [FRUS 1945, 5: 948–949].

[24] См., например, описание диалога между Сталиным и Рузвельтом в первый день Тегеранской конференции, когда последний отметил, что сырьевые материалы, которые может поставлять СССР, будут представлять интерес для США [Roberts 2006: 181].

становление советской экономики, в то время как американские кредиты позволили бы восстановить ее внешнеторговый сектор[25]. Очевидно, обе стороны смотрели в одном направлении. В ходе проходивших в последний год войны в Госдепартаменте дискуссий, посвященных этому вопросу, единственным, помимо одобрения Конгрессом, сдерживающим фактором при принятии решения о сумме был советский экспортный потенциал и, следовательно, способность СССР погасить кредит. Администрация Рузвельта рассчитывала поставить огромные запасы советских сырьевых ресурсов на службу мировой экономике и, возможно, получить в придачу некоторые политические уступки.

Советское руководство укрепилось в вере в то, что долгосрочные кредитные соглашения нормализуют торговые и, следовательно, политические отношения. В 1946 году под влиянием нарастающей напряженности Сталин пересмотрел сумму запрашиваемого кредита —1 млрд долларов — и поставил этот вопрос в переговорах с американцами на первое место. О чем бы ни шла речь — о гражданской авиации, свободном и открытом судоходстве по имеющим международное значение рекам, жалобах американских граждан на советское правительство, международных законах об авторском праве или каком-либо сотрудничестве между двумя державами по вопросу экономической помощи европейцам — ни один из этих пунктов, предложенных Госдепартаментом, не должен был продвигаться вперед без резолюции по американским кредитам[26]. В то же время советское руководство было озабочено получением займов от других европейских стран.

---

[25] Крупные репарации с Германии — порядка 20 млрд долларов, половина которых уйдет в СССР, — были полностью поддержаны госсекретарем США Э. Стеттиниусом, который зашел так далеко, что предложил привлечь миллионы немецких рабочих к восстановлению советской экономики в течение следующих пяти-шести лет. См. [Микоян 1999: 494]. Безусловно к счастью для миллионов немцев, на Ялтинской конференции Сталин не решился попросить союзников привлечь немецкую рабочую силу. Он не распознал реального намерения Рузвельта — уступить в знак доброй воли [Plokhy 2010: 110].

[26] О чем свидетельствуют директивы по переговорам с Госдепартаментом США от 23 мая 1946 года в РГАСПИ. Ф. 84. Оп. 1. Д. 28. Л. 68–70.

Наибольшего успеха оно добилось со Швецией, которая в середине 1946 года предложила для оплаты шведских поставок в СССР долгосрочную кредитную линию в 200 млн шведских крон (около 55 млн долларов)[27].

С точки зрения советского руководства, основным препятствием к достижению соглашения были все более радикальные планы Америки по трансформации послевоенного порядка. Советское руководство вскоре осознало, что получение кредита будет связано с принятием множества сдерживающих условий[28]. Оно могло бы избавиться от ложных ожиданий, если бы только обратило внимание на британский пример: уже в 1941 году для того, чтобы получить помощь по ленд-лизу от американцев, англичанам приходилось идти на компромисс, затрагивающий имперские преференции и тарифные соглашения. По мере того как американские планы по восстановлению Европы и мировой экономики постепенно становились все более амбициозными, СССР все чаще стал рассматриваться как угроза, а не как партнер, с которым можно воплотить эти планы в жизнь.

Советское руководство выходит из игры

Согласно часто приводимым статистическим данным, в конце Второй мировой войны производство США составляло около половины мирового экономического производства. Скорость, с которой эта страна превратилась в экономического гиганта, для истории человечества беспрецедентна. Экономика США, доминировавшая в 1939 году и составлявшая примерно половину экономик Европы, Японии и Советского Союза вместе взятых, превосходила их совокупный размер уже через семь лет. Например, к 1946 году объем производства стали в США превышал объемы Германии, Великобритании и Советского Союза вместе

---

[27] РГАСПИ. Ф. 84. Оп. 1. Д. 29. Л. 1–16.

[28] РГАСПИ. Ф. 84. Оп. 1. Д. 29. Л. 61–63. Как отметил Микоян в своем докладе от 9 июля 1946 года, за год ситуация поменялась и без соблюдения дополнительных условий кредиты больше не выдавались.

взятых более чем в два раза, тогда как в 1939 году объем первых составлял 85 % совокупного объема вторых [Frieden 2006: 262]. Великая депрессия, последовавшая за ней война и в первую очередь явное экономическое превосходство Соединенных Штатов в сфере торговли и финансов укрепили уверенность американских лидеров в том, что именно их страна больше всего потеряет от возвращения к мировой автаркии и политике «разори соседа». Чем очевиднее становилась экономическая слабость других держав, тем решительнее Соединенные Штаты брали на себя бремя руководства мировой экономикой.

В результате Бреттон-Вудской конференции, проходившей в штате Нью-Гэмпшир, были учреждены финансовые и коммерческие институты, призванные контролировать процесс постепенного снижения барьеров для торговли и капитала, необходимых для бесперебойного функционирования международной либеральной экономики. Путь к реализации Бреттон-Вудского соглашения был тернист, не в последнюю очередь из-за нежелания европейцев расставаться с дискредитированной системой имперских преференций. Но, отчаянно нуждаясь в американском кредите, европейские державы уступили американскому давлению в этом и других вопросах (например, в вопросе европейской экономической интеграции). Послевоенное восстановление не было гладким: европейский долларовый дефицит препятствовал требующемуся импорту продукции Соединенных Штатов; вместе с тем Восточная Европа с ее рынками и ресурсами медленно выходила из сферы экономического влияния Западной Европы. План Маршалла, проводимая в 1949 году девальвация европейских валют по отношению к доллару, корейская война и использование ресурсов колоний европейскими державами постепенно изменили ситуацию. Бреттон-Вудская система заработает в полную силу только с конца 1950-х годов, когда основные мировые валюты наконец станут конвертируемыми[29].

---

[29] См. 16 и 17 главы в [Kenwood, Lougheed 1992]. Об использовании европейских колоний и их товаров, приносящих доход в долларах, для восстановления экономики Европы можно прочитать в статье Р. Э. Вуда из сборника [Leffler and Painter 1994].

В своих послевоенных планах советское руководство не смогло предположить, насколько настойчиво Соединенные Штаты возьмут бразды правления в свои руки и изменят мировой экономический ландшафт. Советская система появилась в контексте угасания предыдущего либерального порядка, основанного на золотом стандарте. Победа в войне не только обеспечила выживание советской системы, но и узаконила ее структуру. Идея значимой роли государства в экономической жизни страны господствовала не только в Советском Союзе: государственный контроль над социальными и экономическими делами стал определяющей чертой послевоенной политической экономии как в Европе, так и в Северной Америке[30]. Однако для США этого было недостаточно: американские политики представляли себе мировую экономику, регулируемую посредством институтов кооперативного управления, которое позволило бы избежать ошибок межвоенного периода. Интеграция в эту глобальную архитектуру Советского Союза повлекла бы за собой полную реорганизацию его системы: упразднение монополии государства на внешнюю торговлю и возврат к провальной финансовой политике 1920-х годов, в результате которой рубль стал конвертируемой валютой лишь на несколько лет. По этой причине полная интеграция была неудачной идеей, и советское руководство проявило мало интереса к переговорам, проходившим в Бреттон-Вудсе, штат Нью-Гэмпшир. Тем не менее оно надеялось воспользоваться оживлением мировой экономики и открытием мировых финансовых рынков.

---

[30] Превосходное обсуждение темы планирования как институционального наследия войны можно посмотреть в работе Джадта [Judt 2005: 66–68]. Этот автор выделяет множество оттенков идеи планирования в Европе, ни один из которых не вызывает ассоциации с СССР. Джадт развивает эту тему в [Judt, Snyder 2012: 333–354]. История европейского планирования также кратко реконструируется в [Berend 2006: 223–226]. Превосходная книга Р. Лэйтема [Latham 1997] показывает, что благодаря массе усилий 1945 год стал восприниматься как год торжества либерализма: настолько, что легко забыть, до какой степени либеральный мировой порядок был в 1945 году дискредитирован. Потребовалось почти четыре десятилетия, чтобы эта идея снова восторжествовала во всем мире.

Сталин рассчитывал на сохранение хороших отношений с военными союзниками. Апокалиптическое имперское соперничество не уничтожило надежду. Убеждения Сталина были подкреплены некоторыми ранними аналитическими докладами группы Молотова, в которых рассматривались способы, как пережить грядущие бури и как наилучшим образом обезопасить Советский Союз и завоевания революции от экономической борьбы будущего. В этих отчетах, написанных в последние месяцы войны, благорасположение Запада рассматривалось как нечто само собой разумеющееся. В самом деле, советское руководство ожидало, что соперничающие державы будут добиваться его поддержки [Pechatnov 1995][31]. Более того, оно полагало, что экономическое возрождение в Европейском регионе и экономическое процветание Америки зависят от советских сырья и рынка, жаждущего западных продуктов и технологий[32].

В течение двух лет, до тех пор пока политические споры относительно Восточной Европы и Германии не зашли в тупик, Сталин разделял эту точку зрения. Поэтому неудивительно, что, несмотря на то что в течение этих двух лет позиции обеих сторон укрепились, Сталин и Молотов ответили на объявленный в июне 1947 года план Маршалла попытками докопаться до сути американского предложения. В том же месяце на встрече со своими

---

[31] Особый интерес представляет неизменный акцент всех докладов на сотрудничестве с Западом, которое представлялось авторами в качестве единственно эффективного средства защиты советских интересов. Этой же линии, как оказалось, придерживались советские должностные лица в публикациях и выступлениях.

[32] Эта тема подробно рассмотрена в [Roberts 2006]. Этот ход мысли, на данный момент подтвержденный архивными материалами, в некоторой степени опирается на опыт стран Восточной Европы. Там, где некоторые ученые видят ранний план советизации Восточной Европы, Робертс видит множество предпринятых в Восточной Европе шагов, которые означали советскую готовность к компромиссу, тем самым заново изобретая колесо со времен книги Джойса и Колко [Joyce, Kolko 1972]. Для того чтобы окончательно отказаться от этого компромисса после долгой политической игры, Сталин воспользовался экономическими нюансами плана Маршалла. Тезис о советском генеральном плане повторяется в [Soutou 2001; Applebaum 2012].

британскими и французскими коллегами на набережной Орсе
в Париже Молотов пытался выяснить, располагают ли они большим объемом информации, чем тот, что содержался в речи
Маршалла [Mee 1984: 130]. В сопровождении делегации из
100 человек советский министр иностранных дел прибыл в Париж для переговоров по поводу условий включения СССР если
не в либеральный мировой порядок, то по крайней мере в систему европейского экономического обмена, обеспеченную американским капиталом.

Вскоре его ждало разочарование. Еще 23 мая 1947 года Кеннан,
директор Отдела планирования политики, написал заместителю
госсекретаря Д. Ачесону, что любой план экономического восстановления Европы должен быть составлен таким образом,
чтобы «страны — сателлиты России либо отказались от участия
из-за нежелания принять предложенные условия, либо согласились пересмотреть исключительную ориентацию своих экономик»[33]. Что касается Великобритании и Франции, то еще 18 июня
американский посол во Франции Джефферсон Каффери сообщил
госсекретарю Маршаллу о том, что «англичане считают, что
участие России значительно осложнило бы ситуацию и что,
возможно, будет лучше, если русские откажутся от приглашения.
Они говорят мне, что французы [кажется] с ними полностью
солидарны»[34]. За этим сообщением последовало сильное заявление:

> [Министр иностранных дел Великобритании Эрнест] Бевин
> и [министр иностранных дел Франции Жорж] Бидо обсуждали этот вопрос со мной тет-а-тет, они высказали надежду, что советское руководство откажется сотрудничать,
> и уверили в том, что готовы «идти вперед полным ходом,
> даже если оно будет сопротивляться»[35].

[33] Письмо Кеннана Ачесону от 23 мая 1947 года [FRUS 1972, 3: 228]. 3. С. 228.

[34] Письмо Каффери государственному секретарю от 18 июня 1947 года [FRUS 1972: 258].

[35] Письмо Каффери государственному секретарю от 18 июня 1947 года [FRUS 1972: 260].

После нескольких дней переговоров, во время которых Молотов просил о сохранении конфиденциальности и был, по мнению Каффери, более сговорчив, чем обычно, стало ясно, что западные должностные лица намерены исключить Советский Союз из переговорного процесса, если последний не захочет полностью отказаться от контроля над Восточной Европой[36]. Находясь в Париже, Молотов писал Сталину:

> Как Англия, так и Франция находятся в весьма затруднительном положении и не имеют в своих руках серьезных средств для преодоления своих экономических затруднений. Единственная их надежда на Соединенные Штаты, которые требуют от Англии и Франции создания какого-либо общеевропейского органа для облегчения вмешательства Соединенных Штатов как в экономические, так и политические дела европейских стран[37].

Несмотря на различия в идеологических взглядах, обе стороны понимали ситуацию одинаково. Ближайший помощник Маршалла Ч. Болен позднее писал:

> Мы не верили в то, что Советский Союз согласится на американскую проверку расходования товаров и средств. Кроме того, мы скептически относились к возможности Советского Союза сохранить контроль над Восточной Европой в том случае, если эти страны смогут участвовать в коллективном предприятии [Bohlen 1973: 264–265].

В последующие годы Соединенные Штаты действительно добились больших успехов в разрушении имперских преференций и стимулировании европейской интеграции. Это была именно та

---

[36] Каффери считал, что «Советское руководство готово заплатить любую цену, только чтобы не дать французам или британцам действующий текст, чтобы порвать с ними». См. письмо Каффери государственному секретарю от 18 июня 1947 года [FRUS 1972: 300].

[37] Шифрованная телеграмма датирована 1 июля 1947 года. Цитата приведена в статье М. М. Наринского [Narinsky 1994: 43].

цена, которую Советский Союз, как бы он ни жаждал получить американские кредиты, не желал платить[38].

Вместо этого советское руководство решило получить необходимые ресурсы путем массового разграбления побежденных стран и некоторых стран-союзников[39]. Оно осуществлялось тремя способами: самым грубым среди них была перевозка целых заводов на территорию Советского Союза; СССР также принудил страны к продаже ресурсов по очень низким ценам; контроль над многими крупными фирмами Восточной Европы перешел к советскому руководству. Трудно измерить выгоду Советского Союза от такого взаимодействия. Польша, как известно, поставляла Советскому Союзу уголь по ценам значительно ниже мировых, но СССР отвечал тем же. В коммунистическом блоке это была широко распространенная практика; произвольное ценообразование было одним из отличительных признаков внутриблоковой торговли. Можно назвать по крайней мере двух наказанных за слишком жесткие переговоры с Советским Союзом министров внешней торговли — министров Болгарии и Чехословакии. Справедливо будет сказать, что послевоенные репарации принесли СССР существенные выгоды.

Однако разграбление вскоре прекратилось. Еще до успешной реализации плана Маршалла Советский Союз приступил к нормализации торговых отношений с Восточной Европой — в той мере, в какой они была возможна в условиях советской военной оккупации. Уже в начале 1947 года советское руководство обсуждало способы облегчения «чрезмерного налогового обложения» акционерных обществ Восточной Европы[40]. С 1947 по 1948 год

---

[38] Трактовка плана Маршалла как водораздела, который заставил Сталина отказаться от варианта сотрудничества, также представлена в [Cox, Kennedy-Pipe 2005: 97–134].

[39] Многие заводы были вывезены из Маньчжурии как военные трофеи: см. [Nove 1992: 296]. То же самое ждало дружественную Чехословакию. Заводы демонтировались и вывозились под предлогом того, что они были собственностью немецких компаний. В конечном счете наибольшую сумму репараций выплатили немцы, за ними следом шли Румыния и Венгрия. См. [Stone 1996: 27].

[40] РГАСПИ. Ф. 84. Оп. 1. Д. 30. Л. 14–19. Письмо Микояна датируется 23 января 1947 года. Было предложено снизить налоги и вместе с тем увеличить количество закупок продукции предприятий по сниженным ценам.

оно заключило кредитные соглашения с Болгарией и Чехословакией и сократило в два раза румынские и венгерские репарации. В 1950 году советское руководство сделало то же самое для Восточной Германии [Nove 1992: 322–323]. В 1949 году был учрежден Совет экономической взаимопомощи (СЭВ). Эта организация должна была координировать производство и способствовать интеграции экономик стран Восточного блока, однако она так и не смогла преодолеть двустороннюю систему внутриблоковой торговли. Хотя штаб-квартира СЭВ находилась в Москве и сама организация следовала выбранному здесь же курсу, Советский Союз, в отличие от Соединенных Штатов, так и не смог убедить своих союзников принять свое коммерческое лидерство. Причина этого проста: согласно политологу Р. Стоуну, «торговая политика в советском блоке вращалась вокруг возможностей, создаваемых искаженными ценами, установленными Советом экономической взаимопомощи» [Stone 1996: 5]. Хотя цены СЭВ имели мало отношения к ценам на мировых рынках, они в значительной степени играли на руку восточноевропейским странам и создавали извращенные стимулы для уклонения от международных обязательств, которые, возможно, были выгодны всем в целом, — все это, в сочетании с институциональной дезорганизацией в Советском Союзе, позволяло меньшим по размерам сателлитам последовательно противостоять попыткам СССР установить более справедливые условия торговли. Сателлиты субсидировались страной, которая была, по сути, менее развита, чем многие из них.

Советское руководство преуспело в одном: оно увеличило товарооборот со странами Восточной Европы. Предвосхищая ситуацию второй половины 1950-х годов — период расширения географии торговых обменов Советского Союза, — объем товарооборота СССР со странами Восточной Европы увеличивался с поразительной скоростью — хотя, как и в случае более позднего расширения, изначальный уровень был незначителен. С 1946 по 1950 год внешнеторговый оборот увеличился более чем вдвое: с 1,3 млрд до 2,9 млрд рублей [Министерство внешней торговли 1971: 8]. В последующие пять лет он почти удвоился. Рост, особенно к 1950 году, происходил почти исключительно за счет расширения торговли с Восточной Европой и Китаем.

На вопрос о том, когда послевоенная эксплуатация Восточной Европы превратилась в субсидирование, ответить нелегко. Чехословацкие плановики, опрошенные Стоуном, утверждали, что условия торговли были приемлемыми для Чехословакии еще до создания СЭВ. Они могли продавать СССР почти любую промышленную продукцию, которую хотели. Восточную Германию — другой экономически развитый регион блока, — вероятно, также устраивали условия торговли после того, как в 1954 году были отменены репарации [Stone 1996: 31][41]. Как бы то ни было, послевоенная Восточная Европа стала для СССР первым регионом, с которым можно было торговать без существенных экономических или политических трудностей. Показательно, что они воспользовались представившейся возможностью — это предвещало грядущий взрыв (см. рис. 7).

Приостановленный Бреттон-Вудс:
экономика политического остракизма

Но хоть внешнеторговый оборот СССР и рос, экономический обмен с Западом замедлялся. Межвоенные годы продемонстрировали, насколько опасна международная финансовая система, предоставляющая капиталу полную свободу передвижения, особенно в условиях финансового кризиса, характеризующегося значительной вызванной войной несбалансированностью в распределении капитала. Этот послевоенный период мало чем отличался от предыдущего: как после Первой мировой войны, так и после Второй США накопили чрезмерные объемы капитала. В 1948 году Соединенные Штаты владели двумя третями мировых валютных резервов [Eichengreen 2008: 112]. Потоки американского капитала восстановили европейскую экономику в межвоенный

---

[41] Стоун рассматривает восстание 1953 года в Восточной Германии в качестве катализатора перемен.

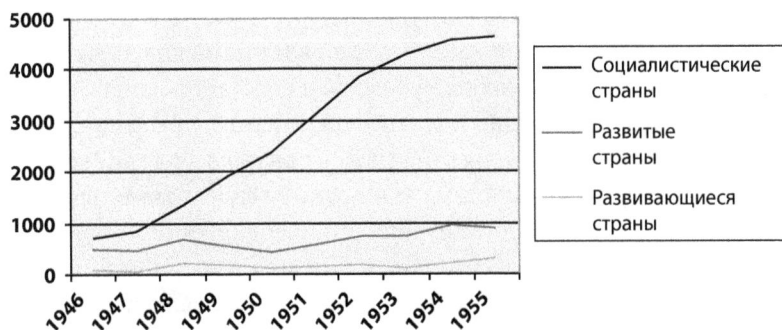

Рис. 7. Внешнеторговый оборот по регионам (в млн руб. 1961 года)
Источник: [Внешняя торговля за 1918–1966: 62].

период; проблемы начались, когда эти потоки резко сократились. Гибель межвоенной финансовой системы предопределили порочная политика корректировки, строгая экономия, идущая в паре с отсутствием международного финансового сотрудничества. Послевоенная Бреттон-Вудская система разрабатывалась с учетом всех вышеупомянутых ошибок, что особенно заметно по реакции на первую серьезную проблему — существенную нехватку долларов в Европе.

Главной целью Бреттон-Вудских переговоров был переход к конвертируемости европейской и японской валют. Они должны были быть привязаны к доллару, поэтому была сохранена одна из наиболее очевидных положительных черт золотого стандарта: предсказуемость обменного курса. Для достижения этой цели должен был широко использоваться контроль за движением капитала. Он позволил бы правительствам свободно проводить внутреннюю политику воздействия на экономику в соответствии с теорией Дж. М. Кейнса. Это была свобода, которой они не имели при гораздо более жесткой привязке к золоту. Международные организации, такие как Международный валютный фонд (МВФ) и Всемирный банк, следили бы за нормальным функционированием системы. Проблема заключалась в том, что в первые послевоенные годы европейским странам было очень трудно обеспечивать приток долларов из Соединенных Штатов — другими словами, осуществлять туда экспорт. И все же эти доллары были крайне нужны для импорта сырья и промышленных американских продуктов, необходимых для восстановления. Дефицит этих товаров породил долларовый дефицит, который вынудил европейские страны ввести строгий контроль над капиталом, а также драконовскую систему импортно-экспортных лицензий. Роковое решение о восстановлении конвертируемости британского фунта в 1947 году — скорее американское, чем британское — значительно задержало процесс отмены валютных ограничений и ускорило процесс реализации плана Маршалла[42]. Массовое кредитование в долларах США, направленное на восстановление Европы, облегчило проблему, но она не была по-настоящему преодолена до конца 1950-х годов.

Советское руководство, желающее сохранить экономическую систему, не могло стремиться к конвертируемости; централизованная экономика обессмысливала активное участие СССР в Бреттон-Вудской системе. Вопреки представлению об эквивалентности сил, укоренившемуся благодаря подавляющему большинству нарративов о холодной войне, параллельная система экономического и финансового обмена Советским Союзом не была создана. Если Организацию Варшавского договора (ОВД) еще можно назвать аналогом Организации Североатлантического договора (НАТО), то СЭВ несравним по эффективности или масштабности с Бреттон-Вудской системой. Вместе со своими партнерами по СЭВ Советский Союз оставался придатком гораздо более крупной и доминирующей либеральной конструкции. Торговое и финансовое взаимодействие между Востоком и Западом возобновилось только тогда, когда проблема дефицита доллара разрешилась и строгий европейский валютный контроль постепенно отступил. До этого времени советскому руководству оставалось только сетовать на коммерческую дискриминацию, эмбарго — обвинения, имеющие под собой основания, — и возмущаться по поводу системы лицензирования импорта и экспор-

---

[42] Эта история кратко изложена в [Eichengreen 2008: 100–104].

та, с которой оно столкнулось, как только после притока финансовых средств в рамках плана Маршалла экономические отношения с Западной Европой начали набирать обороты. Немногие работы, посвященные экономической холодной войне, фокусируются на важной черте ее раннего этапа — организованной США экономической блокаде СССР [Jackson 2001; Zhang 2001]. Но система импортных лицензий, необходимых для функционирования Бреттон-Вудской системы, стала для советского руководства, которое было склонно видеть политику везде, где сделки с частными предприятиями натыкались на стену правительственного лицензирования, еще большим ударом. На исследовании чего должен сосредоточиться историк? Несмотря на значительные усилия США по принуждению Европы и Японии к соблюдению эмбарго на стратегические товары, запретительные списки не дожили до постдефицитного периода — периода, когда рычаги влияния США на своих союзников перестали работать (по крайней мере, уже не работали так, как раньше).

С другой стороны, системные ограничения в большей степени определяли границы экономической, чем политической деятельности СССР. Это было особенно верно в отношении самого фундаментального правила системы: если раньше, в эпоху золотого стандарта, советское руководство стремилось накапливать золото, теперь оно стремилось накапливать долларовые резервы. Мимолетный эпизод финансовой паники, с которым советское руководство столкнулось вопреки своим оптимистическим прогнозам, лучше всего отражает природу властных отношений в новом либеральном порядке. В середине 1948 года, когда напряженность достигла небывало высокого уровня и продолжала расти, советское правительство стало опасаться за состояние скудных резервов СССР. Более двух третей резервной суммы — 74,5 млн долларов — лежало в американских банках, и почти половина этой суммы ушла на оплату импорта каучука. Советское руководство боялось, что Соединенные Штаты смогут заморозить с трудом заработанные сбережения, значительная часть которых, как известно, была сформирована в результате продажи зерна в голодном 1947 году[43]. Оно решило перевести их в европейские банки, до которых длинная рука Дяди Сэма, конечно, могла дотянуться, но с которыми, в отличие от банков североамериканского колосса, было еще возможно (по мнению советского руководства) развитие финансовых отношений[44]. Это стало предвестием рынка евродолларов, который возник в середине 1950-х годов, — долларового фонда, хранящегося за пределами Соединенных Штатов и, следовательно, находящегося вне их контроля [Schenk 1998: 221–238][45]. Спустя определенный промежуток времени был накоплен огромный запас нерегулируемых долларов, который утянул всю Бреттон-Вудскую систему на дно[46]. По иронии судьбы единственная подрывная антисистемная деятельность СССР была движима попыткой советского руководства отстоять свое место в либеральной мировой системе.

Переговоры по поводу кредита с англичанами свидетельствуют о стремлении ищущего компромисса руководства справиться с непростой ситуацией, характеризующейся как ухудшение платежного баланса и, следовательно, уменьшение способности выплачивать военные долги. Как и во время Великой депрессии,

---

[43] Хотя, надо сказать, это не идет ни в какое сравнение с теми объемами зерна, что экспортировались во время более страшного голода 1930-х годов. См. [Ellman 2000: 603–630].

[44] РГАСПИ. Ф. 84. Оп. 1. Д. 32. Л. 207.

[45] Шенк обоснованно выдвигает на первый план особую финансовую конъюнктуру 1955 года как катализатор формирования евродолларового рынка. Но опасения Советского Союза за его долларовые резервы сыграли свою роль в поддержании ликвидности рынка, и этим опасениям предшествовало почти десятилетие объяснений, схожих с теми, что давались учеными советским страхам перед американскими репрессиями после Венгерского восстания 1956 года.

[46] По данным Р. Черноу, к середине 1980-х этот запас составлял 2,5 трлн долларов [Chernow 1990: 545]. Эти огромные объемы капитала, стремящегося к собственному самовозрастанию, стали основным средством спекуляции против доллара к концу 1960-х годов, заставив администрацию Никсона отказаться от привязки доллара к золоту, которая была основой Бреттон-Вудской системы. Это положило начало режиму плавающего обменного курса и практически неограниченному движению капитала, вызвавшим большое количество финансовых кризисов последних трех десятилетий.

надеясь сохранить кредитоспособность в рамках либеральной финансовой конструкции послевоенного периода, советское руководство не хотело объявлять дефолт[47]. Англичане были первыми, кто вел серьезные переговоры о торговых соглашениях с СССР. Это было отражением не известного коммерческого инстинкта британцев, а стойкости Британской империи. Что касается многосторонней торговли и валютной гибкости, Бреттон-Вудская система сдерживала Великобританию меньше, чем другие европейские государства. Стерлинговая зона была шире долларовой, и Англия исторически имела дефицит платежного баланса с СССР, что позволяло последнему использовать излишки фунта стерлингов в других регионах зоны. В результате Великобритания могла позволить себе отрицательный платежный баланс с СССР до тех пор, пока англичане могли поддерживать положительное сальдо торговли со своими колониями. Советское руководство, в свою очередь, было удовлетворено возможностью накопить фунты и потратить их в этих колониях.

Многие западные должностные лица торговых ведомств и ученые считали, что, если одним из определяющих аспектов советской экономической жизни была существенная нехватка потребительских товаров, Советское государство будет в первую очередь заинтересовано в восполнении этой нехватки. Именно с такими допущениями англичане подошли к торговым переговорам с советским руководством. Англичане предлагали товары широкого потребления в обмен на необходимое им, но это не интересовало другую сторону. Они осознали, что работают на удовлетворение безмерного спроса Советского Союза на промышленное оборудование и другие технологические ресурсы[48]. В течение следующего десятилетия в ходе переговоров с другими богатыми странами советское руководство демонстрировало ту же модель поведения. Англичане периодически пытались продать потребительские товары, но им отвечали так же, как в июне 1952 года ответил Сталин: Советский Союз заинтересован толь-

---

[47] РГАСПИ. Ф. 84. Оп. 1. Д. 30. Л. 222, 284–286.

[48] РГАСПИ. Ф. 84. Оп. 1. Д. 32. Л. 208–211.

ко в традиционном советско-британском обмене сырьевых товаров на промышленное оборудование и технологии[49].

Хотя это недопонимание было устранено, чрезвычайно сложная ситуация начального этапа Бреттон-Вудской системы способствовала продолжению неустойчивых отношений между СССР и Великобританией. План по торговле между двумя бывшими союзниками был подготовлен в декабре 1947 года, и через год советское руководство выполнило свою часть сделки. Однако американцы запретили англичанам продавать корабли и промышленное оборудование, предполагавшееся в качестве оплаты импорта советских товаров. Даже с учетом советских покупок в стерлинговой зоне советское правительство все еще имело на счетах в британских банках около 10 млн фунтов, что, согласно гневным словам доклада, посвященного этому вопросу, «по существу является вынужденным предоставлением Великобритании кредита со стороны Советского Союза»[50]. Советское руководство, казалось, не отдавало себе отчета в том, что просто вторит многим недовольным, вынужденным накапливать законное платежное средство другой страны в качестве резервной валюты. Принятие СССР сложившейся либеральной финансовой системы началось с 10 млн неизрасходованных фунтов.

Но назвать складывающуюся ситуацию критической было нельзя. Девальвация британского фунта в 1949 году, судя по всему, оказалась выгодна советскому руководству. Она была прогнозируема. Уже с того момента, когда в 1948 году рецессия в США уничтожила небольшой американский спрос на европейские товары, а вместе с ним и долларовые резервы европейских стран, все стало понятно. Советское руководство оценивало общий ущерб, нанесенный девальвацией валютным резервам, почти за месяц до того, как это произошло. Результаты оценки воодушевляли. В большинстве европейских стран советские

---

[49] РГАСПИ. Ф. 84. Оп. 1. Д. 77. Л. 153. Хотя Сталин допускал обмен между странами потребительскими товарами — не представляющая особого интереса для европейцев идея.

[50] РГАСПИ. Ф. 84. Оп. 1. Д. 32. Л. 212–214. Было предложено прекращение экспорта зерна в Великобританию.

резервы были защищены положением, которое предполагало оплату золотом по первому требованию. Только соглашения с Англией не были защищены. Но и это сыграло на руку советскому руководству: у СССР в фунтах стерлингов сохранилась задолженность военного времени, и девальвация британской валюты облегчила бы ее погашение[51]. Сэкономленная сумма компенсировала бы увеличение суммы закупок, осуществляемых за счет стерлинговых резервов, которые Госбанк держал на иностранных счетах. В докладе рекомендовалось увеличить расходы, с тем чтобы уменьшить сумму на стерлинговых счетах; товары, на которые есть постоянный спрос, — резина и хлопок, — в этом случае представлялись идеальными кандидатами[52].

Девальвация 1949 года положила конец кризисной ситуации в Европе, а план Маршалла и корейская война способствовали закачке в мировую экономику миллиардов долларов. Это еще больше сократило дефицит международной валюты. Но путь к избытку доллара в 1960-е годы был долгим, и на этом пути Советский Союз сыграл очень полезную роль партнера по бартеру. Бартер избавлял от потребности в долларах, дефицит которых сдерживал торговлю во многих европейских странах и затруднял не имеющим колоний странам получение основных товаров. И тут на сцену вышел СССР, который при Сталине стремился использовать любые преимущества для улучшения условий торговли. Когда в начале 1950-х годов избыточное предложение зерна со стороны Америки привело к снижению мировых цен на него до уровня ниже предполагаемого советским руководством, последнее стало искать страны, испытывающие давление платежного баланса. М. А. Меньшиковым, тогдашним

---

[51] РГАСПИ. Ф. 84. Оп. 1. Д. 51. Л. 77. По состоянию на сентябрь 1949 года непогашенный долг составлял 35,3 млн фунтов стерлингов.

[52] РГАСПИ. Ф. 84. Оп. 1. Д. 51. Л. 77. Похоже, руководство смогло потратить около 2 млн фунтов до девальвации, если верить более позднему отчету о девальвации, найденному в РГАСПИ. Ф. 84. Оп. 1. Д. 51. Л. 147–151. На момент девальвации у СССР на счетах оставалось еще 7 млн фунтов. В докладе фигурировало 250 млн рублей, или почти 18 млн фунтов, в качестве потенциальной суммы общей прибыли (принимались во внимание торговые обязательства), хотя это было не более чем предположение.

министром внешней торговли, было выдвинуто предположение, что мексиканские, австрийские и египетские фирмы могли бы быть заинтересованы в поставках зерна взамен своего хлопка, голландские и цейлонские фирмы — каучука, а бельгийские фирмы — стального проката[53].

Заявлению Меньшикова предшествовал запрос египетской фирмы, получившей лицензию от своего правительства на обмен советского зерна на египетский хлопок и рис. Еще летом 1948 года египетский посол затрагивал тему экономического обмена и торгового соглашения, с энтузиазмом воспринятую советским руководством, но тогда сделка не состоялась. Причиной этому, возможно, был страх египетского руководства перед ответными мерами Запада [Наумкин 2003][54]. К началу 1950 года Египет был страной с хроническими проблемами платежного баланса, скудными валютными резервами и с огромным желанием совершить бартерную сделку с СССР. Все это, как оказалось, делалось по воле египтян, чье растущее отчаяние по поводу их истощающихся долларовых резервов было сопоставимо с ростом цен на пшеницу, которую им продавал Советский Союз[55]. В следующем году отношения продолжали расширяться, даже когда это означало сокращение уже согласованных поставок бельгийским фирмам, которые платили за зерно более низкую цену, чем египтяне[56]. Редкие случаи оплаты зерна в британских фунтах в экстренных ситуациях делали отношения с Египтом особенно привлекательными[57].

---

[53] РГАСПИ. Ф. 84. Оп. 1. Д. 61. Л. 139–144. Отчет датируется 18 января 1950 года.

[54] На с. 43–45 обсуждается запрос, а на с. 49–50 — ответ советской стороны и реакция посла, не ожидающего положительного ответа.

[55] К концу этого года египтяне оплачивали товары британскими фунтами, что всегда приветствовалось советской стороной, приобретающей за эту валюту каучук в других частях стерлингового района. Доклады Меньшикова Сталину об этих переговорах можно найти в РГАСПИ. Ф. 84. Оп. 1. Д. 61. Л. 200; РГАСПИ. Ф. 84. Оп. 1. Д. 63. Л. 211–212; РГАСПИ. Ф. 84. Оп. 1. Д. 64. Л. 1; РГАСПИ. Ф. 84. Оп. 1. Д. 67. Л. 283.

[56] РГАСПИ. Ф. 84. Оп. 1. Д. 68. Л. 208–209.

[57] Как произошло, например, в декабре 1950 года. См. РГАСПИ. Ф. 84. Оп. 1. Д. 67. Л. 48.

Если говорить о советско-итальянских отношениях, то после противостояния из-за высоких цен на советское зерно было найдено решение. Обе стороны согласились обменять итальянские железнодорожные рельсы на советское зерно. Итальянцы, однако, отказались платить установленную советским руководством цену в 90 долларов за тонну, поскольку американское зерно можно было купить гораздо дешевле. Но отсутствие долларовых резервов заставило итальянцев смягчиться и согласиться на цену, когда коммунисты пригрозили вообще выйти из сделки[58]. В результате советскому руководству удалось даже увеличить объем поставок за счет тракторов, экскаваторов, кранов и другого итальянского тяжелого строительного оборудования.

Эти вид бартерных обменов был предвестником будущих отношений с новыми странами, появившимися после распада колониальной системы. Но до широкомасштабной деколонизации оставалось еще десятилетие, и Сталин до нее не доживет. В его времена интеграция в мировую экономику предполагала торговлю с Европой, взаимодействие с Соединенными Штатами. В последние годы сталинского правления советская бартерная практика в действительности лишь смягчала сокращение торговли с Европой. Однако моментальный срез такой торговли в июне 1950 года показывает интересную картину. На фоне сокращения советского товарооборота за предыдущие 12 месяцев Советский Союз, по существу, в равной мере действовал в двух валютных зонах: стерлинговой и долларовой (см. рис. 8)[59]. В стерлинговой зоне СССР экспортировал в Англию зерно и древесину, в Египет поставлял зерно. Он импортировал дефицитные ресурсы из колоний, британское промышленное оборудование и вместе с тем выплачивал военную задолженность Великобритании. В долларовой зоне СССР импортировал дефицитные ресурсы, в основном

---

[58] РГАСПИ. Ф. 84. Оп. 1. Д. 64. Л. 135–136. М. Меньшиков, сменивший Микояна на посту главы Министерства внешней торговли в 1949 году, предложил в своем отчете Сталину от 30 августа 1950 года заключить сделку, чтобы отказ не затруднил доступ к итальянскому рынку.

[59] Моментальный срез можно найти в РГАСПИ. Ф. 84. Оп. 1. Д. 66. Л. 79–87.

Торговля в стерлинговой зоне   Торговля в долларовой зоне

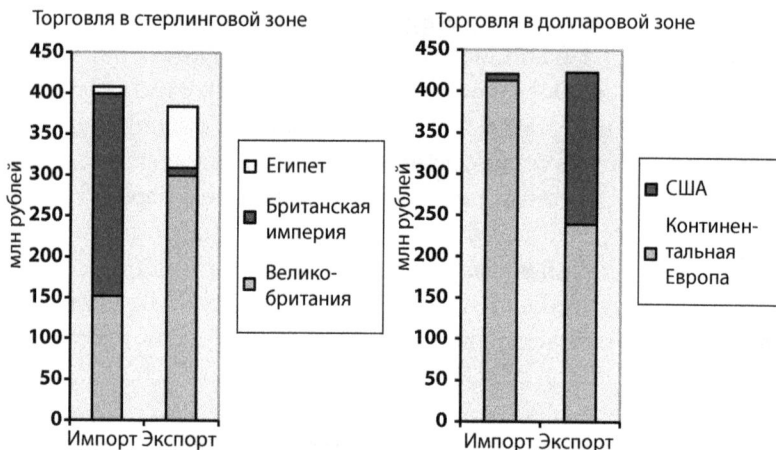

Рис. 8. Советская торговля с капиталистическим миром,
июнь 1949 — июнь 1950 года
Источник: Рассчитано по данным РГАСПИ. Ф. 84. Оп. 1. Д. 66. Л. 79–87.

из европейских империй: промышленное оборудование и технологии — рассчитываясь долларами, заработанными от экспорта ресурсов как в Европу, так и в Соединенные Штаты. Увеличение импорта из связанной долларовыми цепями Европы потребовало бы увеличения торговли с самими Соединенными Штатами — плохая перспектива в эпоху маккартизма. И хотя в стерлинговой зоне у британцев было больше пространства для маневра, сокращение торговли в течение этих 12 месяцев было связано по преимуществу с отказом Великобритании обменивать советский марганец и асбест на олово и необработанные алмазы после того, как на них было оказано давление американцами. Французов в 1949 году также отговорили продавать танкеры СССР[60]; с наступлением нового десятилетия ситуация только ухудшалась.

Острая нехватка долларов, основной валюты, используемой во внутриевропейской торговле, делала европейскую экономическую интеграцию практически невозможной, несмотря на создание Организации европейского экономического сотрудни-

---

[60] РГАСПИ. Ф. 84. Оп. 1. Д. 66. Л. 84.

чества (ОЕЭС) — органа, призванного управлять полученными в рамках плана Маршалла средствами, поступающими из Америки. Решение нашлось летом 1950 года: был создан Европейский платежный союз (ЕПС), задача которого состояла в обеспечении многостороннего взаимозачета излишков и дефицитов в платежах между европейскими странами и создании стимулов к либерализации торговых и финансовых барьеров. Это решение инициировало более тонкую и эффективную форму исключения из взаимодействия Советского Союза. Если раньше наряду с прочими странами СССР был участником злополучной сети неэффективных бартерных практик, то теперь ЕПС значительно снизил торговые издержки Западной Европы, которая искала внутренние резервы для ускорения торговли и совершения качественного экономического скачка. СССР утратил свою роль. Сбавивший обороты, он мог лишь наблюдать процессы со стороны и возмущаться подрывным влиянием Америки, приведшим к возникновению ситуации, когда «маршаллизированные страны» снижали тарифы и вообще устраняли препятствия для интенсификации экономического обмена между собой[61].

Успех объединенных усилий под эгидой бреттон-вудских практик сотрудничества и переговоров вскоре затмил важность торговли сырьем Викторианской эпохи, а вместе с ней и императив империи. Когда европейские империи уступили место политическому потомству деколонизации, Советский Союз смог наконец установить прямые связи со странами — владельцами тех дефицитных ресурсов, которые играли значительную роль в советско-европейской торговле. Это в дальнейшем будет определяться как «рост» торговых отношений Советского Союза с новоиспеченными «развивающимися» странами — мираж, преследующий западных адептов холодной войны. В конечном счете эта торговля утратила значение и для СССР: поскольку он в 1950-е годы переживет свой собственный экономический бум, его будущее будет связано с усиленным импортом и эксплуатацией технологического оборудования и услуг, а не с выданным

---

[61] РГАСПИ. Ф. 84. Оп. 1. Д. 66. Л. 138–139.

в прошлом веке мандатом на сырьевые товары. Будущее Советского Союза будет связано с промышленно развитым миром, что бы ни говорили по поводу бурно развивающихся отношений между Востоком и Югом сотрудники Госдепартамента США.

Однако сохранялась проблема адаптации. Если адаптивная способность советской торговли в последние годы сталинского правления была подобна аналогичной способности шерстистого мамонта, у этой проблемы есть имя: Сталин. На уровне официального политического дискурса торговые отношения по-прежнему приветствовалась, хотя и выражалась озабоченность тем, что советское руководство рассматривало как отсутствие у европейцев интереса или политической воли к экспорту тех видов товаров, на которых был фактический спрос в Советском Союзе[62]. Но сила антикоммунизма в промышленно развитых странах сделала Сталина чрезмерно осторожным в коммерческих вопросах. С одной стороны, он хотел расширения торговли и уволил Меньшикова с поста главы Министерства внешней торговли за неспособность проявить инициативу и решительность в достижении этой цели[63]. С другой стороны, внешний контроль, неясные директивы и склонность к обвинениям подавляли инициативу, которая способствовала бы формированию гибкости, столь желанной для Сталина. Вместо этого члены Политбюро, как и сотрудники Министерства внешней торговли, действовали в рамках рабочих групп и в тесном контакте с Политбюро[64]. Страх перед индивидуальными ошибками переполнял систему.

---

[62] Это было сказано в ответ на призыв исполнительного секретаря Европейской экономической комиссии ООН Гуннара Мюрдаля к большей экономической интеграции между Востоком и Западом 21 марта 1951 года. РГАСПИ. Ф. 84. Оп. 1. Д. 70. Л. 59.

[63] РГАСПИ. Ф. 84. Оп. 1. Д. 74. Л. 9. 1 ноября 1951 года его сменил на посту П. Н. Кумыкин.

[64] Это было проявлением перегруженности, присущей всем уровням власти в последние годы сталинизма. Особенно поражает количество подписей в, казалось бы, безобидных документах: никто не решался действовать в одиночку. Более подробное описание этого явления позднего сталинизма можно найти в книге Й. Горлицкого и О. Хлевнюка [Горлицкий, Хлевнюк 2011].

Можно привести в качестве примера робкое сближение советских и японских бизнесменов. 29 октября 1951 года советский министр иностранных дел А. Вышинский и Меньшиков, бывший тогда еще министром торговли, попросили Политбюро утвердить список советских торговых представителей в Японии для встречи с группой японских бизнесменов и членов парламента. Они должны были предложить восстановить торговлю, которую обе страны вели друг с другом до войны: обмен кораблей и других японских товаров на древесину и уголь[65]. Предпринявшие первый шаг японцы пригласили советских торговых представителей в Осаку или Кобе для проведения переговоров. Микоян, демонстрируя крайнюю осторожность, о которой он забудет, как только умрет Сталин, советовал отказаться от поездки, апеллируя к тому, что иностранная пресса подхватит эту тему и представит Советский Союз как страну, имеющую особый интерес к торговле с Японией — тривиальное событие, которое в иностранной прессе будет часто интерпретироваться как подрывная деятельность[66]. Он сомневался в том, что американцы или правительство премьер-министра С. Ёсиды дадут зеленый свет развитию торговых отношений, но тем не менее советские торговые представители должны были ознакомить японцев с советскими экспортными товарами, каталогами, списком заинтересовавших советское руководство импортных товаров, а также изучить японский рынок. Поскольку японцы также страдали от проблемы платежного баланса, они должны были быть знакомы с бартерной системой, которую предлагал СССР и которая исключала доллары и другую твердую валюту[67]. Несмотря на всю осторожность и рассудительность, в конце концов советские представители все сделали не так. Им пришлось договориться о повторной встрече, потому что японцы задавали такое количество вопросов, что их

---

[65] РГАСПИ. Ф. 84. Оп. 1. Д. 73. Л. 46.

[66] РГАСПИ. Ф. 84. Оп. 1. Д. 74. Л. 85–87.

[67] РГАСПИ. Ф. 84. Оп. 1. Д. 74. Л. 85–87. К этому моменту, в середине ноября, агентство «Рейтер» уже написало о предварительном совещании, представив его как мероприятие, инициированное советской стороной. Микоян предложил советской прессе восстановить истинное положение дел.

несчастные гости, не зная, как ответить, и связанные инструкциями, определяющими узкий спектр разрешенных тем, решили еще раз проконсультироваться с Политбюро. Самое серьезное обвинение, выдвигаемое впоследствии против них Сталиным, — отсутствие попыток расспросить японцев и выяснить их намерения. Не имея никаких доказательств, пресса все же напишет об инициативе со стороны СССР, что, как будет утверждать Микоян, не соответствовало действительности и не было политически выгодным[68]. Представителям предстояло получить выговор, хотя причина его неясна: возможно, они были слишком осторожны; возможно, они были недостаточно осторожны.

Приманка и подмена: мир после Сталина

В 1950-е годы советская внешняя и экономическая политики, кажется, претерпели радикальные изменения. Это десятилетие также ознаменовалось сменой кремлевского руководства. Легко сложить эти два события и прийти к простому выводу: личность имеет значение, но в автократичном Советском Союзе личность — это все. Ученым было несколько сложнее сделать виновником идеологию, поскольку идеологические предпосылки Советского Союза не изменились по своей сути, равно как и, если уж на то пошло, в общем и целом, личности, занимавшиеся советскими делами. Но, безусловно, дискурс оставался марксистским и мессианским, поэтому для историков холодной войны идеология оставалась важной категорией исследования этого периода[69]. Если СССР является автаркией, а его руководство заинтересовано в сохранении статус-кво, изменения внутри этой страны могут

---

[68] РГАСПИ. Ф. 84. Оп. 1. Д. 75. Л. 28.

[69] Такой подход не совсем убедителен, так как идеологией объясняются все наблюдаемые явления, как бы далеки они от нее ни были, и, следовательно, ни одно. Здесь необходимо вспомнить печально известную «революционно-имперскую парадигму» Зубока, которую последний трактовал как устойчивую систему представлений («коммунистическое мировоззрение»), определяющую советский внешнеполитический курс от Сталина до Л. И. Брежнева.

быть либо инициированы ее лидерами, либо вызваны какой-то внутренней системной причиной. Но, как мы увидели, советское руководство не отказывалось от участия в том, что оно называло «международным разделением труда», и ни в малейшей степени не было заинтересовано в автаркии. В отличие от почти всех стран аналогичного уровня развития, СССР никогда не объявлял дефолт по долгу — за исключением дефолта по царским обязательствам, — и, как мы увидели, во время Великой депрессии советская внешняя торговля была относительно экспансионистской. Советское руководство неустанно следило за международными политическими и социально-экономическими тенденциями, остро ощущало место Советского Союза в этом мире и, безусловно, понимало ситуацию лучше, чем Государственный департамент США. Другими словами, личности и идеология были не ограниченными и неизменными, но явственно, как это было в межвоенное время, реагирующими на происходящее в мире. Трансформации советской политики были не просто сменой караула в стенах Кремля. Неожиданный триумф американской международной либеральной системы в течение следующего десятилетия подорвал почти все возникшие в 1945 году аспекты мировой политики и экономики. Опасения относительно новой депрессии и системного краха ушли навсегда, а вместе с ними исчез и фундамент, на котором Сталин возвел свою крепость. То, что его план 1930-х годов оказался неактуален, означало, что его преемникам снова придется импровизировать, но на этот раз уже с большим институциональным бременем, чем тот, что был унаследован вождем в конце 1920-х годов[70]. Люди сами делают свою историю, но они ее делают не так, как им вздумается, даже в марксистском граде на холме.

Вскоре после смерти Сталина стало ясно, что его руководство было реальным препятствием для проведения новой политики, над которой другие советские должностные лица и лидеры размышляли в течение многих лет [Хлевнюк, Горлицкий 2011: 224–226]. Одним из них был Хрущев, которого, как оказалось, пере-

---

[70] Излагаемые идеи отчасти взяты из раздела статьи Коткина «Хитрость истории», в котором автор указывает на то, что «вдобавок ко всему, после Второй мировой войны изменился геополитический контекст» [Коткин 2001: 283–286].

полняли идеи относительно дальнейшего развития быстро инду-
стриализующегося предприятия, каким был Советский Союз. На
сентябрьском пленуме ЦК КПСС 1953 года Хрущев, которого
изберут там же первым секретарем, определил некоторые новые
направления политики, которые должны были способствовать
развитию сельского хозяйства и советской экономики в целом.
Это привело к переходу от ориентации на тяжелую промышленность к ориентации на рост производства потребительских товаров [Whitney 1963: 79–149]. С этого момента правительством будут
предприниматься попытки — долгое время откладываемые
Сталиным — ослабить жесткое подавление потребления в советской экономике. Как утверждал Хрущев, в сталинское время «у нас
не было средств для быстрого, одновременного развития тяжелой
промышленности, сельского хозяйства и легкой промышленности... Сейчас все предпосылки есть» [Whitney 1963: 83]. На протяжении всего своего правления Хрущев постоянно подчеркивал
этот момент на партийных заседаниях, пребывая в поиске способов рационализации управления экономикой и увеличения
производства потребительских товаров.

От этой политики больше всего выиграли чрезмерно эксплуа-
тируемые крестьяне, которые в конце концов увидели, что условия
торговли между городом и деревней изменились в их пользу. Но
на реформировании сельского хозяйства Хрущев не остановился. Наряду с тем, что первый секретарь способствовал развитию
почти с нуля химической промышленности, которая, в свою
очередь, должна была дать импульс развитию сельского хозяйства
и текстильной промышленности, он также инициировал рефор-
мирование внутренней торговли и содействовал строительному
буму, призванному раз и навсегда покончить с печально извест-
ной коммунальной квартирой — визитной карточкой сталинского правления [Harris 2005: 583–614][71]. Как писала экономист

---

[71] Хотя в этом «странном повороте событий», в официально одобренном
восстановлении материальных стимулов новизны меньше, чем предполагает Харрис. См. также РГАНИ. Ф. 5. Оп. 30. Д. 31. Л. 25–67 — о перестройке
инфраструктуры для внутренней торговли, который Микоян представил
Хрущеву в августе 1953 года.

М. Миллер, Хрущев управлял процессом формирования советского потребителя. После того как его заменили на посту первого секретаря, ни один лидер никогда не осмеливался посадить потребителя на цепь, как это часто делал Сталин[72]. На последнем этапе существования Советского Союза как политического образования умиротворение потребителя с помощью государственных субсидий на потребительские товары сыграло в экономическом положении страны по меньшей мере такую же негативную роль, что и сильно раздутый ВПК до этого, — хотя бы потому, что первое имело более катастрофические последствия, чем второе (произошел распад СССР!)[73].

Новый акцент Хрущева на «создании изобилия потребительских товаров в нашей стране» [Whitney 1963: 79] свидетельствовал о принятии принципа «мирного сосуществования» в качестве основы внешнеполитического курса СССР. Хрущев верил в превосходство советской системы над рынком и представлял себе модель мировой экономической и политической конкуренции, которая бы смогла доказать его правоту. Союзником Хрущева в этом идеологическом предприятии был маршал Г. К. Жуков, вероятно столь же почитаемый — даже спустя десятилетие после Великой Отечественной войны — человек в Советском Союзе. Борясь за власть с Маленковым и Молотовым, первый

---

[72] Это справедливо не только в отношении тех, кто сменил Хрущева, Брежнева и А. Н. Косыгина, но и, что интересно, Г. М. Маленкова, чье недолгое пребывание на посту главы государства также было отмечено аналогичной пропотребительской политикой. Эта тема разбирается в [Miller 1965]. Интерес представляет то, что большая часть работы Миллера, основанной на анализе статей «Правды», не потеряла своей актуальности и в период открытого доступа к архивам. Когда речь идет об экономическом управлении, архивы предоставляют только многочисленные цифры, в то время как пресса, освещающая дебаты вокруг того, что Ф. Хэнсон назвал «беговой дорожкой реформ», позволяет сформировать общее представление о проводимой политике.

[73] Развивая тему скрытой инфляции, Пен-Йон Ким подсчитал, что советское правительство, пытаясь стабилизировать розничные цены на потребительские товары, перешло от расходования на это субсидирование 4 % бюджетных средств в 1965 году к 20 %, или 12 % ВВП Советского Союза в конце 1980-х. См. в [Byung-Yeon Kim 2002: 105–127].

секретарь назначил Жукова министром обороны и вскоре использовал его для ослабления внешнеполитических позиций министра иностранных дел, продолжившего сталинский курс. Первомайская речь Жукова 1955 года ознаменовала закат внешнеполитического авторитета Молотова. «Внешняя политика Советского Союза, — сказал он, — исходит из мудрого совета великого Ленина о возможности мирного сосуществования и экономического соперничества государств, независимо от их общественного или государственного устройства» [Фурсенко, Нафтли 2018: 26][74]. При этом обращение к авторитету Ленина, являясь общепринятым в советской ораторской практике, не было лишено смысла. В конце концов, наследием Ленина был не сталинизм, а НЭП, не автаркия, а золотой стандарт. Вскоре Хрущев и его внешнеполитическая команда существенно изменили курс Сталина и Молотова, добившись сближения с югославским лидером И. Б. Тито и, наконец, подписав мирный договор с Австрией. Цель этого договора заключалась в ослаблении давления Запада на советскую политическую и экономическую системы. Но в конечном счете именно эффективное экономическое и политическое взаимодействие Советского Союза с миром за пределами коммунистического блока спустя примерно три десятилетия после провала 1920-х годов придало смысл, актуальность и легитимность дискурсу о мирном сосуществовании.

С учетом господствовавших ранее представлений о «капиталистическом окружении» и неизбежности вооруженного конфликта это стало важным идеологическим сдвигом. Сталин был убежден, что капиталистические противоречия вновь ввергнут мир, а вместе с ним Советский Союз в войну. В 1930-е годы его убеждения воплотились наяву; в послевоенный период он думал только о восстановлении своей крепости. И все же, как и в 1930-е годы,

---

[74] Далее авторы подробно описывают суть идеологических разногласий между Молотовым и Жуковым. Конфликт достиг апогея 19 мая 1955 года, на заседании Президиума, когда министр иностранных дел назвал министра обороны «антиленинистом». На выпад Молотова Булганин и Микоян ответили защитной речью в пользу Жукова и косвенно — политики мирного сосуществования. См. [Там же: 28].

это не означало автаркии — Сталин был заинтересован в развитии экономических отношений, особенно с богатыми странами, но он не хотел платить за это цену, которую требовали США: отказ от политического контроля над Восточной Европой и принятие неизвестного количества, вероятно, неприемлемых условий, связанных со столь необходимыми кредитами на восстановление.

Спустя десять лет структура международных отношений в значительной степени изменилась. После своего изначально зависящего от Америки экономического восстановления Европа и Япония все меньше позволяли США определять формат их взаимоотношений с коммунистическим блоком. Кроме того, медленное разрушение имперских связей привело к ситуации, когда европейские державы должны были искать новых поставщиков сырья, а колонии приобрели право выбирать для целей собственного развития индустриальных партнеров. В контексте распадающихся двусторонних схем экономического взаимодействия: Европа / Япония — США и колония — метрополия — значение Советского Союза для всех стран, кроме Соединенных Штатов, повысилось. Сделавшаяся популярной стратегия экономической триангуляции привела к интеграции Советского Союза в мировую экономику.

Определенную роль в изменении курса сыграла чувствительность Хрущева к меняющемуся контексту. Однако было бы не совсем корректно объяснять поворот к «мирному сосуществованию» исключительно персональными качествами первого секретаря и его приходом к власти[75]. Как известно, такого развития событий не ожидал никто, что принято отмечать во всех историо-

---

[75] Это одна из главных тем книги Фурсенко и Нафтли [Фурсенко, Нафтли 2018], которая открывается громким заявлением: «Бывают времена, когда по степени влияния на международные события личность одного человека может соперничать с идеологиями, социальными институтами или общественными движениями» [Фурсенко, Нафтли 2018: 5]. Неудивительно, что основой их исследования являются документальные материалы с заседаний Президиума; кроме того, авторы предпочитают фокусировать исследование на многочисленных кризисах холодной войны, игнорируя будничные, повседневные решения и усилия, которые предпринимались в области международных отношений и через которые можно различить контекст и предположения, исходя из которых люди действовали.

графических источниках по этому вопросу, и, вероятно, бессмысленно рассуждать о том, имел ли такой неосталинист, как Молотов, какой-либо разумный шанс захватить бразды правления в тот конкретный момент советской истории. Примечательно, что большая часть крупных игроков в советском руководстве были готовы в какой-то степени демилитаризовать как внутреннюю, так и внешнюю политическую экономику Советского Союза — после периода позднесталинских заморозков наступил период постсталинского консенсуса[76].

Относительно — по советским меркам — благопристойная борьба за власть между Маленковым и Хрущевым в годы коллективного руководства велась не из-за принципиальных разногласий по поводу того, в каком направлении вести советскую экономику, а из-за вопроса о роли в управлении этой экономикой Коммунистической партии [Gorlizki 1995: 1–22]. Хрущев, как и Сталин до него, использовал для политического маневрирования конфронтационный и алармистский язык, отстаивая вместе с тем широко разделяемые центристские позиции[77]. Что касается общей направленности экономических реформ и международной политики, то можно констатировать наличие широкого (с некоторыми различиями в его деталях) консенсуса относительно реформирования сельскохозяйственного сектора, демилитаризации и общего смещения акцента с тяжелой промышленности на стимулирование роста в легкой промышленности[78]. Важно отметить, что этот консенсус постепенно двигался вниз по бюрократической лестнице. Многие должностные лица соответствующих министерств усердно искали для международного экономического взаимодействия новые возможности, продвигая советскую продукцию за границу и упорно работая над инфра-

---

[76] Используя выражение Д. У. Бреслауэра из [Breslauer 1982: 31].

[77] Политика Сталина середины 1920-х годов уже разбиралась в первой главе. Курс Хрущева рассматривается Бреслауэром в [Breslauer 1982: 34–38].

[78] См. заключение книги Горлицкого и Хлевнюка [Горлицкий, Хлевнюк 2011]. Тема близости позиций Маленкова, Хрущева и даже Л. П. Берии по ядерным вопросам разбирается в [Холловей 1997]. Гипотеза о планируемом еще во времена Сталина переносе акцента с тяжелой промышленности на легкую обсуждается в [Dunmore 1984].

структурой, необходимой для сохранения стремительных темпов коммерческого роста[79]. Далее мы разберем тезис о готовности в 1960-е годы Хрущева и других, стоящих на более низких уровнях бюрократической иерархии должностных лиц, учиться и подражать капиталистическим практикам для того, чтобы завоевать место на иностранном рынке.

Господствующий ныне в советской международной политической и экономической деятельности принцип мирного сосуществования получил свое научное обоснование в процессе создания (или перерождения) Института мировой экономики и международных отношений (ИМЭМО) в 1956 году. Большое значение имело назначение директором этого института проверенного соратника Анастаса Микояна А. А. Арзуманяна[80]. Этот вуз был преемником Института мирового хозяйства и мировой политики Е. С. Варги (ИМХиМП), который играл ведущую консультативную роль в период сталинского правления[81]. Задачи, ставившиеся

---

[79] В данном контексте можно вспомнить попытки Министерства внешней торговли продать низкокачественный колчедан Западной Германии, Бельгии и другим богатым странам, технологический уровень развития которых позволял им использовать этот минерал. См. РГАЭ. Ф. 413. Оп. 13. Д. 7931. Л. 100–101. Или жалобы Министерства нефтяной промышленности на неудовлетворительную работу Министерства путей сообщения по обеспечению инфраструктуры, необходимой для значительного роста экспорта нефти на Запад, — ситуация, вызывающая недовольство иностранцев. См. РГАЭ. Ф. 413. Оп. 13. Д. 7931. Л. 9–11. Наряду с последним Министерство морского флота пыталось соответствовать темпам расширения торговли. Этому ведомству часто не хватало кораблей для выполнения поставок, и должностным лицам иногда приходилось жертвовать закупками новых судов во имя импорта большего количества кранов для советских портов. Существовала проблема медленной скорости загрузки судов. См. РГАЭ. Ф. 4372. Оп. 57. Д. 384. Л. 236.

[80] Почти за десять лет до этого Арзуманян женился на младшей сестре жены Микояна, после чего между двумя армянами установилась тесная дружба. Сын Микояна станет одним из основателей института и частым автором институтского журнала.

[81] Описание истории Института мирового хозяйства и мировой политики, позволяющее прояснить роль института и взаимоотношения с ним советского руководства, можно посмотреть в диссертации К. Д. Ро [Kyung Deok Roh 2010]. Арзуманян познакомился с Варгой и его коллегами в 1952 году, когда был приглашен в Экономический институт Академии наук, в котором через год стал заместителем директора.

перед ИМЭМО и ИМХиМП, были, по существу, одинаковы: «обязать Институт мировой экономики и международных отношений информировать директивные органы о новых процессах в экономике и политике капиталистических стран» (из апрельского постановления 1956 года об организации ИМЭМО) [Черкасов 2004: 105–106]. Примечательно, что ликвидация ИМХиМП произошла в 1947 году — через год советское руководство полностью утратит надежду на возможность примирения между двумя системами, — а его перерождение произошло в середине 1950-х годов, когда эта надежда вновь стала осуществимой[82].

Издаваемый ИМЭМО журнал «Мировая экономика и международные отношения», первый выпуск которого вышел летом 1957 года, быстро подвел под программу правительства в сфере международной торговли и политики теоретический фундамент. Идеологически нагруженные передовицы и статьи журнала вторили утверждениям Жукова о ленинском характере парадигмы мирного сосуществования и придавали им больший теоретический вес[83]. В дополнение к этому Микоян, также озабоченный

[82] Это не говорит о намерениях советского руководства. Причины роспуска ИМХиМП носили прежде всего политический и культурный характер, причем главным инициатором роспуска института был А. А. Жданов, а главным его защитником — Сталин. См. [Roh 2010]. Хоть институт и был ликвидирован, почти все без исключения его сотрудники были взяты под крыло Института экономики РАН, где они работали над теми же вопросами и фактически увеличили выпуск отчетов для высших должностных лиц СССР. Тем не менее можно предположить, что институциональная основа для такой работы была разрушена и восстановлена в периоды спада и подъема отношений Советского Союза с мировой экономикой соответственно.

[83] Некоторые из этих пропагандистских передовиц и статей можно посмотреть в статье: Ленинская политика мирного общества // Мировая экономика и международные отношения. 1957. № 1. С. 3–12; или в: Фитуни Л. Экономические и политические основы мирного сосуществования // Мировая экономика и международные отношения. 1957. № 1. С. 12–26. Еще одной важной темой после выступления Хрущева на XX съезде партии стала разработка более творческого и менее догматического подхода к анализу капиталистического мирового хозяйства — следование путем Варги, а не Жданова. См.: За творческую разработку проблемы мировой экономики // Мировая экономика и международные отношения. 1957. № 3. С. 3–11.

проблемой поднятия авторитета института и его журнала, развивал на страницах последнего свои идеи относительно значения мирного сосуществования для внешнеэкономических связей Советского Союза. При помощи журнала он пытался передать то же самое сообщение, которое передавал представителям деловых кругов всякий раз, когда встречался с ними. Микоян писал:

> На Западе часто можно услышать, что социалистические страны, вступив в Совет экономической взаимопомощи, якобы создали свой «торговый блок», отгородились от остального мира, хотят построить самодостаточную экономику и даже не хотят развивать торговлю с другими странами. Это, конечно, далеко от истины[84].

Все это могло звучать как чистая пропаганда, но статистические данные говорили сами за себя, и Микоян часто подчеркивал этот факт.

Но самым важным фактором, предопределившим коммерческие успехи Советского Союза, был глобальный экономический контекст 1950-х годов и мириады возможностей, которые открылись благодаря ему. Вот как стандартный текст по международной экономике описывает ситуацию начала 1950-х годов:

> К началу 1950-х годов первый этап послевоенного восстановления мировой экономики был в значительной степени завершен. Существенная часть перемещенных лиц в мире была репатриирована или переселена в другие, готовые принять их страны. Европейские экономики были восстановлены, и большая их часть вернулась к уровню довоенного производства. Инфляция уступила место ценовой стабильности, а завышенный курс валют был исправлен в 1949 году повсеместной девальвацией. Оживление экономической деятельности Европы благоприятствовало увеличению мирового спроса на сырьевые товары, сильно раздутому требованиями корейской войны, которое привело

---

[84] *Микоян А.* О некоторых вопросах международной торговли // Мировая экономика и международные отношения. 1960. № 6. С. 9.

к всплеску роста в слаборазвитых регионах мира. Эти признаки повсеместного экономического улучшения подготовили почву для беспрецедентного уровня экономического
процветания, который поставил, по крайней мере перед
высокоразвитыми странами, новую экономическую проблему — проблему изобилия [Kenwood, Lougheed 1992: 245].

Примечательно, что, в отличие от международной политической ситуации 1930-х годов, механизмы поддержания глобальной
безопасности не были нарушены. Если неуверенность 1930-х
годов была одним из основных факторов, определивших форму
и содержание сталинских стратегий индустриализации, то *Pax
Americana* 1950-х годов был столь же значим для решения советского руководства в пользу стратегии большего участия. Степень
частоты упоминания в исторических источниках склонности
Хрущева к урезанию военного бюджета в пользу развития гражданской экономики соответствует лишь степени неприемлемости этой стратегии для Сталина во время индустриализации[85].

Таким образом, позитивное видение будущего одной из сторон
усиливалось позитивным видением другой стороны, что позволило аналитически и идеологически разработать стратегию
мирного сосуществования. В советскую дверь стучались капиталисты, более чем когда-либо желавшие извлечь из сотрудничества с Советским Союзом выгоду. Советская бюрократия,
в ряды которой входили представители новой технократической
элиты, больше не была парализована страхом и поэтому, когда
дело доходило до выполнения правительственного обещания
настоящего потребительского изобилия, оказывалась более
гибкой. Действовало гражданское руководство — Хрущев, утверждающий вслед за Микояном, что легитимность можно искать

---

[85] Этот паттерн поведения Хрущева отмечается в [Таубман 2008]. Наиболее
показателен эпизод, произошедший к концу его правления, когда он спросил
министра обороны Р. Я. Малиновского, какой смысл тратить больше денег
на обычное вооружение в то время, когда у них уже есть ядерное средство
устрашения. «Чрезмерные расходы истощают гражданскую экономику, и их
следует сократить, — предложил он. — <...> Иначе ... из-за вас мы все без
штанов останемся» [Таубман 2008: 667].

в экономическом превосходстве, а не в военной безопасности. И наконец, бурно развивалась мировая экономика, являющаяся квинтэссенцией «гегемонистской стабильности» — состояния, при котором одна доминирующая держава обеспечивает всеобщие общественные блага в виде международной безопасности и глобальной макроэкономической стабильности, а также формирует и поддерживает интернациональные режимы управления торговлей и денежными средствами[86]. Из обычного источника, посвященного истории холодной войны, вы не смогли бы узнать, что за более чем три десятилетия советской истории международные политические и экономические перспективы никогда не были такими позитивными, поэтому советские лидеры, вооруженные теперь предпосылкой мирного сосуществования, быстро воспользовались представившейся им возможностью.

---

[86] Понятие было разработано политэкономами. Термин «теория гегемонистской стабильности» был введен Р. Кеохейном в сборнике О. Р. Холсти, Р. М. Сиверсона и А. Л. Джорджа [Holsti, Siverson, George 1980].

Часть II

ЦЕЛЕПОЛАГАНИЕ

Глава 3
Реставрация: возобновление отношений с капитализмом

Хрущев окончательно пришел к власти к концу периода самого большого экономического роста в семидесятилетней истории Советского Союза. Рост ВВП СССР в 1950-е годы лишь незначительно уступал росту ВВП в Японии, был выше, чем в ФРГ начального периода немецкого «экономического чуда», и намного превосходил темпы экономического роста в Великобритании и США [Ханин 2002: 75–79]. Новый советский лидер вскоре внес свой вклад в сдерживание экономического развития, начав кампанию по децентрализации, суть которой заключалась в передаче полномочий на принятие экономических решений специальным экономическим советам (совнархозам) и катастрофические последствия которой станут очевидны только в следующем десятилетии. В 1950-е годы, однако, Хрущеву можно было простить его реформаторский энтузиазм: попутный ветер дул уже продолжительное время[1]. Более того, в результате революционных потрясений им-

---

[1] Можно проследить параллель с концом американской экспансии 1990-х годов, когда немало энтузиастов-экономистов были заняты написанием некролога делового цикла, или с первым десятилетием этого столетия, когда казалось правдоподобным говорить о «Доу-36000». Ч. П. Киндлбергер проанализировал циклическую природу этих взглядов в мире «свободного рынка», начиная с Нидерландов XVII века, в своей блестящей книге [Киндлбергер, Алибер 2010]. Неудивительно, что в последнее время экономисты извлекают уроков из истории мало; со временем, как выяснил Киндлбергер, финансовые капризы и сопутствующие им эйфории становятся все более явными.

перии западных держав разрушались. СССР казался и фактически был страной, двигающейся по восходящей траектории; Запад, обладающий столь явным превосходством, мог только двигаться по нисходящей. Теперь, когда мир был свободен в выборе своей политической и экономической судьбы и тон задавала советская экономика, было трудно сопротивляться. Энергичный, маниакально-депрессивный Хрущев этим воспользовался. Советское руководство отбросило осторожность, поддерживаемую неусыпным надзором Сталина, и вступило на открывшуюся мировую экономическую арену с развязностью и уверенностью. Показатели внешней торговли отражали общую ситуацию.

Темпы роста советской экономики в 1950-е годы впечатляли, составив 8–10 %, но внешняя торговля росла еще быстрее: в среднем более чем на 13 % в год на протяжении того же периода[2]. Внешнеторговый оборот СССР увеличился в первой половине 1950-х годов на 87 %, в то время как мировой товарооборот вырос только на 38 %, что с гордостью отмечалось в докладе ЦК 1955 года[3]. В течение 1960-х годов рост внешней торговли замедлился примерно до 8–9 %, но все еще был значительно выше роста советского валового внутреннего продукта (ВВП) и соответствовал мировым коммерческим тенденциям. Кроме того, торговля расширилась по всем направлениям. Мир глобализировался, а вместе с ним глобализировался и СССР (см. рис. 9).

Речь идет о чем-то беспрецедентном в сорокалетней тогда истории Советского Союза. Послевоенный сталинский рост был в основном обусловлен торговлей с новыми «дружественными» режимами Восточной Европы (и их грабежом). Для широкомасштабного расширения торговли требовалось наличие двух фак-

---

[2] Рассчитано по [Holzman 1974: 40–41]. Более высокие темпы роста мировой торговли по сравнению с темпами роста ВВП обычно свидетельствуют о повышении значимости торговли для этой конкретной экономики.

[3] РГАНИ. Ф. 5. Оп. 30. Д. 113. Л. 71. Показатель мировой торговли соответствует показателю, рассчитанному Всемирной торговой организацией (ВТО), который можно найти в документе: ВТО, статистика международной торговли 2008: 173. Более подробную статистику можно найти по ссылке: http://www.wto.org/english/res_e/statis_e/its2008_e/its08_appendix_e.htm (дата обращения: 15.03.2021).

торов. Первым из них была деколонизация, в результате которой советское руководство приобрело новых партнеров и получило прямой доступ к ресурсам, ранее приобретаемым только через западных имперских посредников. Вторым фактором было решение проблемы долларового дефицита, которое придало Европе и Японии большую коммерческую маневренность и ограничило степень американского влияния на их отношения с Советским Союзом с помощью запретительных списков, разработанных Координационным комитетом по многостороннему экспортному контролю (КоКом)[4].

Но один из этих факторов оказался более важным, чем другой, о чем свидетельствуют постоянные изменения в структуре торговли Советского Союза. В 1955 году почти 80 % советской торговли приходилось на коммунистические страны, 16 % — на промышленно развитые, всего 4 % — на развивающиеся[5]. Деко-

---

[4]   КоКом был создан в 1949 году, но разногласия между европейскими и американскими лидерами по поводу задач и сути эмбарго с самого начала создавали напряженность. Теме сопротивления европейских стран, в особенности Великобритании, торговому эмбарго против Советского Союза, особенно во второй половине 1950-х годов, посвящена работа Й. Джексона [Jackson 2001].

[5]   Рассчитано по [Министерство внешней торговли 1958: 7–10]. Полученные показатели не являются бесспорными. Необходимо учитывать, что приводятся суммы в рублях. Когда речь идет о торговле с Западом, цены и стоимость просто переводились в рубли по официальному обменному курсу, и поэтому цены отражали рыночную стоимость. Однако при бартерной торговле с Восточной Европой или бартерных сделках с развивающимися странами цены не устанавливались рынком, и, хотя Советский Союз, как правило, следовал его требованиям при установлении своих собственных цен, последние, по существу, не являются показателем стоимости. Преимущественно низкое качество товаров, которыми обменивались страны Восточной Европы, скорее свидетельствует о том, что цены на них были завышены. В 1980-х годах ЦРУ, приняв во внимание вышесказанное, скорректировало свою статистику, сократив стоимостный объем этой торговли вдвое. За этим сокращением, видимо, стояло предположение, что фактический объем был меньше официального в два раза. См. [Hewett, Gaddy 1992: 11]. Никто, насколько я знаю, не делал схожие расчеты объема за 1960-е годы, но в любом случае это не более чем обоснованные предположения, и, учитывая, что скрытая инфляция не была такой большой проблемой, как в 1980-е годы, следование методологии ЦРУ, вероятно, привело бы к значительному пересмотру объемов в сторону понижения.

лонизация быстро увеличила долю развивающихся стран в советской торговле, так что к 1963 году она достигла 10 %. Во многом этот рост, конечно, был обусловлен перенаправлением старых каналов поставки стратегического сырья из новых независимых стран напрямую, в обход метрополий. Так, каучук стран Юго-Восточный Азии СССР до деколонизации покупал на голландском и английском рынках. После того как процесс деколонизации был завершен — и дополнен реальным ростом торговых отношений, — доля развивающихся стран значительно не менялась, колеблясь в диапазоне от 10 до 13 % на протяжении всей оставшейся истории Советского Союза[6]. Отражало ли это какой-то естественный предел или повлекло за собой определенное разочарование в результатах торговли с бедными странами мира?

На фоне сокращения западных поставок экспортных товаров колоний в Советский Союз товарообмен между СССР и Западом неуклонно возрастал. Экономист Хэнсон утверждал, что торговлю СССР с Западом можно привести в качестве, вероятно, единственного примера торговли, оправдывающей прогнозы классической экономической теории о повышении производительности. В этом случае действительно речь шла о чистом притоке технологий. Спрос на западные технологии в Советском Союзе, кажется, подтверждает это: импорт во второй половине 1960-х годов вырос на 11,2 %, опережая темп роста внешней торговли в целом [Hanson 2003: 120]. Эти импортируемые технологии обменивались в основном на такие сырьевые товары, как нефть и древесина, — классический рикардианский обмен, основанный на принципе сравнительных преимуществ, который преобладает в торговой практике России и по сей день. К 1970 году, в еще более благоприятных условиях, почти четверть товарооборота Советского Союза приходилась на развитый Запад[7].

---

[6]   Рассчитано по [Министерство внешней торговли 1965: 8]. Рост был обеспечен главным образом поставками в эти страны промышленного оборудования и товаров в обмен на те дефицитные ресурсы, которые СССР ранее приобретал за свои сырьевые товары у европейских стран.

[7]   Рассчитано по [Министерство внешней торговли 1971: 10]. Стоит повторить, что если бы все внешнеторговые цены были установлены рынком, то процентная доля торговли с Западом была бы выше, так как ее реальный стои-

Год	Импорт	Экспорт	Общий товарооборот
1938	0,3	0,2	0,5
1946	0,7	0,6	1,3
1950	1,3	1,6	2,9
1955	2,7	3,1	5,8
1956	3,2	3,3	6,5
1957	3,6	3,9	7,5
1958	3,9	3,9	7,8
1959	4,6	4,9	9,5
1960	5,1	5,0	10,1
1961	5,2	5,4	10,6
1962	5,8	6,3	12,1
1963	6,4	6,5	12,9
1964	7,0	6,9	13,9
1965	7,2	7,4	14,6
1966	7,1	8,0	15,1
1967	7,7	8,7	16,4
1968	8,4	9,6	18,0
1969	9,3	10,5	19,8
1970	10,6	11,5	22,1

Табл. 1. Объем внешней торговли СССР (в млрд руб.),
1938–1970 годы
Источник: [Внешняя торговля за 1970: 8].

В этом контексте, несмотря на создание в 1949 году Совета экономической взаимопомощи (СЭВ), коммунистические союзники Советского Союза находились в менее выгодной позиции. Следует отметить, что торговля внутри СЭВ также росла, но не так быстро, как торговля за его пределами. Причины этого были изложены в блестящей монографии Стоуна «Сателлиты и комиссары». Обращаясь к советским архивным данным и проведя десятки интервью с правительственными чиновниками, участво-

мостный объем по отношению к объему торговли с Восточной Европой мог бы повлиять на цены. Тремль обнаружил, что внутренние цены превышали внешнеторговые цены на импортные товары с Запада более чем в два раза, что свидетельствовало о том, что по официальному обменному курсу рубль был сильно переоценен. См. [Neuberger, Tyson 1980: 186–191].

вавшими в переговорах как в России, так и в Восточной Европе, Стоун продемонстрировал принципы, которыми руководствовались в ходе своей работы участники переговоров, и институциональные слабости, которые мешали Советскому Союзу вести переговоры или даже использовать во имя общего блага свою силу. В борьбе за товарную структуру коммунистической торговли, которая вытекала из логики ее искусственного ценообразования, жители Восточной Европы постоянно обходили советское руководство, обменивая свое относительно переоцененное оборудование на относительно недооцененные советские сырьевые товары. Как следствие, сателлиты «в своей внешнеэкономической деятельности ориентировались на максимизацию советских субсидий, а не на эффективное использование выгод специализации или сравнительных преимуществ» [Stone 1996: 239][8]. Более того, советское руководство неоднократно пыталось повысить качество восточноевропейских экспортируемых товаров. Эти попытки, наряду с усилиями по улучшению подотчетности и продвижению общих целей, были эффективно нейтрализованы сателлитами[9]. Далее мы покажем, что системные проблемы тако-

---

[8] В контексте искусственных цен в любом случае было бы трудно выяснить сравнительные преимущества.

[9] Так происходило не потому, что жители Восточной Европы хотели минимизировать зависимость от советской экономики, как утверждали З. Бжезинский и другие. Наоборот, сателлиты всегда стремились к расширению торговли, но их интересовала максимизация торгового субсидирования за счет увеличения импорта сырья и экспорта промышленных товаров. Когда Советский Союз не был готов к этому, они сопротивлялись. См. разбор трех примеров в [Stone 1996: 89–112]. Важно также отметить, что Стоун не отстаивает, как другие, тезис о существовании крупного политического соглашения, согласно которому восточноевропейские страны согласились бы на советскую гегемонию в обмен на это скрытое субсидирование их экономики. Нет ни одного доказательства, свидетельствующего в пользу этого тезиса, и, вероятно, никогда не будет. В действительности советское руководство было полностью осведомлено о скрытом субсидировании, и в своей книге Стоун подробно описывает его многочисленные попытки если не покончить с ним, то, по крайней мере, уменьшить его объем. К сожалению, большая часть современной литературы все еще отражает эту раннюю, ошибочную оценку. См., например, книгу Эйхенгрина [Eichengreen 2007: 160].

го рода, усугубляемые изначально слабой позицией в международной политике Советского Союза, также использовались другими предполагаемыми союзниками в третьем мире.

Но прежде чем мы пойдем дальше, давайте обратим свой взор на Запад. Торговые отношения с ним были самыми продолжительными, во многом потому, что они максимально соответствовали интересам каждой из сторон, представляли собой комплементарный обмен. Их отголоски можно обнаружить в событиях современной России — подъем российских олигархов в 1990-е годы и выстраивание путинской вертикали власти в XXI веке. Истоки этой продолжительной геополитической и экономической реальности лежали в 1950-х и 1960-х годах, и эта история в значительной степени была затемнена более спорной историей — историей холодной войны. Пришло время восстановить ее.

Медленное движение к конвертируемости

В этой книге утверждается, что способность советского руководства участвовать во внешней торговле в значительной степени зависела от системных факторов, а не от идеологических предписаний. Однако в первой половине 1950-х годов на системные ограничения накладывались последствия институциональной неподвижности и террора сталинской эпохи, влияние которых ощущалось на протяжении всего процесса изменения состава кремлевского руководства. Например, выдвинутое летом 1954 года невинное предложение Министерства внешней торговли о размещении рекламных объявлений об экспортных товарах в газете «Новости» после полуторамесячного обсуждения так и осталось без ответа[10]. В то время, когда обстоятельно обсуждалась рекламная проблема, «Технопромимпорт», ответственный, как следует из названия, за торговлю техническим оборудованием, отстаивал перед руководством свою приверженность курсу эпохи сталинизма. Ведомство отказалось пересмотреть условия

---

[10] РГАЭ. Ф. 413. Оп. 13. Д. 7363. Л. 1–4. Письма датируются 28 апреля и 4 июня 1954 года.

продажи советских тракторов греческой фирме даже после того, как стало ясно, что в греческих условиях эти тракторы не будут хорошо работать[11]. Греческая фирма напрямую пожаловалась на незаинтересованность работников «Технопромимпорта» Хрущеву. Подобное обвинение требовало энергичной защиты бюрократического этоса, — излагая суть дела, работники «Технопромимпорта» были вынуждены смиренно представить Политбюро доказательства того, что торговое ведомство соблюдало процедуру, вовремя отвечало на телеграммы и соблюдало соглашение, которое греки сейчас захотели пересмотреть. Для тех, кто пережил сталинизм, процедура и алиби были важнее результатов.

Между тем в середине десятилетия на отношения с наиболее важными торговыми партнерами Советского Союза все еще накладывали ограничения политика и долларовый дефицит. Бреттон-Вудс по-прежнему был проектом, а не институтом и будет оставаться им до тех пор, пока европейские валюты не станут полностью конвертируемыми. Западные правительства все еще вынуждены были тщательно управлять своими долларовыми резервами с помощью строгой системы импортно-экспортных лицензий, валютного контроля и других административных механизмов. Эти ограничения делали сомнительными преимущества от незначительного количества связей, которые были установлены советским руководством с западными правительствами. Оно предпочитало заключать долгосрочные торговые соглашения. Обычно это были трех- или пятилетние соглашения, в которых оговаривался общий объем торговли и ее рост за эти годы. В них также фиксировались объемы основных обмениваемых товаров. Они обеспечивали ту степень коммерческой стабильности и предсказуемости, которая позволяла советскому руководству разрабатывать свои собственные экономические планы. Каждый год делегации двух правительств встречались, чтобы сформировать более конкретные списки товаров, подлежащих обмену. Последний должен был осуществляться на клиринговой основе. Другими словами, как только было принято рамочное соглашение, об-

---

[11] РГАЭ. Ф. 413. Оп. 13. Д. 7363. Л. 8–10.

мены перестали быть похожими на случайные бартерные сделки 1940-х годов. Как правило, советское руководство открывало счет в одном из банков своих партнеров и использовало валюту этой страны для очистки импорта и экспорта. Баланс также мог быть достигнут за счет долларов — предпочтительный сценарий — или фунта стерлингов в случае необходимости. Важно отметить, что, будучи более конкретными, эти списки все же были просто набором показателей, к которым нужно стремиться двум правительствам, принявшим решение налаживать контакты с поставщиками противоположной стороны и согласовывать с последними список поставок[12]. Им было не нужно, да и невозможно следовать до конца, но они способствовали формированию набора ожиданий. Конечно, советскому руководству было легче предоставить то, о чем просили их партнеры, и, следовательно, выполнить свою часть сделки. Европейские правительства, работающие в рамках более неуправляемых рыночных параметров, были не столь эффективны. Правительственная бюрократия на Западе также не была столь целеустремленной и дисциплинированной — часто тому, о чем договаривались европейские торговые делегаты, препятствовала другая часть того же правительства.

Этот порядок привел ко множеству недоразумений, не всегда непреднамеренных. В постоянной борьбе за твердую валюту, например, французы требовали, чтобы товары, не включенные в ежегодный список, оплачивались в долларах, а не добавлялись в списки товаров, обмениваемых на клиринговой основе[13]. Проблема, с которой столкнулось советское руководство, однако, заключалась в том, что после завершения переговоров с частны-

[12] На одной из встреч французской и советской торговых делегаций, во время которой французы сетовали на то, что СССР продает консервированных крабов во Франции по более высоким ценам, чем продавал крабов в других местах, представители Советского Союза утверждали, что цена — это вопрос покупателей и продавцов, а не торговых делегаций. См. в РГАЭ. Ф. 413. Оп. 13. Д. 7769. Л. 19.

[13] РГАЭ. Ф. 413. Оп. 13. Д. 7769. Л. 8–9. Это было заявлено на встрече 15 марта 1956 года. Советский представитель быстро напомнил французам, что соглашение предусматривает возможность добавления и исключения из списка пунктов в течение года.

ми предприятиями о покупке товаров из списка лицензионное бюро могло не выдать требующуюся лицензию. Иногда, как в случае с продажей определенных видов технического оборудования, запрещенной Соединенными Штатами, это было обусловлено политическими причинами. Но часто эти причины не были столь очевидны — как в случае с продажей черных металлов весной 1956 года, на которую французская фирма подала заявку и не смогла получить экспортную лицензию. На встречах со своими французскими коллегами должностным лицам торгового ведомства СССР часто приходилось запрашивать такие лицензии от имени своих частных французских поставщиков[14].

Исследователи советской торговли, да и исследователи СССР, долгое время исходили из того, что советская торговля всегда подчинялась политике. Тем не менее, изучая стенограммы переговоров с западноевропейскими правительствами, трудно не посочувствовать советским должностным лицам, вынужденным постоянно доказывать, что они гораздо более настроены на коммерческие резоны, чем их либеральные европейские коллеги. Уверение в наличии строго экономических причин заключения соглашений стало рефреном и средством защиты во время встреч. «При составлении списка французских поставок советская сторона не руководствовалась политическими соображениями», — сказал советский переговорщик своему французскому коллеге на другой встрече в 1956 году. СССР было отказано в закупке радиорелейного оборудования и станков, которые входили в списки запрещенного к экспорту в Советский Союз. «Советская сторона при составлении своего списка французских поставок не руководствовалась политическими соображениями, а исходила лишь из коммерческих соображений и поэтому предусмотрела то оборудование, в получении которого она в настоящее время заинтересована», — с нажимом ответил этот переговорщик на претензию по поводу нечувствительности к французским политическим обязательствам[15]. Предложение, высказанное

---

[14] РГАЭ. Ф. 413. Оп. 13. Д. 7769. Л. 18.

[15] РГАЭ. Ф. 413. Оп. 13. Д. 7769. Л. 21.

позднее в ходе встречи, подтверждает прагматизм, с которым советское руководство подходило к отношениям с экономически развитым миром. Пытаясь убедить французскую делегацию в необходимости заключения долгосрочного торгового соглашения, оно не питало особых иллюзий относительно характера возможного обмена — осознавало, что речь идет об обмене между в разной степени развитыми странами. Соглашение предполагало «поставку из Франции различных машин и оборудования, проката черных металлов, пробковой коры, какао-бобов, спирта, цитрусовых, а из СССР во Францию — нефти, нефтепродуктов, антрацита, лесоматериалов, хлопка, хромовой и марганцевой руды, каменноугольного пека, крабовых консервов»[16]. Здесь речь идет о попытке получить французские промышленные технологии, а также дефицитные товары, поток которых находился под контролем французской империи, а не об обмене, сулящем пропагандистскую и политическую выгоды.

Но, с другой стороны, в основе всей советской торговой политики лежала одна главная и непреходящая политическая цель. Речь идет о политике подвергнутого остракизму, изгнанного, стремящегося вернуться из изгнания, бессильного и маргинализированного, ищущего признания. В данном контексте показательны слова, с которыми во время приведших к долгосрочному торговому соглашению между Советским Союзом и Западной Германией переговоров 1957 года начал свое выступление заместитель министра внешней торговли П. Н. Кумыкин. Он сообщил аудитории советских и немецких переговорщиков следующее:

> Мы исходим из того, что торговля между странами позволяет ее участникам использовать преимущества и выгоды, вытекающие из международного разделения труда, а также является хорошей основой для улучшения взаимопонимания и укрепления отношений между народами[17].

---

[16] РГАЭ. Ф. 413. Оп. 13. Д. 7769. Л. 23. Пробковая кора и цитрусовые, конечно же, были колониальными товарами, которые советское руководство скоро сможет приобретать напрямую у новообразовавшихся государств, вероятнее всего у Марокко и Туниса.

[17] РГАЭ. Ф. 413. Оп. 13. Д. 7988. Л. 19. Переговоры начались 24 июля 1957 года.

Это речь не была просто проявлением дипломатического политеса. У Кумыкина, представлявшего государство, в котором работающие экономические рычаги отсутствуют, не было времени на лукавство. Советское руководство было готово приобрести западногерманское оборудование и суда общей стоимостью 1,9 млрд марок (1,8 млрд рублей по курсу того времени) в течение следующих четырех лет. Предполагалась также поставка черных металлов, стальных труб, кабелей, меди, медикаментов и медицинского оборудования на общую сумму 1,6 млрд марок. В обмен предлагалось увеличение объемов экспорта тех товаров, которые немцы уже покупали: древесины, бумаги, хлопкового и льняного волокна, нефти и ее производных, угля, марганца, хрома, цинка и других сырьевых товаров[18].

Этот совместный план обе стороны выполнили в течение следующих шести месяцев. В соответствии с уже сложившейся практикой международных отношений СССР организационное оформление указанного в нем товарообмена в 1957 году в основном зависело от западных партнеров. Советское руководство на протяжении двух лет использовало все свои дипломатические и деловые каналы, пытаясь надавить на правительство канцлера Германии К. Аденауэра, чтобы заставить его поменять отношение к рассматриваемому договору. В этом деле оно могло рассчитывать на партнерскую помощь немецких промышленников и бизнесменов. Когда бы представители СССР ни приезжали в Западную Германию, они всегда встречались с немецкими предпринимателями, надеявшимися на оживление торговых отношений между двумя странами, и всегда подбрасывали в огонь дров[19]. Однако советским должностным лицам и немецким бизнесменам пришлось ждать, пока Аденауэр изменит бескомпромиссно негативное отношение к Советскому Союзу («политика силы») на более сговорчивое. Поворотным моментом, вероятно, стало лето 1957 года: изменение установок произошло только после того,

---

[18] РГАЭ. Ф. 413. Оп. 13. Д. 7988. Л. 20.

[19] Например, отчет делегации о поездке в Западную Германию в мае 1957 года. См. в ГАРФ. Ф. 5446. Оп. 120. Д. 1358. Л. 83–93.

как канцлер достиг своей главной цели — полного возвращения Западной Германии в европейское лоно, о котором можно говорить после подписания в марте указанного года Римского договора. Как утверждал историк Р. Сполдинг, правительство Аденауэра, соглашаясь на долгосрочное торговое соглашение с СССР, руководствовалось прежде всего политическими целями [Spaulding 1997]. Дипломатические отношения между двумя странами были установлены двумя годами ранее, после предпринятой Аденауэром поездки в Москву с целью возвращения десяти тысяч немецких военнопленных. Соглашаясь вести торговые переговоры с СССР в 1957 году, правительственные чиновники Аденауэра часто ссылались на политические выгоды такого взаимодействия, среди которых упоминалась дальнейшая репатриация.

Однако результаты переговоров несколько противоречили утверждениям немцев о главенстве политики. На протяжении всех встреч советские представители упорно отказывались от обсуждения политических вопросов, сосредоточившись исключительно на коммерческом обмене и делая уступки — но не очень серьезные — только по номенклатуре подлежащих обмену товаров и их количеству. Ответственность за то, что переговоры затянулись на семь месяцев, полностью лежит на немцах, которые оттягивали момент заключения соглашения, осознав, что их политические требования игнорируются[20]. Еще одним камнем преткновения стало требование Германии о том, чтобы по крайней мере 10 % немецкого импорта составляли такие сельскохозяйственные продукты, как сыр, фруктовый сок и мука. Советским переговорщикам пришлось взывать к голосу экономиче-

---

[20] Это стало причиной перерыва, длившегося с августа по ноябрь 1957 года. В своем докладе о ходе переговоров председатель германской делегации Рольф Лар возложил ответственность за сложившуюся ситуацию на русских, поскольку они не проявили интереса к обсуждению вопроса о репатриации. См. РГАЭ. Ф. 413. Оп. 13. Д. 7988. Л. 58–60. Советское руководство не оставило без внимания факт публикации доклада Лара 19 сентября того же года. Это произошло после отмеченных Кумыкиным двух долгих летних отлучек Лара, во время которых последний консультировался с правительством. См. РГАЭ. Ф. 413. Оп. 13. Д. 7988. Л. 41–46.

ского разума, апеллировать к тому, что список продуктов, предлагаемых немцами, не имел никакого отношения к потребностям советской экономики[21]. Немцы в этом случае повторили предпринятую десять лет назад англичанами попытку реализовать потребительские товары на советском рынке, то же самое попытаются сделать японцы несколько лет спустя. В конце концов по этим двум вопросам Германия отступила. В итоге, несмотря на все частные заявления председателя делегации ФРГ Р. Лара и его коллег о том, что они находятся под меньшим давлением и менее склонны идти на компромисс, чем их советские коллеги, был заключен сугубо коммерческий договор [Spaulding 1997: 451–452]. Суть не в том, что Лар ошибся, подчеркнув, что меньшая заинтересованность Западной Германии в переговорах должна была предоставить немецкой стороне большее пространство для маневра, — просто время работало против возможностей и желания немецкого правительства иметь абсолютный контроль над международной торговлей и финансами.

В своей приветственной речи Кумыкин уже указывал на контекст переговоров: торговля между двумя странами началась только в 1954 году — и товарооборот уже составлял 450 млн рублей[22]. Как отмечал Сполдинг, этот быстрый рост торговли в отсутствие договора лишал смысла советскую позицию, согласно которой долгосрочный договор был абсолютно необходим для коммерческого роста. Однако это также означало, что окно, которое позволило бы немецкому правительству использовать торговый договор в качестве средства получения от Советов политических уступок, быстро закрывалось. Долларовый дефицит, который вызвал необходимость столь широкого участия правительства во всех международных экономических операциях, быстро превращался в избыток доллара. До полной конвертируемости немецкой марки, которая приведет к дальнейшей

---

[21] См., например, РГАЭ. Ф. 413. Оп. 13. Д. 7988. Л. 108–114, 130–137, 228–238 и 239–241. Такие споры шли в конце ноябрьских встреч, а затем с новой силой в начале февраля 1958 года, в РГАЭ. Ф. 413. Оп. 13. Д. 8269. Л. 5–7.

[22] РГАЭ. Ф. 413. Оп. 13. Д. 7988. Л. 19.

либерализации международной торговли и финансов, оставалось чуть больше года. В итоге немцы вернулись в Бонн, нисколько не продвинувшись в решении политических вопросов, с которыми они приехали в Москву, и заняв в обсуждении большей части экономических вопросов не жесткую, а компромиссную позицию. И после семи месяцев торгов и пререканий они пришли к мнению, высказанному Кумыкиным в самом начале процесса: всевозрастающий торговый обмен между двумя странами приведет к большему взаимопониманию и укреплению политических отношений. В будущем интенсификация торговых обменов между двумя странами позволила избежать целой череды кризисов в Берлине[23]. К 1970-м годам Западная Германия стала важнейшим экономическим партнером Советского Союза, заняв позицию, аналогичную позиции Веймарской республики в 1920-е годы.

Известие о советско-западногерманском долгосрочном торговом соглашении, вступившем в силу в 1958 году, побудило другие страны обратиться к советскому правительству с вопросом о возможности заключения аналогичного соглашения. Англичане были в списке первыми, хотя их беспокоил вопрос о возможности такого соглашения со страной с менее скоординированным подходом к капиталистическому производству, чем у немцев[24]. Их сомнения оказались беспочвенны: договор будет действовать в Великобритании так же, как и в Германии. В мае 1959 года было подписано пятилетнее англо-советское торговое соглашение. Вскоре за англичанами последовали многие.

Повторная встреча с Японией

Вместе с западными партнерами интерес к неосвоенному Советскому Союзу проявлял его бывший противник с Востока. Япония, находясь под американской оккупацией в послевоенные

---

[23] Схожие рассуждения в отношении Великобритании и Суэцкого и Венгерского кризисов 1956 года приводятся в статье М. Б. Смита [Smith 2012: 537–558].

[24] РГАЭ. Ф. 413. Оп. 13. Д. 8259. Л. 59–61.

1940-е годы, переживала плохие дни. Несмотря на знаменитый «обратный курс», начатый в 1947 году, японская промышленность продолжала страдать от нехватки капитала, а ее экономика — от разрушительной инфляции, которая сделала экспорт неконкурентоспособным и, таким образом, лишила страну твердой валюты. В 1949 году предложенная детройтским банкиром программа жесткой экономии, координируемая правительством генерала Д. Макартура, верховного главнокомандующего союзными оккупационными войсками (ГСОВ) — термин относился к администрации так же, как и к личности главнокомандующего, — позволила взять инфляцию под контроль, поставив японскую экономику на грань новой депрессии [Gordon 2003: 239–241]. В контексте отсутствия общеевропейского, скоординированного управления американской помощью и доступа к емким глобальным рынкам европейских империй существенная помощь Америки Японии в размере около 2 млрд долларов — по сравнению с 4 млрд долларов, полученными Германией в рамках плана Маршалла, — мало что сделала для улучшения ситуации. Затем, в 1950 году, японцы были переориентированы на обеспечение американской военной машины в Корее. В погоне за удовлетворением американского военного спроса японская промышленность за четыре месяца произвела больше, чем за весь предшествующий двадцатилетний период. Подобно потоку воды, пущенному в сухое русло запруженной реки, твердая валюта прокладывала путь через экономику Японии, переоснащая ее производство и модернизируя заводы; для описания военных закупок японские бизнесмены использовали иную метафору: «благословенный дождь с небес» [LaFeber 1997: 293–295][25].

Наконец, японцам было за что благодарить Мао Цзэдуна: его победа в Китае подстегнула давно назревавшее корейское противостояние, она же превратила Японию в важнейший оплот антикоммунизма в Азии, подтолкнув правительство США к прекращению оккупации и предоставлению стране внутрен-

---

[25] Выражения бизнесменов, премьер-министра Ёсида, используемые для описания военных закупок, можно посмотреть в [Gordon 2003: 241].

него суверенитета. Оккупация закончилась в апреле 1952 года; летом Соединенные Штаты потребовали, чтобы Япония присоединилась к КоКому и Генеральному соглашению по тарифам и торговле (ГАТТ)[26]. Последняя выходила из явного подчинения и официально включалась в сложную сеть международных режимов и институтов американской гегемонии, в рамках которой империя-неудачник смогла развиваться[27].

Однако в 1952 году мало кто мог предсказать грядущее возрождение японской экономики, и меньше всего — кремлевские чиновники, привыкшие обращать внимание на все еще не решенные социальные проблемы Японии, а не на воскрешение ее бизнес-элиты[28]. Тем не менее в том объеме суверенитета, который японцы получили, советское руководство увидело возможность. Открылись перспективы прекращения японской торговой дискриминации и вовлечения азиатского соседа во взаимовыгодный бизнес, под которым понималась традиционная торговля между двумя странами: обмен японских тканей, кораблей и промышленного оборудования на советский лес, уголь, асбест и медицинские товары[29]. Сталин не дожил до восстановления отношений буквально несколь-

---

[26] И, вероятно, более важную роль играл КиКомтак, ограничивающий торговлю с Китаем [LaFeber 1997: 305]. Американское требование присоединения к ГАТТ может быть объяснено следующим образом: «Если попыткам японцев расширить торговлю со свободным миром будут чиниться препятствия, они могут посчитать необходимым переориентировать свою торговлю на коммунистический Китай и советский блок». См. меморандум председателя Межведомственной комиссии по торговым соглашениям (Corse) президенту от 20 августа 1952 года [FRUS 1983: 116].

[27] Наиболее плодотворная попытка определения понятия «гегемония» предпринята в книге Камингса [Cumings 1999: 205–226]. В ней представлены результаты многогранного исследования американского историка, многим обязанного работам ученых МПЭ и А. Грамши.

[28] Советская точка зрения, опять же, была правилом, а не идеологически обусловленным исключением. См., например, замечание одного британского дипломата о том, что «многие люди были бездомными, спали на улице, под железнодорожными мостами или в бетонных каркасах зданий, ожидающих ремонта или сноса» [LaFeber 1997: 296].

[29] РГАЭ. Ф. 413. Оп. 13. Д. 6818. Л. 45–46.

ко лет. Советские коммерческие амбиции совпадали с амбициями
многих бизнесменов Японии, в которой уже давно существовал
чрезвычайный экономический интерес к ресурсам Сибири[30].

Однако больше всего усилий для успешного восстановления
дипломатических отношений между Японией и Советским
Союзом приложило рыбопромышленное лобби [Hara 1998: 55–
57][31]. Процесс этого восстановления был запущен визитом
в Москву в октябре 1956 года премьер-министра Японии Итиро
Хатоямы, за которым вскоре последовала первая волна японских
деловых делегаций. Уже в 1956 году мелкие и средние компании
Японии сформировали группу для изучения перспектив торговли с Советским Союзом. Деловые отношения были налажены
через год[32]. Все это привело к заключению в декабре 1957 года
торгового соглашения между двумя странами. С этого момента
торговый оборот ежегодно удваивался вплоть до 1960 года, после
которого он продолжал расти с поразительной скоростью [Кру-
пянко 1982]. Десять лет спустя он увеличился в пять раз, что
сделало Японию крупнейшим торговым партнером Советского
Союза за пределами СЭВ — пусть даже всего лишь на один год[33].

Японцы с самого начала четко обозначили то, что они хотят
получить от новых отношений с Советским Союзом. Японские

---

[30] Хорошее описание давней геостратегической цели дает Д. У. Морли [Morley
1957].

[31] Нормализация отношений была возможна в случае разрешения территори-
альных споров, оставшихся после Второй мировой войны. Они не были
решены, и поэтому мирный договор между двумя странами так и не был
подписан. Но благодаря рыбопромышленному лобби, вмешавшемуся в последний момент, когда переговоры уже были на грани провала, дипломатические отношения были восстановлены. Право на вылов рыбы в северной
части Тихого океана было стоящим на первом месте после нормализации
отношений вопросом.

[32] Обращения Японии в конце 1957 года по поводу сибирской древесины см.
в РГАЭ. Ф. 4372. Оп. 57. Д. 380. Л. 45–50. Японцы не забыли отметить, что их
интересует древесина для производства бумаги: советская древесина не
могла конкурировать с североамериканской древесиной для целей строительства и производства мебели. Советское руководство же вело переговоры
о рыболовных судах, как в РГАЭ. Ф. 413. Оп. 13. Д. 8057. Л. 9–10.

[33] Япония уступила место возрождающейся Западной Германии.

бизнесмены объяснили своему советскому партнеру В. Б. Спандарьяну, что у Японии есть потребность в сокращении дефицита торговли с США, вызванного главным образом импортом зерна, ячменя, хлопка, коксующегося угля и нефти[34]. Большую часть американских товаров можно было бы заменить советскими, так как торговля с СССР велась бы на клиринговой основе. Как сказал Микояну во время поездки в Москву в 1959 году губернатор префектуры Ниигата К. Кадзуо, японская сторона в среднесрочной и долгосрочной перспективах уповает на то, что преодолеет свою зависимость от американской нефти и японская промышленность в будущем будет функционировать благодаря советской нефти[35].

Как и в ходе предыдущих встреч и переговоров, японским и советским торговым представителям потребовалось некоторое время, чтобы познакомиться друг с другом. И, как обычно, у советских представителей было четкое понимание новых отношений, в то время как их партнеры — на этот раз японцы — долго думали над тем, какую пользу можно было бы из этих отношений извлечь. Могли бы советские представители использовать в сделках больше долларов и меньше фунтов?[36] Могли бы они купить больше потребительских товаров?[37] Советские представители оказались в знакомой им ситуации, и их ответ был, соответствен-

---

[34] РГАЭ. Ф. 413. Оп. 13. Д. 8324. Л. 26–29. Несмотря на должность главы Отдела торговли с Юго-Восточной Азией и Ближним Востоком Министерства внешней торговли, Спандарьян отвечал за недавно налаженную торговлю с Японией.

[35] ГАРФ. Ф. 5446. Оп. 120. Д. 1386. Л. 72–73.

[36] РГАЭ. Ф. 413. Оп. 13. Д. 8057. Л. 9–10. Японцы настаивали на том, что курс фунта слишком сильно колеблется.

[37] РГАЭ. Ф. 4372. Оп. 58. Д. 344. Л. 188–189; или РГАЭ. Ф. 413. Оп. 13. Д. 8324. Л. 32–33. Этот вечно преследующий советских официальных лиц вопрос всплывал и на более поздних стадиях развития экономических отношений. Как отмечалось в предыдущей главе, англичане, например, получили однозначный отрицательный ответ еще десять лет назад, но не прекращали попыток реализовать свои товары и десять лет спустя. См. в РГАЭ. Ф. 4372. Оп. 62. Д. 94. Л. 208–211. Или см. переговоры Микояна с финской делегацией, в ходе которых он придерживался плана об увеличении закупок финских кораблей в ответ на увеличение финской стороной закупок советских промышленных товаров: РГАНИ. Ф. 5. Оп. 30. Д. 69. Л. 64–67.

но, отрицательным. Но взаимоотношения с японскими бизнесменами все же имели характерные отличия. Их первые два года были отмечены наплывом различных японских деловых групп, спешивших заключить сделки с СССР. Министерство внешней торговли быстро научилось использовать одну группу против другой, иногда заставляя представителей японских деловых кругов активно писать письма, в которых они жаловались на советскую нелояльность и предлагали с каждым разом все лучшие условия[38]. Когда летом 1959 года японцы попытались рационализировать импорт из СССР древесины, создав ассоциацию, которая выступала бы от имени всех вовлеченных в торговлю групп, советское руководство заявило в ответ, что будет торговать только с отдельными фирмами, — нетипичная реакция для государства, которое часто поощряло появление таких рационализирующих процесс обмена ассоциаций в деколонизированных странах[39]. В случае с Японией руководство СССР выступало поборником капиталистической конкуренции, даже если способствовало организации централизованной торговли на территории стран глобального Юга.

В конечном счете долгосрочное развитие советско-японских отношений зависело от нефти. Последняя была бы наградой для японских групп и объединений бизнесменов, прибывших в Москву вслед за дипломатами. В сентябре 1959 года президент Японской ассоциации по торговле с Советским Союзом и социалисти-

---

[38] Например, представитель фирмы «Прогресс», импортера угля, древесины, меди и марганца, сетует на то, что они заключали сделки в изначально трудной ситуации, но теперь их оттесняют более серьезные предприятия. Они уверяют, что могут приобрести для СССР японские корабли в кредит на 5 лет с изначальным взносом в 33 %. См. РГАЭ. Ф. 413. Оп. 13. Д. 8324. Л. 57–58.

[39] РГАЭ. Ф. 413. Оп. 13. Д. 8561. Л. 17–18. Понятно, что в промышленно развитых странах было выгоднее использовать одну фирму против другой. Неясно только, имела ли позиция в отношении стран третьего мира под собой идеологическое основание. Японские фирмы были надежны, что избавляло от необходимости создания ассоциации, которая брала бы на себя ответственность за невыполнение обязательств. В странах третьего мира такая ситуация была редкостью.

ческими странами Европы (СОТОБО) заявил Спандарьяну, что для доставки советской нефти в Японию потребуются значительные капиталовложения в инфраструктуру порта, расположенного на побережье Охотского моря[40]. Прежде чем вкладываться, японцы хотели убедиться, что СССР будет поставлять нефть надежно и без перебоев. В этом случае советская власть не могла быть препятствием. Как отмечал Спандарьян, руководство всегда было готово подписать долгосрочные соглашения о поставках нефти и других товаров. Проблемы были связаны с Министерством международной торговли и промышленности (ММТП) Японии, которое нередко медлило и иногда отказывалось выдавать японским предприятиям необходимые разрешения на импорт советской нефти[41]. И вновь за этой политикой стояли привычные финансовые ограничения еще не оформившейся Бреттон-Вудской системы, идущие в паре с американской враждебностью.

Положение японцев было не таким уж и плохим. Руководство *Daikyo Oil* (ныне *Cosmo Oil*), обратившееся к советской власти с предложением о покупке сырой нефти, хотело, чтобы она предоставила скидку, которая компенсировала бы потенциальный риск, связанный с отказом американцев от покупки товаров *Daikyo* по причине того, что они сделаны из советской сырой нефти[42]. Более крупные игроки японского нефтяного рынка уже были связаны с американцами долгосрочными соглашениями, и только небольшие компании, не имевшие иностранного капитала, такие как *Daikyo*, имели гибкость, позволяющую им вести дела с Советским Союзом. Эти ограничения накладывались не только на продажу нефти. В эти первые несколько лет у СССР также были проблемы с продажей в Японии чугуна. Суть их заключалась в том, что за 1953–1958 годы Япония получила от

---

[40] РГАЭ. Ф. 413. Оп. 13. Д. 8562. Л. 58.

[41] РГАЭ. Ф. 413. Оп. 13. Д. 8562. Л. 59. См., например, письмо советского торгового представителя в Токио В. Д. Алексеенко от 13 июля 1959 года в Министерство иностранных дел Японии об отказе ММТП увеличить квоту Tokyo Oil на импорт большего количества нефти. См. в РГАЭ. Ф. 413. Оп. 13. Д. 8561. Л. 19.

[42] РГАЭ. Ф. 413. Оп. 13. Д. 8561. Л. 19.

Всемирного банка 101 млн долларов в виде займов (в эту сумму входили 73 млн долларов, предоставленные в 1958 году). *Kawa-saki*, главная фирма — импортер чугуна, получила 20 млн долларов в 1957 году, 8 млн — в 1958 году и надеялась получить еще 20 млн в 1959 году. Советской стороне было сказано, что японские сталелитейные заводы чувствовали моральную ответственность перед своими американскими кредиторами, связанными с западной финансовой сетью, которая не будет благосклонно относиться к бизнесу с СССР. Такие моральные сомнения, как представляется, можно было бы снять, если бы советское руководство продавало свой чугун по более конкурентоспособной цене, — по крайней мере, так считал японский торговый представитель[43].

В марте 1959 года советское предприятие «Союзнефтеэкспорт», занимающееся экспортом нефти, начало изучать проект, воплощения которого ждали японцы: трубопровод, по которому западносибирская нефть шла бы на Восток. Советское руководство хотело получить взамен трубы и цистерны. В качестве пилотного проекта предполагалось проложить трубопровод от Урала до Иркутска, из которого нефть бы доставлялась поездом. Проект должен был быть завершен к 1961 году, но сначала необходимо было дождаться его согласования с Токио[44]. В течение следующих десяти лет привлечение к строительству нефтепроводов в Советском Союзе иностранных инвестиций станет одним из самых важных и имеющих далекоидущие последствия проектов коммунистической власти. Японии, увы, придется ждать долго. Но это разочарование пришло позже. В 1959 году оба партнера все еще изучали друг друга. Чуть ранее, в декабре 1958 года, западноевропейские валюты — но не йена — стали полностью конвертируемыми, раскрыв потенциал Бреттон-Вудского соглашения и ускоряя международную торговлю[45]. В Японии ходили слухи,

---

[43] РГАЭ. Ф. 413. Оп. 13. Д. 8562. Л. 21–22.

[44] РГАЭ. Ф. 413. Оп. 13. Д. 8562. Л. 150–152. Обе стороны договорились действовать осторожно, чтобы «иностранные круги» не вмешались и не сорвали сделку.

[45] Япония достигла полной конвертируемости лишь в 1964 году.

что рубль тоже станет конвертируемой валютой. На вопрос взволнованного японского дипломата о статусе рубля Спандарь-ян ответил, как всегда ясно и прямо, что в Советском Союзе такие слухи не ходят[46].

Инициативность Микояна

Доклад о директивах ЦК КПСС 1955 года предусматривал рост товарооборота на 43 % через 5 лет, причем большая часть этого роста приходилась на последние два года[47]. Более того, предполагалось не только увеличение товарооборота с коммунистическим блоком на 25 %, но и двукратное увеличение товарооборота с богатыми капиталистическими странами, почти трехкратное увеличение товарооборота с бедными государствами[48]. Уже к 1954–1955 годам Советский Союз прорабатывал вопрос о промысловых правах в Тихом океане с Канадой и Японией[49], приглашал к участию в переговорах о новых торговых сделках итальянских и британских бизнесменов[50] и работал над увеличением

---

[46] РГАЭ. Ф. 413. Оп. 13. Д. 8562. Л. 168–169.

[47] РГАНИ. Ф. 5. Оп. 30. Д. 113. Л. 75.

[48] РГАНИ. Ф. 5. Оп. 30. Д. 113. Л. 75. Прилагательное «капиталистический» использовалось для описания мира за пределами стран Восточной Европы, Монголии, Северной Кореи, Северного Вьетнама и Китая. В действительности спустя почти полвека после революции 1959 года даже Куба продолжала выступать под рубрикой «капиталистические страны». Что касается экономических отчетов и анализов, то капиталистический мир далее подразделялся на развитые и «экономически слаборазвитые», но все же капиталистические страны (слаборазвитые в экономическом отношении капиталистические страны).

[49] Тема переговоров с канадцами освещается в РГАНИ. Ф. 5. Оп. 30. Д. 116. Л. 101–105; с японцами — в РГАНИ. Ф. 5. Оп. 30. Д. 163. Л. 128–130.

[50] Описание переговоров с британскими делегатами, во время которых советская сторона пыталась смягчить своих контрагентов с помощью изрядного количества водки, можно найти в РГАНИ. Ф. 5. Оп. 30. Д. 71. Л. 6–15. Тема первых попыток итальянцев договориться о поставках нефти, вылившихся в 1960-е годы в строительство нефтепровода до Италии, освещается в РГАНИ. Ф. 5. Оп. 30. Д. 224. Л. 60–69.

объемов торговли со Скандинавскими странами [51]. Как советское руководство часто публично заявляло и писало в своих бюрократических отчетах, торговля с капиталистическими странами не имела должного размаха, главным образом из-за того, что они определяли как торговую дискриминацию Советского Союза, организованную Соединенными Штатами. В докладе Отдела внешнеэкономических связей Госплана, сделанном в 1958 году, говорилось: «Советский Союз может и готов расширять экономические связи со всеми странами. Мы и впредь не ослабим наших усилий в направлении нормализации и широкого развития торговых и экономических связей с капиталистическими странами» [52].

Еще более важно то, что советское руководство постоянно пыталось донести этот тезис во время переговоров с представителями богатых капиталистических стран. Это видно по встрече Микояна с группой британских бизнесменов в январе 1954 года [53]. Обращаясь к канадцам, Микоян заявлял, что в настоящее время «ничего не мешает развитию культурных, политических и экономических отношений между СССР и Канадой, — наоборот, имеются большие возможности для расширения этих отношений» [54]. И он часто успокаивал японцев тем, что максимальный уровень торговли между Советским Союзом и Японией еще не достигнут.

Это было безудержное харизматичное наступление армянина Микояна, второго человека в Кремле после Хрущева и бессменного министра торговли [55]. Советское руководство так стремилось

---

[51] РГАНИ. Ф. 5. Оп. 30. Д. 71. Л. 77–78.

[52] РГАЭ. Ф. 4372. Оп. 57. Д. 387. Л. 131–133.

[53] Микоян считал их дальновидными партнерами, поскольку они лучше многих британских политиков понимали, какую пользу можно извлечь из деловых отношений между двумя странами. Того же самого мнения он был и о японских бизнесменах. Его многочисленные комплименты можно найти в РГАНИ. Ф. 5. Оп. 30. Д. 71. Л. 10–15.

[54] РГАНИ. Ф. 5. Оп. 30. Д. 116. Л. 102.

[55] См., например, в РГАНИ. Ф. 5. Оп. 30. Д. 274. Л. 87.

показать себя надежным партнером, что в конце 1950-х годов, в период обильных урожаев, оно настаивало на выполнении своих обязательств по покупке пшеницы перед Канадой. «Невыполнение Советским Союзом своего обязательства по закупке канадской пшеницы может привести к серьезным осложнениям в советско-канадских отношениях, а возможно, и к аннулированию канадцами торгового соглашения с СССР», — утверждали в унисон министры внешней торговли и иностранных дел в докладе Центральному комитету. Но, что хуже, подобные действия могли бы «подорвать престиж Советского Союза как торгового партнера»[56].

Хэнсон определяет время начала широкомасштабного советского импорта западных машин как 1958 год — в этот же год Хрущев начал химизацию советской экономики, для которой требовалось увеличение импорта западного оборудования. По причине обычного временного разрыва между первоначальными переговорами, контрактом и поставкой оборудования оно стало фигурировать в советской статистике только в 1960 году [Hanson 2003: 61–63]. Согласно архивным записям, переговоры начались гораздо раньше, и значительную роль в формировании экономических отношений сыграли западные бизнесмены — по-другому и быть не могло, если мы примем во внимание наблюдаемое с 1920-х годов постоянное стремление советского руководства к установлению отношений[57].

Для того чтобы превратиться в умеренно компетентных коммерческих операторов, советским политикам потребовались время и опыт. Более двух десятилетий Советский Союз не имел

---

[56] РГАНИ. Ф. 5. Оп. 30. Д. 224. Л. 71–72.

[57] В данном случае можно вспомнить агрессивный маркетинг компании Bell Punch Company Ltd., которая, не оставляя попыток заинтересовать советскую сторону своим промышленным оборудованием, отправляла и пересылала письма напрямую Хрущеву. Все это закончилось только после того, как представители компании были приняты в Москве после тезиса, что это действие «простимулировало бы развитие коммерческих отношений» и согласовалось с «духом вашей [Хрущева] последней речи». См. в РГАНИ. Ф. 5. Оп. 30. Д. 275. Л. 3–6.

возможности выстраивать значимые экономические отношения, не считая взаимодействия в рамках ленд-лиза во время Второй мировой войны, которое, по сути, было субсидированием и не особенно способствовало овладению тонким искусством получения прибыли. В 1930-е годы также не было возможности оттачивать экономические навыки — это было время сокращения возможностей, период, когда советские лидеры в основном выступали за экспорт зерна, все более невыгодный, и были готовы заплатить почти любую цену, пойти на лишения и голод в СССР, чтобы импортировать необходимые для индустриализации технологии [Holzman 1974: 39–60].

Тем не менее именно период конца 1920-х — начала 1930-х годов на короткое время стал ориентиром для тех, кто предпринял в конце 1950-х годов первые пробные шаги по развитию зарубежных рынков, открывавших возможность получения доходов в твердой валюте. Обладая влиянием и способностями, Микоян, вооруженный опытом работы в качестве наркома внешней и внутренней торговли в 1920–30-е годы, взял инициативу в этом деле в свои руки. По всем вопросам, касающимся советской внешнеэкономической политики, он действовал уже в качестве заместителя председателя Совета министров и главного эксперта в советском правительстве.

В конце 1950-х годов Микоян в первую очередь отдал поручение Министерству внешней торговли изучить перспективы продажи железного колчедана, сульфидного минерала, из которого можно было бы химическим путем извлекать медь, серу, серебро, золото и даже цинк, прежде чем использовать его для выплавки железа[58]. Не имея технологии, позволяющей эффективно перерабатывать этот минерал, советское руководство мало его использовало. Однако такая технология имелась за рубежом, и в 1929 — начале 1930-х годов колчедан экспортировался в Голландию и Германию[59]. В 1939 году СССР предпринял безуспешную попытку продать его в Бельгии и Германии,

---

[58] РГАЭ. Ф. 413. Оп. 13. Д. 7931. Л 1000.
[59] РГАЭ. Ф. 413. Оп. 13. Д. 7931. Л. 1000.

а в 1957 году Микоян настоял на очередной попытке продать его на Западе, которая привела к запоздалым и неоднозначным результатам[60].

К началу 1960-х годов должностные лица Министерства внешней торговли стали проявлять большую активность в попытках извлечь выгоду из мировой экономики, отчасти благодаря большей готовности этой экономики принять советское экономическое присутствие. В 1961 году заместитель министра внешней торговли проинформировал Микояна о большом спросе в развивающихся странах на железнодорожные рельсы[61]. Но тут на планы советского руководства повлияло историческое наследие. Строительство создаваемых по определенным лекалам железных дорог развивающихся стран началось в колониальную эпоху, и ни одна из этих стран не была готова изменить свой стандарт в угоду советскому. Это делало изготовление части товаров для удовлетворения спроса за рубежом непомерно дорогим для советских заводов[62]. Замминистра писал: «Учитывая важность развития торговли со слабо развитыми в экономическом отношении странами, а также имея в виду высокую валютную эффективность от продажи железнодорожных рельсов по сравнению с другими видами проката, Министерство внешней торговли считает целесообразным поставлять в эти страны рельсы нестандартных профилей. Для этого необходимо возложить на один из

---

[60] РГАЭ. Ф. 413. Оп. 13. Д. 7931. Л. 1001. Советское руководство обратилось к компаниям в Западной Германии, Бельгии, США, Голландии, Японии и других странах, но это ни к чему не привело. В конце доклада министр предположил, что колчедан может быть включен в список поставок Западной Германии. Шесть лет спустя достичь определенного успеха удалось, однако предложения советских представителей все еще отклонялись западными фирмами по причине низкого качества колчедана. Поиск способов сбыта продолжался, и в одном из августовских докладов 1963 года было предложено классифицировать колчеданы с целью продажи различных сортов, которые действительно отвечали минимальным требованиям западных фирм к качеству. См. в РГАЭ. Ф. 4372. Оп. 65. Д. 67. Л. 151–152.

[61] РГАЭ. Ф. 4372. Оп. 63. Д. 397. Л. 37.

[62] РГАЭ. Ф. 4372. Оп. 63. Д. 397. Л. 37. Далее в докладе отмечалось, что только один завод экспортировал свои рельсы, в основном в Финляндию.

металлургических заводов производство нестандартных рельсов для поставки их на экспорт»[63].

Позднее в том же году министерство сообщило Микояну о большом спросе на советские дорожно-строительные машины и оборудование в развивающихся странах Африки, Юго-Восточной Азии, Ближнего Востока и Латинской Америки. Однако, как отмечалось в докладе министерства, Госплан не выделил достаточно средств для удовлетворения этого спроса, в результате чего Гвинея и Куба ждали запасных частей и не было достигнуто соглашение с Индонезией и Грецией[64]. В некотором смысле эти пути расширения торговли можно назвать легкими. Они не предполагали активного поиска выгодных рыночных условий, к которому так часто призывало министерство. Скорее, имела место типичная пассивная позиция советских бюрократов, свидетельствующая об общем отсутствии предприимчивости, характерном для советского экономического проникновения в страны третьего мира. Как будет показано в следующей главе, инициативу по расширению торгового взаимодействия, как правило, брали на себя сами развивающиеся страны.

Как бы то ни было, в начале 1960-х годов приоритетной целью для Микояна было расширение сулящей большую выгоду торговли с богатыми и технологически развитыми странами. Императивы роста в Советском Союзе во многом совпадали с императивами в Западной Европе и сводились к тому, что экономисты называют конвергенцией, то есть росту, достигаемому путем сокращения разрыва в эффективности производства между Советским Союзом и более богатыми промышленными странами[65]. Но для обеспечения необходимого технологического трансфера Советскому Союзу сначала понадобилась бы конвертируемая валюта, с помощью которой можно было бы покупать

---

[63] РГАЭ. Ф. 4372. Оп. 63. Д. 397. Л. 38. Министерство хотело, по сути, реквизировать завод, что было бы плохим исходом для его руководства.

[64] РГАЭ. Ф. 4372. Оп. 63. Д. 397. Л. 58–59.

[65] Тема конвергенции Европы с более развитыми в технологическом и организационном планах Соединенными Штатами в 1960-х годах раскрывается в [Eichengreen 2007].

продукцию на Западе. Большая открытость западных рынков предоставляла возможности, которыми Микоян стремился как можно скорее воспользоваться. Среди западных рынков, открытых СССР в это время, был, по предварительным оценкам, рынок самих Соединенных Штатов — в 1961 году Микоян отдал плановым и торговым ведомствам типичное для начала 1960-х годов поручение рассмотреть вопрос об увеличении производства консервированного крабового мяса, поскольку запрет на его ввоз в США только что был снят и крабовое мясо могло стать, согласно Микояну, «серьезным источником твердой валюты»[66]. Им удалось наладить этот экспорт только в 1963 году, а к 1965 году они поставили в Соединенные Штаты 100 тыс. банок консервированного краба[67].

Мечтая о твердой валюте

Пристрастие Микояна к поиску источников твердой валюты быстро распространилось на все руководство. В конце 1950-х годов, несмотря на растущий избыток доллара в «свободном мире», ненадежные валютные резервы Советского Союза часто быстро истощались, ограничивая возможности Москвы утолить аппетит советской промышленности на превосходные западные товары и технологии. В 1958 году Отдел внешнеэкономических связей Госплана обратил внимание на проблемы с платежным балансом, призывая Министерство внешней торговли более внимательно относиться при составлении планов к резервам твердой валюты[68]. В то время небольшие перебои в бартерной торговле, наблюдающиеся в экономических отношениях между Советским Союзом и Китаем, могли лишить СССР сырья, что ставило под угрозу производство целого ряда товаров для совет-

---

[66] РГАЭ. Ф. 4372. Оп. 63. Д. 397. Л. 74.

[67] За них было выручено 45 млн рублей [Внешняя торговля за 1966: 320].

[68] РГАЭ. Ф. 4372. Оп. 57. Д. 387. Л. 54. Это был один из пунктов всеобъемлющего постановления того года об улучшении планирования советской экономики.

ской внутренней экономики. Так произошло в 1958 году с фенолом, который китайцы не могли — или не хотели — поставлять. Министерство химической промышленности утверждало, что дефицит этого фенола в размере двух тысяч тонн поставил под угрозу производство продукции авиационной, автомобильной и радиотехнической отраслей промышленности. Отсутствие твердой валюты сделало невозможным разрешение этого небольшого недоразумения путем выхода на международные рынки[69]. Даже запросы Экономического совета на импорт масел для московской косметической промышленности пришлось отклонить из-за отсутствия валютных резервов[70].

В начале 1960-х годов советские промышленные менеджеры и потакающие им министерские бюрократы увеличили количество запросов на импорт, задвигая на второй план Госплан и напрягая валютные резервы Советского Союза. Ситуация усугублялась тем, что импорт товаров с капиталистических рынков стал простым способом восполнить дефицит, характерный для советской экономической системы. Министерство здравоохранения нуждалось в витаминах, Одесской области не хватало алюминия для производства винных емкостей, Китай не смог доставить столь необходимый натрий, используемый для изготовления сплавов и мыла, наряду с другими товарами, Москве нужны были яблоки, а Госплан не мог найти твердой валюты для удовлетворения ни одного из этих запросов[71].

---

[69] РГАЭ. Ф. 4372. Оп. 56. Д. 149. Л. 10. Госплан в конце концов приказал занявшим выжидательную позицию чиновникам Министерства внешней торговли обратиться к китайцам и снова потребовать товар. См. РГАЭ. Ф. 4372. Оп. 56. Д. 149. Л. 11–12. Похоже, это сработало, так как эти 2000 тонн фенола фигурируют в опубликованной статистике внешней торговли [Внешняя торговля за 1956: 128].

[70] РГАЭ. Ф. 4372. Оп. 57. Д. 385. Л. 48.

[71] РГАЭ. Ф. 4372. Оп. 62. Д. 464. Л. 161; РГАЭ. Ф. 4372. Оп. 63. Д. 397. Л. 76–77; РГАЭ. Ф. 4372. Оп. 63. Д. 399. Л. 33; и РГАЭ. Ф. 4372. Оп. 63. Д. 399. Л. 85 соответственно. Во всех этих случаях Госплан сначала пытался приобрести эти товары в Восточной Европы, расчеты с которой велись на клиринговой основе. Получив отказ, сотрудники Госплана просто уведомили просителей о том, что включают запрошенную продукцию в план на следующий год.

Отсутствие валюты для выполнения этих более или менее низкоприоритетных задач, возможно, объясняется предпочтением, которое советское руководство отдавало западным товарам, технологически более совершенным и пользовавшимся большим спросом внутри страны. Неспособность Советского Союза массово производить большие кондиционеры, необходимые для охлаждения аэропортов, например, привела к тому, что после сообщений о мучительно душных помещениях аэропортов на юге России Микоян приказал Госплану рассмотреть вопрос о покупке их у английской фирмы[72]. В схожей ситуации оказался Черкасский совнархоз, нуждающийся для своего горнодобывающего предприятия в специальных кабелях, которые можно было купить только в Англии или Западной Германии[73]. Председатель совнархоза был готов решить проблему с возможной нехваткой твердой валюты, необходимой для кабелей: он предложил продать на экспорт дополнительно 400 тонн сахара с сахарного завода совнархоза, чтобы покрыть расходы[74]. Запрос был отклонен по причине трудностей, с которыми в то время сталкивался СССР, продавая на международных рынках даже запланированное количество сахара[75]; вместо этого Госплан предложил включить покупку таких кабелей в импортные планы

Растущая зависимость от импорта стала еще одним стимулом к накопительству — практике, уже широко распространенной и продолжающей набирать обороты в советской экономике.

[72] РГАЭ. Ф. 4372. Оп. 63. Д. 397. Л. 158.

[73] РГАЭ. Ф. 4372. Оп. 63. Д. 399. Л. 44.

[74] РГАЭ. Ф. 4372. Оп. 63. Д. 399. Л. 50.

[75] РГАЭ. Ф. 4372. Оп. 63. Д. 399. Л. 52. Эти трудности, вероятно, были вызваны волнениями на международном рынке сахара, вызванными кубинской революцией двумя годами ранее. Советский Союз обещал купить весь кубинский сахар, который Соединенные Штаты не хотели приобретать. Однако советский блок уже был обеспечен сахаром, даже если уровень его потребления по отношению к Западу был низким. Это привело к огромному увеличению экспорта сахара каждый год с 1960 по 1962 год, рост варьировался от 70 до 90 %, так как СССР экспортировал свой свекловичный сахар и импортировал кубинский тростниковый сахар. См. [Внешняя торговля за 1960: 24; Внешняя торговля за 1962: 31]. См. также главу 6.

1962 года — стандартный подход, к которому прибегал Госплан для снижения нагрузки на советский денежный поток конвертируемой валюты[76]. Инициатива освоения целинных земель в Казахстане породила спрос на западные дизель-генераторы для электростанций республики, и запрос на их закупку был удовлетворен[77]. За счет увеличения экспорта также финансировался импорт полиэтилена, этилена и других химических веществ, широко используемых в отечественном производстве потребительских товаров[78].

Временами торговые объединения Министерства внешней торговли могли проявить фантазию, как в августе 1961 года, когда они предложили британской фирме вариант приобретения товаров последней в кредит. Фирма *The Platt Brothers and Company* отказалась от будущих дивидендов за свои ткацкие станки, предпочитая наличные деньги здесь и сейчас[79]. Госплан снова не смог найти необходимую твердую валюту. Но чаще всего советская бюрократия медлила с проведением сделок и реагировала на запросы более активных западных деловых кругов — стандартная для крупной организации, укомплектованной безынициативными государственными служащими, ситуация. Когда имеешь дело с западными бизнесменами, всегда возникает ощущение безотлагательности. Когда в 1961 году французские промышленники сообщили Госплану, что готовы перейти на

---

[76] Западные кабели для горнодобывающей промышленности, казалось, стали особенно популярны в Советском Союзе в это время. Причиной этого, возможно, была неспособность советских ученых создать аналог высококачественных западных кабелей; в 1957 году Министерство электротехники специально запросило импорт различных кабелей из Западной Германии и Швеции, чтобы совершить так называемую обратную разработку и запустить собственное производство этих кабелей как можно скорее. Тем не менее два года спустя комбинат в Киеве все еще просил их импортировать, и ему вторили комбинаты по всему Советскому Союзу. См. РГАЭ. Ф. 413. Оп. 13. Д. 7931. Л. 247 и РГАЭ. Ф. 4372. Оп. 63. Д. 399. Л. 56.

[77] РГАЭ. Ф. 7733. Оп. 49. Д. 805. Л. 108.

[78] ГАРФ. Ф. 5446. Оп. 96. Д. 1161. Л. 60.

[79] РГАЭ. Ф. 4372. Оп. 63. Д. 399. Л. 32.

советскую древесину и отказаться от контрактов со своими традиционными поставщиками в других странах, они потребовали быстрых и конкретных ответов. Они утверждали, что работают на «строго коммерческой основе»[80].

Микояну, действующему через Совет министров (Совмин), иногда приходилось вмешиваться, чтобы ускорить темп работы. Например, летом 1961 года компания *A. Saalheimer Ltd* обратилась с жалобой к московским властям на то, что ВО «Разноэкспорт» не отвечает на письма по поводу заказов на игрушки, керамику, карандаши и наборы инструментов уже два месяца. Британская компания, похоже, знала, как заставить нервничать советских бюрократов, отмечая возможные последствия описанного выше пренебрежения для их репутации. Ее директор написал, что это больше не вопрос денег или прибыли, а дело принципа, и они, имеющие первоклассную репутацию в большинстве стран мира, чувствуют себя оскорбленными этим молчанием. По запросу Микояна Министерство внешней торговли быстро отреагировало, обвинив директора ВО «Разноэкспорт» и установив меры контроля за своевременным ответом на письма от британской фирмы. Более того, министерство незамедлительно направило провинившегося директора на переговоры с представителями фирмы о новых соглашениях на следующий год[81].

Рынок — строгий учитель: битва за качество

Учитывая одержимость Кремля твердой валютой, а также целесообразность финансирования растущих объемов импорта, качество советского экспорта приобрело новое значение. До тех

---

[80] РГАЭ. Ф. 4372. Оп. 63. Д. 85. Л. 89.

[81] ГАРФ. Ф. 5446. Оп. 95. Д. 1021. Л. 39–42. Всесоюзные общества (ВО) были подразделениями Министерства внешней торговли, которые фактически вели переговоры и отвечали за выполнение импортно-экспортных контрактов. Каждое из них обладало своими полномочиями в различных отраслях экономики, которые были очевидны из названия каждого конкретного подразделения.

пор пока экономические обмены были внутренними, низкое качество советской продукции оставалось скрытым за производственной статистикой совокупного тоннажа и других количественных показателей, используемых для стимулирования советских менеджеров[82]. Однако дефекты товаров были быстро выявлены, как только последние попали на международные рынки, на которых стоимость оценивалась по законам спроса и предложения, а цены отражали качество продукта и его относительную дефицитность[83].

Уже в 1958 году, всего через несколько лет после начала широкомасштабной торговли со странами, не входящими в СЭВ, Москва было озабочена реакцией на советскую продукцию иностранных потребителей. В марте того же года Совет министров принял постановление, утверждающее меры по улучшению качества экспортируемых товаров[84]. Язык постановления интересен, хотя он уже не должен удивлять читателя. Оно начиналось с панегирика развитию торговли страны, которую многие западные аналитики считали — и до сих пор считают — изначально и идеологически предрасположенной к автаркии. Далее поднималась актуальная проблема — многочисленные жалобы по поводу качества советского экспорта. Возникшие проблемы хорошо осознавались советским руководством в 1960-е годы: «От иностранных фирм и организаций поступает большое количество претензий, [теряются значительные валютные запасы] и наносится ущерб престижу Советского Союза на внешних рынках»[85].

Обвинения сыпались со всех сторон. Инспекция заводов, производящих продукцию на экспорт, выявила много проблем в структуре организации их производства, хотя эти проблемы знакомы каждому, кто изучал производственную деятельность

---

[82] Создание такой системы и преобладание количественных показателей над любыми качественными соображениями рассматриваются Грегори в [Грегори 2008: 197–233].

[83] Более детальное рассуждение дается в статье [Sanchez-Sibony 2010: 1555–1578].

[84] ГАРФ. Ф. 5446. Оп. 1. Д. 674. Л. 84–90.

[85] ГАРФ. Ф. 5446. Оп. 1. Д. 674. Л. 84.

в командной экономике. Конечная обработка и упаковка оборудования были выполнены плохо, и техническая документация была неточна. Главными виновниками были управленческая безответственность и слабый партийный контроль над производством на экспорт. Работа органов планирования также не внушала оптимизма. Их экспортные планы, как правило, разрабатывались слишком поздно, и производство экспортируемых товаров было поручено слишком многим заводам по всему Советскому Союзу независимо от технологического уровня их оборудования[86]. В то же время многолетняя борьба между транспортными ведомствами создавала неприемлемые узкие места.

Принятые в данной ситуации меры были столь же предсказуемы, сколь и расплывчаты. Региональные органы власти должны были улучшить качество продукции, производимой на экспорт на своих заводах; партийные организации должны были установить больший контроль над последней; Министерство внешней торговли и ГКЭС должны были представить свои торговые планы Совету министров в течение меньшего, чем ранее, срока; все заинтересованные стороны должны были улучшить коммуникацию друг с другом так, чтобы правильные товары производились на правильных заводах; транспортные министерства должны были улучшить свою работу. Для бюрократической культуры этой высокоцентрализованной организации наибольшее значение имело то, что бумажная работа, производимая каждым ведомством, участвующим в экспорте советских товаров, должна была значительно расшириться в попытке установить некоторый контроль и достигнуть определенной степени подотчетности за реализацию и соблюдения графиков поставок продукции[87]. В мае 1958 года, через два месяца после доклада, совет-

---

[86] ГАРФ. Ф. 5446. Оп. 1. Д. 674. Л. 84–85.

[87] ГАРФ. Ф. 5446. Оп. 1. Д. 674. Л. 85–88. Документы включали в себя отчет о проделанной работе за шесть месяцев, на который, вероятно, опиралось последовавшее через год постановление. См. ГАРФ. Ф. 5446. Оп. 1. Д. 674. Л. 90.

ское правительство ввело для производителей экспортных товаров систему доплат, чтобы побудить их повысить качество продукции на экспорт и простимулировать приведение производства в соответствие с мировыми стандартами[88].

Многие из тех же проблем не исчезли и год спустя. Контролирующая государственная инспекция запретила вывоз тысячи машин и деталей оборудования, а также других товаров до устранения дефектов; большинство из них были признаны непригодными для экспорта вообще[89]. В 1958 году требования иностранных компаний о замене товаров стоили Советскому Союзу один миллион рублей в твердой валюте — эти требования, конечно, были единственными, которые Советский Союз считал целесообразным удовлетворять.

Хотя проблемы по большей части были связаны с производством промышленных товаров, качество основных советских сырьевых материалов оставляло желать лучшего. В 1959 году западные импортеры древесины, угля и хрома отказались от советских товаров, обнаружив, что древесина была невыдержанной, а уголь и хром содержат слишком много примесей[90]. Эта проблема не была решена и в 1960-е годы, она стала вызывать серьезную обеспокоенность должностных лиц, особенно в условиях жесткой рыночной конъюнктуры. Так, весной 1962 года Министерство внешней торговли осталось с тоннами залежалого хрома из Казахстана в тот период, когда предложение хрома превышало спрос[91]. Французские и британские компании предпочли неотсортированному и необогащенному казахскому хрому продукцию конкурентов СССР; Совет министров Казах-

---

[88] Эта система рассматривается в статье Тремля [Treml 1981: 200–221].

[89] ГАРФ. Ф. 5446. Оп. 1. Д. 687. Л. 4. В документе перечислены конкретные заводы, которые не смогли предоставить конкурентоспособную продукцию. Авторы делают акцент на деталях автомобильной промышленности, в частности двигателях и шинах, произведенных на автокомбинате в Ярославле, а также тракторах Харьковского тракторного завода.

[90] ГАРФ. Ф. 5446. Оп. 1. Д. 687. Л. 5–6.

[91] ГАРФ. Ф. 5446. Оп. 96. Д. 1165. Л. 94.

ской ССР сообщил, что конкурентоспособный на международном уровне хром потребовал бы строительства совершенно нового завода[92]. Два года спустя, однако, проблема не исчезла, и Госплан все еще призывал к улучшению его качества для экспортирования проверенным потенциальным клиентам[93].

Жалобы восточноевропейских стран на низкое качество товаров, которыми СССР обменивался с ними, не вызывали такой тревоги, что, вероятно, было неизбежно. Отчеты о таких жалобах неизменно ограничивались констатацией проблемы, без каких-либо предписаний и, конечно, без каких-либо предложений о дальнейших вложениях для улучшения ситуации. И поэтому претензии к качеству советской нефти с высоким содержанием солей — до 100 мг на литр, поступившие в 1962 году от Венгрии, ГДР, Польши, Чехословакии и Кубы, не привели к конкретным действиям[94]. В таких случаях решения могли быть простыми. Когда чешский заместитель министра тяжелой промышленности приехал в московскую штаб-квартиру Госплана, чтобы пожаловаться на качество советской железной руды, в частности тульской руды, содержание железа в которой составляло 43,13 %, а не 46,5 %, как это было предусмотрено торговым соглашением, он попросил, чтобы советская сторона предоставила им руду более высокого качества из другого региона. Заместитель председателя Госплана отклонил его просьбу без дальнейшего обсуждения, просто сославшись на то, что это на данный момент совершенно невозможно[95].

Справедливости ради следует отметить, что восточноевропейские товары часто также были низкого качества. Чехи чаще всех остальных пытались продать на советском рынке те промышленные товары, которые не выдержали бы конкуренции с аналогич-

---

[92] ГАРФ. Ф. 5446. Оп. 96. Д. 1165. Л. 98. Естественно, казахский Совмин воспользовался случаем и запросил у Москвы дополнительное инвестиционное финансирование.

[93] РГАЭ. Ф. 4372. Оп. 65. Д. 874. Л. 64–65.

[94] ГАРФ. Ф. 5446. Оп. 96. Д. 1165. Л. 62.

[95] РГАЭ. Ф. 4372. Оп. 58. Д. 28. Л. 3–4.

ными товарами на рынках капиталистических стран[96]. Продажа этих некачественных товаров СССР обеспечила бы их такими сырьевыми товарами, как алюминий, цинк и зерно, избавив чехов от необходимости покупать их за конвертируемую валюту и в определенной степени улучшив платежный баланс Чехословакии с Западом. Однако нередко советское руководство медлило с ответом на эти запросы или отклоняло их, особенно в том случае, когда они выходили за рамки уже разработанных и согласованных планов[97].

В конечном счете отсутствие конкурентоспособной промышленной продукции вызывало наибольшую тревогу именно с точки зрения борьбы за конвертируемую валюту, а не за уже захваченные рынки Восточной Европы. Усилия Министерства внешней торговли по формированию постоянной клиентской базы снова и снова подрывались непокорными советскими предприятиями и их низкопробными, неконкурентоспособными товарами. Так, в 1962 году попытки министерства продать приносящие иностранную валюту печатные машины Италии, Франции, Бельгии и Аргентине не увенчались успехом по вине производящего их завода, расположенного в Ленинграде. В своем письме, направленном Совету министров, министерство отметило, что годом ранее Ленинградская фабрика недопоставила 102 печатных машины, а поставленные были настолько низкого качества, что заказчики, особенно в Италии, отказывались их покупать[98]. Информация об отказе итальянцев быстро дошла до компаний других стран благодаря конкурентам, заинтересованным в создании советским машинам негативной репутации, что еще более усложнило положение СССР на этом рынке. В конце своей мобилизующей речи заместитель министра внешней торговли утверждал, что курс завода и Ленинградского совнархоза на сокращение экспорта «противоречит» курсу ЦК на расширение «экспорта советского оборудования и бесспорно приведет к по-

---

[96] РГАЭ. Ф. 4372. Оп. 57. Д. 385. Л. 83.

[97] РГАЭ. Ф. 4372. Оп. 57. Д. 385. Л. 84.

[98] ГАРФ. Ф. 5446. Оп. 96. Д. 1165. Л. 60.

тере рынков капиталистических стран»[99]. Это произошло в Италии: после достигнутого в 1963 году пикового значения в 258 тыс. рублей, вырученных с продажи оборудования полиграфической промышленности — вероятно, в результате доставки накопившихся заказов, упомянутых в отчете, — экспорт упал примерно до 50–60 тыс. рублей в последующие годы. Общий экспорт печатного оборудования в это время также замедлился и упал[100].

Другой отчет министерства касался плохого качества и неоднородности советского оконного стекла. Министерство сообщило, что стекло продавалось в Канаде, Италии, Бирме, Ираке, Индонезии, Пакистане, Судане, Цейлоне и других странах и ему приходилось конкурировать со стеклом, производимым в Англии, Франции, Бельгии, Западной Германии, Японии, а также в таких развивающихся странах, как Турция, Пакистан, Индия, и в некоторых странах Южной Америки. В 1962 году Советский Союз вывез 3586 кубометров оконного стекла. В 1963 году он пытался продать 4932 кубических метра, а в 1964 году планировал реализовать 6650, что принесло бы 1,5 млн рублей в конвертируемой валюте. Но с реализацией этого плана были связаны проблемы. Ни один завод не производил высококачественные стекла типа А, и только два производили стекла типа Б. В основном советские заводы поставляли этот второй тип, который на международном рынке приравнивался к типу В. Заводы не производили исключительно экспортную продукцию, поэтому если в 1960 году стекло экспортировали десять заводов, то

---

[99] ГАРФ. Ф. 5446. Оп. 96. Д. 1165. Л. 61.

[100] [Внешняя торговля за 1965: 167]. Я использую рубли, потому что в статистическом обзоре министерства не фигурирует количество проданного оборудования, что было бы более предпочтительным показателем. Хотя цены на оборудование полиграфической промышленности в разных странах могли варьироваться, особенно при продаже на клиринговой основе, я предполагаю, что при продаже одной стране в течение нескольких лет они не очень различались. Так, печатное оборудование, проданное в Италии в 1961 году, могло иметь не ту же цену, что и оборудование, проданное в том же году в Индии в рамках бартерного обмена, но оно должно иметь схожую стоимость со стоимостью оборудования, проданного в Италии через несколько лет.

в 1963 году — уже 15[101]. Это заставило министерство продавать на одном и том же рынке различные типы стекла: например, заказ Бирмы на 186 тыс. кубометров должен был быть выполнен шестью различными заводами. «Для правильного использования конъюнктуры внешнего рынка и расширения экспорта стекла, — говорилось в докладе, — Минвнешторг считает необходимым, чтобы уже в текущем году было организовано как производство узорчатого стекла в широком ассортименте, так и стекла "жалюзи"». Это, однако, потребовало бы импорта необходимого западного оборудования, которое было бы одобрено и Госпланом, и Экономическим советом СССР[102].

Спустя год появилась возможность продать на рынке США 2,5 млн кубометров стекла за 1,3 млн рублей в конвертируемой валюте. Однако для удовлетворения американского спроса качественного стекла не хватало. Американские компании были согласны приобрести лишь стекло Лисичанского завода Донецкого совнархоза Украинской ССР, однако этот завод мог выделить на экспорт только 800 тыс. кубометров по сравнению с 2 млн, необходимыми министерству для удовлетворения спроса[103].

---

[101] ГАРФ. Ф. 5446. Оп. 98. Д. 1444. Л. 38–39.

[102] ГАРФ. Ф. 5446. Оп. 98. Д. 1444. Л. 40. В этом случае Министерство внешней торговли, возможно, больше преуспело в реализации своих задач, поскольку в 1963 году экспорт стекла упал, в соответствии с министерскими оценками проблем того года, но вырос в последующие годы, возможно в результате импорта оборудования. Объемы по-прежнему не оправдывали ожиданий: в 1963 году было продано менее половины запланированного объема (2303 кубометра), а в 1964 году — 3849 кубометров. Последний показатель был меньше показателя трехлетней давности и составлял чуть больше половины предполагаемого показателя 1964 года. См. [Внешняя торговля за 1965: 32]. Интерес представляет также приведенный в статистическом сборнике более высокий по сравнению с фигурирующим в отчете по проданному стеклу за 1962 год показатель. Он на 10 % выше (3959 против 3586). См. [Внешняя торговля за 1962: 28].

[103] ГАРФ. Ф. 5446. Оп. 98. Д. 1446. Л. 87. Казалось, что все осталось по-прежнему: американцы купили большую часть упомянутого объема стекла, предлагаемого Украинским совнархозом. Однако в следующем году они удвоили объем закупок и, по-видимому, приобрели стекло по более высокой цене, что свидетельствует об определенном успехе Министерства внешней торговли в организации более качественного экспорта. См. [Внешняя торговля за 1965: 320].

Уроки вовлеченности:
шлифовка коммерческой практики

В начале 1960-х годов ведомство перспективного планирования (Госэкономсовет) в своих докладах описывало неугасающий энтузиазм в отношении участия в мировой экономике, призывая к большему участию СССР в мировом разделении труда и в то же время пытаясь представить механизмы, которые бы позволили советской торговле более активно реагировать на международные рынки и, следовательно, стать более прибыльной[104]. Одно из предложений состояло в том, чтобы сделать внешнюю торговлю более устойчивой. Монополия центра на внешнюю торговлю, наряду с убежденностью в необходимости планирования последней в начала каждого года, сделала торговый обмен менее восприимчивым к реальным потребностям советской экономики. Это также привело к тому, что Министерство внешней торговли редко пользовалось особыми выгодными моментами в мировой экономике — извечная проблема, на которую указывали как Микоян, так и чиновники Госплана[105]. В одном из таких сообщений, например, чиновник Госплана обратил внимание на неудо-

---

[104] РГАЭ. Ф. 7. Оп. 3. Д. 507. Л. 7–9. Речь шла о Госэкономсовете СССР, который взял на себя функции подготовки долгосрочных перспективных планов, ранее входивших в компетенцию Госплана как органа краткосрочного и долгосрочного планирования. Разделение этих двух функций просуществовало всего несколько лет, в течение которых Госплан сохранял свою более влиятельную функцию: краткосрочного, «текущего» планирования.

[105] Например, в отчете Госплана 1963 года в краткой форме изложена эта критика. Подчеркивался тот момент, что работа в министерстве еще не достигла достаточно высокого уровня коммерческой эффективности. Министерство и его подразделения «мало проявляют инициативу и вносят недостаточно предложений по использованию благоприятной конъюнктуры рынка по продаже и покупке отдельных товаров, допускают промахи и ошибки в коммерческой работе. Министерство внешней торговли недостаточно регулирует расчеты по клирингам со странами, в результате чего по одним странам допускается задолженность Советского Союза (Австрия, Аргентина и др.), а по другим странам — значительная задолженность Советскому Союзу (ОАР, Афганистан, Гвинея и др.)». См. РГАЭ. Ф. 4372. Оп. 65. Д. 407. Л. 24–27.

влетворительные и непродуктивные усилия министерства по импорту апельсинов, которые было бы выгоднее закупать в первом квартале. Однако в 1962 году министерство работало слишком медленно, что привело к расточительным дополнительным расходам, а также к нехватке апельсинов «даже» в Москве и Ленинграде[106].

Но, вероятно, самое важное — внешняя торговля часто не была эффективно скоординирована, что вызывало внезапные перебои в импорте из-за отсутствия конвертируемой валюты. При составлении импортных планов Министерству внешней торговли, Госплану и ГКЭС (Государственному комитету СССР по внешнеэкономическим связям) было поручено предложить способы финансирования этого импорта за счет вывозимых товаров. При покупке современных машин в кредит строго требовался подробный график их ввода в эксплуатацию[107]. Кроме того, Министерство внешней торговли призвали к большей разборчивости в определении наиболее выгодных рыночных условий при продаже товаров, приносящих доход в иностранной валюте[108].

Эти предложения, наряду со многими другими подобными, будут повторяться в той или иной форме все более энергично на протяжении большей части десятилетия. Они были связаны с начатыми Хрущевым более амбициозными экономическими реформами, направленными на повышение степени рациональности и степени восприимчивости к внутреннему спросу советского производства. В основном они оказались довольно идеалистическими, но все же требовали определения целей бюрокра-

---

[106] ГАРФ. Ф. 5446. Оп. 96. Д. 1161. Л. 43. Апельсины завозили из капиталистических стран, как правило из средиземноморских. Дефицит ощущался также на фабриках, которые использовали апельсины в своем производстве.

[107] РГАЭ. Ф. 7. Оп. 3. Д. 808. Л. 27.

[108] РГАЭ. Ф. 7. Оп. 3. Д. 808. Л. 27. В конце 1950-х — начале 1960-х годов Министерство внешней торговли не было очень активно. Активность чаще всего исходила от Отдела внешней торговли и внешнеэкономических связей компартии, как правило от самого Микояна, а иногда и от соответствующих подразделений Госплана и государственных ведомств, как мы увидим.

тических ведомств и закрепления их компетенций. Если речь идет о Госэкономсовете, то его цели (перспективное планирование внешней торговли) соответствовали следующие задачи:

1. Развитие производительных сил и подъем благосостояния населения, использование выгод международного разделения труда в интересах обеспечения потребностей народного хозяйства СССР в тех видах машин и оборудования, сырьевых материалов и товаров народного потребления, которые можно получить путем завоза из других стран и обмена на товары отечественного производства, достигая при этом экономии средств, времени и затрат труда.

2. Укрепление экономической базы мировой системы социализма на основе целесообразной и экономически эффективной системы международного социалистического разделения труда.

3. Расширение базы мирного сосуществования с капиталистическими странами, и прежде всего укрепление политической и экономической независимости слаборазвитых в экономическом отношении стран, с постепенным отрывом их от хозяйственной системы капитализма и сближением со странами социалистического лагеря[109].

За третьей задачей скрывается та самая оптимистическая уверенность в притягательности собственной страны, которая разделялась советским руководством, особенно если речь идет о деколонизирующемся мире, для которого, по мнению того же руководства, Советский Союз может служить моделью социально-экономического развития. Стремительное развитие советской внешней торговли в то время, в конце концов, происходило под эгидой централизованного планирования, что указывало на кажущееся превосходство последнего даже в деле развития внешней торговли. С выбором пути планирования, а не экономической либерализации связано совершенствование актуальной торговой практики. Это не было формой либерального ревизионизма или сближением с более ориентированной на рынок системой, к которой стремились на Западе многие левые. Изменения в действи-

---

[109] РГАЭ. Ф. 7. Оп. 3. Д. 808. Л. 34–39.

тельности потребовали бы большего, а не меньшего объема планирования: более внимательного изучения платежного баланса, движения денежных средств и в целом более осведомленного о происходящих экономических процессах Министерства внешней торговли.

В 1961 году советские должностные лица все еще были уверены не только в экономическом, но и в моральном превосходстве советской торговой практики над западной. В то время во внутреннем докладе руководству Госэкономсовета все еще могло утверждаться, что незначительный вес советской внешней торговли, выраженный в процентах от мировой торговли, не является показателем ее недостаточной привлекательности. В нем же отмечалось, что монополистическая практика американских компаний в слаборазвитых странах не отражалась в статистике мировой торговли: объем торговли американских монополистических объединений с их дочерними компаниями в странах Южной Америки в полтора раза превышал объем торговли между этими странами и Соединенными Штатами, из чего вытекает, что этот конкретный статистический показатель — участие в мировой торговле — часто неадекватен[110]. Согласно докладу, несмотря на меньший общий объем производства, «внешнеторговый товарооборот СССР с ГДР уже сейчас превышает внешнеторговый товарооборот США с ФРГ», что «непосредственно отражает преимущества нового типа международных экономических отношений»[111]. В конце высказывалась мысль о том, что все вышеперечисленное гарантирует успех Советского Союза в экономической конфронтации между социализмом и капитализмом, особенно в их предстоящей борьбе за влияние в бывших колониях, недавно обретших статус независимых государств[112].

Первое продолжительное коммерческое взаимодействие СССР с западными странами заставило кремлевских чиновников заду-

---

[110] РГАЭ. Ф. 7. Оп. 3. Д. 808. Л. 6.

[111] РГАЭ. Ф. 7. Оп. 3. Д. 808. Л. 6. Под «новым» автор доклада, видимо, имел в виду «советский».

[112] РГАЭ. Ф. 7. Оп. 3. Д. 808. Л. 5.

маться о собственных фундаментальных допущениях: предпосылке об эффективности справедливой, эгалитарной экономики Советского Союза и предпосылке о банкротстве несправедливой системы Запада. Но оптимизм все еще не был искоренен: необыкновенный успех требовал лишь нескольких изменений в системе и незначительного увеличения контроля.

Заключение

Доклад о директивах по шестому пятилетнему плану 1955 года заложил фундамент, на котором будет процветать глобализация советской экономики. Развитие внешней торговли будет обеспечено

> импортными потребностями и экспортными ресурсами народного хозяйства СССР в шестой пятилетке; дальнейшим развитием народного хозяйства народно-демократических стран и расширением экономического сотрудничества с этими странами на базе более рационального разделения труда; развитием политических и экономических отношений с капиталистическими странами в условиях изменившихся международных отношений; дальнейшим расширением торговых связей с соседними государствами и со странами, слабо развитыми в экономическом отношении[113].

Это был простой план — общее руководство для политэкономии советских внешних отношений.

В 1950-х годах Советский Союз был второй или третьей экономикой по темпу роста, уступая или находясь на одном уровне с Японией и Западной Германией, и, подобно этим двум экономикам, его торговля расширялась намного быстрее, чем мировая. Как отмечалось ранее, рост товарооборота в первой половине десятилетия составил 87 % по сравнению с 38 % роста мировой

---

[113] РГАНИ. Ф. 5. Оп. 30. Д. 113. Л. 76.

торговли. Западная Германия и Япония за это время удвоили свой внешнеторговый оборот[114].

Я утверждаю, что это больше, чем простое совпадение. Советские институты были хорошо приспособлены для мобилизации безработных крестьян и обеспечения их капиталом, что достигалось за счет резкого роста инвестиций, который стал возможен в результате крайнего подавления потребления[115]. Как это обычно бывает в крупных странах, торговля в то время не играла большой роли в экономическом росте Советского Союза — это практически не связанное с внешними факторами достижение было обеспечено принуждением и надзором, и ситуация начала меняться только с реформ Хрущева в конце 1950-х годов[116].

Другими словами, от гегемонистского контроля Америки над мировой экономикой Советский Союз не получал прямой выгоды, как это делали некоторые американские союзники. Вопреки предписаниям нарративов, подчеркивающих военную и идеологическую конфронтацию сверхдержав, СССР был выгодоприобретателем стабильной и открытой мировой экономики, созданной американским гегемоном. Советское руководство не желало оставаться в стороне в то время, как остальная часть мира становилась все более экономически взаимосвязанной, — другими словами, вопреки широко разделяемой сейчас точке зрения СССР не рассматривал «торговую политику автаркии как оптимальное дополнение к планированию развития» [Kenwood, Lougheed

---

[114] РГАНИ. Ф. 5. Оп. 30. Д. 113. Л. 71. С другой стороны, операции их благодетеля и крупнейшего торгового партнера — Соединенных Штатов — в то время занимали в структуре мировой экономики значительную долю.

[115] Рассуждение, в котором это стандартное объяснение связывается с прекращением советского подъема после 1970 года, можно посмотреть у [Аллен 2013: 248–279]. Аллен подчеркивает важность исчезновения избыточной рабочей силы как главного фактора замедления экономического роста Советского Союза. Но в 1950-е ее было еще в избытке.

[116] Тезис об ослаблении контрольных функций государства как основном факторе упадка советской экономики был в явной форме сформулирован в [Harrison 2002]. Но он также занимает видное место в статье Ханина [Ханин 2002] и даже представлен в грубой форме в статье Г. Гроссмана [Grossman 1960].

1992][117]. Позиция советских должностных лиц по отношению к экономическим и политическим выгодам торговли по сущности мало отличалась от позиции западных лидеров. В контексте Бреттон-Вудской системы и давления долларового дефицита последние часто демонстрировали на практике менее снисходительный подход к торговле, чем первые. Тем не менее установившийся в послевоенный период либеральный порядок, от которого по соображениям геополитической безопасности Советскому Союзу было необходимо дистанцироваться, в середине 1950-х годов начал приносить свои плоды. Должностные лица СССР, включая первого секретаря Хрущева, публично заявили, что хотят мирного сосуществования. Они хотели вернуться «в игру», по крайней мере в той степени, в какой этой возможно для советской системы.

Условия, которые должностные лица СССР предложили промышленно развитым странам, были разумными. Они хотели возобновить с ними традиционную торговлю Советского Союза, под которой обычно понимался обмен сырьевых товаров на промышленные. Главной силой, вставшей на пути этого воссоединения, была финансовая и коммерческая система, которая еще только формировалась. Во второй половине 1950-х годов долларовый дефицит, пусть даже быстро сходящий на нет, все еще заставлял правительства жестко контролировать свой платежный баланс. Это одновременно сдерживало развитие экономических связей — особенно отношения между частными фирмами и советским правительством — и парадоксальным образом побуждало Европу и Японию исследовать возможность сохранения твердой валюты при помощи торговли с Советским Союзом на клиринговой основе.

Эти ограничения ослабли с переходом Европы в 1958 году к конвертируемости национальных валют. Однако по мере роста

---

[117] У меня не было цели критиковать этот конкретный текст из-за его неадекватности; напротив, я использую его именно потому, что это достаточно надежный текст и в нем представлена широко распространенная точка зрения.

торговли советское руководство все больше узнавало об издержках успеха. Отечественная промышленность требовала более совершенных с технологической точки зрения зарубежных товаров, что заставило Кремль предпринять попытки по рационализации импортных приоритетов. Стремление к коммерческому обмену очень скоро превзошло способность страны удовлетворить его. Именно в этот момент Кремль начал целенаправленно разрабатывать политическую экономию и строить с некоммунистическим миром как поставщиком энергоносителей и других сырьевых товаров отношения, которые будут преобладать над более эфемерным и искусственным идеологическим антагонизмом холодной войны.

Глава 4

Водоворот: вихрь деколонизации

Отношения Советского Союза с бывшими европейскими колониями не складывались в вакууме. Развивающиеся страны третьего мира уже были включены в сложную сеть экономических отношений со своими бывшими колониальными хозяевами, и в поиске новых отношений лидерам этих молодых стран приходилось руководствоваться в равной степени экономическими и политическими соображениями. Мировой политический дискурс, с которым они столкнулись, возможно, был биполярным, но их экономический выбор практически всегда предопределялся преобладанием в структуре мировой экономики западных стран, на долю которых приходилось более двух третей мирового производства. Советский Союз, недавно вышедший на мировую арену смиренный игрок, быстро осознал, что его возможности в третьем мире ограничены разветвленной сетью экономических связей, тянущихся из давно сформировавшихся центров промышленно развитого мира. Рассмотрим следующие три примера.

В феврале 1958 года посол Индии в Советском Союзе К. П. Ш. Менон вместе с родственником премьер-министра Индии Джавахарлалом Неру посетили тогдашнего председателя Госплана И. И. Кузьмина. Обсуждение в основном касалось потребности Индии в советском промышленном импорте и расширении индийско-советской торговли; прошло 11 лет с момента обретения Индией независимости и всего семь лет с тех пор, как Неру начал строить экономику страны на основе пятилетних планов развития. Идея индийцев заключалась в том, чтобы развивать импортозамещающие отрасли промышленности, которые бы ускорили наступление экономической независимости Индии от Запада[1]. Эти речи звучали музыкой для ушей Кузьмина, так как вполне соответствовали советским внешнеэкономическим задачам в отношениях со странами Юга[2]. Кузьмин ответил индийской делегации, что поддерживает эту политику. В комнате воцарилась теплая и уютная атмосфера простого единения: расширение торговли между Индией и Советским Союзом было выгодно каждой из сторон.

Можно ли в этом случае говорить о знаменательном выборе Индии в пользу экономического и геополитического союза с Советским Союзом? Загвоздка состояла в следующем: индийская стратегия импортозамещения заставила правительство увеличить в течение второй пятилетки до 1 млрд долларов в год сумму задолженности перед западными банками, которую оно должно было начать выплачивать в следующую пятилетку[3]. Спустя два года после начала второй пятилетки индийцы, осознав критически низкий уровень валютных резервов, пришли к выводу, что они не в состоянии закупать западное промышленное оборудование, которое было необходимо для достижения запланированного. Индийцы предложили советской стороне вариант бартерной торговли. Их интересовало, не мог бы СССР предоставить кредит и рассмотреть возможность покупки индийских товаров сейчас, что позволило бы Индии прибрести советское промышленное оборудование позже[4]. Атмосфера в комнате сменилась на холодную и деловую, когда Кузьмин дал по-дипломатически уклончивый ответ.

Или обратимся к случаю, произошедшему в кабинете египетского министра экономики в сентябре 1962 года. Советский торговый представитель в Египте Ф. К. Коканбаев пытался вы-

---

[1] РГАЭ. Ф. 4372. Оп. 57. Д. 384. Л. 189–192.
[2] Как будет показано далее.
[3] РГАЭ. Ф. 4372. Оп. 57. Д. 384. Л. 189–192.
[4] РГАЭ. Ф. 4372. Оп. 57. Д. 384. Л. 189–192.

яснить причины, по которым эта страна не выполняла перед Советским Союзом свои обязательства по поставкам хлопка в соответствии с долгосрочным торговым соглашением между двумя странами, предусматривавшим экспорт 75 тыс. тонн этого сырья. Коканбаев узнал, что египтяне продавали хлопок на западных рынках, не будучи столь уверенными относительно точного объема поставок в Советский Союз. Соглашение, таким образом, игнорировалось[5]. Заместитель министра экономики Египта Закария Тауфик не нашел что сказать советскому гостю по этому поводу. Он перешел в контрнаступление: либо СССР снизит цены на экспортируемую продукцию, либо египетское руководство не сможет удержать цены на хлопок, и в итоге Советский Союз может получить меньший объем товаров, чем было оговорено[6]. Коканбаев возразил, что цены на египетский хлопок уже на 7–10 % выше суданских. На это возражение египетский замминистра пренебрежительно ответил, что они всегда успешно конкурировали с Суданом. В конце он напомнил о запрете реэкспорта египетского хлопка на мировом рынке.

Наконец, рассмотрим пример Кубы. В июля 1963 года молодое островное революционное государство запросило у советского Министерства внешней торговли запчасти для своих автобусов. Уже спустя два года после того, как Соединенные Штаты ввели на поставки Кубе полное эмбарго, кубинские автобусы GMC американского производства начали ломаться, и из-за отсутствия запасных частей их нельзя было отремонтировать. Как оказалось, дизельные двигатели, выпускавшиеся Ярославским моторным заводом, были очень похожи на американские, и кубинцы запросили их импорт[7].

---

[5] РГАЭ. Ф. 413. Оп. 13. Д. 8790. Л. 115–116.

[6] Общий объем продаж в том году оказался действительно ниже. Импорт хлопка составил около 68 000 тонн. См. [Внешняя торговля за 1963: 246].

[7] ГАРФ. Ф. 5446. Оп. 97. Д. 1366. Л. 12–13. Предыдущий запрос был отклонен, поскольку завод не располагал средствами, необходимыми для производства запасных частей для Кубы. Конвейерное производство двигателей Ярославского завода было налажено во время Второй мировой войны в результате реверс-инжиниринга двигателей грузовиков GMC, которые начали поступать

В каждом из этих примеров сложившиеся экономические отношения между мощными промышленно развитыми странами Запада и новыми независимыми странами Юга формировали контекст и определяли границы экономических отношений последних с Советским Союзом. Индийцы стремились к полной экономической автономии, но преуспели лишь в увеличении суммы долгов перед западными банками, что предопределило их нерешительный поворот к Советскому Союзу; египтяне продавали хлопок Советскому Союзу только до тех пор, пока советское руководство предоставляло им более выгодные, чем другие игроки на международных рынках, условия; а тесные отношения Кубы с Советским Союзом сложились под влиянием инициированного американцами полного отчуждения первой от мировой экономики, отчуждения столь же существенного для положения Кубы в 1963 году, как и ее экономическая и технологическая зависимость от Соединенных Штатов всего несколькими годами ранее. СССР и его новые друзья на Юге вели борьбу за устранение или, по крайней мере, удовлетворение неизбежной потребности в валюте, напечатанной Министерством финансов США.

Харибда

Архивные данные не подтверждают существование какой-либо господствующей стратегии или даже неуклонного стремления советского руководства оказывать решающее влияние на развитие стран третьего мира в своих интересах в 1950-е годы[8]. Великого коммунистического крестового похода не было. Список

в Советский Союз в 1943 году в рамках программы ленд-лиза. Двигатели второго поколения были разработаны только в 1961 году, поэтому неудивительно, что кубинцы нашли их похожими. См.: Л. М. Шугуров. Три поколения ярославских дизелей // За рулем. 1991. № 11. С. 6–7.

[8] На это указывали те немногие ученые, которые изучали советские архивные материалы о помощи. См [Boden 2008: 110–128] и более скупо [Mazov 2010]. В последний раз эта точка зрения отстаивалась в [Haslam 2011].

стран, которые СССР хотел облагодетельствовать (Индия, Египет, Индонезия и др.), включал с трудом поддающиеся влиянию большие и политически плюралистичные государства — это истина, когда-то известная Западу, но быстро забытая в период деколонизации. Ближе всего к идеологически обусловленной стратегии была точка зрения, согласно которой советские экономические отношения должны в целом способствовать росту государственного сектора и принятие экономических решений должно быть централизованным. В этом не было ничего особенно подрывного. Вера в трансформационный потенциал государства, позволивший бы ему подстегнуть экономическое развитие, была широко распространена — даже в богатых либеральных странах, которые оказывали помощь бедным государствам таким образом, чтобы она приносила пользу городским элитам и государственной власти[9]. Один знаменитый экономист полагал, что это вопрос времени и экономической структуры, а не веры; Гершенкрон сформулировал простую истину: желающие быстрого промышленного развития, но запаздывающие планировщики вынуждены прибегать к механизмам централизованного управления. Иными словами, чем позже страна приступит к индустриализации и чем более отсталой она будет, тем сильнее будет вмешательство государства [Гершенкрон 2015]. Этот экономист не удивился бы, обнаружив в архивах СССР ворох писем, содержащих безотлагательные просьбы о советском участии и промышленных технологиях. Внедрение этой промышленной помощи посредством централизованной организации было вопросом логистического здравого смысла, хотя Гершенкрон также полагал, что идеологии роста будут развиваться рука об руку с этой институциональной реорганизацией. Советское руководство не обязано было откликаться на эти просьбы, но все же делало это. Такова была дискурсивная сила миража холодной войны. На карту был поставлен авторитет, который делал СССР легитимным

---

[9] Тема разбирается в классической книге У. У. Ростоу [Rostow 1960]. Полезное изложение государственных интервенций нового курса, лежащих у истоков теории модернизации, содержится в книге Д. Экблада [Ekbladh 2010].

государством. Конечно, мы уже обращали внимание на подчиненные той же логике попытки Советского Союза приспособиться к технологическим иерархиям либеральной мировой экономики, в которой СССР следовал договоренностям без учета их актуальной выгоды. Не имеющим статуса новичкам авторитет всегда кажется капризной дамой, и советское руководство 1950-х и 1960-х годов было заинтересовано в сохранении его как на Юге, так и на Западе.

В исторических интерпретациях этого периода часто подчеркивается, что третий мир был своего рода «чистой доской». Лидеры стран третьего мира, якобы не имеющие аналитических инструментов и желания для оценки проблем, с которыми столкнулись их страны, часто изображаются просто людьми, пытающимися скопировать ту или иную модель[10]. Их неоднократные заявления об обратном либо игнорировались, либо не принимались во внимание; существовала единственно правильная точка зрения, согласно которой мир разделен на два сражающихся друг против друга лагеря. Все развивающееся страны в действительности подтверждали прогноз Гершенкрона: увеличение количества сильных государств, которые активно вмешивались в социальную и экономическую сферы. Иными словами, воплощение той или иной модели было не просто вопросом выбора политической элиты страны — оно имело более глубокие социоисторические и структурные корни.

Исследователи колониализма и постколониализма привели широкий спектр мотивов, определивших тенденции политического развития бывших колоний. Одной из часто упоминаемых тенденций был подъем в бывших колониях военных режимов. Лежавшие в основе таких режимов организации либо являлись наследством бывших империй, либо локальным, но грозным порождением времен борьбы с колониализмом. Во любом случае колониальный опыт не способствовал росту гражданского об-

---

[10] Как пишет Гэддис: «У третьего мира был выбор во время холодной войны». См. [Gaddis 1997: 154]. Мнение последнего резонировало со значительной частью историографических источников.

щества, экономическому плюрализму или развитию институтов участия, с помощью которых осуществлялась бы власть[11]. Также отмечалась другая, возможно не связанная с постколониальными условиями тенденция: общий рост внушительного госаппарата, который возник, чтобы задушить свободный рынок в таких разных странах, как Пакистан, Бразилия, Иран, Тайвань и Турция, являющихся частью «свободного мира».

Изучая историю межкультурной коммуникации Индии и США, Э. Дж. Роттер отметил многие различия в мировоззрении народов двух стран и в способе восприятия этой коммуникации. Он утверждал, что американское видение политики было экспансивным, основанным на культурном стремлении американцев к расширению границ. Индию, напротив, никогда не интересовало пространство за ее пределами. Их жизненный мир находился строго в рамках их границ; они часто подчинялись чужеземцам и привыкли рассматривать внешний мир как опасный. Видение управления также отличалось: индийцы оценивали легитимность государства по тому, насколько хорошо оно заботится о своем народе, поощряя патернализм, кумовство и повсеместное вмешательство государства в экономику [Rotter 2000]. Излишне говорить, что истоки подобных установок в реалиях холодной войны обнаружить нельзя. Даже без советского примера представители индийского народа были убеждены в желательности большого, защищающего государства.

И все же упрощенное представление эпохи холодной войны, согласно которому страны третьего мира хотели подражать советскому успеху, создавая соответствующие институты и проводя соответствующую политику, продолжает жить. Это представление сохраняется даже несмотря на то, что действительно соответствуют ему немногие страны: Куба, Северная Корея, Северный Вьетнам и Китай; при этом все они имели схожий опыт — испытали по отношению к себе интенсивную и устой-

---

[11] Критику, указывающую на пределы «постколониальных» исследований, но не ставящую под сомнение это стандартное объяснение, см. в статье Ахмада из сборника [Campa, Kaplan, Sprinker 1995].

чивую американскую военную и экономическую агрессию. Ни одна другая страна третьего мира и уж точно ни одна другая страна, имеющая геополитическое значение, не стала использовать ничего, что можно было бы назвать «советским»: распределение большей части ресурсов, установление цен на все отечественные товары, принудительная мобилизация рабочей силы в значительных масштабах и т. д. Большая часть стран глобального Юга национализировала промышленность и ресурсы, но в американском воображении это было зловещим признаком советской идеологической индоктринации только в том случае, если эти страны также принимали от СССР вооружение или участвовали в воспроизводстве яростного антизападного дискурса (можно вспомнить противостояние Саудовской Аравии и Египта или Сенегала и Гвинеи). Вопреки исследователям холодной войны, притязающим на статус ученых, исчерпывающе изложивших послевоенную историю до 1989 года, природа социально-экономических и политических изменений в этих странах обусловлена не советской подрывной деятельностью и биполярной конкуренцией[12]. Эти изменения были во многом вызваны внутренними причинами, а не только системными процессами мировой экономики. Бурю вызвала деколонизация, а не биполярная борьба идей. И в результате страны были втянуты в образованный быстрыми политическими переменами и социальной революцией водоворот — как когда-то, с тех пор как французы предложили новое определение понятие «революция», в него оказались втянуты европейские государства.

Беглого взгляда на советские архивы середины 1950-х годов достаточно для того, чтобы увидеть ручеек, ставший впоследствии постоянным потоком поступающих в Госплан и Совет министров просьб от бедных народов о помощи и совете, не все из которых могли быть удовлетворены. Когда к советскому руководству с просьбой поторопиться с организацией производства

---

[12] Рассуждение подобного толка присутствует в [Westad 2005], даже если Уэстад по-прежнему рассматривает холодную войну в качестве основной причины конфликтов того времени.

лифтов и мельниц не обращались афганцы[13], это делали глава Бирмы (ныне Мьянмы), запрашивающий архитекторов[14], или гвинейцы, просившие все, что мог бы предложить СССР[15]. Со временем поток стал еще более мощным как с точки зрения географии, так и с точки зрения объема.

Кроме того, начиная с середины 1950-х годов бедные страны, в особенности бывшие колонии, не способные предложить широкий спектр товаров, стучались в дверь СССР, чтобы наладить новые торговые каналы. Когда в 1955 году Хрущев отправился в свою первую бурную поездку по странам Юго-Восточной Азии, во время которой он намеревался обсудить успехи Советского Союза и его приверженность принципу мирного сосуществования, премьер-министр Бирмы У Ну хотел узнать лишь одно: что конкретно мог бы предложить Советский Союз в плане торговли между двумя странами и как быстро могла бы эта торговля развиваться[16]. То же самое касалось и Индонезии, которая в 1954 году поставила перед своим послом главную задачу — способствовать развитию прямой торговли с Советским Союзом, чтобы ослабить зависимость страны от голландцев с точки зрения их международных коммерческих потребностей[17]. По этой же причине в 1957 году марокканцы обратились к советскому торговому представителю в Париже с планом по устранению французов как звена торговой цепи и установлению прямой торговли между двумя странами[18]. В 1950-е годы, бурные годы деколонизации, Советский Союз,

---

[13] РГАНИ. Ф. 5. Оп. 30. Д. 71. Л. 56. О просьбе афганцев о помощи в разведке нефти и газа можно почитать в РГАНИ. Ф. 5. Оп. 30. Д. 172. Л. 180–182. Сотрудники ГКЭС утверждали, что Советский Союз обязан помочь как по причине того, что в советских интересах искать нефть и газ в странах, прилегающих к Советскому Союзу, так и потому, что запрос был инициирован афганцами. И снова на кону был советский авторитет.

[14] РГАНИ. Ф. 5. Оп. 30. Д. 116. Л. 4–10.

[15] РГАНИ. Ф. 5. Оп. 30. Д. 309. Л. 86–90.

[16] РГАНИ. Ф. 5. Оп. 30. Д. 116. Л. 228–234.

[17] РГАНИ. Ф. 5. Оп. 30. Д. 71. Л. 61–62.

[18] РГАНИ. Ф. 5. Оп. 30. Д. 224. Л. 54–58. Марокканский случай подробно рассматривается в шестой главе.

безусловно, мог многое сказать о том, как лучше всего развивать мощное и достаточно эффективное централизованное государство, проект которого, как мы знаем, был популярен в большинстве стран третьего мира. Однако его действия в этих странах оказались как безотлагательными, так и продолжительными: он сыграл роль посредника, ослабляющего тяготы вовлеченности в мировую экономику, которая диктовала нежелательные с точки зрения бедных стран условия экономического обмена.

Понимание советской помощи

Государственный комитет по внешнеэкономическим связям — ведомство, ответственное за советскую помощь, — долгое время возглавлял С. А. Скачков. Оправдывая работу своего ведомства, в 1959 году в докладе ЦК он написал:

> Внешние экономические связи, если они строятся на основе равенства и взаимной выгоды, содействуют экономическому прогрессу, ведут к улучшению взаимопонимания между правительствами и народами, способствуют ослаблению международной напряженности и улучшению отношений между государствами[19].

Далее в докладе утверждалось, что исторический опыт многих правительств «убедительно свидетельствует о том, что эти задачи нельзя решить без создания собственной промышленности и развития многоотраслевой экономики»[20]. Ради достижения этой цели Советский Союз был готов взять на себя долю «бремени белого человека» и поставить бедные страны мира на промышленные рельсы.

Параллели между философией помощи либерального Запада и коммунистического Востока поразительны[21]. Они не призна-

[19] РГАНИ. Ф. 5. Оп. 30. Д. 305. Л. 117.
[20] РГАНИ. Ф. 5. Оп. 30. Д. 305. Л. 117.
[21] Краткое изложение этой позиции можно прочитать в [Westad 2005: 31–35].

вались советской стороной, поскольку почти во всем остальном СССР представлял собой противоположность капитализма. Советское мировоззрение было мировоззрением, поддерживаемым теоретиками зависимости. Согласно официальной точке зрения,

> цель и условия советской помощи слаборазвитым странам выгодно отличаются от помощи капиталистических государств. Наша цель в этом деле ясна: мы стремимся помочь слаборазвитым странам обеспечить их экономическую независимость, быстрее встать на собственные ноги, создать современную национальную промышленность, полнее использовать природные ресурсы, поднять сельскохозяйственное производство и тем самым способствовать улучшению жизни народов этих стран[22].

Это, по мнению официальных лиц, резко контрастирует с позицией капиталистических стран, заинтересованных лишь в стимулировании производства сырья на экспорт и укреплении своего монопольного положения с целью заключения слабых экономик в свои эксплуататорские объятия[23].

И все же на практике политика СССР совпадала с политикой Запада. И та и другая сторона сосредоточились на, так сказать, «аппаратном обеспечении» развивающихся экономик посредством крупномасштабных инфраструктурных и промышленных проектов — далекого от микрокредитования и образовательного «программного» подхода, который сегодня популярен. Хотя обе страны, как правило, делали упор на крупные инженерные проекты, Советский Союз поддерживал импортозамещение гораздо более сознательно, чем Соединенные Штаты. В докладе Скачкова предполагалось, что советские кредиты под 2,5 %, которые дол-

---

22 РГАНИ. Ф. 5. Оп. 30. Д. 305. Л. 120.

23 РГАНИ. Ф. 5. Оп. 30. Д. 305. Л. 120. В пятой главе мы увидим, что эта точка зрения изменилась в середине 1960-х годов, когда СССР начал отправлять помощь с целью стимулирования производства получателями помощи сырья и роста отраслей промышленности, которые способствовали бы импорту советских товаров.

жны были быть погашены через 12 лет с момента завершения проекта, направлялись на строительство предприятий, которые не только погасили бы за это время долг, но и создали бы капитал для дальнейшего развития экономики[24]. Самое печальное в этом было то, что СССР, как и его богатые либеральные коллеги, настаивал на том, чтобы полученные в кредит деньги расходовались на советскую промышленную продукцию, стимулируя тем самым советское внутреннее производство, а не производство и занятость в странах-реципиентах.

Но, несмотря на сходство в мировоззрении, в том, как они понимали роль экономических отношений в мировой политике и как, исходя из этого понимания, действовали, было несколько различий. Одно из первых бросающихся в глаза различий заключалось в предлагаемой правительствам получающих помощь стран роли в экономических отношениях. Оказывая помощь бедным странам, СССР стремился укрепить государственный сектор страны-получателя, в то время как западные страны настаивали на укреплении частного сектора, пусть даже они часто проводили более сложную политику[25]. Известный тому пример — Индия. Помощь ей с Запада обычно направлялась через Консорциум помощи Индии, в который входили 11 стран и группа Всемирного банка и который выделял деньги на различные проекты государственного и частного секторов [Bhagwati, Desai 1970: 185]. СССР, напротив, поддерживал только крупные и заметные промышленные проекты, иногда привлекая частных индийских консультантов и субподрядчиков, участие

---

[24] РГАНИ. Ф. 5. Оп. 30. Д. 305. Л. 121.

[25] РГАНИ. Ф. 5. Оп. 30. Д. 272. Л. 177. В докладе также ясно утверждается, что при определенных обстоятельствах частным предприятиям, владельцами которых были представители «прогрессивных кругов» внутри страны, могла быть оказана помощь. См. также РГАНИ. Ф. 5. Оп. 30. Д. 305. Л. 123. Все это следует отличать от «государственного сектора». Под государственным сектором я имею в виду национализированную промышленность, а не оказание услуг — таких, как образование, — которые принимаются всеми как сфера государственной компетенции и часто также поддерживаются западной помощью.

которых в проектах развития поддерживало индийское правительство[26].

Однако особенности советской помощи были обусловлены неспособностью СССР демонстрировать силу и отсутствием у него четких интересов. Последним объясняется одно реальное и важное отличие между Востоком и Западом, отличие, которое советское руководство часто подчеркивало: коммунистические инвестиции не влекли за собой владения предприятиями, которые строились в бедных странах, — это означало, что не было репатриированных прибылей и постоянного иностранного присутствия[27]. Как мы увидим, польза такого филантропического подхода к оказанию помощи будет пересмотрена в начале 1960-х годов. Кроме того, как, говоря в своих мемуарах о проектах помощи, одобренных во время его правления, часто отмечал Хрущев, советское руководство не прельщала перспектива найма местного населения. Принятие на себя роли подрядчика могло привести к нежелательным конфликтам с рабочими страны-реципиента, что плохо отразилось бы на репутации первого пролетарского государства на земле[28]. И поэтому советское руковод-

---

[26] Более поздний пример — сталелитейный завод Бокаро, построенный в 1960-х годах, — в данном случае показателен. СССР включился в проект строительства после того, как Соединенные Штаты вышли из него из-за опасений Конгресса по поводу того, что он поощряет в Индии неправильное развитие. Взявший в свои руки бразды правления проектом Советский Союз поступил сомнительным образом, вытеснив из проекта престижную индийскую инженерно-консалтинговую фирму *M. N. Dastur & Co.*, которая работала в рамках этого проекта уже десять лет до того, как СССР в него включился. Советское руководство предпочитало выполнять проекты «под ключ» или предоставлять готовые заводы и не любило работать с местными партнерами, особенно если те были убежденными сторонниками капитализма и частной инициативы. Хорошее описание этого проекта помощи дается в книге [Desai 1972].

[27] РГАНИ. Ф. 5. Оп. 30. Д. 305. Л. 122.

[28] Тема опасений подобного толка не раз поднимается в мемуарах Хрущева, но лучше всего она раскрывается в случае с Бхилайским металлургическим заводом и высотной Асуанской плотиной в Египте — крупными проектами, которые индийцы и египтяне соответственно просили выполнить на договорной основе. См. [Хрущев 2016, 2: 313, 354].

ство вместо того, чтобы, как это делали другие доноры, выступая в качестве работодателя, строить на контрактной основе, часто посылало для технического руководства и управления поставками оборудования техников, инженеров и администраторов; планы, конечно, тоже были советскими. Единственной прибылью, которую оно получало, помимо суммы, вырученной за экспорт товаров и услуг, были 2,5 % годовых на суммы, которые оно ссудило для строительства различных фабрик и предприятий. Многие ученые, однако, утверждали, что советская помощь часто была направлена на выведение советских товаров на новые рынки и создание условий технической и технологической зависимости. Такая ситуация, намеренно или ненамеренно созданная, имела место в случае с военной помощью, и, если мы говорим о военном производстве, Россия по сей день извлекает выгоду из технологической зависимости, созданной в советскую эпоху. Помощь развивающимся странам, однако, не создавала и не предназначалась для создания отношений зависимости — в этом вопросе, как и в большинстве других, конспирологические рассуждения не подтверждаются архивными данными.

По крайней мере в одном вопросе корыстная мотивация советского руководства проявлялась. Речь идет о нормативном видении отношений с другими государствами. ГКЭС изложил это видение в ряде представленных ЦК в декабре 1958 года рекомендаций по расширению экономических связей с развивающимися странами. Организация утверждала, что получение прибыли в бедных странах не только противоречит принципам Советского Союза, но и может дезориентировать прогрессивные круги внутри этих стран и подкрепить позицию, отвергающую рост экономического сотрудничества с советским блоком[29]. Это рассуждение продемонстрировало толику стратегического мышления, но вместе с тем очевидную тревогу: когда дело касалось силовой политики, советские политики испытывали глубоко укоренившееся чувство неполноценности. Ну а, собственно, почему они не должны его испытывать? В конце концов, по

---

[29] РГАНИ. Ф. 5. Оп. 30. Д. 272. Л. 178.

степени влиятельности СССР не мог сравниться с Соединенными Штатами, являясь страной с экономикой, возможно, эквивалентной или в лучшем случае немного большей, чем экономика Великобритании или Франции с точки зрения ВВП. Рекомендации ГКЭС 1958 года свидетельствовали об имплицитном чувстве слабости и нехватке авторитета: «В отношении этих [развивающихся] стран важнейшей задачей в настоящее время является своевременное выполнение Советским Союзом своих обязательств по заключенным соглашениям»[30]. Боязнь нарушить обещания и соглашения, заключенные с бедными странами, стала важным мотивом при определении приоритетов производства для оказания помощи. Если западные державы постоянно балансировали между кнутом и пряником, то СССР, казалось, не знал, для чего можно использовать кнут.

Предупреждение о необходимости точного выполнения обязанностей не было выражением пустых опасений. Во внутренней и во внешней политиках наблюдалась схожая ситуация: неэффективность была реальностью, с которой можно было справиться в национальном масштабе благодаря системе властных отношений во внутреннем межотраслевом обмене, но невозможно в тех ситуациях, когда на кону оказывался советский международный авторитет. Вместо того чтобы использовать для решения проблемы типичных советских снабженцев (знаменитых «толкачей»), ГКЭС или любое другое министерство, на которое были возложены обязанности по экспорту, предпочитали обратиться непосредственно к верхушке — обычно к Госплану, Совету министров или самому Микояну. В то время как Соединенные Штаты и европейские державы могли позволить себе ничего не делать и использовать свою помощь как политический инструмент принуждения и дисциплины, Советский Союз беспокоился из-за задержек, дезорганизации и общей некомпетентности, которые, как чеканно утверждал каждый пытающийся что-то сделать советский чиновник, могли повредить в глазах получателей помощи имиджу Советского Союза.

---

[30] РГАНИ. Ф. 5. Оп. 30. Д. 272. Л. 178.

В организации советской помощи было много недостатков, которые часто приводили к претензиям со стороны стран-реципиентов. Например, в 1962 году Скачков написал Совету министров письмо с жалобой на плохую надзорную работу Российского экономического совета[31]. Удельный вес товаров РСФСР в поставках советской помощи неуклонно рос на протяжении многих лет. В 1961 году на российские заводы была возложена ответственность за поставку оборудования для финских и кубинских металлургических заводов. Все оборудование должно было быть поставлено к первой половине 1963 года, однако без какого-либо надзора со стороны российских экономических ведомств, ответственных за эти заводы, Финляндия получила к ноябрю 1962 года только 29 % от обещанных поставок, задержав строительство. Оборудование и документация по переоборудованию трех заводов на Кубе также задерживались, так что в первые десять месяцев 1962 года из обещанного оборудования на сумму 4,8 млн рублей было фактически отправлено оборудование общей суммой 1,5 млн рублей. Скачков раздраженно напомнил, что схожая история имела место в Египте, Индии, Индонезии и других странах[32].

В других случаях именно медлительность при проведении предварительных исследований, необходимых для начала проекта, тормозила советскую помощь. Три различных министерства участвовали в предварительных исследованиях по проекту строительства карьера по добыче кварцевого песка и обогатительной фабрики для производства стекла и керамики в Ираке[33]. Их уже запоздалые выводы, однако, были оспорены Владимирским совнархозом, который должен был поставить необходимое оборудование для проектов. Кроме того, спустя целый год после того, как Совет министров дал «зеленый свет» проекту карьера, необходимые испытания по обогащению кварцевых песков еще не были

---

[31] ГАРФ. Ф. 5446. Оп. 97. Д. 1377. Л. 9–11.

[32] ГАРФ. Ф. 5446. Оп. 97. Д. 1377. Л. 12–13.

[33] ГАРФ. Ф. 5446. Оп. 95. Д. 1031. Л. 100. Наряду с ГКЭС, в проекте участвовали министерства геологии и строительства.

начаты. Теперь государственное строительное ведомство просило два года на завершение основных подготовительных работ[34].

Советские транспортные организации также могли задерживать помощь и заставлять должностных лиц беспокоиться о невыполненных обещаниях. В июле 1961 года Скачков передал Министерству морского флота записку об отправке в этом месяце из портового города Одесса 28 300 тонн помощи, которая должна была быть доставлена в такие отдаленные страны, как Гвинея, Индонезия, Египет, Индия и Ирак[35]. Министерство морского флота любезно согласилось предоставить ГКЭС больше — до 33 600 тонн — грузовых возможностей, что, в свою очередь, позволило бы отправить остатки прошлой партии. Однако плохая работа одесского перевалочного пункта привела к тому, что там скопилось около двух тысяч вагонов экспортных грузов. По причине задержки этих поставок Министерство морского флота отказалось перевозить тяжелое промышленное оборудование и сельскохозяйственную технику. Кроме того, ответственное за советскую железнодорожную систему Министерство путей сообщения объявило о запрете ввоза товаров в перегруженный Одесский порт, приостановив транспортировку необходимого оборудования для таких проектов помощи, как стадион в Джакарте, аэропорт в Гвинее и электростанция Нейвели в Индии[36]. Ситуация мало изменилась и три месяца спустя, когда Скачков обратился непосредственно к Микояну с просьбой добиться от Министерства путей сообщения отмены запрета на перевозку экспорта в Одессу, апеллируя к тому, что объем предоставляемой ГКЭС помощи, хоть и не имел большого экономического смысла, имел значение с политической точки зрения[37].

Конечно, не всегда советская организация помощи оставляла желать наилучшего. В своих мемуарах Хрущев вспоминает о строительстве Бхилайского сталелитейного завода в Индии,

---

[34] ГАРФ. Ф. 5446. Оп. 95. Д. 1031. Л. 101.

[35] ГАРФ. Ф. 5446. Оп. 95. Д. 1031. Л. 103.

[36] ГАРФ. Ф. 5446. Оп. 95. Д. 1031. Л. 104.

[37] ГАРФ. Ф. 5446. Оп. 95. Д. 1031. Л. 114–115.

уступавшего по известности и престижу среди всех советских проектов помощи только Асуанской плотине. За помощью в строительстве трех сталелитейных заводов индийцы обратились к руководителям ФРГ, Великобритании и СССР и даже попросили их проверить планы и чертежи друг друга, прежде чем приступить к их воплощению в жизнь [Хрущев 2016, 2: 310–311][38]. Немцы приступили к работе сразу же и быстро вышли вперед[39]. Однако Хрущев был убежден, что советский сталелитейный завод должен начать производство стали и чугуна раньше, чем немецкий, и, как он писал, в октябре 1959 года это действительно произошло. Кроме того, производство шло гладко, и вскоре индийцы попросили увеличить его мощность, что СССР сделал, снова проявив себя в качестве компетентного партнера[40].

Тем не менее Бхилайский сталелитейный завод был исключительным случаем. Далее Хрущев в своих мемуарах утверждал, что лично следил за этим конкретным проектом и назначил его руководителем известного и способного советского инженера В. Э. Дымшица, сыгравшего в 1930-е годы заметную роль в строительстве таких важных объектов, как Кузнецкий и Магнитогорский метал-

---

[38] Хрущев утверждал, что британцы дали советским планам высокую оценку, в то время как советские инженеры нашли в британском плане много недостатков, которые необходимо было исправить. Британский завод располагался в Западной Бенгалии, в Дургапуре, а немецкий завод был построен в восточной части Центральной Индии, в Руркеле. Все три завода были быстро построены и начали выпуск стали в конце 1959 года, хотя Хрущев отмечал, что немцы, в частности, столкнулись со многими проблемами и не уложились в график.

[39] Однако в данном моменте память могла подвести Хрущева. В отчете М. Петренко из Минметаллургхимстроя от 14 июня 1956 года утверждалось, что немцы отстали от графика больше всех, а англичане еще не взяли стройплощадку под свой контроль. Согласно отчету, почти все с самого начала предполагали, что советский завод будет построен первым. На момент написания доклада строительство еще даже не было начато, поэтому я не могу утверждать наверняка, прав Хрущев в этом моменте или нет. См. РГАНИ. Ф. 5. Оп. 30. Д. 224. Л. 209–211.

[40] Это было сделано через пару лет, мощность завода была увеличена более чем в два раза. Он оставался одним из самых эффективных сталелитейных заводов в Индии на протяжении десятилетий.

лургические заводы. Дымшиц ушел в отставку с поста заместителя председателя Совета министров в 1985 году, сменив многие высокие посты в Госплане и других государственных комитетах. О ходе строительства завода Дымшиц докладывал непосредственно Неру, а конкурентный контекст проекта — нетипичное обстоятельство — фактически гарантировал индийцам максимальную вовлеченность советской стороны [Хрущев 2016, 2: 312].

Как правило, советское руководство сталкивалось с проблемой просрочки заказа из-за непокорности собственной промышленности. В таких случаях ГКЭС приходилось обращаться к высшим должностным лицам, чтобы ускорить поставки и избежать «нежелательных претензий» со стороны стран-реципиентов[41]. Микоян, действуя в своей типичной для 1962 года манере, отправил в совнархозы Краснодара, Ленинграда, Волгограда, Пензы, Барнаула, Челябинска, Свердловска и всей Украинской ССР с целью выяснения, были ли сделаны запросы в ГКЭС, деловые письма с просьбой разработать способы обеспечения подотчетных им заводов всеми необходимыми для работы ведомства помощи материалами и оборудованием[42].

Тем не менее за логистическими провалами СССР можно упустить более важную деталь: советская помощь, пусть даже безусловно щедрая для не располагающей большими резервами нации, не составляла огромную сумму. Подсчитано, что с конца Второй мировой войны до своего развала Советский Союз предложил экономическую помощь в размере 68 млрд долларов, из которых примерно 41 млрд долларов были предоставлены до развала — это примерно столько же, сколько Израиль получил от США в течение аналогичного периода[43]. И вновь Индия служит

---

[41] Апелляция занимающихся помощью должностных лиц к «нежелательным претензиям» была средством привлечения внимания Совета министров. О задержке поставок оборудования для сталелитейного завода на Цейлоне (ныне Шри-Ланке) можно почитать в ГАРФ. Ф. 5446. Оп. 94. Д. 953. Л. 55.

[42] ГАРФ. Ф. 5446. Оп. 96. Д. 1178. Л. 1–16.

[43] И в том и в другом случае речь идет о показателе экономической, а не военной помощи. См. [Bach 2003: 79; Mark 2002]. Помощь Израилю составляла примерно одну шестую всей американской помощи.

хорошим примером. Принято утверждать, что во время холодной войны Индия склонялась к советскому лагерю или что советская помощь была причиной и результатом этих тесных отношений[44]. Дипломатические заявления Хрущева и премьер-министра Индии Неру, а также один или два громких проекта помощи часто приводятся в качестве доказательств этой точки зрения. Это свидетельствует лишь о пропагандистском успехе советской помощи, убедившей даже представителей академического истеблишмента и вместе с ними впечатлительных сотрудников ЦРУ. Действительные цифры, представленные на рис. 9 и 10, говорят о другом.

При обсуждении помощи и политической лояльности Индии широкие рамки конфронтации сверхдержав вновь ведут нас по ложному пути. Я буду отстаивать точку зрения, согласно которой изначально слабое положение Индии и стран третьего мира в мировой экономике в большей, чем другие факторы, степени определяло их действия на мировой экономической и политической аренах. Советский Союз не надеялся и не мог надеяться встать на место Запада в качестве поставщика помощи и главного экономического партнера, предлагающего геополитический союз, — для советского руководства это представление было самонадеянным и абсурдным. Лидеры стран третьего мира, быстро осознав пределы возможностей советской власти, также не очень рассчитывали на изменение экономической ориентации. Более того, это создало бы их стремлению к независимости непреодолимый барьер. Только воспаленное воображение американских политиков, вооружившихся тревожными оценками ЦРУ, в которых можно усомниться, экономической мощи СССР, поддерживало эту идею. Расширение списка торговых партнеров, особенно за счет тех стран, которые не являются изначально враждебными, было экономически целесообразно; предоставле-

---

[44] Типичное описание Индии как союзника Советского Союза дается в [Frieden 2006: 322]. В книге Зубока и Плешакова Неру представляется в качестве «лидера движения неприсоединения и нового геополитического союзника СССР» [Zubok, Pleshakov 1996: 231].

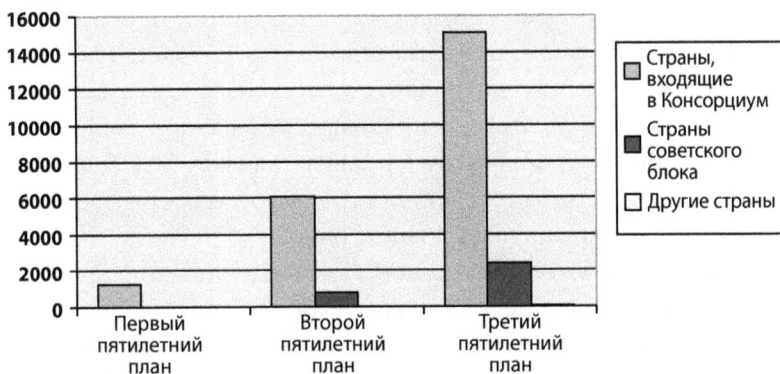

Рис. 9. Использованные советские займы Индии
в 1951–1966 гг. (в млн рупий)
*Источник: Экономический обзор 1966–67 гг., Министерство финансов,
правительство Индии. URL: https://www.indiabudget.gov.in/budget_archive/
es1966–67/esmain.htm (дата обращения: 31.03.2021).*

Рис. 10. Использованные советские безвозмездные субсидии Индии
в 1951–1966 годах (в млн рупий)
*Источник: Экономический обзор 1966–67 гг., Министерство финансов,
правительство Индии. URL: https://www.indiabudget.gov.in/budget_archive/
es1966–67/esmain.htm (дата обращения: 31.03.2021).*

ние средств, которые ускорят реализацию нормальных, прибыльных торговых отношений, являлось разумным планом. Это единственные рамки, в которых советское руководство рассматривало свою политику помощи. Существовало также смутное представление о воспитании рабочего класса, который, естественно, стал бы сообщником в реализации цели СССР; однако это была далекая греза, от влияния которой советское руководство освободил накопленный за полвека опыт.

О советской «наступательной помощи», инициированной Хрущевым в середине 1950-х годов, было сказано много. Ей приписывается больший, чем представляется уместным, вес, учитывая как ее абсолютный объем, так и ее объем по отношению к западной помощи. Одна только западногерманская помощь Индии превосходила всю советскую до 1980-х годов [Mehrotra 1990: 65][45] — где же исследования, посвященные «наступательной помощи» Западной Германии? Советскую помощь лучше всего рассматривать с точки зрения главного стратегического приоритета СССР: его вхождения в мировую экономику в качестве крупного торгового партнера, особенно в странах третьего мира. В действительности советская помощь едва преодолела границу, отделяющую помощь от торговли, стимулируемой кредитами [Bach 2003: 21–26]. Организация Объединенных Наций и Организация экономического сотрудничества и развития (ОЭСР) определяют помощь как имеющую льготный характер трансакцию, которая содержит не менее 25 % грант-элемента (ГЭ) (грант-элемент равен 100 % в случае безвозмездной субсидии). Как правило, советская помощь, обычно предоставляемая в виде кредита на 12 лет со ставкой 2,5 %, содержала 34 % грант-элемента. Это не шло ни в какое сравнение с западной помощью, грант-элемент которой составлял 90 %. Получается, цель состояла не в том, чтобы подорвать независимость стран с помощью щедрых

---

[45] Западногерманская помощь к концу третьей пятилетки (то есть к 1966 году) составила 3,42 млрд рупий, в то время как советская помощь составляла 2,87 млрд рупий.

подарков, а в том, чтобы войти в дверь и помочь зависимым экономикам достичь большей автономии. Так, советские должностные лица надеялись, что советская помощь будет дополнять торговлю, они вместе помогут достигнуть автономного существования.

В декабре 1958 года в своде рекомендаций ЦК Скачков утверждал:

> Предоставление Советским Союзом технической и экономической помощи слаборазвитым странам должно обязательно дополняться и закрепляться развитием широких торговых отношений, так как лишь хорошо налаженный товарообмен может служить устойчивой основой развития экономического сотрудничества СССР со странами Востока. Торговля на основе неуклонного соблюдения принципов равноправия и взаимной выгоды служит к тому же важной формой помощи Советского Союза странам Востока, облегчая последним борьбу за укрепление своих позиций в экономических отношениях с развитыми империалистическими государствами[46].

Согласно Скачкову, торговля должна поддерживать рост государственного сектора и вместе с тем использоваться для укрепления националистических элементов в частном секторе, поскольку их сила приведет к ослаблению иностранного капитала. Все это улучшило бы экономическое положение Советского Союза, поскольку дало бы ему возможность покупать товары, которые он ранее покупал на международных рынках, непосредственно у стран-производителей, в частности такие виды сырья и продовольствия, как каучук, какао и кожевенные материалы[47].

---

[46] Скачков немного вышел за пределы зоны ответственности главы ГКЭС, ведомства внешней помощи Советского Союза. Как ведомство, отвечающее за экспорт материалов для оказания помощи, оно отпочковалось от Министерства внешней торговли и считалось своего рода дополнением к последнему. См. РГАНИ. Ф. 5. Оп. 30. Д. 272. Л. 187.

[47] РГАНИ. Ф. 5. Оп. 30. Д. 272. Л. 187–188.

Первое знакомство: азиатские водовороты

Мы уже отмечали, что политические задачи советской помощи были совершенно неопределенными и уж точно заключались не в выстраивании блоков в рамках глобальной стратегии борьбы за идеологическое или иное превосходство. Экономическое проникновение было, безусловно, одной из задач, и оно во многом соответствовало общей политике расширения сети торговых партнеров — политике, которая подразумевала Запад в той же мере, что и Юг. При этом обычно упускается малоактивный характер этого проникновения. Конечно, это трудно понять. При Сталине Советский Союз, казалось, не стремился совершить экономическое проникновение подальше от своих границ. За сменой руководства быстро последовала череда беспрецедентных экономических соглашений с новыми партнерами, и, пойдя вразрез со сталинским курсом, новые советские лидеры поспешно отправились в заграничное турне. Разумеется, политика Советского Союза в отношении развивающихся стран претерпела серьезные изменения, и эти изменения, несомненно, произошли в результате усилий по выходу за пределы своей ныне консолидированной в Европе империи воодушевленного, настроенного на международный лад руководства. Я настаиваю, однако, на том, что советская торговая политика и связанные с ней идеи не очень заметно менялись на протяжении десятилетий — даже если в последние годы правления Сталина инициативность бюрократии, действительно, была подавлена страхом. Следует помнить, однако, что до середины 1950-х годов существовало не так уж много стран третьего мира, с которыми можно было бы торговать; в действительности до 1950-х не было крупной международной торговли, кроме имперской, и она стала медленно расширяться и диверсифицироваться только по завершении этого периода. Сталин так и не дожил до ростков грядущей глобализации. Идеологический сдвиг в руководстве не идет ни в какое сравнение с изменениями в структуре возможностей, породившими энтузиазм особого рода. Если в 1930-е годы советский дискурс о торговле пытался оправдать внезапную, нежелательную автаркию, то теперь ему нужно было согласовываться с бурным ростом и разнообразием этой новой эпохи торговли.

Вопреки многочисленным нарративам, описывающим СССР как государство, активно ищущее себе экономических партнеров с середины 1950-х годов, чаще всего первыми шли на контакт, инициировали обсуждение торговых соглашений и проектов помощи именно правительства стран Юга[48]. И Советский Союз, особенно на начальном этапе глобализации, редко отказывал этим молодым правительствам в просьбах. Деколонизация быстро и неизбежно изменила мировосприятие официальных лиц как в Москве, так и в Вашингтоне, она радикально трансформировала восприятие самой идентичности Западной Европы [Ross 1995]. Советские лидеры приводили свои идеи в соответствие со стремительно меняющимся миром. Они приветствовали перемены, сулящие выгоду, если мы примем во внимание положение и отсутствие минимального влияния СССР в странах глобального Юга. Но было бы неверно характеризовать Советский Союз как сверхдержаву, расширяющую сферу влияния и приумножающую свою глобальную власть, — чаще всего именно мир тянулся к Советскому Союзу.

Одними из первых постучали в советскую дверь индонезийцы. Дипломатические отношения с Индонезией были установлены в начале 1950 года, примерно через месяц после обретения ей независимости от голландского колониального господства. Только четыре года спустя обе страны обменялись посольствами. Правительство отправило в СССР Субандрио, близкого соратника лидера националистов президента Сукарно, возглавлявшего революцию против голландцев. По прибытии в Москву Субандрио незамедлительно сообщил советскому руководству о том, что одной из его основных задач является установление тесных экономических отношений между Советским Союзом и Индонезией[49].

---

[48] Список приглашений Хрущеву 1959 года и их обстоятельства можно найти в РГАНИ. Ф. 5. Оп. 30. Д. 308. Л. 95–98. Мастны отмечает ту же самую тенденцию в отношениях с Индией [Mastny 2010: 50–90].

[49] РГАНИ. Ф. 5. Оп. 30. Д. 71. Л. 61.

До этого момента между двумя странами не существовало непосредственных экономических связей, но Субандрио, проработавший послом в Лондоне последние четыре года, сообщил советскому руководству, что в действительности оно на протяжении многих лет покупало индонезийские товары в Англии и Голландии[50]. Он выразил надежду на то, что прямые отношения с Советским Союзом ослабят экономическую зависимость Индонезии от Голландии и Запада в целом. Ожидая прибытия в Москву после переговоров с болгарами министра торговли Индонезии, Субандрио получил указание выяснить советскую позицию по вопросу отношений. Он, вероятно, допускал, что суровое обращение Сукарно с коммунистами сделает все индонезийские предложения непривлекательными для советской стороны[51]. Кроме того, Субандрио пояснил, что Индонезии было трудно установить прямые торговые отношения с другими развивающимися странами, поскольку все они полностью зависели от голландских и английских судов, а для Советского Союза, с его быстро растущим торговым флотом, эта проблема не стояла так остро[52]. Советское руководство ухватилось за возможность наладить прямые поставки каучука и других сырьевых товаров, ранее покупаемых на международных рынках, которые индонезийцы с радостью обменивали бы на советское промышленное оборудование.

Трудно представить себе, чтобы Сталин отказался от такого выгодного предложения, но, впрочем, он и не отказывался. В феврале 1951 года индонезийское правительство обратилось к советским торговым представителям в Голландии и Швеции с просьбой заключить торговое соглашение[53]. Оно предлагало резину, олово и джут в обмен на сельскохозяйственную технику, швейные машины и другое мелкое оборудование. Правительство высказало

---

[50] РГАНИ. Ф. 5. Оп. 30. Д. 71. Л. 61.

[51] Описание правления Сукарно и его политики против коммунистов можно найти в [Kahin, Kahin 1995].

[52] РГАНИ. Ф. 5. Оп. 30. Д. 71. Л. 62.

[53] РГАСПИ. Ф. 84. Оп. 1. Д. 69. Л. 61.

пожелание, чтобы «инициатива торговых переговоров исходила от нас [советской стороны]»[54]. В сталинское время Индонезия выходила на международную арену осторожно; индонезийские товары продавались в основном через голландские фирмы, а индонезийские торговые представители общались с иностранными коллегами только в качестве «наблюдателей» во время голландских переговоров с другими странами. Тем не менее советское руководство согласилось и даже было готово обсуждать военные поставки (хотя и не через Министерство внешней торговли), о которых просили индонезийцы. Но индонезийское правительство передумало, и Сталин умер прежде, чем Субандрио отправился в Москву с решительными намерениями[55].

Несмотря на доброжелательность с обеих сторон, экономические отношения с Индонезией не были безоблачными; при этом инициатива всегда находилась в руках индонезийцев. После того как Субандрио заложил фундамент этих отношений, в 1955 году страны стали чаще обмениваться делегациями, что привело к заключению соглашения о торговле и помощи и визиту Сукарно в Москву в 1956 году. Это соглашение пылилось в индонезийском парламенте и не было ратифицировано правительственными фракциями, опасавшимися охлаждения отношений с Соединенными Штатами. Кроме того, к 1957 году весь приобретаемый за конвертируемую валюту — преобладающий способ обмена в индонезийской по преимуществу рыночной экономике — импорт из Советского Союза был сведен к минимуму. Это привело к аннулированию контрактов с частными индонезийскими фирмами, следовавшими правительственным директивам по экономии твердой валюты, на которую в 1957 году предполагалось приобрести около 75 % советской продукции[56]. Не последнюю роль в ухудшении политической ситуации с конца указанного и на протяжении 1958 года сыграло ЦРУ, активно отправляющее тайную военную и экономическую помощь мятежным армейским

---

[54] РГАСПИ. Ф. 84. Оп. 1. Д. 69. Л. 61.

[55] РГАСПИ. Ф. 84. Оп. 1. Д. 73. Л. 53–54.

[56] РГАНИ. Ф. 5. Оп. 30. Д. 275. Л. 26–27. (Или 17 млн рублей.)

офицерам на островах Суматра и Сулавеси[57]. В первом из многих последующих подобных случаев циничное американское вмешательство привело к тому, что представители армейского сообщества и другие члены коалиции Сукарно отбросили в сторону сомнения и по поводу укрепления экономических отношений с Советским Союзом образовалась консолидированная позиция [Boden 2008: 115–116]. В первую очередь индонезийское правительство объявило о монополизации внешней торговли страны. Как и следовало ожидать, этот шаг оказал благотворное влияние на советский экспорт, который, за счет военных закупок и продовольствия, вырос в том году в пять раз, что компенсировало последовавшее за поддержанным США военным восстанием резкое падение производства в Индонезии продовольствия[58]. К апрелю 1958 года внутриполитические разногласия по поводу советской помощи были преодолены, и правительство Сукарно наконец смогло ратифицировать заключенное двумя годами ранее соглашение о помощи, что позволило построить финансируемый СССР сталелитейный завод, завод по производству фосфорных удобрений и завершить другие промышленные, культурные, образовательные и инфраструктурные проекты[59]. В вопросах помощи и промышленного экспорта в Индонезию советское руководство уступило инициативу индонезийскому правительству, которое само предлагало все проекты помощи и определяло спектр приобретаемых советских товаров[60]. Иными словами, на биполярном рынке времен холодной войны индонезийцы нуждались не в идеологическом ориентире, а в источнике капитала, промышленных технологий и технических ноу-хау. После того как администрация Д. Эйзенхауэра отклонила проектные предложения

---

[57] Краткое описание участия ЦРУ дается в главе 15 книги Т. Вейнера [Вейнер 2013].

[58] РГАНИ. Ф. 5. Оп. 30. Д. 306. Л. 116–121.

[59] РГАНИ. Ф. 5. Оп. 30. Д. 305. Л. 137–138.

[60] Обсуждение торговли от 30 января 1956 года можно посмотреть в РГАЭ. Ф. 413. Оп. 13. Д. 7801. Л. 10–11. Р. Боден представляет свою убедительную точку зрения относительно помощи в [Boden 2008: 118, 126].

и тем или иным образом ужесточила условия оказания помощи, для них таким источником стал Советский Союз — еще один пример прозорливости внешней политики СССР [Boden 2008: 115]. Следует, однако, подчеркнуть, что вопреки укоренившемуся представлению о «переходе Сукарно в другой лагерь» Соединенные Штаты и их союзники оставались крупнейшими поставщиками помощи Индонезии[61].

Но, несмотря на вызванный враждебностью США к Сукарно нерешительный поворот к СССР, индонезийское руководство все еще не могло последовательно придерживаться курса на установление с Советским Союзом тесных отношений. К ноябрю 1959 года индонезийские рабочие визы получили только две группы советских специалистов: первая, состоявшая из двух человек, прибыла для проведения предварительных работ на знаменитом стадионе в Джакарте, который должен был быть построен к Азиатским играм 1962 года; вторая группа из пяти специалистов должна была провести анализ экономической целесообразности строительства шоссе — чтобы получить въездные визы, эта группа была вынуждена ждать четыре месяца[62]. Согласно докладу ЦК, потенциальные задержки с предоставлением помощи будут зависеть не только от способности советской промышленности и ведомств по оказанию помощи организовать ее, но и от решения вопросов, связанных с национальной валютой Индонезии, необходимой для приобретения на индонезийских рынках товаров, которыми будет оплачиваться помощь[63]. Опираясь на новые архивные данные, Р. Боден показала, что показатель завершенных советских проектов в Индонезии был намного ниже, чем в остальной Азии, и предположила, что это отражало приоритеты Сукарно: предпочтение военной помощи по сравнению

---

[61] По крайней мере, согласно советскому документу от 7 июля 1962 года, в котором утверждалось, что Индонезия получила от капиталистических стран около 1,34 млрд долларов (63 % помощи были предоставлены США). Социалистические страны, напротив, предоставили помощь в размере 590,7 млн долларов. См. ГАРФ. Ф. 5446. Оп. 120. Д. 1749. Л. 54–57.

[62] РГАНИ. Ф. 5. Оп. 30. Д. 305. Л. 139.

[63] РГАНИ. Ф. 5. Оп. 30. Д. 305. Л. 141.

с экономической [Boden 2008: 118–121]. С большей степенью вероятности это указывает на «экономику в лохмотьях», совершенно неспособную выплатить кредиты, о чем предупреждал доклад. Зарождающимся между двумя странами отношениям был нанесен ущерб, поскольку политические волнения и войны в итоге сказались на индонезийской экономике.

Начиная с 1958 года Индонезия пережила резкий рост инфляции, создавший проблемы с экспортом ставших неконкурентоспособными сырьевых товаров в Советский Союз. В январе отчаявшееся индонезийское правительство обратилось за кредитом в местной валюте — абсурдное предложение, сделанное страной, страдающей от растущей инфляции[64]. В то же время система лицензирования импорта и экспорта, созданная для преодоления кризиса платежного баланса, препятствовала приобретению советских товаров частными индонезийскими фирмами, что раздражало советское руководство и еще больше подрывало двустороннюю торговлю[65]. Неспособная развивать экспорт и вынужденная импортировать не товары производственного назначения, а продовольствие и военную технику, Индонезия теряла привлекательность в качестве экономического партнера. Возникший в результате долг сковывал развитие советско-индонезийской торговли.

Об этом можно судить, взглянув на объем и структуру этой торговли. Экспорт индонезийских товаров оставался в течение следующего десятилетия неизменным, так как советское руководство не желало увеличивать закупки дорожавшего с каждым месяцем каучука[66]. В то же время советский экспорт в Индонезию в течение следующих нескольких лет резко сократился[67]. Советские торговые аналитики пессимистично оценивали перспективы советско-индонезийской торговли и индонезийской эконо-

---

[64] РГАЭ. Ф. 413. Оп. 13. Д. 8313. Л. 3–4.

[65] РГАЭ. Ф. 413. Оп. 13. Д. 8313. Л. 5; РГАЭ. Ф. 413. Оп. 13. Д. 8313. Л. 28–29.

[66] РГАЭ. Ф. 413. Оп. 13. Д. 9810. Л. 6.

[67] См. статистические обзоры «Внешняя торговля СССР» за вышеуказанный период.

мики[68]. Они отметили, что рост двухсторонней торговли был неустойчивым, поскольку был основан на подпитываемом долгами приобретении непроизводственных товаров военного назначения. В 1962 году индонезийцы уже просили Советский Союз отсрочить выплату долгов. С той же просьбой они обратились в 1964 году не только к СССР, но ко всем странам коммунистического блока. Правительство даже прибегало к заимствованию денег у частного сектора Индонезии — сурового партнера, который навязывал все более обременительные условия кредитования[69]. СССР отреагировал на это, несмотря на просьбы индонезийцев, сокращением экспорта[70]. Летом 1964 года индонезийское правительство приостановило весь импорт, кроме риса, и советское руководство ожидало, что к августу того же года Сукарно сократит даже его[71]. Переворот Сухарто в сентябре 1965 года нанес решающий удар: отныне советский экспорт будет состоять только из оборудования для энергетической промышленности страны.

Среди первых стран, проявивших интерес к СССР, несмотря на явно религиозные и, по мнению Хрущева, «капиталистические» взгляды ее руководства, в частности премьер-министра У Ну, была Бирма (ныне Мьянма)[72]. Как подчеркнул в диалоге

---

[68] Из доклада советского торгового представителя в Индонезии от 20 июля 1963 года: «Экономическое положение Индонезии в первой половине 1963 года продолжало оставаться крайне напряженным. Производство продукции по-прежнему сокращалось, экспорт на протяжении первых четырех месяцев года не показывал явных признаков роста. Баланс внешней торговли (без нефти) за 1962 год был снова сведен с отрицательным сальдо. Задолженность страны по иностранным займам и кредитам возросла. Дефицит бюджета на начало года достиг 43 млрд рупий, количество денег в обращении еще более увеличилось. Инфляция продолжала разъедать экономику страны» (см. в РГАЭ. Ф. 413. Оп. 13. Д. 9810. Л. 5).

[69] РГАЭ. Ф. 413. Оп. 13. Д. 9810. Л. 6.

[70] ГАРФ. Ф. 5446. Оп. 120. Д. 1858. Л. 14–19. Отчет Микояну датирован 18 июня 1964 года.

[71] РГАЭ. Ф. 413. Оп. 31. Д. 306. Л. 34–35.

[72] Соображения Хрущева об У Ну можно посмотреть в [Хрущев 2016, 2: 296–305]; в них он неодобрительно отзывается о многих предприятиях, которыми владел премьер-министр.

с тогдашним председателем Совета министров Н. Булганиным в 1955 году бирманский посол в Москве У Он, потребности Бирмы были во многом схожими с потребностями других азиатских стран. Он заверил своего собеседника, что усиление Советского Союза в промышленном отношении в интересах Бирмы: повысится вероятность получения правительством Бирмы от СССР экономической помощи[73]. В начале того же года это правительство попросило помощи советских архитекторов — на эту просьбу Булганин ответил тепло, желая донести до бирманского правительства мысль о том, что Советский Союз всегда будет приветствовать такие просьбы[74]. Вскоре после этого советское руководство занялось организацией работ по строительству больницы, технического института и спортивного центра, а также предоставило кредиты на экономическое развитие, которые должны были быть возвращены рисом.

Случай Бирмы интересен по нескольким причинам. За первоначальным всплеском интереса в середине 1950-х годов — советско-бирманская торговля достигла своего пика в 1957 году — последовало неуклонное снижение товарооборота, и ко времени военного переворота 1962 года он составлял примерно пятую часть объема 1957 года. Этот уровень товарооборота сохранялся, несмотря на социалистические и неприсоединенческие взгляды членов нового правительства[75]. Представляет интерес подход к отношениям с бирманским правительством Хрущева. Ни у него, ни у его коллег «не возникало каких-либо иллюзий, что он [У Ну] будет содействовать экономическому развитию Бирмы на пути социалистических реформ». Хрущев намекнул на точки расхождения во время встречи с премьер-министром Бирмы в Рангуне (ныне Янгон) в декабре 1955 года, тут же подарив последнему для

---

[73] РГАНИ. Ф. 5. Оп. 30. Д. 116. Л. 9.

[74] РГАНИ. Ф. 5. Оп. 30. Д. 116. Л. 8.

[75] Рассчитано по статистическим обзорам «Внешняя торговля СССР» за вышеуказанный период. Бирманская жесткая неприсоединительная позиция, идущая в паре с изоляционизмом, была вознаграждена в 1961 году назначением ее представителя в ООН У Тана на должность генерального секретаря ООН.

официального использования самолет Ил-14 и предложив расширение экономических связей и оказание экономической помощи[76]. Хрущев, возможно, осознавал, что установление советско-бирманских торговых отношений идет слишком медленными темпами: однажды жарким днем, во время прогулки на лодке в Рангуне, его жажда была утолена приятным холодным пивом — редкий в аскетичной буддийской стране сюжет. Взглянув на этикетку, он с удивлением обнаружил, что «чехи умелой торговлей продвинули свое пиво до Бирмы» [Хрущев 2016, 2: 300]. Так зачем же такая щедрость, когда речь идет о помощи? В данном случае лучшим ответом будет первый напрашивающийся. Хрущев в своих мемуарах утверждал: «Рано или поздно, там придут к власти новые люди, а посеянные нами добрые семена произрастут и дадут свои плоды» [Хрущев 2016, 2: 302].

Семена не проросли. И снова в данной ситуации поражает (хотя уже не так уж и поражает) советская покорность. Именно бирманцы в 1954 году стремились установить отношения с СССР и коммунистическим блоком в целом, что послужило поводом для знаменитой первой поездки Хрущева за границу годом позже. Во время корейской войны цены на сырьевые товары — и особенно цены на рис на бирманских рынках — существенно выросли. Правительство ожидало, что рост продолжится, и обязалось выделить на экономическое развитие в последующие годы большие средства. Поскольку вскоре после этого цены на рис неизбежно упали, бирманские лидеры стремились расширить сбыт имеющегося своего. К этому шагу их в особенности подталкивали запасы, сделанные в ожидании продолжающегося мирового дефицита [Behrman 1959: 454–481][77]. Столкнувшись с огромными объемами стремительно ухудшающегося в своих качествах риса и мировыми рынками, не желающими принимать его по ожидаемым бирманцами ценам, они обратились к Китаю и советскому

---

[76] РГАНИ. Ф. 5. Оп. 30. Д. 116. Л. 228–234. Его также смущали буддийские взгляды У Ну, хотя он и не поднял эту тему на встрече.

[77] В 1953–1957 годы цены на рис, экспортируемый Бирмой, упали почти на 50 %. См. табл. 1 в [Behrman 1959: 455].

блоку. Советский Союз отреагировал так, как будет реагировать и в будущем: он широко открыл дверь и обеспечил помощь и торговлю на бартерных условиях, что привело к увеличению мирового спроса и, следовательно, цен. Этот обмен достиг своего апогея в 1956 году, когда на Китай и советский блок приходилось около трети экспорта риса Бирмы [Behrman 1959: 456].

Но эта пассивная, неинвазивная политика по отношению к Бирме не принесла Советскому Союзу выгод — хотя бы кратковременных — как приносила в отношении других азиатских стран. Переговоры уже вскрыли разногласия. Бирманское правительство надеялось на то, что по крайней мере 20 % риса СССР будет покупать за британские фунты стерлингов — товар более ценный для советского руководства, чем упомянутый рис[78]. Советские представители со своей стороны жаловались на плохое качество товара, который слишком долго хранился на складах и «стал непригодным для потребления». Потребовалось нескольких сессий переговоров как в Москве, так и в Рангуне, чтобы окончательно договориться, но это было только начало будущих проблем в экономических отношениях[79].

Привыкшие к британским импортным товарам, бирманцы не были удовлетворены товарами из СССР. Советские товары народного потребления были для реализации непригодны — вилки электрических приборов не подходили к бирманским розеткам; поставки постоянно задерживались; цены на советские товары, по мнению бирманцев, как правило, завышались [Behrman 1959: 458][80]. В качестве примера — вызвавшего радость обеспокоенных

---

[78] РГАНИ. Ф. 5. Указ. 30. Д. 113. Л. 38. Советские представители сетовали на то, что в течение месяца переговоров бирманские требования постоянно менялись.

[79] РГАНИ. Ф. 5. Указ. 30. Д. 113. Л. 39–40. Стороны пошли на уступки: бирманцы согласились на советскую помощь в опрыскивании риса пестицидами перед его экспортом в Советский Союз; советская сторона готова была оплатить 20 % риса британскими фунтами стерлингов при условии, что эти деньги будут потрачены на бирманское посольство в Москве, а также на возмещение средств, выделенных на техническую помощь Бирме.

[80] Цены на советские товары обычно устанавливались на базе мировых цен. Часто не брался в расчет факт, что их низкое качество должно было значительно их снизить.

«советским проникновением» американских наблюдателей — можно привести советский цемент, по причине неправильной упаковки превратившийся в гавани Рангуна в тяжелую бесполезную глыбу [Bergson 1958: 52]. Более важно то, что цены на рис снова начали расти, избавляя бирманцев от необходимости продавать его Советскому Союзу. Черта, делавшая торговлю с СССР столь привлекательной, — постоянно подчеркиваемая Хрущевым во время своей поездки возможность приобретения промышленного оборудования без использования твердой валюты, — быстро превратилась в убыточное бремя[81]. Когда бирманское правительство начало требовать за свой рис твердую валюту, советско-бирманская торговля быстро пошла на убыль, несмотря на долгосрочные соглашения, которые должны были сохранить ее уровень. В докладе 1957 года, посвященном этой торговле, с сожалением отмечалось, что, учитывая улучшение условий торговли бирманским рисом на мировых рынках, правительство уже начало сокращать экспорт риса в Советский Союз. Естественно, оно также перестало приобретать у советских представителей товары[82]. Надеясь, возможно, на лучшее качество продуктов, бирманцы даже решились на взыскание долга за рис, покупая в восточноевропейских странах продукты, за которые должен будет расплатиться СССР[83]. В тот год товарооборот между двумя странами стагнировал, неуклонно падая с каждым следующим.

Конечно, нельзя сказать, что все первые торгово-экономические связи СССР складывались под влиянием колебаний мирового рынка, даже когда экономическое сотрудничество и торговля все еще были единственными реальными, непосредственными результатами. Обратите внимание на Афганистан — страну,

---

[81] Тема рекламной кампании Хрущева освещается в РГАНИ. Ф. 5. Оп. 30. Д. 116. Л. 232. Бирманцы также были недовольны советской и чешской перепродажей риса на мировых рынках, что означало для бирманского правительства потерю драгоценной твердой валюты.

[82] РГАНИ. Ф. 5. Оп. 30. Д. 275. Л. 27.

[83] РГАНИ. Ф. 5. Оп. 30. Д. 275. Л. 27. (На сумму 46 млн рублей.)

практически не затронутую кризисами мирового рынка. Для получения советской помощи в этот период его правительство, вероятно, предприняло усилий больше, чем любое другое. Наряду с другими граничащими с Советским Союзом странами, такими как Турция и Монголия, Афганистан получал помощь уже при Сталине. В 1954 году он стремился стать второй после Северной Кореи страной, подписавшей соглашение об экономическом сотрудничестве в послесталинскую эпоху. С финансовой помощью США афганцы уже строили дороги. В том же году они обратились к СССР за помощью в строительстве мукомольных и хлебопекарных заводов и зерновых хранилищ, а также в реализации инфраструктурного проекта[84]. В следующем году советские рабочие строили Трансгиндукушское шоссе, а еще через год, опять же по просьбе афганского правительства, они вели работы по разведке нефти [Bach 2003: 112][85].

В данном случае СССР преследовал геополитические интересы, и, играя на соображениях безопасности советского руководства, афганское правительство умело использовало классический маневр холодной войны. Хрущев опасался, что американская щедрость может привести к созданию к югу от мягкого подбрюшья Советского Союза американских военных баз, поэтому он использовал перспективную стратегию оказания помощи, чтобы Афганистан «установил с нами дружеские отношения и с доверием относился к нашей политике» [Хрущев 2016, 2: 306]. Он был не очень далек от истины: хотя возможность создания там базы Соединенными Штатами никогда по-настоящему не рассматривалась, американцы пытались добиться сближения между Афганистаном и Пакистаном, что способствовало бы более широкому сотрудничеству в рамках Организации Договора Юго-Восточной

---

[84] Афганцы требовали, чтобы это было сделано быстро. См. РГАНИ. Ф. 5. Оп. 30. Д. 71. Л. 56.

[85] Темы разведывательных работ по добыче нефти и дорожного строительства освещаются в РГАНИ. Ф. 5. Оп. 30. Д. 172. Л. 180–182. Запросы 1958 года о помощи в строительстве аэропорта, на проведение дополнительных разведывательных работ и выполнение более ранних планов поставки промышленного оборудования можно изучить в РГАНИ. Ф. 5. Оп. 30. Д. 272. Л. 127–128.

Азии (СЕАТО), Багдадского пакта и других подобных антикоммунистических блоковых структур в этом регионе[86].

Интересно, что в своих мемуарах Хрущев придает геополитическое значение только экономическим отношениям с Афганистаном, а не с какой-либо другой страной. Не менее интересен тип экономической оборонительной позиции, которую он занимает: американская военная база в Афганистане означала бы увеличение расходов на советский оборонный бюджет — именно против такого исхода на протяжении всего своего правления Хрущев будет вести кампанию — кампанию, сыгравшую свою роль в его отстранении в 1964 году [Хрущев 2016, 2: 307][87].

Ни Восток, ни Запад, или Юг ориентируется на Юг

В случае Афганистана на карту была поставлена реальная геополитическая цель, которую афганское правительство, уставшее как от Советского Союза, так и от Соединенных Штатов, явно и, возможно, цинично использовало в своих экономических интересах. То же самое часто говорят и о других странах, чья политическая и экономическая эволюция казалась связанной с советско-американским соперничеством. Далее часто утверждается, что холодная война пришла в страну Х в определенное время или период, — другими словами, существует подобный ненасытному киту метанарратив, и все другие составляющие историю процессы и события оказываются в его пасти. Любые цели и задачи, существующие вне рамок этого метанарратива, имеют второстепенное значение — когда им вообще придается какое-либо значение, — и страны становятся инертными аренами, на которых два наших главных героя могут бороться за влияние.

---

[86] Есть много заявлений, детализирующих американские задачи в Афганистане. См., например, отчет Совета национальной безопасности № 5701 от 10 января 1957 года [FRUS 1955–1957, 8: 29–43].

[87] Тема стремления Хрущева сократить расходы на армию поднимается во второй главе этой книги.

Вот почему трудно представить себе ситуацию, в которой такие страны, как Индонезия и Афганистан, могли бы пригласить Советский Союз сыграть роль в их развитии. Что касается СССР, эту историю следует перевернуть с ног на голову. Как мы увидим, не только эти страны искали внимание Советского Союза. Потенциальная польза для развивающихся стран установления отношений с СССР в действительности часто и значительно перевешивала любую геополитическую выгоду, которую могло бы извлечь советское руководство, и в таком случае неясна причина, по которой Советский Союз согласился на эти новые экономические отношения, если мы не берем пример Афганистана.

Хотя в своих мемуарах Хрущев зачастую скорее обеляет себя, чем точно воспроизводит события, его описание задач советской помощи во время его пребывания на посту первого секретаря соответствует описаниям, данным в бюрократических отчетах, написанных для него и для остального советского руководства. Скачков писал своему начальству в 1959 году, что первоочередная задача состоит в том, чтобы способствовать установлению взаимопонимания между Советским Союзом и развивающимися странами и в ближайшей перспективе содействовать их экономической независимости. Развитие промышленной базы могло бы привести к уменьшению заинтересованности этих стран в импорте советских товаров, но советское руководство думало не о конкуренции, а только об ослаблении международного давления на развивающиеся страны и на Советский Союз[88]. Другими словами, пытаясь расширить свою сеть торговых партнеров, СССР проводил политику оборонительной помощи, которую мог себе позволить, не имея влияния в странах глобального Юга. Содействие экономической независимости страны-получателя способствовало бы деполитизации последней, благодаря которой на передний план выйдут взаимовыгодные экономические соображения. Экономическая независимость

---

[88] РГАНИ. Ф. 5. Оп. 30. Д. 305. Л. 117–121.

и доверие были темами, к которым постоянно возвращался
Хрущев:

> Хотя Индия не являлась непосредственным соседом СССР,
> она проводила свою особую политику, не участвуя в воен-
> ных блоках США, что нас привлекало и прельщало, поэтому
> в отношениях с ней надо было прилагать все усилия, чтобы
> завоевать еще большее ее доверие. То же касалось Бирмы
> [Хрущев 2016, 2: 309].

Но не только к очевидному успеху СССР в деле создания сетей
помощи и торговли апеллируют историки, трактуя Советский
Союз как заговорщицкую сверхдержаву, ведущую позиционную
войну в странах третьего мира. В поддержку этого тезиса они
приводят аргумент о способности СССР заразить своим собственным примером. Расширение государственного сектора во
многих бывших колониях, перенаправление их промышленного
производства внутрь страны, а также простое воспроизводство
таких типичных советских институтов, как коллективизация
(в Танзании) или пятилетние планы (в Индии), выдаются за не-
опровержимые доказательства наличия советского влияния
и способности СССР вдохновлять революцию, направленную
против Запада. В посвященной биполярному противостоянию
книге Леффлера, например, предлагается нарратив, утверждающий наличие у двух сторон эквивалентных интересов, столь
полно увлекших каждую из них, что Советский Союз просто не
может не выступать великим вдохновителем лидеров третьего
мира. Американский историк пишет:

> Новые националистические лидеры Кубы, Алжира, Ганы,
> Египта, Индии и Индонезии заявили о своей поддержке
> планирования. Большинство из них не были коммунистами,
> на самом деле иногда репрессировали коммунистов и сажа-
> ли их в тюрьму. Но планирование стало для них общим
> термином [Leffler 2007: 171][89].

---

[89] Я выбираю эту книгу не по причине ее недостатков, а именно потому, что
она более обоснованна, чем другие книги по этой теме.

Задаваясь целью обозначить советские «достижения» в третьем мире, историки используют один и тот же список стран. Однако при обсуждении темы планирования Леффлер мог бы добавить к этому списку Испанию и Южную Корею; в конце концов, парадигмальные и по преимуществу рыночные пятилетние планы Индии имели гораздо больше общего с пятилетними планами, которые руководили экономикой этих двух заклятых врагов Советского Союза, чем со строго мобилизационными пятилетними планами, разработанными в штаб-квартире Госплана. Но цель как раз состоит в том, чтобы представить Советский Союз в качестве полюса притяжения и вдохновения. Уравнение таково: планирование + экономическое взаимодействие с СССР = развертывание советского мирового порядка. Однако планирование было слишком часто встречающейся практикой, чтобы входить в это уравнение, а экономическое взаимодействие с Советским Союзом было столь плотным только потому, что таковым его сделала американская враждебность к нему. Суть заключалась в том, что многие постколониальные правительства просто продолжили выполнять планирование, начатое их колониальными предшественниками, и для многих из них американская (или западная) агрессия повлияла на их экономическое взаимодействие с коммунистическим блоком в значительно большей степени, чем все, что делали или отстаивали коммунисты.

Нарратив, менее подчиненный детерминизму биполярности, дает более ясную перспективу. Политический экономист Д. Фриден, например, предлагает другую точку отсчета [Frieden 2006: 301–320][90]. Новые независимые страны смотрят у него не на восток, а на южный конус Западного полушария. Именно страны Южной Америки первыми в послевоенном контексте проводили эксперименты с импортозамещающей индустриализацией (ИЗИ),

---

[90] Фриден не претендует на пересмотр парадигмы холодной войны, и поэтому он не сравнивает свое конкретное объяснение с типичным объяснением в рамках биполярного нарратива. В действительности всякий раз, когда он касается темы холодной войны, то возвращается к традиционному нарративу, что закономерно, учитывая список литературы, который он использует.

и причины этого, как и многого другого, легко можно найти в суровом экономическом испытании 1930-х годов[91].

В 1930-е годы страны Латинской Америки находились в экономической изоляции — как Советский Союз и любая другая страна. До этого периода их экономика основывалась на экспорте таких товаров, как кофе и медь, спрос на которые иссяк во время мирового поворота к автаркии межвоенных лет и Второй мировой войны. Это, в свою очередь, привело к сокращению импорта промышленных товаров из Европы и Соединенных Штатов, что способствовало развитию местной промышленности, призванной удовлетворить спрос, ранее удовлетворявшийся промышленно развитыми нациями [Frieden 2006: 302–303]. Фриден пишет:

> Ряды городских классов и масс ширились, чтобы заполнить экономический, социальный и политический вакуум, оставшийся после распада традиционной открытой экономики. Латинская Америка превратилась из бастиона традиционализма открытой экономики в оплот экономического национализма, девелопментализма и популизма [Frieden 2006: 302–303].

В этот момент регион развивался по той же схеме, что и Соединенные Штаты, в которых подъем промышленности, оставившей во второй половине XIX века позади фермеров — экспортеров хлопка и табака, сопровождался протекционистскими мерами. Латинская Америка отстала всего на полвека. К тому времени, когда международная торговля вновь возродилась под эгидой Бреттон-Вудской системы, социальный и политический контекст в Латинской Америке все меньше благоволил экспортирующим фермерам и горнодобывающим предприятиям (по-

---

[91] Можно было бы копнуть еще глубже в прошлое и построить генеалогию направленной против свободного рынка позиции третьего мира, которая берет свое начало с примеров поздней — по сравнению с Великобританией — индустриализации таких стран, как Соединенные Штаты и Германия, которые успешно развернули политику типа ИЗИ, обеспечившую перемещение их экономик на передний край экономического развития.

следние во многих случаях были национализированы) и все больше работал на отечественных промышленников и мощные рабочие движения, которые призывали к обеспечению защиты. В результате большая часть коммуникационной и энергетической инфраструктуры перешла под контроль государства, как и многие сталелитейные заводы и другие промышленные активы. Их содержание было не по средствам местным капиталистам. Многие из них лишились капитала или стали банкротами в результате Великой депрессии и Второй мировой войны. С этого момента производство будет работать на дальнейшее развитие национальной промышленности [Frieden 2006: 304–305][92].

В колониальном мире процессы развивались аналогичным образом и усугублялись процессами в метрополиях[93]. Межвоенный период, а затем Вторая мировая война оставили колониям в наследство укрепившиеся городские и локальные деловые интересы. Несмотря на изначальную интенсификацию имперских усилий в послевоенный период, ошеломляющий успех плана Маршалла и предпринятые Соединенными Штатами шаги по разрушению политических и экономических барьеров между европейскими странами создали к началу 1950-х годов условия, которые все больше подчеркивали экономическую неуместность империи. В контексте превращения США в защитника Западной Европы и быстрого расширения внутриевропейской и трансатлантической торговли геополитическое оправдание империи играло все меньшую роль.

---

[92] Фриден также отмечает успех этой политики в индустриализации южноамериканских экономик, подчеркивая, что к 1973 году основные страны — Бразилия, Мексика, Аргентина, Колумбия, Венесуэла, Чили — были примерно в той же степени промышленными и урбанизированными, что и их более богатые северные коллеги, с промышленным производством, составляющим 29–42 % всего производства по сравнению с 29–48 % в Европе и Соединенных Штатах. Разница в среднем доходе объяснялась главным образом существенной неэффективностью защищенной промышленной базы, а также более крупным сельскохозяйственным сектором. ИЗИ обеспечила индустриализацию Южной Америки, но оказалось, что индустриализация не является синонимом изобилия.

[93] А также в неформальных колониальных форпостах — таких, как Южная Африка. См. [Martin 1990].

Эта роль уменьшалась, конечно, перед лицом всевозрастающих трудностей, с которыми европейцы сталкивались в своих колониях. Но следует отметить, что колонии, которые вскоре станут независимыми странами, после обретения независимости не оказались *tabula rasa* — государствами, нуждающимися в идеологическом ориентире. Поскольку европейцы и их местные союзники доминировали в сельскохозяйственном и первичном экспортном секторах колониальной экономики, близкие к военным городские капиталистические и рабочие классы, агитирующие за независимость, не сомневались относительно национальной стратегии развития, которую они будут поддерживать после ухода империи. Фриден заключает, что ИЗИ «была всеобщим постколониальным растворителем» [Frieden 2006: 312][94].

Это поспешное обобщение скрывает действительные различия между бывшими колониальными странами, связанные с внутренними обстоятельствами каждой из них или с подъемом харизматичных лидеров. Кроме того, колониальный опыт различных регионов очень отличался друг от друга, что, в свою очередь, предопределило различные пути их развития. Южная Корея и Тайвань, например, выбрали модель догоняющего развития, которая соответствовала их колониальному прошлому и повторила экспортно ориентированный успех их поздно ставшего на путь эволюции колониального господина — Японии [Cumings 1984][95]. В отличие от этих двух примеров, западноафриканская

---

[94] См. также обсуждение теоретического обоснования ИЗИ, предложенное главным образом аргентинским экономистом Р. Пребишем, работающим под эгидой Экономической комиссии ООН по странам Латинской Америки. В академическом мире эта позиция выкристаллизовалась в теорию зависимости. Среди ключевых текстов этого направления можно назвать работы Ф. Э. Кардозу и Э. Фаллето [Cardoso, Faletto 1969], П. Эванса [Evans 1979]. Хороший обзор этого интеллектуального движения с обсуждением его актуальности дается в статье О. Санчеса [Sanchez 2003].

[95] Камингс относит истоки этого развития к колониальному опыту. Термин «государство догоняющего развития» часто используется для обозначения тех государств, которые для достижения экономического развития тесно сотрудничали с отечественными предприятиями. Широкую дискуссию можно найти в сборнике М. Ву-Камингс [Woo-Cumings 1999].

«империя по дешевке» распалась на слаборазвитые государственные организации, некоторые из которых — такие, как Нигерия, — стали хищническими и своекорыстными [Kohli 2004][96]. Важно, однако, то, что имперское правление оставило им всем авторитарное наследие и сильную — разделяемую, если уж на то пошло, в Западной Европе многими — веру в преобразующие силы государства.

Несмотря на эти различия, сходство последствий распада мировой экономики в 1930-е годы в разных регионах все же поражает. В действительности определение места в политическом спектре после распада либеральной системы не было наиболее значимым событием для новых независимых стран — в биполярной системе это подвергло бы сомнению их лояльность. Как указывает Фриден, страны третьего мира массово — насколько это было возможно — отказались не только от либеральной системы, но и от варианта строительства экономики советского типа. Большинство этих стран последовало примеру Южной Америки и выбрало в качестве предпочтительной экономической стратегии ИЗИ.

Они также стремились установить торговые отношения с Советским Союзом. По существу, политика ИЗИ стран третьего мира хорошо согласовывалась с внешнеторговой стратегией Советского Союза, направленной на преодоление изоляции, в которой он ранее пребывал. Эта взаимодополняемость интересов привела к конвергенции идей — отличная от предполагаемой рамками биполярного противостояния идеологической индоктринации отправная точка анализа. Обе стороны разделяли точку зрения, согласно которой импортозамещение освободило бывшие колонии от зависимости от западных рынков и продуктов, ослабив тем самым международное давление. Оно также расширило экономические функции государства — желаемое

---

[96] Автор анализирует Бразилию, Корею, Индию и Нигерию с точки зрения государственного вмешательства в экономику и находит истоки будущего экономического поведения государства во второй половине XX века в колониальном опыте этих стран, особенно в 1930-е годы, не беря в расчет Бразилию, чей опыт в 1930-е годы нельзя назвать строго колониальным.

положение дел, которое будет способствовать дальнейшему расширению торговли с Советским Союзом, как утверждал Скачков в своем докладе ЦК. Эта позиция была представлена в академическом поле Советского Союза уже к концу 1950-х годов, хотя и в более радикальной форме, чем та, которая выдвигалась нарождающейся теорией зависимости, развивающейся в Южной Америке [Valkenier 1983][97].

Эту отправную точку могли упустить западные аналитики, но не менее идеологически предвзятые советские; более того, когда дело касалось вопросов планирования и государственного развития на практике, советское руководство, вместо того чтобы инстинктивно подводить все под одну «зловещую» категорию анализа, понимало различия в степени и характере и ощущало остроту конкуренции. Ситуация была доведена до сведения должностных лиц Госплана — на случай, если они упустили этот момент, — в обращении директора научно-исследовательского института (Научно-исследовательский экономический институт (НИЭИ)) А. Н. Ефимова. Директор пояснил, что с середины 1950-х годов большинство развивающихся стран Африки, Азии и Латинской Америки пытались организовать плановую экономику или, по крайней мере, разработать план развития своей экономики. Многие приезжали в Советский Союз в поисках специалистов, которые говорили бы на их языке, но СССР не мог удовлетворить столь высокий спрос[98]. Владеющих языками специалистов, возможно, не хватало в Советском Союзе, но не в Организации Объединенных Наций. Ефимов предупреждал свое начальство, что развивающиеся страны нашли в этом ба-

---

[97] Особое значение имеет третья глава, посвященная теории развития. Опираясь в основном на советские академические работы, Валкенир реконструировала советскую позицию в отношении развития экономической независимости в странах третьего мира. Она исходила из предположения, что эти научные исследования либо направляли политику Кремля, либо, по крайней мере, являлись ее отражением, — и действительно, отчеты, составленные в офисах ГКЭС и Министерства внешней торговли, с точки зрения риторики были очень похожи на труды, которая она анализировала.

[98] РГАЭ. Ф. 99. Оп. 1. Д. 125. Л. 67–71.

стионе централизованного планирования развития энергичных буржуазных экономистов, готовых им помочь. Существовала также проблема нехватки советских академических учебников по планированию экономики, поэтому руководители этих стран обращались к трудам буржуазных экономистов[99]. Предложение Ефимова создать специальный центр для оказания помощи должностным лицам из развивающихся стран, обращающимся за консультацией, кажется, осталось предложением, но его общая идея противостоять влиянию «буржуазных экономистов» путем создания советских кадров, специализирующихся в этих вопросах, получила поддержку Госплана. Но, как представляется, это не привело к каким-то серьезным последствиям[100].

Случай Индии

Экономическая травма 1930-х годов, таким образом, оказала решающее воздействие на политическую экономию таких сильно отличающихся политических образований, как Советский Союз и страны Южной Америки, и побудила Соединенные Штаты к усилению внешнеполитического курса, направленного на содействие международному сотрудничеству в деле защиты глобального либерального порядка. Так же как послевоенная международная политическая экономия не была результатом непорочного зачатия в 1945 году, постколониальная политическая экономия Индии не была сознательным курсом, выбранным

---

[99] РГАЭ. Ф. 99. Оп. 1. Д. 125. Л. 67–71. Предложения Ефимова были направлены для дальнейшего изучения в Министерство иностранных дел, но мне не удалось выяснить, что из этого вышло.

[100] РГАЭ. Ф. 4372. Оп. 66. Д. 879. Л. 53–54. И НИЭИ, и Госплан, независимо друг от друга, увидели в данной ситуации возможность увеличить финансирование. Первый позиционировал себя как наиболее подходящее учреждение для проведения такого рода работы, в то время как второй предлагал выделить часть своих сотрудников при условии, что для них будут организованы курсы по вопросам развития и изучению языка, как это было сделано для кадров, готовившихся к работе в ООН.

после ее девственного рождения при обретении независимости в 1947 году. Она также уходит корнями в период Великой депрессии и Второй мировой войны. Как утверждается в этой главе, предположение о том, что левая риторика и государственная политика, проводимая в третьем мире, есть плод советского влияния и руководства, является упрощенным и неправильным: такая оценка создает ложный образ обществ третьего мира и их лидеров как нуждающихся в направляющей руке[101]. Исследователям холодной войны требуется опора, которая выдержала бы весь вес сверхдержавной конструкции, но от последней мало пользы при рассмотрении экономических отношений Советского Союза с Индией.

Постколониальная политическая экономия, проводимая Индией, является хорошим примером того, как мировые экономические силы формируют узнаваемые национальные политики[102]. Экономический рост Индии под британским имперским правлением был медленным: либеральная политика Великобритании не смогла повысить производительность преимущественно аграрной экономики Индии и подорвала неконкурентоспособные традиционные индийские отрасли (например, текстильную промышленность) благодаря относительно свободному торговому режиму, который привел к импорту промышленных товаров с более производительных европейских фабрик. Британское колониальное государство мало вкладывалось в индийскую инфраструктуру и образование и, в соответствии со своей идео-

---

[101] Любое исследование, которое исходит из допущений о существовании советской идеологической гегемонии или чрезвычайном влиянии СССР на Индию, должно начинаться с оспаривания выводов канадского политолога С. Кларксона, который не обнаружил никакого реального влияния марксистско-ленинской мысли на государственное управление Индии. Этот ученый полагал, что если ее влияние и будет расти в Индии (он писал в 1970-х годах), то «это будет в меньшей степени связано с внешними факторами, будь то воздействие Москвы или любой другой коммунистической столицы, чем с местной коммунистической практикой типа той, что наблюдается в Керале или Западной Бенгалии». См. [Clarkson 1973: 723].

[102] Здесь дается краткое изложение глав 6 и 7 книги А. Кохли [Kohli 2004].

логией невмешательства, практически не способствовало индустриализации и экономическому росту[103].

Ситуация ненадолго изменилась во время Первой мировой войны, превратившей Индию в стратегического поставщика некоторых видов сырья, например джута для военных нужд. Вместе с тем война сократила импорт в Индию, поскольку судоходство стало менее безопасным и европейское производство переориентировалось на военные нужды. В игру вступили индийские промышленники, желающие удовлетворить спрос на товары, ранее поставлявшиеся европейцами. Все это продолжалось недолго, и послевоенные попытки первых защитить протекционистские меры не увенчались успехом. К началу 1920-х годов, после возобновления торговли, эти индийские капиталисты и их неконкурентоспособные заводы снова ушли в тень. Но когда в 1930-х годах мировая экономика рухнула, они почувствовали благоприятствующую конъюнктуру. Стратегический статус Индии повысился в годы войны, и британское правительство искало новые источники доходов для увеличения расходов на оборону. Кроме того, стремясь поддержать золотой стандарт и уменьшить поток золота из Великобритании, британцы искали способы сокращения зарубежных расходов, например расходов на имперскую администрацию. Обе эти цели — и вместе с ними недопущение появления немецких и японских товаров в Индии — могли бы быть достигнуты с помощью тарифов на импортируемые в Индию товары. Протекционизм стимулировал индийскую национальную промышленность на протяжении 1930-х годов, а Вторая мировая война обеспечила возрождающемуся классу индийских промышленников еще более прибыльные государственные контракты.

В конце Второй мировой войны новый класс влиятельных национальных экономических субъектов уже имел поддержку —

---

[103] Британцы, например, поддерживали завышенный курс рупии для того, чтобы минимизировать в Индии расходы фунта стерлингов. Были и другие, не связанные непосредственно с британским колониальным правлением причины отсутствия в Индии промышленности. Там отсутствовала сильная банковская система, которая могла бы перенаправлять сбережения домохозяйств сельской местности в промышленность.

ситуация, противоположная контексту после Первой мировой войны, в котором промышленники предприняли безуспешные попытки отстаивания своих интересов. Они получили влияние в Индийском национальном конгрессе и в 1943 году даже участвовали в разработке для независимой Индии экономического плана, предполагающего совмещение планирования, смешанной экономики, протекционизма и государственных инвестиций в тяжелую промышленность — значимых элементов государственнической постколониальной экономической политики Неру[104]. Эта великая коалиция деловых, трудовых и националистических элементов, сложившаяся в результате сближения интересов 1930-х и 1940-х годов, гарантировала, что Индия Неру сохранит свое положение в рыночной, капиталистической мировой системе, даже если индийские лидеры будут повышать степень экономической независимости через политику ИЗИ и развитие местной промышленности.

Первый пятилетний план, инициированный правительством Неру в 1951 году и призванный индустриализировать индийскую экономику путем импортозамещения, был умеренно успешным: ежегодный рост экономики Индии находился на приличном уровне в 3–4 %. Этот показатель роста выгодно отличался от показателей других развивающихся стран того периода, и, что более важно, впервые за все время своего существования Индия достигла такого устойчивого роста [Bhagwati, Desai 1970][105]. Кроме того, в стране существовали условия для нормального функционирования смешанной экономики. В отличие от многих получивших независимость африканских стран, экономика которых была подорвана в результате ухода европейцев, составляющих большую часть предпринимательского класса, в Индии уже был свой капиталистический класс, укрепившийся за последние два десятилетия практически полной автаркии и готовый вести

---

[104] Речь идет о т. н. Бомбейском плане, разработанном Федерацией индийских ТПП (FICCI) при поддержке таких видных индийских бизнесменов, как Г. Д. Бирла и Дж. Р. Д. Тата [Kohli 2004: 254–255]. См. также [Mukherjee 2002: 391–432].

[105] В главе 4 приводится разбивка экономических показателей Индии в течение первых трех пятилетних планов.

дела под защитой правительства. Советско-индийское взаимодействие на начальном этапе реализации Индией пятилетних планов было незначительным, что свидетельствует в пользу того, что реальной целью сближения со сталинским Советским Союзом в январе 1951 года было зерно, а не промышленные товары и опыт[106]. Это было обусловлено надвигающимся зерновым кризисом, который администрация Трумэна решила использовать в дипломатических целях[107]. Советское руководство в конце концов отправило Индии 100 тыс. тонн, хотя и не раньше, чем удостоверилось в том, что индийцы не использовали их в целях убеждения американцев продавать больше зерна на менее жестких условиях[108]. Как утверждалось в докладе от августа 1951 года и как читатель уже должен был понять, развитие индо-советских экономических отношений пробуксовывало не из-за СССР[109]. В докладе подчеркивалось, что Советский Союз был для Индии открыт и стремился расширить с ней торговлю, но явная дискриминация с индийской стороны создавала этому препятствия. В докладе отмечалось, что правительство Индии недавно взяло на вооружение британскую систему лицензирования импорта и экспорта и, ко всему прочему, сохранилось монопольное положение иностранного капитала в финансировании торговли — а в подобных ситуациях ценится преемственность. Для того чтобы правительство Неру пересмотрело свою торговую политику устранения, требовалось вмешательство других сил.

Несмотря на лучшие стартовые позиции, инициированная Неру индустриализация проходила не без проблем. Так, рост населения ускорился, что привело к снижению ВВП на душу населения до 1–2 %. Среди проблем, в большей степени касающихся отношений с Советским Союзом, можно назвать ставшую препятствием для развития нехватку образованных технических

---

[106] РГАСПИ. Ф. 84. Оп. 1. Д. 68. Л. 9–10.

[107] Это история хорошо изложена в статье Р. Дж. МакМэхона [McMahon 1987: 349–377].

[108] РГАСПИ. Ф. 84. Оп. 1. Д. 70. Л. 72.

[109] РГАЭ. Ф. 413. Оп. 13. Д. 6801. Л. 76–81.

кадров, особенно в быстро развивающемся государственном секторе, который не мог плавно менять стимулы для привлечения образованных рабочих[110]. Но еще большей проблемой стал сложившийся в 1956 году, в начале второй пятилетки, валютный кризис, ограничивший планируемый импорт, инвестиции и подтолкнувший индийское правительство к мысли о необходимости зарабатывания иностранной валюты, требующейся для отраслей, «завязанных» на иностранный импорт. Именно это сжатие положительного сальдо платежного баланса дало толчок отношениям с Советским Союзом. Объем импортируемых из СССР товаров в 1956 году увеличился более чем в пять раз по сравнению с предыдущим годом, а в 1957 году он вырос еще в два раза[111].

Фундамент для этого прорыва в экономическом обмене между двумя странами был заложен двумя советскими делегациями из Академии наук, которые отправились в Индию в январе 1954 года с целью налаживания культурного и научного обмена. Вопреки их ожиданиям индийское правительство проявило большую заинтересованность в консультациях советских статистиков и планировщиков по поводу улучшения практики планирования в Индии. При этом индийцы просили помощи советских консультантов из Института статистики, а не из советского правительства, чтобы «не дразнить недругов Индии и СССР», в частности английскую и американскую прессу[112].

---

[110] РГАЭ. Ф. 413. Оп. 13. Д. 6801. Л. 82–83. Советское восприятие индо-советских отношений в послевоенный период до 1958 года см. в РГАНИ. Ф. 5. Оп. 30. Д. 302. Л. 61–66.

[111] См. [Внешняя торговля за 1956: 117] и [Внешняя торговля за 1957: 116]. Советский экспорт в Индию значительно увеличился — с 29,3 млн рублей в 1955 году до 161,6 млн рублей в 1956 году, — а в 1957 году он уже составлял 338,6 млн рублей. В 1957 году импорт из Индии отставал от экспорта, но увеличивался пропорционально росту последнего на протяжении вышеупомянутых трех лет: находившийся в 1955 году на уровне 17,6 млн, он в 1956 году достиг отметки в 73,2 млн рублей, а в 1957 уже составлял 167,8 млн рублей.

[112] РГАНИ. Ф. 5. Оп. 30. Д. 70. Л. 1–10. Представителей делегации попросили поднять на заседании ЦК тему не только академического, но и студенческого обмена. Поскольку спрос на высшее образование в Индии намного превосходил образовательную инфраструктуру страны, индийские правитель-

Известный статистик П. Ч. Махаланобис, сыгравший определяющую роль в составлении первого и второго пятилетних планов Индии, во время встреч со сменявшими друг друга советскими делегациями нажал на правильные кнопки. Описывая индийские планы индустриализации, он использовал обороты, впоследствии ставшие частью риторики, к которой советское руководство обращалось для оправдания политики щедрой помощи. Махаланобис утверждал, что за попытками Индии осуществить индустриализацию стоит не желание конкурировать на равных с советской промышленностью, а только стремление к достижению большей экономической независимости, которая свела бы на нет западное влияние[113]. Несмотря на неоднократно повторенное им заявление о намерении Индии остаться в хороших отношениях как с Соединенными Штатами, так и с Советским Союзом, Махаланобис подчеркивал, что настойчивые попытки Соединенных Штатов навязать условия экономического сотрудничества делают американо-индийские отношения ненадежными, что, в свою очередь, затрудняет планирование[114]. В отличие от американского, советское руководство зарекомендовало себя, быстро ответив на запрос Индии на консультантов по планированию. Но в то время Махаланобис представлял

ственные чиновники и студенты искали возможность для получения образования везде, где его можно получить. Индия знала о финансовых обязательствах Советского Союза перед ООН и рассматривала возможность использования его в качестве инструмента подготовки высококвалифицированных кадров.

[113] РГАНИ. Ф. 5. Оп. 30. Д. 71. Л. 96–97.

[114] РГАНИ. Ф. 5. Оп. 30. Д. 71. Л. 96–97. В качестве примера непостоянства американской помощи Махаланобис привел отказ в 1951 году Соединенных Штатов от строительства обещанного сталелитейного завода. Здесь нельзя говорить об искаженном индийском восприятии; исследование индийского разочарования и негодования в связи с выдвижением Америкой требований во времена кризиса, например во время непродолжительного голода в начале 1950-х годов, вносит ясность в этот вопрос. См. статью Роттера в сборнике [Appy 2000] и написанную с большим пиететом к администрации Джонсона статью К. Л. Ольберг [Ahlberg 2007: 665–701]. Тема влияния культурных представлений на торговлю и американскую помощь Индии рассматривается в главе 2 книги Роттера [Rotter 2000].

только одну фракцию великого альянса, собранного благодаря политическому гению Неру. Будучи коллегой по планированию, он рассматривал торговлю с Советским Союзом как разумную идею; смотря на мир через линзы должностных лиц Госплана Советского Союза, Махаланобис считал стабильность и предсказуемость основой успешной направляемой государством индустриализации.

Однако индийские бизнесмены — другая влиятельная политическая фракция в Великой националистической коалиции Неру — отмечали проблемы экономического взаимодействия с СССР. Делегация во главе с видным промышленником К. Лалбхаем посетила Советский Союз в сентябре 1954 года, и их секретный доклад индийскому правительству, который быстро попал в руки советским лидерам, представлял собой список недостатков советской промышленности и проявлений некомпетентности (с вкраплениями похвалы)[115]. Магазины испытывали острую нехватку потребительских товаров; монументальные административные здания выгодно выделялись на фоне других, более подверженных воздействию времени сооружений. На длинных и широких улицах с большей вероятностью можно было встретить грузовик, чем легковую машину. Транспортная система оставляла желать наилучшего: трамваи были переполнены, самолеты постоянно задерживались. Только метро работало исправно. Гостиницы за пределами Москвы и Ленинграда не соответствовали всем строительным и санитарным нормам. Вопреки всему люди казались довольными, а дети выглядели здоровыми и ухоженными.

Больший интерес для исследования представляет оценка промышленного потенциала СССР. Индийские промышленники с одобрением отмечали, что руководящие должности на пред-

---

[115] См. РГАНИ. Ф. 5. Оп. 30. Д. 118. Л. 126–139. Как минимум один человек не был согласен с этой оценкой — глава Bengal Chemicals and Pharmaceuticals С. П. Сен Верма. Он счел своим долгом направить советскому руководству письмо, в котором изложил свое несогласие с докладом Лалбхая, составленным без консультаций с остальной делегацией. Его можно найти в РГАЭ. Ф. 413. Оп. 13. Д. 7624. Л. 47–50.

приятиях и многие связанные с ними государственные административные должности занимали не бюрократы, а инженеры и другие опытные и компетентные специалисты. Они, однако, не видели ни одного завода, который можно было бы назвать работающим на переднем крае производственных технологий или даже современным. Несмотря на заверения советского руководства о том, что гостям будут продемонстрированы самые современные заводы, индийские бизнесмены не увидели никаких новых технологий или методов производства, которые ранее не применялись в Западной Европе или Соединенных Штатах[116]. Им показали некоторые передовые заводы — московский автомобильный завод «Сталин», Ленинградский автомобильный завод и машиностроительный завод «Красный пролетариат» — в глазах индийцев они предстали обшарпанными зданиями, оснащенными постоянно ломающимся оборудованием[117]. Качество товаров и производительность труда рабочих не вызывали восторга у промышленников. Низкое качество продукции и невысокая производительность труда сохранялись, несмотря на государственную пропаганду по радио и через другие средства массовой информации, направленную на повышение производительности и сокращение отходов[118]. Московский государственный университет и проект канала, связывающего Волгу и Дон, получили более высокую оценку[119]. Делегация не была впечатлена организацией промышленности в целом, которая, как они отмечали, тяготела к автаркии, ее многочисленными, стремящимися к большей автономизации отраслями. Индийцы отметили — вслед за ними то же самое будут постоянно повторять советские и западные экономисты, — что руководители фабрик заботились только

---

[116] РГАНИ. Ф. 5. Оп. 30. Д. 118. Л. 137.

[117] РГАНИ. Ф. 5. Оп. 30. Д. 118. Л. 131.

[118] Делегации было показано одно из самых современных текстильных предприятий в Советском Союзе, Ташкентский текстильный комбинат. Делегаты обратили внимание на более низкое качество произведенной там ткани по сравнению с индийской и более высокий показатель выпуска товаров. РГАНИ. Ф. 5. Оп. 30. Д. 118. Л. 135–136.

[119] РГАНИ. Ф. 5. Оп. 30. Д. 118. Л. 133.

об объеме производства, а не о качестве. В итоге они пришли к выводу, что в Советском Союзе не так много технологий и промышленного оборудования, которые нельзя было бы купить где-то еще и лучшего качества[120].

В то время как индийцы изучали внутреннюю ситуацию в Советском Союзе, Д. Шепилов, тогдашний редактор газеты «Правда», вместе с другими членами ЦК осознали нехватку информации об Индии и отсутствие инфраструктуры сбора данных, которая могла бы исправить ситуацию[121]. Несмотря на тысячи ежедневно выходящих в Индии публикаций, на начало 1956 года в Советском Союзе практически не было людей, знающих хинди и урду или знакомых хотя бы с одним из этих языков. Среди сотрудников делийского посольства не было ни одного пресс-атташе, который вел бы работу с представителями СМИ на местных языках, не составлялись ежедневные сводки новостей. Вместо этого дипломатический корпус полагался на англоязычную прессу, которая быстро теряла в независимой Индии тираж[122]. Те же самые невежество и отсутствие должной подготовки наблюдались и среди кремлевской элиты. Годы спустя Хрущев вспоминал, что «наши знания об Индии были, честно говоря, не только поверхностны, но и просто примитивны. Я лично черпал часть знаний об Индии, не смейтесь, из арии индийского гостя в опере Римского-Корсакова "Садко"» [Хрущев 2016, 2: 275][123].

Следствием информационного дефицита и отсутствия сотрудничества с индийской прессой стало то, что СССР не мог вести в Индии эффективной пропагандистской работы. Тем временем

---

[120] РГАНИ. Ф. 5. Оп. 30. Д. 118. Л. 138. Промышленные объекты Польши, которую делегация посетила после поездки в Советский Союз, также не произвели на нее особого впечатления.

[121] РГАНИ. Ф. 5. Оп. 30. Д. 161. Л. 53–63.

[122] РГАНИ. Ф. 5. Оп. 30. Д. 161. Л. 54–55.

[123] Хрущев продолжал: «Не счесть алмазов в каменных пещерах...» Знал, что там теплая страна, теплое море, не счесть богатств: животный мир — нечто сказочное. Джунгли... Само это слово производило большое впечатление — гораздо большее, чем сейчас, когда мы сами увидели их и конкретно представили себе, что это такое. Вовсе не столь экзотично!

индийская пресса узнавала мировые новости благодаря европейским агентствам, таким как *Reuters* и *Agence France-Presse* (AFP). В докладе отмечалось, что *Times of India* воспроизводила точку зрения базирующегося в Америке агентства *Associated Press* (AP), что вряд ли способствовало объективному освещению событий в социалистическом лагере в индийских СМИ[124]. На коммерческом фронте существовала проблема передачи информации о советских товарах и внешней торговле, в офисе советского торгового представителя не было ни одной брошюры, которую можно было бы вручить потенциальным индийским покупателям[125].

Просчеты информационно-пропагандистской деятельности не очень сдерживали зарождающиеся между двумя странами экономические отношения. На сложную экономику Индии теперь оказывали влияние мировые экономические флуктуации, периодически напоминающие индийским бизнесменам различных секторов экономики, сталкивающимися с фазами прилива и отлива, о преимуществах взаимодействия с СССР. Например, падение цен на сырьевые товары после корейской войны привлекло внимание производителей табака к возможностям советских рынков[126]. В то же время послевоенный спад в Соединенных Штатах в 1953–1954 годы затруднил продажу индийского джута

---

[124] РГАНИ. Ф. 5. Оп. 30. Д. 161. Л. 55–56. Как отмечалось в докладе, такая же ситуация наблюдалась в Бирме и других азиатских странах. Кроме того, согласно докладу, Советский Союз постоянно описывался западными поставщиками информации как угроза для Индии, что мешало первому играть на антизападных настроениях в Индии по поводу таких вопросов, как статус Гоа — спорная территория, которая находилась под контролем Португалии, и зона конфликта, который будет исчерпан только в 1961 году, после того как индийское правительство нападет на гарнизон, размещенный на территории португальской Индии.

[125] РГАЭ. Ф. 413. Оп. 13. Д. 7624. Л. 55–56. Между тем у стран коммунистического блока было много раздаточного материала, переведенного на английский для потенциальных клиентов, которые по большому счету не знали других иностранных языков.

[126] РГАЭ. Ф. 413. Оп. 13. Д. 7429. Л. 43. Как сообщалось в *Hindustan Times* от 11 апреля 1954 года и фиксировалось советскими торговыми представителями в Индии.

и чая на американских рынках, лишив Индию твердой валюты, необходимой для сохранения уровня импорта. Плохой урожай в 1953 году сделал нехватку долларов и американского зерна особенно острой[127]. В 1954 году у СССР появилась хорошая возможность для получения доли на индийском рынке через бартерные соглашения. Но тогда агрессивный предпринимательский дух не был отличительной чертой советской бюрократии. В сентябре того же года сотрудники советского торгового представительства подвергались критике за малые усилия, которые они прилагали для продвижения советской торговли в Индии[128]. Торговые представители не передавали советским торговым агентствам никакой информации об индийском рынке, не искали и даже не представляли себе возможных индийских покупателей советских товаров. Советское торговое представительство в Индии также не справлялось при коммерческом обмене с финансовой и транспортной логистикой, что приводило к большим потерям и недоразумениям, когда советские товары прибывали в индийские порты без каких-либо сопроводительных документов, по которым можно было бы идентифицировать пришедший груз. Но хотя СССР и упустил коммерческие возможности, открывшиеся в Индии в 1954 году, в следующем году интерес последней к Советскому Союзу фактически положил начало отношениям[129].

В 1955 году Индия искала источники помощи и экономического сотрудничества. Три сталелитейных завода, построенных немцами, англичанами и гражданами СССР, были только началом. Вторая пятилетка Индии, начавшаяся в 1956 году, была ознаменована валютным кризисом, который ускорил поиск

---

[127] РГАЭ. Ф. 413. Оп. 13. Д. 7429. Л. 8–14.

[128] РГАЭ. Ф. 413. Оп. 13. Д. 7429. Л. 92–93. Жалобы поступали, в частности, от агентства по экспорту древесины Министерства внешней торговли.

[129] Хотя следующее ниже обсуждение основано на архивных свидетельствах, статистика ясно указывает на 1956 год как на год взлета экономических отношений (1955 год был годом, в котором было заключено большинство сделок). См. [Внешняя торговля за 1956: 117]. В 1956 году экспорт значительно увеличился с 29,3 млн рублей годом ранее до 161,6 млн.

индийским правительством экспортных рынков и подталкивал
к сокращению расходования твердой валюты. В статье созданно-
го в том же году индийского аналитического центра был сделан
вывод о том, что

> в целом можно предположить, что нынешний кризис явля-
> ется прямым результатом сосуществования экспортной
> структуры пока еще полуаграрной экономики и изменяю-
> щейся импортной структуры быстроразвивающейся эко-
> номики[130].

С 1954–1955 годов разрыв между экспортом и импортом превратился в пропасть, и новый план с его акцентом на накопление
промышленного капитала — большая часть которого должна
была быть импортирована — только усугубит ситуацию.

Данное развитие событий не обошлось без иронии: те же самые
экономические силы, которые душили экономические отношения
с Бирмой и поднимали цены на продовольствие, способствовали
валютному кризису в Индии — кризису, приведшему посла
Индии в Госплан Кузьмина с настоятельной просьбой увеличить
советские закупки в стране[131]. Рост цен на продовольствие на
международных рынках нарушил индийские расчеты по плани-
руемому импорту продовольствия[132]. И это только один из факторов. Геополитические факторы также сыграли свою роль: Суэцкий кризис привел к увеличению фрахтовых тарифов почти на
15 %, а ухудшение отношений с Пакистаном заставило Индию
увеличить оборонные ассигнования правительства. Плохая работа индийских планировщиков ухудшила ситуацию, поскольку
многие дополнительные инвестиции, необходимые для надлежа-
щего функционирования крупных промышленных проектов, не
были приняты во внимание[133]. Кроме того, обеспокоенные влия-

---

[130] См. Национальный совет прикладных экономических исследований
(НСПЭИ). Валютный кризис и план, Отдельные документы. 1957. № 1. С. 4.

[131] См. введение этой главы.

[132] НСПЭИ. Валютный кризис и план. 1957: 7–8.

[133] НСПЭИ. Валютный кризис и план. 1957: 8–9.

нием грядущего кризиса на связанные с расходом твердой валюты проекты, правительственные министерства и частные предприниматели Индии заранее заключили сделки о поставке товаров промышленного назначения, необходимых для проектов, тем самым приведя в действие самосбывающееся пророчество и истощив запасы твердой валюты.

Очевидным спасением от кризиса была помощь, и индийское правительство энергично искало ее. В 1955 году иностранная помощь составляла лишь 0,5 % от общего объема ВВП — к 1958 году она достигла почти 3 % ВВП [Bhagwati, Desai 1970: 171–180]. Несмотря на то что большая часть помощи поступала от Всемирного банка, Соединенных Штатов и стран Западной Европы, СССР также получил запрос. Хотя советская помощь составляла ничтожные 8 % от всей иностранной помощи в течение первой пятилетки, СССР обеспечивал определенную степень конкуренции, которая давала индийскому правительству лучшую переговорную позицию, а также реализовывал проекты, которые Запад не финансировал, особенно в нефтяном и сталелитейном секторах [Bhagwati, Desai 1970: 182–183][134]. Эту ситуацию понимали все заинтересованные лица. Когда в июле 1960 года министр финансов Индии М. Р. Десаи отправился в Москву, чтобы навестить Микояна и попросить у него денег на помощь третьей пятилетке, он подробно рассказал пожилому «старому большевику» об индийском плане сбора средств: стоимость плана составляла 21–22 млрд долларов, и индийцам требовалось около 4,75 млрд долларов в твердой валюте, не считая 1,3 млрд долларов для покупки зерна и 1 млрд долларов для погашения кредитов по последнему плану[135]. Далее Десаи утверждал, что договоренность с США о поставках зерна достигнута. Из 4,75 млрд долларов они

---

[134] СССР снискал себе добрую славу в Индии благодаря своей готовности заниматься разведкой нефтяных месторождений — дорогостоящим предприятием, которое казалось нерентабельным западным нефтяным компаниям. В 1965 году советские рабочие обнаружили девять прибыльных месторождений, содержащих в общем около 100 млн тонн нефти и 30 млрд кубометров газа. См. РГАЭ. Ф. 4372. Оп. 66. Д. 439. Л. 23–30.

[135] ГАРФ. Ф. 5446. Оп. 120. Д. 1521. Л. 62–63.

уже получили от Соединенных Штатов 180 млн долларов и вскоре получат еще 200 млн долларов; эта сумма будет добавлена к 375 млн долларов в твердой валюте, уже полученных от Советского Союза. Микоян перебил собеседника и указал на неочевидное измерение советской помощи: американцы надеются спасти Индию от коммунизма и оказывают помощь, полагая, что если они этого не сделают, то это сделают СССР. Он утверждал с кривой усмешкой: «Помощь Советского Союза Индии вынуждает американцев увеличивать вам ассигнования. Так же будут действовать и западные немцы, которые за последнее время сильно разбогатели»[136].

Преимущество проектов помощи заключалось в том, что благодаря им индийцы знакомились с советскими промышленными технологиями и ассортиментом товаров. Но с интенсификацией отношений в 1955 году образовалась еще одна связь: индийские посредники стали предлагать свои услуги в качестве продвигающих советские товары торговых агентов[137]. Процесс введения в оборот товаров советского производства шел медленно, но совместная работа с индийскими агентами, знающими региональные рынки, и частые поездки индийских бизнесменов и инженеров в Советский Союз способствовали устойчивому прогрессу и установлению более тесных отношений, чем те, которые были установлены с непостоянными правительствами[138]. Такому развитию событий содействовал сам Микоян, предпочитающий видеть индийских агентов из частной или государственной сфер, обеспечивающих продажи и обслуживание советских товаров в Индии (как подчеркивал он, за хорошую плату)[139]. Многолетний опыт, видимо, убедил Микояна в том, что торговля и сервис не являются сильными сторонами СССР.

---

[136] ГАРФ. Ф. 5446. Оп. 120. Д. 1521. Л. 62–63.

[137] РГАЭ. Ф. 413. Оп. 13. Д. 7624. Л. 107. 1955 год, кажется, стал переломным в этом отношении.

[138] РГАЭ. Ф. 413. Оп. 13. Д. 7624. Л. 73. Например, индийский агент организовал поездку трех индийских инженеров в Советский Союз летом 1955 года.

[139] ГАРФ. Ф. 5446. Оп. 120. Д. 1315. Л. 13.

В том и заключается парадоксальность большей части литературы, в которой идеологическая близость рассматривается как корень успеха индийско-советских экономических и политических отношений. Если отношения СССР с Индией оказались успешными, в отличие от отношений с Индонезией, Бирмой и многими другими странами, то в немалой степени благодаря либеральным элементам индийской экономики, а не ее экономическому этатизму. Советский Союз оставался экономическим партнером Индии не только по причине сохранения крепких отношений с руководством, но и из-за того, что дотянулся своими «щупальцами» до региональных рынков — не без помощи посредников, действующих в частном секторе Индии. Это взаимодействие было необходимо стране, в которой государственный сектор вырос с 5 % ВВП в 1950 году до 11% десятилетием позже и к 1970 году составлял 13 % [Verma, Arora 2010: 80][140]. Валютные резервы были подвержены колебаниям, до девальвации индийской рупии в 1966 году они были весьма ограниченными, но никогда не достигали вынуждающей к введению системы лицензирования отметки, которая бы задушила отношения Советского Союза с частными импортерами, как это было в Индонезии. Более того, у советского руководства было пространство для маневра в сложной хозяйственной системе, не страдающей от особенностей монокультурной экономики, например Бирмы или Ганы, что позволяло расширять торговые связи, которые меньше зависели от прихотей нескольких правительственных чиновников или резкого изменения цен на товары.

Советский Союз оказался очень ценным посредником в отношениях Индии с Западом и сам по себе представлял интерес в качестве поставщика помощи. Хроническое — но все же не критическое — давление на платежный баланс гарантировало непрерывность кредитных и бартерных отношений, которые были чрезвычайно полезны Индии. Но были и пределы эконо-

---

[140] Такой уровень государственного участия в экономике на самом деле вполне естественен для экономик развивающихся стран.

мической отсталости обоих партнеров. Микоян любил бравировать тем, что знаменитый Бхилайский сталелитейный завод, построенный советскими рабочими, покончит с импортом стали из Советского Союза[141]. К началу 1960-х годов конкуренция была столь же заметной, что и взаимодополняемость. В контексте нарастающего соперничества переговоры о значительном увеличении торговли были затруднены[142]. Советским великодушием можно было злоупотреблять, о чем свидетельствовал произошедший в декабре 1964 года в определенном отношении грубый разговор между российским министром внешней торговли Н. С. Патоличевым и индийским послом Т. Н. Каулем, во время которого последний предпринял новую попытку получить от СССР заем — от 1,3 до 4 млрд рублей, в зависимости от желания советского руководства. Кауль слышал, что советский военный бюджет на новую советскую пятилетку должен быть урезан на полмиллиарда рублей. Он выразил радость по этому поводу, так как это высвободило бы определенный объем капитала для кредитования Индии. Вероятно, Патоличев был удивлен репликой собеседника, но в документе его реакция не была зафиксирована. Министр внешней торговли дипломатично ответил, что все сбережения, которые Советский Союз сделал, должны быть потрачены в Советском Союзе, где также существуют серьезные проблемы, требующие решения[143].

Как утверждается в книге, 1961 год стал переломным моментом, когда советское руководство начало пересматривать свой подход к коммерческим отношениям со странами глобального Юга. Что касается индийско-советского взаимодействия, это привело к появлению новой проблемы, кратко изложенной

---

[141] См. в ГАРФ. Ф. 5446. Оп. 120. Д. 1315. Л. 11–15, снова было сказано во время встречи в ноябре 1958 года с высокопоставленным индийским должностным лицом, прибывшим просить денежной помощи.

[142] Трудности, с которыми сталкивается Спандарьян во время переговоров с индийцами в 1963 году, освещаются в РГАЭ. Ф. 413. Оп. 13. Д. 9808. Л. 88–91, 110–112.

[143] РГАЭ. Ф. 413. Оп. 31. Д. 305. Л. 19–21.

в эпизоде, который может выступать в качестве вывода: в мае 1961 года видный индийский бизнесмен Бирла отправился в Советский Союз с целью обсуждения условий импорта оборудования для электростанции и алюминиевого завода, которые он планировал построить. Его переговоры с советскими официальными лицами велись вокруг вопроса ограниченных валютных возможностей Индии[144]. Во время своих переговоров Бирла настаивал на бартере как на единственном средстве, с помощью которого можно было бы приобрести запланированный им импорт. Взамен он предлагал текстильное и сельскохозяйственное оборудование, оборудование для бумажной промышленности, грузовики и мебель для квартир, усиленно строившихся в то время в Советском Союзе. Спустя шесть лет с момента установления индийско-советских отношений руководство СССР осознало ограничения обмена со странами, которые не могли предложить надежного, повышающего производительность оборудования. Скачков задался вопросом, не мог ли Бирла оплатить советские товары твердой валютой, как это начали делать бразильские бизнесмены. Нужно было попробовать[145]. Индийскому бизнесмену, однако, было строго запрещено предлагать что-нибудь, помимо бартера. В конце концов, это оборудование можно было купить в Соединенных Штатах и Англии — в странах, которые предлагали бизнесмену весьма привлекательные кредитные условия. Границы экономических отношений раздвигались. Советский Союз стал важным торговым партнером Индии, не в последнюю очередь из-за формирования таких агентов частного сектора, как Бирла. Но по степени значимости эти отношения проигрывали отношениям с Западом. Всемирный банк и западные страны консорциума останутся основными поставщиками помощи в области экономического развития, даже если Индия будет упорно придерживаться стратегии импортозаме-

---

[144] ГАРФ. Ф. 5446. Оп. 95. Д. 1034. Л. 69–74. Он также пытался договориться о производстве текстильного оборудования для некоторых своих коллег.

[145] ГАРФ. Ф. 5446. Оп. 95. Д. 1034. Л. 73.

щения, в которой Советскому Союзу отводится важная, но второстепенная роль — страны, обеспечивающей связь первой с либеральным мировым порядком[146]. Советское руководство на собственном горьком опыте убедилось, что последствия его экономического великодушия не столь значительны. Как мы увидим далее, оно научится в ближайшие годы разбавлять свой энтузиазм по поводу возможностей, открывающихся при взаимодействии со странами третьего мира, дозой экономического реализма.

---

[146] Доля советской помощи Индии находилась в пределах 10–12 % в течение всех 1960-х годов и была аналогична доле поставок из других стран советского блока. Распределение помощи Индии по годам в период 1951–1968 годов можно посмотреть в [Bhagwati, Desai 1970: 172–173]. В структуре торговли Индии процент экспорта из Советского Союза едва перевалил за двузначную отметку, а импорт был еще ниже. См. [Bhagwati, Srinivasan 1975: 62].

Часть III

ИНТЕГРАЦИЯ

Глава 5

Конформизм и прибыль: советская экономика в условиях гегемонии США

Если в предыдущих двух главах подробно рассматривался процесс формирования широкого спектра внешнеэкономических отношений СССР во второй половине 1950-х, то в следующих двух будет рассмотрена судьба, постигшая эти отношения в течение 1960-х годов. В рамках метанарратива, сосредоточенного на биполярности и противостоянии, эту историю сложно понять. Такой нарратив предполагает абсолютную неосведомленность или незнание динамики мировой экономики и ее значения. Он требует наличия равных сил. Он предполагает неослабевающее противостояние. Он требует приписывания культурной и идеологической исключительности элементам, относимым к разным полюсам противостояния. Эти идеи, однако, исчезают, как только мы обращаемся к экономике. С ее помощью мы возвращаемся к знакомой картине. В поведении советского руководства мы узнаем черты конформизма, замечаем позу подчиненного. Советские внешнеэкономические агенты, ограниченные глобальным контекстом, искали убежища в языке соглашения, но не революции. Что нам с этим делать?

Pax Americana, который питал рост мировой экономики, несмотря на всю риторику холодной войны, обеспечивал такую международную стабильность, какой Советский Союз не знал никогда. Эффективное подчинение борьбы великих держав американским мерам безопасности — подвиг, настолько же очевидный новому советскому руководству, насколько он не был очевиден для Сталина в первые послевоенные годы, был намного меньшей угрозой для безопасности Советского Союза, чем распад международной кооперации в 1930-х годах. По мере того как международное сотрудничество деградировало на протяжении 1930-х годов, европейские страны, включая Советский Союз, были вынуждены преобразоваться в «гарнизонные государства». В отличие от 1930-х годов — времени, когда советское руководство с энтузиазмом следовало за сталинистской ориентацией на тяжелую промышленность и содержание большой регулярной армии, в 1950-х и 1960-х Хрущев сократил военные расходы и существенно повысил уровень внутреннего потребления. Относительно высокий уровень военных расходов сохранялся по причине сущности и общей инерции советской системы, а также из-за доминирования Советского Союза в Восточной Европе. Однако, по мнению Хрущева, ядерный арсенал в достаточной мере решал задачи по обеспечению безопасности Советского Союза. Противостояние, как он настаивал и как он будет настаивать до своей смерти, должно сместиться в область экономики и морали.

Вместе с тем усилий всего мира не хватило бы на интеграцию советской системы в мировую экономику. Одно лишь отсутствие свободной конвертируемости рубля делало финансовую интеграцию практически невозможной, не говоря уже о таких носящих институциональный характер препятствиях, как монополия Москвы в сфере внешней торговли или неучастие СССР в деятельности Международного валютного фонда (МВФ). Зачем в таком случае пытаться искать место Советского Союза в мировой экономике или значение мировой экономики для Советского Союза? Не правильнее ли было бы рассматривать его как замкнутую систему, зеркально противоположную Западу? Разве СССР не являлся экономической и идеологической альтернативой международной либеральной системе Запада? Разве он не был другим миром, позицией, надеждой, примером для развивающихся стран? И если это соответствует действительности и мы хотим понять мировую политику во время холодной войны, разве не более плодотворным будет изучение военных возможностей Советского Союза, его идеологических установок и эксцентричных лидеров[1]? Но мы уже видели, что Советский Союз внимательно следил за развитием мировой экономики и происходящими в ней событиями, а также порой испытывал на себе их глубокое влияние. Этот процесс получил новый импульс в ходе глобальной коммерческой экспансии 1960-х. Все политические действия и реакции в период холодной войны должны рассматриваться с точки зрения общей политики советского приспособления и адаптации к мировой экономике. Навязчивое желание получить доллары и постоянное копирование капиталистических практик в отношениях с собственной «империей» сложно совместить с идеей мировой революции и общей политической линии, направленной на подрыв влияния Запада повсюду, где только возможно.

Давайте проведем мысленный эксперимент: что, если бы стороны поменялись местами? Что бы сказали аналитики об американской политике сдерживания, которая опиралась бы в своем существовании на тонкий ручеек рублей, имеющих статус мировой валюты? Что написали бы историки о междоусобицах и позировании среди стран — союзников по НАТО, предпринятых лишь для того, чтобы получить в свои руки дополнительную сумму в рублях и сбалансировать этим свой внешнеторговый баланс, а также получить больший кредит от коммунистических государств? Что думали бы простые американцы о своей социальной модели, основанной на рыночных отношениях, если бы их страна, как и страны третьего мира, в значительной степени полагалась на коммунистические технологии, призванные повысить производительность труда? Историк Камингс описал тихую силу гегемонистского порядка следующим образом: такой опыт финансовой гегемонии был «обыденной, мягкой и ничем не

---

[1] Как делает в своем труде Гэддис, решительно и бесповоротно решивший проигнорировать всю систему взглядов, созданную ревизионистами [Gaddis 2005].

примечательной повседневной жизнью, с незаметными ограничениями» [Cumings 2010: 219]. В действительности официальные лица, ответственные за разработку и осуществление советской внешнеэкономической и внешнеполитической деятельности, были хорошо осведомлены как о присущих Советскому Союзу серьезных недостатках, так и о силе и привлекательности стран Запада. Они ощущали огромную тяжесть капитализма своими костями. Чаще всего советские чиновники пытались решить проблемы, копируя западные практики и / или принимая участие в мировой экономической жизни в ее либеральной, рыночной форме — политическое решение, почти полностью противоположное экспансии и агрессии. В первой половине 1960-х годов, по мере того как углублялись международные экономические связи страны и советские должностные лица становились в глобальной системе более искусными игроками, росла готовность советской стороны к принятию мировых экономических и технологических реалий для продолжения политики международного сотрудничества, считающейся выгодной и целесообразной.

Учась у Запада, конкурируя с Западом

Огрубляя, можно сказать, что конкуренция является ключевым фактором, определившим относительную неудачу централизованного развития таких стран, как Советский Союз, и оглушительный — в разной степени — успех централизованного пути таких стран, как Япония, Южная Корея и Тайвань[2]. Несмотря на развитие в рамках пятилетних планов и такие же, как у их северных коллег, более чем близкие отношения с центром, южнокорейские чеболи, столь же экономически разобщенные, сколь и советские региональные совнархозы, тем не менее полностью участвовали в международной конкуренции и вполне могли проиграть,

---

[2] Тема взаимозависимости правительства и тяжелой промышленности в японском экономическом развитии рассматривается в [Johnson 1982]; Тайвань и Восточная Азия в целом анализируются в книге [Wade 1990].

если не соответствовали ее требованиям. Свободно конвертируемая и хронически недооцененная валюта, миллиарды гарантированных инвестиций от мировой сверхдержавы обеспечили Южной Корее доступ к рынку и финансовой системе, необходимый для ориентированного на экспорт, «чудесного», экономического развития, начавшегося в 1970-х годах. В Советском Союзе конкуренция начала оказывать ожидаемое воздействие на экспортное производство десятилетием раньше. И в случае СССР, и в случае Южной Кореи наблюдалась схожая озабоченность, охватившая руководство стран, столкнувшееся с проблемой развития. Различие, разумеется, заключалось в том, насколько сильно в Советском Союзе ослабла обеспокоенность после того, как экспорт природных ресурсов достиг определенного уровня. Такая роскошь никогда не была доступна Южной Корее.

Как отмечалось ранее, советское руководство обнаружило, что рынок был суровым учителем, быстро выявлявшим недостатки продукции советского производства, как это произошло с хромом, стеклом или печатным оборудованием[3]. В Советском Союзе часто пытались улучшить качество товаров административными методами, но также часто обращались к западным практикам и примерам. Так, в конце 1959 года заместитель министра внешней торговли обратил внимание Косыгина на низкое качество целого ряда нефтепродуктов, поставлявшихся в западные страны. Это качество было отражением неэффективности нефтяного экспорта. В докладе заместителя министра утверждалось, что «в условиях острой конкурентной борьбы, которую приходится вести с крупнейшими нефтяными монополиями, вопрос об улучшении качества нефтепродуктов и изысканий новых товаров приобретает важное значение»[4]. Далее он остановился на примерах компаний *Shell* и *Exxon*, имевших собственные, прекрасно оснащенные лаборатории и специальные исследовательские отделы, на постоянной основе работающие над повышением качества продукции, для того чтобы она соответ-

---

[3] Это обсуждалось в третьей главе настоящей работы.

[4] ГАРФ. Ф. 5446. Оп. 93. Д. 133. Л. 59.

ствовала требованиям рынка. Заместитель министра отмечал: «У нас же практически нет такой организации, которая специально занималась бы вопросами улучшения качества нефтепродуктов».

Далее он сообщил Косыгину о том, что Министерство внешней торговли, по требованию министерств, совнархозов, а также научно-исследовательских институтов, закупало образцы новейших западных технологий в области нефтепереработки. Вместе с тем прогресс в области реверс-инжиниринга этих технологий был медленным, стоившим Советскому Союзу миллионы рублей, потраченных на импорт нефтепродуктов, которые легко могли быть произведены внутри страны. Возьмем в качестве примера антиоксидант ионол, необходимый в производстве оборудования для трансформаторов и турбин, а также для стабилизации смазочного масла. В том году министерству предстояло закупить 100 тонн этого материала по цене почти в 1 млрд рублей в твердой валюте. И это несмотря на тот факт, что технология производства ионола была хорошо известна и закуплена тремя годами ранее[5]. Решение, предложенное заместителем министра, заключалось в воспроизведении работы западных компаний и выработке механизма, благодаря которому советские НИИ будут исследовать пути повышения качества нефтепродуктов до рыночных стандартов, а также разрабатывать новые продукты, востребованные на рынке[6].

Микоян со своей стороны стимулировал обращение сотрудников советских министерств к опыту западных стран в вопросах экспортной торговли. Принимая во внимание тот факт, что страны Прибалтики до присоединения к СССР были экспортерами картофеля, а также значительные успехи Голландии, Дании и Англии в этой торговле, Микоян считал, что наступил подходящий момент развивать советский экспорт картофеля, особенно высокодоходный, — ранней весной[7]. Это предприятие тре-

---

5   ГАРФ. Ф. 5446. Оп. 93. Д. 133. Л. 60.

6   ГАРФ. Ф. 5446. Оп. 93. Д. 133. Л. 60.

7   ГАРФ. Ф. 5446. Оп. 97. Д. 1363. Л. 105.

бовало изучения капиталистических практик в области методов торговли, упаковки и транспортировки и, возможно, предполагало поездки по странам-экспортерам Европы, а также к потенциальным африканским и азиатским покупателям с целью оценки их возможностей и условий, при которых они будут заинтересованы в закупках советского картофеля.

Однако исследования шли медленно. Несмотря на то что результаты ожидались в течение одно- или двухмесячного периода, установленного Микояном в июне 1962 года, они начали поступать только в сентябре. Итогом стала констатация того факта, что буржуазное правительство Прибалтики действительно продавало картофель в европейские страны и Аргентину. В ходе дальнейшего расследования было установлены объемы экспортных продаж — от 20 до 25 тысяч тонн — и потребность поставщиков в деревянных ящиках[8]. Наконец, в январе 1963 года Министерство внешней торговли СССР сообщило, что, хотя западноевропейские страны являются чистыми экспортерами картофеля, весной они импортируют картофель по цене, в пять раз превышающей цены осени[9]. Для экспорта картофеля требовались суда-рефрижераторы — еще не освоенная в СССР технология, которую нужно было купить за рубежом. Микоян мог сообщить это еще семь месяцев назад.

Бизнес при капитализме не только обеспечивал технологии роста производительности труда, но и стимулировал сокращение затратных практик. В конце марта 1964 года Министерство внешней торговли докладывало о том, что в результате распиловки и подготовки древесины для внутреннего рынка огромное ее количество просто выкидывается. В докладе отмечался как само собой разумеющийся и не вызывающий закономерной тревоги факт, что отходы лесной промышленности частично выбрасывались, а иногда даже сжигались. Авторы в своем докладе предложили выставить их на экспорт[10]. Министерство уже

---

8 ГАРФ. Ф. 5446. Оп. 97. Д. 1363. Л. 106–109.

9 ГАРФ. Ф. 5446. Оп. 97. Д. 1363. Л. 113–115.

10 ГАРФ. Ф. 5446. Оп. 98. Д. 1445. Л. 60.

провело переговоры с японскими и финскими фирмами, по итогам которых финские компании выразили готовность приобрести 50 тыс. кубических метров древесины в год за 110 тыс. конвертируемых рублей и не исключали возможность дальнейшего роста закупок. Японцы проявили интерес к закупкам в большем объеме — 400 тыс. кубометров в год за 1 млн конвертируемых рублей. В докладе вместе с тем утверждалось, что Советскому Союзу требовалось закупить специальное оборудование для подготовки щепы в соответствии с международными стандартами — его были готовы предоставить финны и японцы в обмен на готовую продукцию. Сотрудники министерства склонялись к положительному ответу, полагая, что совнархозы, занимавшиеся поставками древесины, могли бы использовать полученные деньги для покупки оборудования, поскольку щепа, соответствующая международным стандартам, до этого никогда не экспортировалась[11]. Злополучное Министерство морского флота СССР, как всегда, должно было предоставить больше судов. Хрущев подписал соглашение 1 апреля, и к июню уже были приняты указания об отправке 25 тыс. кубометров в Финляндию в 1964 году и не менее 50 тыс. кубометров — в следующем году[12].

В действительности не все богатые страны начинали с одинаковых стартовых позиций. В соответствии с императивами своего нейтралитета, а также географического положения финские фирмы были политически вынуждены поддерживать высокий уровень торговых связей с Советским Союзом. Хотя Финляндия не была ограничена в переговорах так же, как страны коммунистического блока Центральной и Восточной Европы, она часто прибегала к малым требованиям — тактике, аналогичной используемой упомянутыми странами с целью обеспечения своих доходов. Финские компании не всегда могли следовать строгим рыночным правилам в своих коммерческих отношениях с советскими предприятиями, но в сложившихся условиях они делали все, что могли. Например, если они соглашались закупить

---

[11] ГАРФ. Ф. 5446. Оп. 98. Д. 1445. Л. 61–62.

[12] ГАРФ. Ф. 5446. Оп. 98. Д. 1445. Л. 63, 68.

120 тыс. тонн сахара у Советского Союза, то впоследствии могли договориться, чтобы 40 тыс. из них составлял тростниковый сахар, что и произошло в 1961 году на переговорах относительно импорта сахара на следующий год[13]. Финны согласились с тем, что оставшиеся 80 тыс. тонн составит свекловичный сахар, традиционно экспортируемый Советским Союзом. Этот случай показывает, насколько они были заинтересованы даже в незначительном улучшении торговых отношений, которыми были обременены из-за политики[14].

Однако Финляндия — это исключительный случай. В основном Советский Союз был склонен учиться, а не злоупотреблять. Когда в 1964 году японцы сократили свои заказы на станки, советское руководство приняло это к сведению. Советские станки получили свою долю японского рынка во время рецессии 1962 года, когда множество небольших производителей станков в Японии разорились. Японские фирмы покупали советские товары по бросовым ценам, о чем сильно пожалели позже, когда механизмы начали приходить в негодность. Японский посредник по продаже советского оборудования был вынужден открыть ремонтные мастерские в Токио, Нагое и Осаке только для того, чтобы обслуживать своих клиентов, поскольку советские экспортные агентства продавали свою продукцию без послепродажного сервисного обслуживания[15]. Как позже жаловались в Министерство внешней торговли СССР японские посредники, их потери разорили бы небольшую фирму. После долгих переговоров японцам удалось договориться о поставках запасных частей от подведом-

---

[13] ГАРФ. Ф. 5446. Оп. 95. Д. 1021. Л. 118–119.

[14] ГАРФ. Ф. 5446. Оп. 95. Д. 1021. Л. 118–119. Советская сторона была вполне довольна сделкой, поскольку получила согласие Кубы на реэкспорт тростникового сахара в Финляндию, за который она могла затребовать более высокую цену. Этот запрос показывает, насколько чаще финнам приходилось маневрировать в относительно более жестких рамках, чем другим «капиталистическим» странам, работая, вероятно, более плотно с СССР, чем было бы, если бы их торговые отношения складывались строго на рыночных принципах.

[15] РГАЭ. Ф. 413. Оп. 31. Д. 123. Л. 18.

ственного министерству агентства по экспорту продукции машиностроения. Однако эти запчасти оказались столь же бесполезными, как и те японские детали, которые использовались для ремонта изначально. Запросы японского посредника о специалистах по контролю и об улучшении качества обслуживания не остались незамеченным, однако этот опыт существенно испортил репутацию советской промышленной продукции в Японии. После пика, достигнутого в 1964 году, советский машиностроительный экспорт в Японию упал, и в дальнейшем ему не удалось угнаться за общим ростом торговли с этой страной[16].

Кроме того, уроки не всегда успешно усваивались. В 1963 году советским руководством овладела мысль о том, что для успешной конкуренции на рынке автомашин необходимо следовать западному опыту. На сей раз образцом для подражания стала большая тройка американской автомобильной индустрии: *General Motors*, *Ford* и *Chrysler*. По сравнению с товарами этих передовых компаний автомобили Советского Союза были с технологической точки зрения неполноценными, однако проблемой, о которой шла речь в тот момент, была гарантия. В то время как в 1960 году гарантийный срок службы и пробег советских машин составляли шесть месяцев или 10 тыс. километров соответственно, в зависимости от того, что наступит раньше, в том же году компания *Ford* увеличила гарантию на свои машины до 24 месяцев или 24 тыс. миль[17]. Фирма *Škoda*, чешский конкурент, объявила в сентябре 1963 года о том, что они увеличивают гарантийный срок и пробег до 12 месяцев или 20 тыс. километров, что было лишь немногим меньше, чем у остальных компаний, переходивших с конца 1960 года на условия, аналогичные тем, что предлагал *Ford*. Советский Союз тем не менее и в конце 1963 года продолжал предлагать шесть месяцев или десять тысяч километров пробега. Чтобы повысить конкурентоспособность советских автомобилей, Министерство внешней торговли обратилось к руководству автозаводов с предложением повысить гарантию пробега до междуна-

---

[16] См. статистические обзоры «Внешняя торговля СССР».

[17] ГАРФ. Ф. 5446. Оп. 97. Д. 1364. Л. 72–74.

родных стандартов. Руководители советских предприятий ожидаемо отклонили данную рекомендацию, предложив вместо этого небольшое увеличение гарантийного срока и пробега. Это подтолкнуло Министерство внешней торговли обратиться за поддержкой против непокорного руководства в Совет министров[18]. Возвращаясь к сравнению, приведенному в начале этого раздела, эпизод, связанный с гарантийными обязательствами, указывает на еще одно отличие от Южной Кореи: в Советском Союзе не было структуры, которая стимулировала бы вовлечение промышленных руководителей в экспорт продукции.

Заметки о транспорте, или Муки коммерческого роста

Уже в конце 1950-х годов министерства, ответственные за транспорт, прежде всего Министерство путей сообщения, занимавшееся железными дорогами, и Министерство морского флота столкнулись с негативными последствиями экспоненциального роста внешней торговли. Количество жалоб, направленных Микояну от Министерства внешней торговли и других ведомств, ответственных за экспорт отдельных видов продукции, росло параллельно с расширением международной торговли. В 1957 году, например, министр нефтяной промышленности выражал недовольство тем, что Министерство путей сообщения не предоставило товарных составов в количестве, необходимом, чтобы выполнить все запланированные экспортные поставки нефти[19]. Это хроническое недовыполнение составляло от 20 до 35 % требуемых для плановых поставок объемов, что наносило ущерб экспорту нефти в страны Восточной Европы[20]. Тем временем Министерство морского флота требовало от Москвы допол-

---

[18] ГАРФ. Ф. 5446. Оп. 97. Д. 1364. Л. 72–74.

[19] РГАЭ. Ф. 413. Оп. 13. Д. 7931. Л. 9–11. Министерство путей сообщения в этом году и последующих, казалось, прилагало все усилия, чтобы помочь выполнять экспортные планы, часто требуя вмешательства Совета министров.

[20] РГАЭ. Ф. 413. Оп. 13. Д. 7931. Л. 9–11.

нительного финансирования на закупку в Чехословакии кранов фирмы *Caterpillar* для своих портов, поскольку ожидало удвоения объемов морских перевозок в течение следующего пятилетнего плана[21].

По мере того как расширение торговли охватывало все новые регионы, такого рода логистические задачи становились все более частыми[22]. Несмотря на упомянутые ранее проблемы с поставками нефти, рост товарооборота в 1940-х и 1950-х годах повлек за собой расширение торговли с Восточной Европой, происходившее главным образом за счет наземных перевозок[23]. В конце 1950-х годов и на протяжении всех 1960-х годов, однако, наблюдался рост морских перевозок: в абсолютных цифрах — с 26 млн метрических тонн в 1958 году до почти 109 млн метрических тонн в 1967-м, в относительных цифрах — с 38,1 % от общего объема до 52,7 % за тот же период [Hanson 1970: 46–47][24]. Давление, ощущающееся уже после относительно медленного расширения морской торговли со странами Восточной Европы в 1950-х годах, угрожало уничтожить новые возможности, открывшиеся в 1960-е годы перед Советским Союзом в мировой торговле.

Госэкономсовет, организация, ответственная за перспективное планирование, предвидела такое развитие событий. В 1961 году его представители обратили внимание заместителя председателя Совета министров Косыгина на тот факт, что «за последние годы непрерывно возрастает объем внешнеторгового оборота СССР и перевозки экспортно-импортных грузов. Между тем в плани-

---

[21] РГАЭ. Ф. 4372. Оп. 57. Д. 384. Л. 236.

[22] Как и объем работы Госплана, связанный с внешнеэкономическими связями. В 1961 году Отдел внешней торговли Госплана попросил увеличить штат сотрудников в связи с выросшим объемом работы «и необходимостью установления и расширения со [странами в Африке, Азии и Латинской Америке] торгово-экономических связей». См. РГАЭ. Ф. 4372. Оп. 63. Д. 400. Л. 7–9.

[23] Ссылаясь на советские источники, Хэнсон оценил долю морских перевозок от общего объема торговли с Восточной Европой в 10,5 %. См. [Hanson 1970: 46].

[24] Как отмечает Хэнсон, это значительно ниже общемирового показателя доли морской торговли (75 %) и связано с сохранением высокой доли товарооборота с Восточной Европой.

ровании и организации экспортно-импортных перевозок имеют место серьезные недостатки, вызывающие затруднения в выполнении планов внешней торговли, неудовлетворительное использование технических средств железных дорог и морского транспорта»[25].

Характерно, что советский торговый флот был в 1961 году только двенадцатым в мире по величине, и Госэкономсовет ратовал за улучшение позиции, исходя из соображений удовлетворения быстро растущих потребностей внешней торговли[26]. По мнению представителей этой организации, главной задачей было «ликвидировать отставание морского грузового транспортного флота от потребностей во внутренних и внешних морских перевозках и обеспечить развитие торговли с зарубежными странами». Для этого в Госэкономсовете предложили увеличить производство грузовых судов за 1970-е годы в три раза и за 1980-е — в шесть раз, чтобы уже через два десятилетия у Советского Союза было в распоряжении 2400 грузовых судов общим тоннажем 17 700 000 брутто-тонн[27]. В результате советский флот стал бы четвертым или пятым флотом по величине тоннажа в мире, что не только удовлетворило бы потребности страны в морских перевозках, но и позволило бы Советскому Союзу стать к 1970-м годам нетто-экспортером грузовых судов[28]. Это грандиозное предприятие привело бы к производству таких новых товаров, как созданные по новейшим технологиям паровые турбины, дизельные двигатели, а также целый ряд другого вспомогательного оборудования, что потребовало бы строительства пяти судостроительных и 14 машиностроительных заводов[29].

Оценки Госэкономсовета были недалеки от истины. К 1968 году валовый тоннаж советских грузовых судов утроился по сравнению с показателем 1961 года, что превратило советский

---

[25] РГАЭ. Ф. 7. Оп. 3. Д. 807. Л. 38–39.

[26] РГАЭ. Ф. 7. Оп. 3. Д. 814. Л. 9.

[27] РГАЭ. Ф. 7. Оп. 3. Д. 814. Л. 8.

[28] РГАЭ. Ф. 7. Оп. 3. Д. 814. Л. 8.

[29] РГАЭ. Ф. 7. Оп. 3. Д. 814. Л. 11.

торговый флот к началу 70-х годов XX в. в шестой по величине
в мире. Этот факт свидетельствует о важности, которую советское
руководство придавало этой отрасли и внешней торговле в целом
[Hanson 1970: 45][30]. Западные аналитики времен холодной войны
опасались, что столь быстрый рост грузоподъемности советского флота мог быть вызван реакцией на американское эмбарго на
торговлю кораблями со странами коммунистического блока
после событий Карибского кризиса 1962 года, а также тем, что
конечной целью создания большого торгового флота была деста-
билизация мирового рынка морских перевозок. Но ближе всех
к истине оказался экономист Хэнсон, полагавший, что наиболее
вероятными мотивами Советского Союза были экономия конвертируемой валюты и желание добиться в морских перевозках
независимости [Hanson 1970]. Он апеллировал к тому, что Советский Союз также был заинтересован в беспрепятственном
функционировании мировой торговли. Советские архивы дока-
зывают, что менее паникерские рассуждения Хэнсона оказались
наиболее мудрыми, что очевидно из одного просто примера
импорта фруктов.

С 1952 по 1960 год объем импортируемых фруктов вырос
с 69 тыс. тонн до 550 тыс. тонн — цифра, которая, согласно надеждам Госэкономсовета, должна была вырасти за ближайшие 20 лет
в десять раз[31]. Чтобы успевать за этим ростом, особенно когда
речь шла об импорте бананов, ананасов и других тропических
фруктов из стран, не имевших собственного торгового флота, —
таких, как Вьетнам и Гвинея, — Министерству морского флота
приходилось закупать грузовые суда в западных странах. В конце 1962 года министерство направит Микояну заявку на закупку
за твердую валюту в Западной Германии еще семи кораблей

---

[30] Цифры Хэнсона взяты из отчета палаты судоходства Соединенного Коро-
левства. В действительности, если исключить Либерию, чей торговый флот
в основном принадлежал иностранцам, а государство просто предоставляло ему флаг, советский торговый флот становится пятым по величине,
уступая только флоту Великобритании, Норвегии, Японии и США.

[31] РГАЭ. Ф. 7. Оп. 3. Д. 506. Л. 54–70.

вдобавок к тем трем, что уже были приобретены двумя годами ранее[32]. В лучшем случае эти три судна могли перевезти только 27 тыс. тонн грузов — в остальных случаях СССР приходилось полагаться на перевозки на зафрахтованных зарубежных судах. Это стоило бы 650 тыс. рублей в конвертируемой валюте в 1963 году, 800 тыс. — в 1964 году и 1,15 млн — в 1965 году — в общей сложности 2,6 млн рублей за все три года. Один корабль стоил 2,4 млн рублей или 3 млн рублей при покупке в кредит[33]. Столь высокая стоимость убедила Госплан обратиться в Совет министров с предложением о закупке с 1964 по 1966 год у капиталистических стран в кредит не менее пяти судов. Однако для этих целей потребовалось бы не менее 900 тыс. рублей выплат в 1964 году и 2,4 млн рублей — в 1965 году. Это делало предприятие невозможным, так как для него не хватало твердой валюты, что, в свою очередь, побудило Министерство внешней торговли рассмотреть возможность покупки на бартерных условиях кораблей в социалистических странах[34]. Однако из-за невозможности осуществления этой сделки Советскому Союзу пришлось изыскивать необходимые ресурсы и в итоге импортировать в 1964 году необходимые корабли на условиях кредита[35].

Иными словами, в дискуссии вокруг импорта в Советский Союз грузовых судов было два направления. Первое, отраженное в исследовании Госэкономсовета о реализации программы развития советского торгового флота, заключалось в настоятельной и непреодолимой необходимости выполнения торгового плана. Однако ни одно из участвующих в поставках ведомств не предлагало отказаться от импорта фруктов или хотя бы сократить его. Проблема, как утверждал Хэнсон, всегда заключалась в поиске наилучшего способа остановить отток конвертируемой валюты. Никогда не поднимался вопрос и о независимости советских морских перевозок. Официальные лица не выражали опасений, что Соеди-

---

[32] РГАЭ. Ф. 4372. Оп. 65. Д. 408. Л. 176.

[33] РГАЭ. Ф. 4372. Оп. 65. Д. 56. Л. 259–260.

[34] РГАЭ. Ф. 4372. Оп. 65. Д. 408. Л. 170–174.

[35] РГАЭ. Ф. 4372. Оп. 65. Д. 408. Л. 175.

ненные Штаты окажут на другие страны давление, чтобы воспрепятствовать Советскому Союзу пользоваться сторонними услугами морских перевозок. Хотя, конечно, независимость в области морских грузовых перевозок была желательна, страхи, описанные западными аналитиками, не привели непосредственно к взрывному росту советской судостроительной отрасли. Скорее, это было самоочевидным и соответствовало тому, как должностными лицами в Советском Союзе обычно решались логистические проблемы подобного рода: если объемы торговли растут, строительство необходимой инфраструктуры было следующим и единственно логичным шагом, особенно принимая во внимание отсутствие, как всегда, информации об альтернативных издержках инвестирования в эту инфраструктуру[36].

Отчет, составленный в 1965 году для Совета министров всеми организациями, вовлеченными в исполнение и планирование экспортно-импортных перевозок, а также Институтом комплексных транспортных проблем при Госплане, подтверждает, что это были, по сути, главные опасения Москвы[37]. Перевозки рассматривались в исследовании как целиком экономическая проблема, требующая решения в разрезе более эффективного использования твердой валюты. Политические последствия, если судить по отчету, просто накладывались на рассматриваемые экономические проблемы, как это было в случае с западным картелем морских перевозок, который сделал все возможное, чтобы исключить Советский Союз из списка конкурентов и, в частности, подорвать его потенциал в сфере трансграничной торговли[38].

---

[36] Согласно расчетам Хэнсона, они оказались не очень высокими. Иначе говоря, рентабельность советских морских грузоперевозок в пересчете на конвертируемую валюту хорошо сопоставима с размещением ресурсов в других секторах экономики СССР, приносящих доход в твердой валюте. См. обсуждение в [Hanson 1970: 52–57].

[37] РГАЭ. Ф. 4372. Оп. 66. Д. 1340. Л. 35–68.

[38] РГАЭ. Ф. 4372. Оп. 66. Д. 1340. Л. 52–53. Под трансграфической торговлей понимается использование советских судов для транспортных перевозок между двумя зарубежными странами: использование судоходства в целях получения твердой валюты.

Чтобы привлечь внимание Совета министров, доклад начинался со статистики, которая, по мнению авторов доклада, вероятно, должна была отражать пугающий рост расходов. Поскольку объемы зарубежной торговли за период с 1960 по 1965 год выросли вдвое, перевозка товаров для этой торговли обошлась в 1965 году в 833 млн рублей — по сравнению с 313 млн рублей, потраченными пятью годами ранее. При этом морские перевозки обошли по значимости железнодорожные[39]. Согласно прогнозам доклада, через два года транспортные расходы превысят отметку в 1 млрд рублей. Значительная часть этих расходов покрывалась твердой валютой, и большую ее часть можно было сохранить, если бы Совет министров занялся устранением многочисленных просчетов в организации транспортных перевозок для внешней торговли. Далее в докладе перечислялись многочисленные проблемы и пути их решения, призванные сделать транспорт в Советском Союзе более рациональным и менее затратным.

В список предложений входил экспорт нефти в Японию через сибирский порт Находка после строительства необходимой инфраструктуры. До этого нефть в Японию доставлялась по Черному морю и переливалась в Персидском заливе в танкеры по цене 19,10 рубля за тонну. При транспортировке в Иркутск по нефтепроводу, а затем в Находку железнодорожным транспортом транспортные расходы, по расчетам авторов, сокращались до 4,40 рублей за тонну. При этом ежегодные затраты действующей транспортной системы достигали 13 млн рублей, из которых 1,5 млн рублей приходились на твердую валюту[40].

Далее в докладе приводились другие примеры подобного рода, в каждом из которых предлагались способы экономии и особое внимание уделялось тратам в конвертируемой валюте. Эти предложения по факту затрагивали основной объем повседневной деятельности таких ведомств, как Министерство путей

[39] РГАЭ. Ф. 4372. Оп. 66. Д. 1340. Л. 38–39.
[40] РГАЭ. Ф. 4372. Оп. 66. Д. 1340. Л. 40–41.

сообщений, Министерство морского флота и, конечно, Госплан. Рост торговли, предъявлявшей к физическим возможностям Советского Союза все новые требования по его поддержанию, подталкивал должностных лиц этих ведомств к размышлениям над вопросами эффективности и экономии. В общем и целом рост торговли больше не зависел от желания или способности других стран торговать с Советским Союзом. С мировой экономикой, более открытой для Советского Союза, чем когда-либо прежде, единственным ограничительным фактором, казалось, была способность советского руководства планировать и осуществлять расширение своей внешней торговли. Рост, если судить по архивным свидетельствам, был также их единственной установкой.

Европа интегрирует СССР: сверхдержава, торгующая энергоносителями

Дело в том, что внутренние проблемы, связанные с некомпетентностью руководства, низкокачественной продукцией и неадекватной инфраструктурой, были платой за успех. Советская система прошла через горнило автаркии 1930-х годов и приспосабливалась к новым требованиям послевоенной эпохи медленно, даже когда руководство в Кремле напрягалось. В 1960-х в общем направлении двигалось несколько мировых тенденций. Американский доллар больше не был препятствием для мировой торговли, как десятилетием ранее. Теперь в развитых странах, устранивших системы государственного контроля, направленные на сохранение долларового резерва, наблюдался избыток этой валюты. Накопленные в Европе и Японии доллары смазали финансовые механизмы мировой торговли и усилили иностранный интерес к советским ресурсам.

Избыток долларов был также признаком того, что Европа восстановила по отношению к США свои экономические и технологические позиции, потерянные из-за потрясений первой половины XX века; значительная часть долларов, утекающих от американских потребителей, были получены благодаря успешной конкуренции с американской продукцией. Промышленное развитие 1960-х годов в Западной Европе и Японии привело к важному изменению: переходу от угля к нефти как основному источнику энергии. В 1955 году три четверти энергии, потребленной в Западной Европе, приходилось на уголь, в то время как оставшаяся часть генерировалась с помощью нефти, — спустя полтора десятилетия удельный вес угля и нефти практически поменялся местами. Изменения, произошедшие в Японии, были, пожалуй, еще более радикальными: с конца 1940-х годов до конца 1960-х годов удельный вес нефти в производстве энергии вырос с 7 до 70 % от общего объема потребленной энергии [Ергин 2018: 585–586]. Этот переход в промышленно развитой части мира был связан с желанием вырваться из-под англосаксонского контроля в сфере международной нефтяной промышленности, воплощенного в нефтяных гигантах Соединенных Штатов Америки и Великобритании, доминировавших на мировом рынке добычи нефти. Европейцам был нужен новый поставщик более дешевых энергоресурсов. Советский Союз, добивавшийся этого десятилетиями, был только рад предоставить свои услуги.

Мало кто боролся с олигополией нефтяных гигантов сильнее и успешнее, чем Э. Маттеи, глава итальянского государственного энергетического конгломерата *Ente Nazionale Idrocarburi* (ENI). Его первым шагом на пути разрушения монополистической власти нефтяных гигантов над Ближним Востоком стал подрыв принципа распределения прибыли со страной-производителем 50/50: Ирану была предложена 75%-я доля. Эта наглость означала начало конца господства западных нефтяных гигантов на Ближнем Востоке, но принесла самому Э. Маттеи мало прибыли. Разведочные скважины, пробуренные ENI в Иране, не представляли интереса, по крайней мере с коммерческой точки зрения [Ергин 2018: 540–542]. Маттеи пришлось обратить внимание на другие источники дешевой нефти.

Неудержимый итальянец обратил свой взор на Восток, где существовал еще более серьезный запрет для нефтяной индустрии, условия для преодоления которого уже созрели: ведение дел с коммунистами. В 1958 году он быстро подписал контракт на поставку нефти из Советского Союза в Италию. И вот 12 октября 1962 года наконец произошел долгожданный прорыв: заключена сделка, принесшая ENI 12,5 млн тонн сырой нефти в течение пяти лет в обмен на 240 тыс. тонн труб большого диаметра вместе с другим трубопроводным оборудованием, дизельными двигателями и синтетическом каучуком[41]. Это была первая крупномасштабная сделка из серии «трубы в обмен на нефть», столь значимая для будущих взаимоотношений между Советским Союзом и Западной Европой, — схожая сделка с Японией так и не была заключена. Нефтяные компании тут же подали жалобу в Госдепартамент:

> Намерения Энрико Маттеи использовать Россию как средство преследования и вытеснения зарубежных нефтяных интересов из Италии; развивать экспорт итальянских товаров и услуг в Россию; использовать российские дешевые поставки в качестве трамплина для выхода на западноевропейские рынки в сочетании с желанием Италии развивать свою внешнюю торговлю угрожают поставить Италию в опасную зависимость от стран «железного занавеса»[42].

В следующие два десятилетия эта точка зрения стала в Белом доме и Государственном департаменте преобладающей[43]. Если представители последнего и понимали лицемерие своей позиции, то не испытывали по этому поводу никаких угрызений совести:

> В среднем итальянец получает нефть по более низкой цене, поскольку Италия импортирует советскую нефть. Из-за советской нефти промышленники Европы могут произво-

---

[41] Условия сделки изложены в Меморандуме беседы от 3 ноября 1960 года [FRUS 1958–1960, 7: 621]. Американские нефтяные компании были особенно встревожены ценой, которая при уровне 1 доллар за баррель составляла половину от того, что нефтяные гиганты запрашивали за ближневосточную нефть.

[42] [FRUS 1958–1960, 7: 622].

[43] См. великолепную работу [Jentleson 1986].

дить продукцию с меньшими затратами. В таких условиях трудно выработать сопротивление этому импорту. Нашим аргументом должна стать опасная зависимость от советской нефти[44].

Такая узкокорыстная аргументация была изначально обречена на провал. Летом 1961 года М. Рэтбоун, председатель правления *Standard Oil of New Jersey* (сейчас *Exxon*), отправился в Северную Европу для «оценки на месте советского нефтяного экспорта» и вернулся из нее встревоженным. Он обнаружил, что «существует значительный интерес и определенное давление в пользу расширения торговли с СССР, причем в основном это давление исходит от бизнеса»[45]. Причина для этого проста: Европа обеспечивала свою безопасность, интегрируя натуральные и промышленные ресурсы в континентальном масштабе.

27 октября 1962 года вошло в историю как «черная суббота» — самый опасный день Карибского кризиса. В тот день упали два самолета: самолет-разведчик U-2, пролетавший над Кубой, и частный самолет, на котором Э. Маттеи возвращался из Сицилии в Милан. Ни одно из этих происшествий не было результатом несчастного случая. Убийство Маттеи, однако, мало что изменило в процессе интеграции. В беседе с американским послом в Италии Ф. Рейнхардтом, случившейся за пять месяцев до его смерти, Э. Маттеи настаивал, что его «единственной целью было обеспечение Италии дешевым источником энергии, чтобы дать итальянцам работу», а советская нефть была самой дешевой, которую он мог получить[46]. Это была лишь половина истории, что понимали оба собеседника, но тем не менее это была мощная мотивация. И она была гораздо ближе к истине, чем предположения Госдепартамента о сознательных уловках Советского

---

[44] Краткий протокол заседания от 13 декабря 1961 года [FRUS 1961–1963, 9: 774].

[45] Меморандум беседы от 18 июля 1961 года [FRUS 1961–1963, 9: 762].

[46] Телеграмма посольства в Италии в Госдепартамент от 27 мая 1962 года [FRUS 1983: 841–842].

Союза, предназначенных для захвата доли рынка и разрушения международной нефтяной промышленности. В действительности цена на советскую нефть была итогом трудных переговоров. При этом главным аргументом, который использовали итальянцы и другие страны, было политическое давление со стороны правительства США, оказанное с целью противодействия сделкам с коммунистами. Представители компании ENI продолжали сопротивляться попыткам советской стороны увеличить цены, утверждая, что им приходится работать в ненормальных политических условиях, из-за которых они подвергались постоянным нападкам в прессе за ведение дел с Советским Союзом. Как и японцы до них, итальянцы настаивали на том, что советские цены на нефть должны отражать риски и плохую репутацию, создаваемую торговлей с СССР[47].

Американская враждебность времен холодной войны мало что могла сделать для воспрепятствования сближения европейских стран и СССР. Бизнес был заинтересован в таком сближении еще в середине 1950-х годов, и к середине 1960-х годов европейские правительства были подкуплены экономическими выгодами такой политики. Это произошло также потому, что они больше не находились в финансово зависимой позиции предшествующих лет, которая заставляла их беспрекословно следовать американским пожеланиям. Теперь они могли самостоятельно предложить главный ингредиент, необходимый для любого роста торговых отношений с Советским Союзом, — капитал. Ведение торговли с СССР в условиях нехватки долларов требовало строгого соблюдения принципов ведения клиринговых расчетов. В 1960-х годах сбалансированность торговли оставалась важным фактором, но итальянцы могли позволить себе послабления. Как объяснил в октябре 1964 года министр внешней торговли Италии Б. Маттарелла своему советскому коллеге Патоличеву, так как платежный баланс Италии улучшился, итальянцы могли позволить себе не только дефицит с США и СССР, но и даже предложить

---

[47] РГАЭ. Ф. 413. Оп. 13. Д. 9757. Л. 4–9. Сама встреча состоялась 16 марта 1963 года.

кредит последнему[48]. Также итальянское правительство было готово поддерживать кредитование советских организаций со стороны частных фирм. В 1960-х годах эта государственная поддержка стала основой для двух важнейших сделок между Италией и Советским Союзом, а в действительности и двух важнейших сделок среди заключенных Советским Союзом за упомянутое десятилетие: проект строительства «под ключ» компанией *Fiat* завода в Тольятти, который позднее станет «Авто-ВАЗом», а также Трансавстрийского газопровода (TAG), по которому газ из СССР впервые напрямую поступит в Западную Европу[49]. Тот факт, что предварительные переговоры по обеим сделкам велись в одно и то же время — в июне 1965 года, — не был простым совпадением[50].

Избыток долларов стал для Советского Союза прекрасной возможностью использовать финансовую конкуренцию в качестве рычага для получения от богатых стран лучших условий и более быстрых результатов. Когда на встрече в 1964 году Маттарелла обратил внимание на несбалансированность советско-итальянской торговли, Патоличев упомянул не имеющий отношения к предмету обсуждения факт, что незадолго до этого французское правительство предложило больший кредит на лучших условиях, чем запрашивали советские представители[51].

---

[48] РГАЭ. Ф. 413. Оп. 31. Д. 82. Л. 91–93. 20 октября 1964 года итальянцы предложили кредит в размере 35–45 млн рублей (25–35 млрд лир) для финансирования экспорта продукции машиностроения, оборудования и судов в Советский Союз, при этом продолжая жаловаться на несбалансированность советско-итальянской торговли. См. РГАЭ. Ф. 413. Оп. 31. Д. 82. Л. 95, 101.

[49] На предварительных переговорах, состоявшихся 28 июня, президент Fiat В. Валетта предложил продать советскую древесину в Италию в качестве «жеста дружбы». См. РГАЭ. Ф. 413. Оп. 31. Д. 595. Л. 53–56. Предварительные переговоры между Патоличевым и вице-президентом ENI Э. Чефисом прошли 17 июня. См. РГАЭ. Ф. 413. Оп. 31. Д. 595. Л. 64–67.

[50] Как отмечает Л. Сигельбаум, переговоры по сделке с Fiat велись на низовом уровне с 1962 года, но по ним не было существенных подвижек до визита В. Валетта в Москву в июне 1965 года. История АвтоВАЗа хорошо изложена в [Сигельбаум 2011: 141–214].

[51] РГАЭ. Ф. 413. Оп. 31. Д. 82. Л. 93.

Два года спустя настойчивая апелляция советской стороны к почти готовой технической и финансовой сделке с фирмой Renault подтолкнула итальянское правительство и *Fiat* подписать в мае 1965 года договор, включающий советские финансовые требования по проекту строительства готового завода «АвтоВАЗ» [Сигельбаум 2011: 161]. В коммерческих операциях с Японией это стало стандартным стимулом, с помощью которого Советский Союз получал все больше капитала на более выгодных условиях. Британцы, более оперативные в финансовых вопросах и контролирующие вторую по частоте использования международную валюту, надеялись использовать свое финансовое преимущество, чтобы компенсировать падающую конкурентоспособность своих фирм[52].

Единственная страна, которая продержалась дольше всех и в большей степени представляла интерес для Кремля, — Западная Германия. Финансовое развитие последней проходило по тому же сценарию, что и в других странах Западной Европы, однако в ней было размещено четверть миллиона американских солдат, а внешняя политика ФРГ была настолько встроена в американскую структуру безопасности, что та оставалась неизменным ориентиром западногерманской дипломатии и экономической политики[53]. Поэтому их подход был очень консервативным, а решения могли быть с легкостью отменены США. В действительности отношениям был нанесен удар в 1962 году, когда американцы запретили важную поставку 163 тыс. тонн немецких стальных труб большого диаметра и наложили на экспорт труб

---

[52] Хотя их торговые отношения с Советским Союзом продолжали сокращаться, в то время как французские, итальянские и немецкие фирмы улучшали условия деловых сделок. Представляет интерес документ, в котором английский министр внешней торговли жалуется на хронический дефицит торгового баланса с СССР, несмотря на широко практикующееся британскими фирмами кредитование. Советские должностные лица, в свою очередь, указывают на сравнительно низкое качество британского оборудования. См. РГАЭ. Ф. 413. Оп. 31. Д. 59. Л. 121–124.

[53] Результаты тщательного исследования этой связи можно посмотреть в [Zimmermann 2002].

эмбарго. Советскому руководству нужно было расширять трубопровод «Дружба» до стран своего блока, а немецкие сталелитейные предприятия Рура страдали от недозагрузки мощностей и стремились найти новые источники спроса на свою продукцию[54]. Эта торговля была наиболее многообещающим источником роста деловых отношений между двумя странами. Американское вето должно было остановить развитие эти зарождающихся отношений. Торговый оборот между СССР и Западной Германией в 1962 году достиг рекордных 300 млн рублей, но на протяжении следующих пяти лет этот порог не будет преодолен (см. рис. 12).

Этот период хождения по мукам был наполнен знакомыми уже советскими жалобами и взаимными обвинениями. Правительство Л. Эрхарда продолжало ту же осторожную политику времен Аденауэра с теми же результатами. Система лицензирования торговли была либерализирована в отношении большинства стран, включая страны советского блока, но сохранялась для Советского Союза — шаг, ранивший самолюбие советских должностных лиц и подрывавший их доверие к Западной Германии как торговому партнеру[55]. Встречи на межправительственном уровне между двумя странами проходили в раздраженной атмосфере, больший вклад в формирование которой внесли представители Советского Союза. Предварительные переговоры о новом трехлетнем торговом соглашении, состоявшиеся в сентябре 1965 года между заместителем министра внешней торговли Кузьминым и делегацией из Западной Германии, возглавляемой статс-секретарем Министерства иностранных дел К. Карстенсом, отражают характер отношений тех лет[56]. Во время встречи Кузь-

---

[54] История этого эмбарго описана в работе [Stent 1981: 93–126].

[55] См. РГАЭ. Ф. 413. Оп. 31. Д. 71. Л. 3–4. Немцы часто утверждали, что они боятся предоставлять своим экспортерам слишком много свободы в сделках с СССР из-за опасений, что советская сторона не сможет выплатить свои долги. Представители Советского Союза были совершенно правы, находя эти аргументы малоубедительными, не уставая указывать на то, что СССР всегда расплачивается по своим обязательствам.

[56] РГАЭ. Ф. 413. Оп. 31. Д. 71. Л. 18–27.

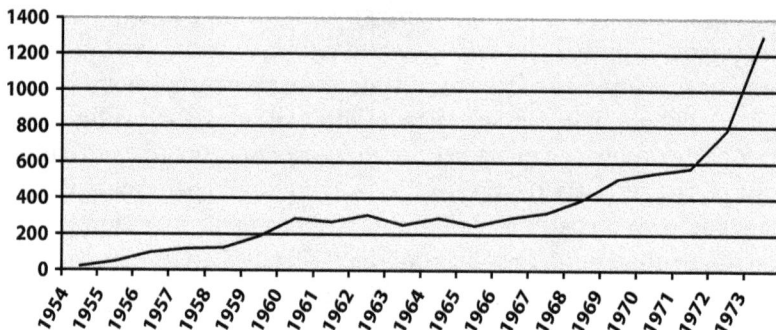

Рис. 11. Торговый оборот между СССР и Западной Германией
(в млн руб. по текущему курсу)
Источник: статические обзоры «Внешняя торговля СССР». За 1962 год
сумма составила 304,9 млн рублей, за 1967 год — 319,1 млн рублей. Важно
отметить, что в течение половины десятилетия эта торговля стагнировала,
но ее объемы не снижались, что можно увидеть на графике.

мин сетовал по поводу эмбарго на поставку труб большого
диаметра, отметив, что Советский Союз научился производить
их самостоятельно. Он искренне заявил, что СССР предпочита-
ет закупать их в Западной Германии потому, что хочет воспользоваться мировым разделением труда и выиграть во времени.
Затем он взывал к призраку конкуренции, используя уже в то
время широко используемый прием — утверждая, что если Германия не станет продавать трубы, то это сделают другие капиталистические страны. Его позиция была предельно ясной: именно
Западная Германия препятствовала развитию торговых отношений между странами[57]. Немцы со своей стороны старательно
обходили эту тему и сообщили советским участникам, что правительство Западной Германии готово гарантировать экспортные
кредиты. Кузьмин упрекнул их в том, что они опоздали на три
года. Европейские соседи Западной Германии уже давно предла-
гают и гарантируют кредиты. Следующая хорошая новость
также не успокоила Кузьмина: Западная Германия планирует
и дальше либерализовать торговлю с социалистическими стра-

---

[57] РГАЭ. Ф. 413. Оп. 31. Д. 71. Л. 22–23.

нами[58]. И поскольку это продолжалось уже пять лет, представители СССР были раздражены и сбиты с толку ужесточением бессмысленного эмбарго; ситуацию усугубляло то, что немцы предложили на переговорах лишь незначительные уступки[59].

Отношения с немецкими промышленниками сложились намного лучше. Советские должностные лица, занимающиеся экономическими вопросами, как правило, легче находили общий язык с бизнесменами, чем с государственными служащими зарубежных стран[60]. Но поскольку движения немецкого капитала все еще относились к сфере обширного государственного регулирования, главной проблемой оставалась неспособность западногерманского бизнеса предложить привлекательные условия кредитной линии. Например, в 1963 году было достигнуто соглашение об экспорте оборудования и проведении экспертизы для завода по переработке нефти мощностью 12 млн тонн в год[61]. Для реализации проекта не существовало никаких технических препятствий, но ведущий переговоры консорциум бизнесменов — возглавляемый стальным магнатом О. Вольффом и включающий в себя представителей *Krupp*, *Siemens* и других ключевых компаний — не мог предложить долгосрочный кредит для Советского Союза. Немцы надеялись использовать крупный экспортный заказ как средство давления на правительство в целях изменения его кредитной политики по отношению к СССР. Наконец, после двух лет борьбы, когда вопрос дошел до Л. Эрхарда,

---

[58] РГАЭ. Ф. 413. Оп. 31. Д. 71. Л. 24–25.

[59] См. пересказ событий 1962 года от лица А. Н. Манжуло спустя четыре года в РГАЭ. Ф. 413. Оп. 31. Д. 71. Л. 28–33.

[60] Что касается Западной Германии, А. Стент отмечает разницу между жесткими публичными заявлениями, делавшимися советскими представителями, и намного более заинтересованным подходом в переговорах с немецкими бизнесменами. См. [Stent 1981: 144].

[61] Об этом говорилось на встрече между представителями Imhausen International Company и Министерства внешней торговли СССР, прошедшей 23 июня 1964 года. См. РГАЭ. Ф. 413. Оп. 31. Д. 585. Л. 47–48. Спустя три месяца О. Вольфф, однако, сообщил, что правительство гарантирует только восьмилетнее кредитное соглашение. См. РГАЭ. Ф. 413. Оп. 31. Д. 585. Л. 78–81.

он разрешил консорциуму предложить десятилетнюю кредитную линию, гарантированную правительством.

Советская сторона продолжала оказывать давление на правительство Западной Германии как напрямую, так и через своих союзников в деловых кругах этой страны[62]. Разумеется, немецкие бизнесмены приняли советскую точку зрения на эмбарго и кредитные соглашения; они продолжали надеяться на изменение политики правительства в этой сфере, которое позволило бы им конкурировать за советские заказы с другими европейскими странами[63]. Другими словами, к середине 1960-х годов СССР выучил правила игры, переключившись с примиренческой стратегии, подчеркивающей связь между развитием торговли и миром во всем мире, на более агрессивную и эффективную переговорную стратегию, подкрепленную настойчивым упоминанием прошлых и нынешних обид. Ни сетования советской стороны, ни промышленное лобби, однако, не смогли бы сами по себе вывести ситуацию из тупика. Соглашение по трубам большого диаметра обеспечило рост товарооборота в первый пятилетний период отношений, а эмбарго на трубы большого диаметра стало причиной спада объемов торговли в последующие пять лет. Возобновление этой торговли означало и возобновление всего товарооборота между СССР и ФРГ в целом.

---

[62] См., например, беседу представителя внешнеторгового ведомства с П. Ф. Сименсом: «Такие действия властей ФРГ, как эмбарго на экспорт в СССР труб большого диаметра, отказ фирм ФРГ от выполнения некоторых контрактов на закупку советских товаров, подорвали уверенность в том, что фирмы ФРГ в состоянии выполнить тот или иной заказ». См. РГАЭ. Ф. 413. Оп. 31. Д. 585. Л. 63–65. Или оживленные переговоры, состоявшиеся в сентябре 1965 года между А. Н. Манжуло, курировавшим торговлю с западными странами, и депутатами бундестага. На ней первый не только вспоминает старые претензии, но и обращается к теме введения системы страхования, которая бы позволила западногерманским фирмам избежать убытков, понесенных в результате введения правительственного эмбарго на советскую продукцию. Это делало Западную Германию еще менее надежным партнером в глазах СССР. См. РГАЭ. Ф. 413. Оп. 31. Д. 1119. Л. 58–61.

[63] Об этом долго и многословно говорил Вольфф в сентябре 1965 года. См. РГАЭ. Ф. 413. Оп. 31. Д. 585. Л. 78–81.

Эмбарго всегда было непопулярной мерой в Западной Германии, где оно рассматривалось как унизительное подчинение американским интересам — совершенно аморальное действие в том смысле, что принуждало к нарушению существующих договоренностей с советскими внешнеторговыми ведомствами [Stent 1981: 109–112]. В конечном счете именно неизбежное заключение сделки между ENI и СССР по строительству газопровода TAG заставило правительство Западной Германии принять запоздалое решение о присоединении к остальной Европе в противостоянии американским распоряжениям. В 1966 году переговорный процесс между Советским Союзом и Италией интенсифицировался, и немцы объявили о прекращении эмбарго на трубы в ноябре того же года [Stent 1981: 166]. В том же месяце посол ФРГ в СССР Г. Ф. Вальтер обратился в Министерство внешней торговли с просьбой выяснить, может ли Западная Германия получать долю в поставках газа, который будет направляться через Австрию в Италию[64]. Представители консорциума немецких фирм не смогли обеспечить поставки газа из Алжира и поэтому хотели узнать о принципиальной возможности перенаправления части газа в Баварию. Предполагалось, что немцы будут оплачивать поставки труб большого диаметра, самые большие из которых, 48 дюймов в диаметре, могли быть произведены только на мощностях *Thyssen Group*, самой крупной сталелитейной компании в Европе[65]. Потребовалось несколько лет, чтобы согласовать все детали, но все же в феврале 1970 года договор был подписан. Эта сделка на общую сумму 400 млн долларов на 12 лет по ставке 6,25 % вместе с другими договоренностями заложила крепкий фундамент экономического взаимодействия, помогая немецким сталелитейщикам справиться с недоиспользованием мощностей и прочно внедряя советские энергоносители в ядро западноевропейской экономики[66]. Она стало завершением начала континентальной экономической интеграции, стартовавшей с подписанием трех-

---

[64] РГАЭ. Ф. 413. Оп. 31. Д. 1119. Л. 121–122.

[65] РГАЭ. Ф. 413. Оп. 31. Д. 1119. Л. 123–124.

[66] Подробности сделки рассмотрены в [Stent 1981: 163–168].

летнего долгосрочного торгового соглашения в 1957 году. Также сделка свидетельствовала о начале заката Советского Союза, к концу 1980-х годов ставшего слишком зависимым от экспорта энергоресурсов, цены на которые стали слишком непредсказуемы для слабой сверхдержавы.

Японские мечты о трубах, вылетевшие в трубу

При быстром сопоставлении Япония схожа с Западной Германией, но в долгосрочном между ними появляются отличия. Если в результате долгосрочного взаимодействия Европе удалось интегрировать советские энергоресурсы в свою экономику, японский успех интеграции Сибири в быстроразвивающуюся свою оказался более скромным. Разница заключалась в использовании нефти. Вместе с тем неудача была только относительной и имела место уже в 1970-е годы. Кратковременное коммерческое развитие, связанное с быстрым созданием дальневосточного лесопромышленного комплекса, было более успешным.

1960-е годы стали десятилетием роста и перспектив для советско-японской торговли, особенно их вторая половина, отмеченная стагнацией торговли между СССР и ФРГ. Японские бизнесмены, как и их европейские коллеги, изучали обширную коммунистическую империю вдоль и поперек. Конкуренция среди японских предпринимателей была столь высока, что многие ее не выдерживали, а советская бюрократия могла выбирать наиболее подходящие фирмы. В начале 1960-х годов одному из самых лояльных японских партнеров Советского Союза, президенту *Japan Sea Trading* Н. Ногучи, пришлось прождать в Москве месяц, прежде чем он смог обсудить с Микояном перспективы торговли между СССР и Японией[67]. Подобные Ногучи японские бизнес-

---

[67] ГАРФ. Ф. 5446. Оп. 94. Д. 122. Л. 102. Если говорить конкретней, то Ногучи стремился установить прямые воздушные рейсы между двумя странами, чтобы облегчить будущую торговлю. Год спустя авиасообщение так и не было установлено, хотя его компания стала важным импортером советской древесины: на ее долю приходилось 10 % всего экспорта в Японию. См. ГАРФ.

мены, однако, демонстрировали поразительное усердие. Они становились все более компетентными, зачастую отслеживая и используя информацию, которая могла помочь их делам. Например, один из японских бизнесменов, услышав о нехватке в Советском Союзе автомобильных шин, предложил поставлять этот дефицитный товар в обмен на сибирскую древесину, всегда являвшуюся предметом японского интереса[68]. Благосклонной аудитории Отдела по торговле со странами Юго-Восточной Азии и Ближнего Востока он в дальнейшем предлагал услуги своей фирмы: «...Как любая неспециализированная торговая компания, мы предлагаем практически все виды коммерческой продукции, в том числе текстильные товары, чугунные и стальные изделия, продукцию машиностроения, химические материалы и оборудование». За предложением бизнесмена скрывалась оправданная надежда на то, что советская сторона будет больше заинтересована многопрофильными конгломератами, которые, по примеру некоторых европейских корпораций, могли бы поставлять широкий спектр продукции[69].

Советский Союз также становился все более решительным в своих требованиях партнерства и капиталовложений, направляя в Японию собственную делегацию, в том числе и возглавляемую лично Микояном важную миссию в августе 1961 года[70]. За

Ф. 5446. Оп. 97. Д. 1369. Л. 10. Прямой маршрут Москва — Токио был окончательно установлен в 1966 году, вместе с первым долгосрочным торговым планом между двумя странами и после того, как японская экономическая делегация была окончательно одобрена и спонсирована правительством Японии. См. [Столяров, Певзнер 1984: 19]. В дальнейшем отношения с Ногучи становились все лучше. В теплом письме, написанном по случаю восьмидесятилетия Микояна, он назвал себя крупнейшим покупателем сибирской древесины в Японии и горячо благодарил ушедшего в отставку Микояна за веру в него. РГАСПИ. Ф. 84. Оп. 3. Д. 107. Л. 1–2.

[68] ГАРФ. Ф. 5446. Оп. 96. Д. 1169. Л. 7–8.

[69] ГАРФ. Ф. 5446. Оп. 96. Д. 1169. Л. 9. Департамент торговли с Юго-Восточной Азией и Ближним Востоком Министерства внешней торговли не только с радостью передал это предложение Микояну, но и горячо поддержал сделку, предложенную японским бизнесменом.

[70] Раскрывается в РГАСПИ. Ф. 84. Оп. 3. Д. 36.

месяц до этого он с энтузиазмом раскрыл свои карты перед группой японских бизнесменов, прибывших с визитом. На вопрос одного из присутствующих о том, сможет ли Япония принять участие в планах по развитию Сибири, Микоян четко ответил: «Конечно можете. Вы — банкир. Следовательно, все зависит от вас. Предоставьте нам кредиты, и вы получите их обратно с процентами»[71]. Однако в 1961 году японские банки все еще не были свободны в предоставлении такого займа: правительство продолжало регулировать сферу международных финансов, на что указал другой представитель японской делегации. Микоян прибегнул к рекламному ходу, типичному для советского руководства (то есть с пожатием плечами в конце):

> Вы нам не доверяете? Ошибаетесь. К вашему сведению сообщу, что за 44 года советской власти не было еще ни одного случая, чтобы наш вексель оказался неоплаченным. С нами можно сотрудничать в самых широких масштабах. У нас есть огромные лесные богатства, есть руда, уголь, нефть. Если вы ассигнуете средства, мы могли бы предусмотреть в наших планах развитие этих отраслей экономики в Сибири и на Дальнем Востоке специально для обеспечения экспорта нужного вам сырья. Если же вы не захотите давать нам для этого кредит — это ваше дело. Мы все равно будем развивать экономику этих районов в соответствии с нашими планами[72].

В качестве завершения, отвечая на вопрос о планируемом строительстве нефтеперерабатывающего завода в районе Владивостока — Находки, Микоян повторил свои слова: «Сроки пока не определены, но чем раньше японские предприятия дадут нам трубы и оборудование, тем скорее будет построен нефтепровод. Но мы не торопимся. Хотите, чтобы это было быстрее, — предоставьте кредит нашим организациям, и они закупят у вас трубы и оборудование».

---

[71] ГАРФ. Ф. 5446. Оп. 120. Д. 1626. Л. 34–40.

[72] ГАРФ. Ф. 5446. Оп. 120. Д. 1626. Л. 39–40.

К тому времени обмен делегациями интенсифицировался. Два отчета от апреля 1962 года показывают общий энтузиазм относительно перспектив советско-японской торговли и позволяют понять, каким образом к концу десятилетия среди всех капиталистических стран самым важным торговым партнером для СССР стала Япония. В докладе ЦК о своей поездке в апреле 1962 года советская делегация отмечала признаки экономических трений между США и Японией. Авторы доклада утверждали, что сейчас предоставляется возможность вбить «небольшой клин» между двумя капиталистическими странами[73]. Это замечание было архаикой сталинских времен, отсылающее к устаревшей позиции использования «капиталистических противоречий». Рекомендации доклада, наоборот, мало что давали в плане политических расчетов, но представляли собой трезвую оценку возможностей стран экономически дополнить друг друга, а также являлись прекрасным образцом советского бюрократизма:

> Нашей стране было бы целесообразно сделать японцам предложение о существенном увеличении покупок у них машин и оборудования, разумеется на условиях не хуже существующих на мировом рынке в части цены, рассрочки платежей и прочих условий. В номенклатуру машиностроительной продукции могут быть включены суда, химическое и нефтеперерабатывающее оборудование, строительно-дорожные машины, холодильное оборудование и некоторые другие виды машин, по которым у нас имеется некомпенсируемый спрос, а качество их в японском исполнении достаточно высокое. Наша промышленность также крайне заинтересована в приобретении технологического оборудования, в частности для производства изделий, радиотехники, прецизионных подшипников и некоторой другой продукции <...> в качестве попутного фактора необходимо учитывать, что расширение закупок машин и оборудования даст возможность увеличить число наших приемщиков, которые в результате продолжительного пребывания в Японии могут квалифицированно изучить там технику, техно-

---

[73] ГАРФ. Ф. 5446. Оп. 96. Д. 1169. Л. 24.

логию, и это позволит нам быстрее использовать положительный опыт японской промышленности.

Одновременно следовало бы сделать японцам предложения по значительному увеличению поставок им сырьевых товаров (как по количеству, так и по номенклатуре) в качестве обязательного условия расширения закупок у них машин, оборудования, труб, титана, сверхчистого кремния и др. материалов. Надо сказать, что в вопросах обеспечения своей промышленности сырьем японцы боятся возможных конъюнктурных и политических колебаний. Поэтому их интересуют: экспортные мощности баз, откуда они будут получать закупаемое сырье; территориальная близость этих баз к Японии; мощность и бесперебойные действия транспортных артерий и другие вопросы.

Видимо, этим и объясняется тот большой интерес, который проявляется японскими деловыми кругами к нашим планам по развитию Сибири[74].

Авторы доклада не ошиблись в настроениях, царящих в деловых кругах Японии. Во время визита делегации в Японию президент Всеяпонской рыбопромышленной ассоциации Т. Такасаки говорил Микояну почти то же самое, несмотря на очевидный факт, что вопросы импорта / экспорта выходили далеко за пределы компетенции рыбопромышленной ассоциации[75]. Будучи известным бизнесменом и политиком, он приветствовал возможность того, что вскоре 10 % японского спроса на нефть будет удовлетворяться советским топливом. Он даже хотел утроения этого объема. Такасаки выступал за строительство советских нефтепроводов до Находки и сообщал довольному Микояну, что Япония будет рада помочь в их строительстве.

Спустя четыре месяца делегация японских деловых кругов смогла напрямую обратиться к Хрущеву со своим предложением, которое соответствовало всему, что уже слышали в Кремле[76]. Японцы хотели получить древесину, нефть, коксующийся уголь

---

[74] ГАРФ. Ф. 5446. Оп. 96. Д. 1169. Л. 25–26.

[75] ГАРФ. Ф. 5446. Оп. 120. Д. 1686. Л. 9–17.

[76] ГАРФ. Ф. 5446. Оп. 98. Д. 1437. Л. 35.

и железную руду, и они были готовы построить необходимые заводы и электростанции на территории СССР, чтобы извлекать эти ресурсы. Японцы даже предложили отправить на лесопилки своих рабочих, с тем чтобы обеспечить соответствие переработки древесины собственным стандартам[77]. Взамен японцы предлагали корабли, которые с энтузиазмом покупали в СССР. Даже два года спустя глава Министерства морского флота успешно лоббировал приобретение японских судов в Совете министров, поскольку время имело на них меньшее, чем на советские корабли, воздействие, и по сравнению с отечественными судами они позволяли сократить необходимый для управления ими экипаж на 25–30 %[78]. Советская реакция была деловой и прагматичной. В ответ на предложение японской делегации советские экономические ведомства хотели получить детальную опись того, сколько именно сырья намеревались купить японцы, чтобы учесть этот экспорт в своих планах[79]. Также советская сторона продолжала настаивать на том, что нефтепровод от Иркутска до портового города Находка будет построен только в случае, если Япония возьмет на себя обязательства по закупке нефти в количестве достаточном, чтобы оправдать такого рода инвестиции, с учетом того, что ввод в эксплуатацию этого объекта займет от пяти до шести лет[80].

Время от времени японцы сталкивались с системными и идеологическими ограничениями советской международной торговли. Прибывшая в июле 1963 года делегация предложила поставлять в сибирские города японские товары народного потребления, поскольку перевозка товаров на русский Дальний Восток из Японии выглядела более целесообразной, чем из Москвы или Европейской России в целом. Более того, они выступали за то,

[77] РГАЭ. Ф. 4372. Оп. 64. Д. 445. Л. 37–38.

[78] ГАРФ. Ф. 5446. Оп. 98. Д. 1442. Л. 24–25.

[79] РГАЭ. Ф. 4372. Оп. 64. Д. 445. Л. 40–41.

[80] РГАЭ. Ф. 4372. Оп. 64. Д. 445. Л. 40–41. Японцы, работавшие в рыночных условиях, не могли взять на себя таких обязательств и ограничились констатацией факта, что в ближайшие несколько лет спрос на нефть в Японии значительно вырастет.

чтобы Сибирский регион Советского Союза сосредоточился на экспорте своего необработанного сырья в Японию. Например, японские компании могли бы обрабатывать древесину и продавать обработанную продукцию обратно в СССР[81]. Эти возмутительные предложения были вежливо отвергнуты. Товары народного потребления все еще оставались товарами, которые советское руководство не было готово приобретать на внешних рынках, за исключением случаев абсолютной необходимости. Представители Госплана утверждали, что потребности в изменении структуры советско-японской торговли нет. Они справедливо напомнили японским делегатам о том, что в действительности торговые отношения сдерживаются осторожностью японской стороны и в любом случае предпочтительными остаются конкретные предложения.

Проблема, как и в случае с Западной Европой, заключалась в энергоносителях. Торговля иными товарами могла расширяться и расширялась быстрыми темпами на протяжении 1960-х годов и последующих лет. Но советская нефть была призом, о чем знали все. Без нефти рост торговли был бы постепенным, в то время как с ней — экспоненциальным. Первый обмен мнениями по поводу транссибирского нефтепровода состоялся в 1959 году. Всего за три года до этого в Тюменской области Западной Сибири были обнаружены самые богатые нефтяные месторождения из когда-либо открытых в СССР. Все это время советское руководство ждало, пока Япония предложит необходимые капиталы и технологии для строительства трубопровода. Пуск нефти в транспортную систему был запланирован на вторую половину 1960-х годов, и она нуждалась потребителях. Именно в этот момент СССР усилил свое давление на японцев с целью обеспечения необходимого финансирования и планирования, требующихся для того, чтобы западносибирская нефть смогла стать топливом для японского «экономического чуда».

Однако японское правительство не последовало примеру Западной Европы — не сняло ограничений на капиталовложения

---

81 РГАЭ. Ф. 4372. Оп. 65. Д. 412. Л. 85–90.

и не применило более мягкого подхода к ведению бизнеса
с Советским Союзом. На протяжении 1960-х годов Япония все
еще была обеспокоена дефицитом торгового и платежного баланса, который мог подорвать связку йена — доллар, и контроль
за движением капиталов оставался одним из самых жестких
среди стран первого мира [McKinnon, Ohno 1997: 1–45]. Этот
контроль стал еще сильнее во время японской рецессии 1965 года, оказавшей давление на валютные резервы страны. Апелляция
советской стороны к европейскому финансированию торговли
как более конкурентноспособному не имела такого успеха, как
в случае с Западной Германией[82]. Кроме того, при отсутствии
таких региональных катализаторов, как открытое неповиновение
со стороны ENI американской воле в Европе, правительство
Японии оставалось более осторожным, чем предпринималель-
ское сообщество.

Вторая поездка Микояна, состоявшаяся в мае 1964 года, не
смогла изменить мнение японцев по поводу предоставления
капиталов и труб, необходимых для доставки сибирской нефти
к тихоокеанскому побережью и японским рынкам. Эта поездка
имела цель сообщить: дайте Советскому Союзу кредит на выгодных условиях, и мы отправимся за покупками в Японию. Микоян говорил главам химической индустрии, что советские специалисты уделяют слишком много внимания химической науке
и слишком мало — промышленности. Он продолжил: «В настоящее время мы решили не игнорировать, а, наоборот, использовать
тот путь, по которому прошла и японская химия — путь покупки лицензии за границей, использования иностранного опыта»[83].

---

[82] В середине 1960-х годов на советско-японских встречах это стало стандартным доводом. Советские представители говорили это, как казалось, любому
японцу, готовому выслушать их, даже если это означало отчитывать главу
Социалистической партии Японии за японское предложение пятилетнего
кредитного соглашения, которое выглядело скромным на фоне британского
предложения двенадцатилетних кредитов или французского предложения
займов на десять лет. В РГАЭ. Ф. 413. Оп. 31. Д. 123. Л. 155. Последнее имело
место 13 июля 1964 года.

[83] ГАРФ. Ф. 5446. Оп. 120. Д. 1871. Л. 65–69.

Он обращался к дзайбацу, большим конгломератам, что управляли корпоративным миром Японии. Первым в списке был *Mitsui*. Микоян обсуждал с руководством этой компании разрушенную стену недоверия и достигнутое взаимопонимание. Он подчеркнул, что, когда советская сторона подписывает соглашения, невозможно, чтобы она не платила по ним[84]. Затем Микоян обратился к руководству *Mitsubishi*. Он утверждал, что новый план на 1970 год будет страдать от недостатка твердой валюты, и, хотя советская сторона экспортирует промышленное оборудование в такие места, как Индия, она делает это через расчеты в местной валюте или бартерные сделки на местные товары. Поэтому СССР понадобится рассрочка для крупных промышленных заказов из Японии[85].

Он рассказывал различным группам бизнесменов: «Мы могли бы разместить крупные заказы на тяжелое оборудование, заводы в комплекте, если бы в Японии были подходящие условия платежей по заказам — скажем, с рассрочкой на 10 лет»[86]. Он даже обратился к премьер-министру Японии Х. Икеде, который тактично ответил, что такие детали лучше оставить специалистам[87]. Последний из «старых большевиков» устраивал цирковое представление.

Микоян не был оптимистично настроен по поводу сделки века. Он сообщил К. Идемицу, вице-президенту нефтяной компании *Idemitsu Kosan*, что С. Идемицу, основатель компании, был менее ярким воплощением Э. Маттеи, бросающим вызов нефтяным монополиям и западным правительствам и договаривающимся с международными изгоями, — стратегия, приносящая свои дивиденды. Сначала Идемицу сумел получить нефть в Ира-

---

[84] ГАРФ. Ф. 5446. Оп. 120. Д. 187. Л. 13.

[85] ГАРФ. Ф. 5446. Оп. 120. Д. 187. Л. 25. Он сказал, что знает о том, что это решение правительства, но «был уверен, что такая сильная компания, как Mitsubishi, сможет найти путь через банки или другие каналы, чтобы предложить долгосрочные кредиты». Как оказалось, не смогла.

[86] ГАРФ. Ф. 5446. Оп. 120. Д. 187. Л. 44–45.

[87] ГАРФ. Ф. 5446. Оп. 120. Д. 1871. Л. 13.

не во время правления М. Мосаддыка в 1953 году, незадолго до переворота, устроенного американцами[88]. Затем, в конце 1950-х годов, следуя по стопам Маттеи, Идемицу обратился к Советскому Союзу, став главным покупателем нефти в стране. Однако, в отличие от первого, второй не формировал, а лишь следовал повестке, которую руками Министерства внешней торговли и промышленности определяло японское правительство. Поэтому, когда младший брат Идемитцу, Кейсуке, сказал Микояну, что он бы с радостью покупал у СССР до 10 миллионов тонн нефти в год, если бы только она поступала по трубопроводу, он был искренен, нетерпелив, но совершенно бессилен[89]. Японское правительство не давало никаких гарантий, что разрешит продажу труб или закупку достаточных объемов нефти, оправдывающих строительство объекта. Единственной надеждой Микояна были подобные Идемицу бизнесмены, способные лоббировать интересы Советского Союза, но в конечном счете все участники процесса знали, что решение по этому чувствительному геополитическому вопросу должны принимать США. Микоян сказал Идемицу, что дешевая советская нефть, вероятно, сможет поменять мнение японского правительства, но американские нефтяные монополии останутся непреклонны[90].

Речи, произнесенные Микояном, еще долгие годы отражались эхом в коридорах экономической бюрократии Советского Союза. На встрече в сентябре 1965 года председатель Госплана П. Ф. Ломако открыто заявил председателю Японо-Советского комитета по экономическому сотрудничеству К. Уэмуре:

Мы готовы разрабатывать нефть, то есть продавать ее вам, но нам бы хотелось получить от вас долгосрочный банковский кредит, который мы вернули бы нефтью. В этом направлении мы можем вести конкретные переговоры. Нефть

[88] Но не раньше, чем итальянцы и американцы первыми отправились за национализированной нефтью. См. комментарий К. Идемицу «Персидская нефть доставлена в Италию» (The Times. 1953. April 11).

[89] ГАРФ. Ф. 5446. Оп. 120. Д. 1871. Л. 63–64. Встреча состоялась 15 мая 1964 года.

[90] ГАРФ. Ф. 5446. Оп. 120. Д. 1871. Л. 63–64.

находится еще ближе к вам. На сегодняшний день известно о больших запасах нефти в Тюменской области. Нам нужны трубы; мы могли бы взять их у вас в кредит. В этом направлении мы можем вести конкретные переговоры[91].

Предположение Уэмуры о возможности доставки нефти в Японию через черноморские порты оставило председателя Госплана равнодушным. Он тут же подчеркнул, что и в таком случае потребуются новые капиталовложения и кредиты со стороны Японии[92].

Год спустя преемник Ломако на посту председателя Госплана Байбаков сыграл ту же мелодию для другой японской делегации, которая прибыла в Москву в поисках наиболее открытых к сотрудничеству с японским бизнесом областей советской экономики. «С советский стороны "двери также открыты"» для проектов разработки нефтяных месторождений Тюмени, газа на Сахалине, Удоканского медного месторождения, добычи сибирского леса и экспорта коксующегося угля[93]. Байбаков утверждал:

> Мы были бы готовы пойти на экономическое и техническое сотрудничество с Японией в тех направлениях и на тех объектах, где сотрудничество будет взаимовыгодным... Различие социально-экономических систем не является препятствием, и советская сторона была бы готова использовать те возможности, которые могут представиться[94].

Эти возможности, как оказалось, не включали в себя трубопровод до Тихого океана. Другое дело — освоение сибирских запасов древесины. В этом предприятии имелся географический

---

[91] РГАЭ. Ф. 4372. Оп. 66. Д. 87. Л. 88–89.

[92] РГАЭ. Ф. 4372. Оп. 66. Д. 87. Л. 89.

[93] РГАЭ. Ф. 4372. Оп. 66. Д. 669. Л. 51–54.

[94] РГАЭ. Ф. 4372. Оп. 66. Д. 669. Л. 51–54. Н. К. Байбаков оставался главой Госплана на протяжении двух десятилетий. Другими проектами, которые он обсуждал с японцами на той встрече, были долгожданный трубопровод к Тихому океану из Иркутска и развитие тихоокеанских портов. Оба проекта наконец реализовались в России уже при В. В. Путине.

фактор, который определял первостепенное значение японских интересов и давал им сравнительные преимущества перед богатыми капиталом конкурентами из стран Западной Европы. Тем не менее в борьбе за советскую нефть японцы оказались слишком консервативными. В 1965 году Патоличев пытался убедить Т. Мики, главу Министерства международной торговли и промышленности, ставшего через 10 лет премьер-министром Японии, объясняя ему принципы советской системы принятия решений в условиях конкуренции на мировом рынке:

> Когда наши внешнеторговые организации выходят на рынок, они, естественно, смотрят, где выгоднее условия — цены, качество, условия расчета, и никто не сможет заставить объединение покупать товар там, где это ему не выгодно. Японское правительство также не может заставить фирму покупать там, где цены выше или условия платежа и качество товара хуже. До сего времени нам удавалось договариваться с японскими фирмами о лучших условиях, чем с фирмами других стран, а отсюда рост товарооборота. Однако когда Англия, Франция и Италия предоставили нам долгосрочные кредиты, японские фирмы оказались в невыгодном положении — менее конкурентоспособными. Просим это учесть[95].

Патоличев продолжил:

> Советский Союз покупает сейчас пять целлюлозно-бумажных заводов. Несколько заводов можно было бы купить и в Японии. Французы предлагают нам два завода в счет банковского кредита, и по этим заводам имеется уже твердая договоренность. Если они могут поставить два завода, то, видимо, могут поставить и все пять. Нам хотелось бы часть заказов разместить в Японии, но не на худших условиях. Где выгоднее условия, там мы и размещаем заказы. Так, например, Италия хотела получить заказы на танкеры, но японские фирмы дали нам более выгодные условия, и большая часть заказов была размещена в Японии. В Италии заказали

---

[95] РГАЭ. Ф. 413. Оп. 31. Д. 640. Л. 92–93. Встреча состоялась 8 июля 1965 года.

6 танкеров по 48 000 тонн, а в Японии с 1960 г. мы заказали судов почти на 1 млн тонн, и Советский Союз является сейчас самым крупным заказчиком японских судов[96].

Однако со стороны Министерства международной торговли и промышленности Японии не произошло никаких подвижек. Микоян был прав: Япония не изменит политику без согласия Соединенных Штатов. Конечно, он немного упрощал. Нефтяные гиганты, монополизировавшие нефтяные рынки Японии, хотя и не были абсолютно пассивными, не являлись главным препятствием. Основной проблемой была геополитика, влиявшая на США так же сильно, как и на Китай, с которым Япония в последнее время развивала торговые отношения[97]. Нефтепровод существенно увеличил бы советские промышленные мощности в Тихоокеанском регионе, значительно повысив военный потенциал Советского Союза на Дальнем Востоке. Это также потребовало бы серьезной корректировки торговой и кредитной политики по отношению к СССР — мер, которые японское правительство не желало предпринимать. Сумма инвестиций превышала ту, что Япония могла позволить на зарубежные проекты, что подчеркивалось в переговорах с советской стороной еще в 1970-х годах [Sung-Beh 1975: 22–25]. Таким образом, правительство ждало одного из двух исходов: либо деловые круги сумеют получить согласие представителей СССР на условиях хуже, чем предлагала Западная Европа, либо американцы вовлекутся в процесс инвестирования, что принесет как дополнительные средства, так и безусловное политическое одобрение. Переговоры длились много лет, но трубопровод так и не был построен.

Тем не менее японская сторона финансировала некоторые значимые проекты, в основном связанные с лесом и углем, а также была вовлечена в дорогостоящие разведочные работы по поиску газа в Якутске и на Сахалине. Этого было достаточно, чтобы Япония стала важнейшим торговым партнером Советско-

---

[96] РГАЭ. Ф. 413. Оп. 31. Д. 640. Л. 91–92.

[97] Более полно эта тема изложена в сборнике Р. Э. Скалапино [Scalapino 1977].

го Союза среди развитых капиталистических стран в 1970 и 1971 годах. Однако отношения, запечатленные в дереве и угле, вскоре ушли на второй план, когда в 1970-х годах в Европу начали поступать вязкие и газообразные энергоносители[98]. К середине 1970-х наблюдалась стагнация советско-японских отношений, поскольку Советский Союз все сильнее увязал в торговых и финансовых объятиях Западной Европы.

Заключение

Принимая во внимание полную приверженность стандартному, прибыльному торговому обмену, регулярно демонстрируемую советскими представителями на переговорах с капиталистическими бизнесменами, трудно придерживаться точки зрения, согласно которой советские намерения были каким-либо образом направлены на подрыв системы выгодного экономического обмена. Советский вклад в мировую экономическую систему был велик и постоянно увеличивался. Рост торговли со странами первого мира за последние три десятилетия существования СССР превзошел рост торговли со странами третьего мира и Восточной Европы. Между прочим, в 1960–1970-е годы темпы роста советской торговли с Японией превзошли аналогичные показатели

---

[98] Доля нефти и нефтепродуктов, составлявших до четверти всего экспорта в 1963 году, сократилась до 10 % к 1970 году. Экспорт угля не отставал от общего объема торговли и сохранялся на уровне 10 %. Доля древесины, являвшейся стержнем экономических взаимоотношений двух стран, выросла с одной трети от общей торговли в 1963 году до более чем двух третей к концу десятилетия. В пересчете на объем в кубометрах это показало четырехкратный рост за период с 1963 по 1970 год. Посчитано по [Внешняя торговля за 1963: 234] и [Внешняя торговля за 1970: 258]. Процентное соотношение стоимости приведено в таблице в рублях. Остальное сырье и промышленные полуфабрикаты также появились в торговых списках в этот период и также стали важными предметами обмена, в частности чугун, алюминий и некоторые руды цветных металлов, а также лен и хлопок. Импорт из Японии, в свою очередь, представлял собой всю производимую продукцию, в особенности технику и промышленное оборудование, относившееся к передовым технологиям.

советско-финской торговли. Иными словами, для советской стороны экономические отношения с развитыми странами были более привлекательными, чем отношения со всеми другими странами. Включенность в международную либеральную систему была столь полной, что к 1970-м годам она с легкостью подчинила себе любые идеологические установки, которые еще могли остаться.

В этом отношении показателен небольшой эпизод из истории экономической дипломатии. В январе 1964 года А. Романов, начальник рекламного отдела Внешторгиздата — издательства, ответственного за публикацию материалов, связанных с зарубежной торговлей, — написал Микояну письмо с просьбой поддержать его в небольшой ссоре между ним и редактором «Экономической газеты» — еженедельного издания ЦК КПСС[99]. Группа из 21 японского бизнесмена обратилась к Романову с просьбой опубликовать их поздравление советских граждан с Новым годом, за это они были готовы заплатить две тысячи долларов. Должностные лица Министерства внешней торговли считали, что это может сыграть исключительно положительную роль в укреплении экономических связей между Японией и СССР. Редактор придерживался иного мнения, утверждая, что публикация таких объявлений от компаний капиталистических стран «аполитична», напомнив, что издание является печатным органом Коммунистической партии. Он запретил публикацию[100].

Романов выделил в своей аргументации два момента: экономический и политический. Экономическое обоснование лежало на поверхности: японцы были готовы заплатить две тысячи долларов. Подобного рода объявления от иностранных фирм были хорошим источником валютных поступлений в прошлом, принеся приблизительно 110 тыс. рублей в твердой валюте за

---

[99] ГАРФ. Ф. 5446. Оп. 98. Д. 1437. Л. 10. Романова поддерживали и другие должностные лица Министерства внешней торговли, в частности руководитель Отдела торговли со странами Юго-Восточной Азии и Ближнего Востока В. Б. Спандарьян и руководитель Отдела торговли с западными странами А. Н. Манжуло. Редактором, о котором шла речь, был А. И. Польщиков.

[100] ГАРФ. Ф. 5446. Оп. 98. Д. 1437. Л. 11.

1963 год. В ближайшие несколько лет эта сумма могла быть увеличена в десять раз «при разумной подходке к этому вопросу. Почему же мы закрываем источники, из которых наше государство может черпать выгоды?»[101] Затем А. Романов указал на другие случаи, когда советские издания отказывали в публикации рекламы западных компаний. Например, журнал «Огонек» отказался от договора на публикацию на своих страницах рекламы *Chanel*, хотя за нее готовы были заплатить десять тысяч долларов. Это приводило его ко второй линии аргументации: такое поведение только поддерживало миф о существовании в Советском Союзе таких элементов, которые стремятся помешать торговле с капиталистическим миром, — миф, который так любила тиражировать зарубежная реакционная пресса. «Вопрос о необходимости внешнеторговой рекламы в СССР и усиления нашей коммерческой пропаганды за рубежом на более солидной основе назрел, и его надо решить в вышестоящих органах», — утверждал Романов. «Серьезность этого вопроса заставила меня обратиться лично к Вам», — писал он[102]. Просьба была отправлена 2 января, а через две недели вышел номер «Экономической газеты», и сердца советских людей той холодной зимой, возможно, согрелись от сердечных поздравлений самых искренних торговых партнеров СССР на Востоке[103].

---

[101] ГАРФ. Ф. 5446. Оп. 98. Д. 1437. Л. 11. По обменному курсу эта сумма равнялась 100 000 долларов.

[102] ГАРФ. Ф. 5446. Оп. 98. Д. 1437. Л. 12.

[103] ГАРФ. Ф. 5446. Оп. 98. Д. 1437. Л. 15. За что Романов горячо поблагодарил Микояна.

Глава 6

Слабые отношения: пределы советской экономической дисфункции

Когда весной 1963 года Ф. Кастро наконец посетил Советский Союз, Хрущев, как известно, подарил ему значительное количество оружия [Таубман 2008: 645]. Менее известным фактом было то, как именно оценивал Хрущев большую часть помощи, в которой был заинтересован кубинский лидер. Просьба о помощи в строительстве металлургического завода, например, заставила Хрущева произнести тираду о его экономической целесообразности, несмотря на то что проект сулил пропагандистскую пользу и мог рассматриваться как средство укрепления экономической самостоятельности Кубы, а достижение независимости, как мы видели, было одним из важнейших обоснований внешней политики Советского Союза. Хрущев рассказал о просьбе коллегам в Президиуме через несколько недель после возвращения Кастро на Кубу:

> Я говорю: «Вот вы хотите металлургический завод построить, мы можем построить, но что будет стоить у вас тонна чугуна? Вы знаете, что она будет стоить? Какая конкурентоспособность? У вас нет коксующихся углей. Вы где уголь будете брать? У нас? 11 тысяч километров вы будете уголь возить или кокс. Так что же у вас будет стоить тонна чугуна?» Он понятия не имеет.

Когда строят, так надо знать, какую прибыль получите? Так какую же прибыль вы получаете? Какую цель вы ставите? Опираясь на свои силы, построить оборонную промышленность? «Нет», — говорит. «А что?» — «Нам банки нужны для консервов» [Фурсенко 2003: 722].

Наставления Хрущева самому ценному новому союзнику свидетельствуют о том типе мышления, который постепенно стал преобладать в советской внешней политике примерно с 1961– 1962 годов. Кремль начал проводить анализ эффективности затрат своих программ помощи. Новые установки опустились по бюрократической лестнице — или, возможно, их траектория была прямо противоположной. Так или иначе, исследование состояния кубинской металлургии и ее перспектив, проведенное для Госплана в то время, когда Кастро еще находился в Москве, ясно показывает, что все чиновники были «на одной волне». В исследовании была предпринята попытка сравнительной оценки перспективности инвестиций в уже построенный кубинский никелевый завод и инвестиций в строительство нового металлургического завода. Проводившие анализ пришли к следующему выводу: СССР получит полную отдачу от своих инвестиций в никелевый завод через девять лет, что в два раза меньше срока окупаемости металлургического завода[1]. Помимо более высокого коэффициента окупаемости, в странах советского блока никель и кобальт были дефицитными товарами, что повышало «целесообразность быстрого и первоочередного развития никелевых предприятий Кубы в сравнении с новым заводом черной металлургии»[2].

В 1960-е годы наблюдалось не только окончательное оформление экономических отношений между Советским Союзом и За-

---

[1] РГАЭ. Ф. 4372. Оп. 65. Д. 405. Л. 53.

[2] РГАЭ. Ф. 4372. Оп. 65. Д. 405. Л. 53. Кроме того, на Кубе еще до революции было три небольших металлургических завода, которые СССР помогал переоборудовать. Те, кто проводил исследование, сочли такое количество заводов достаточным для обеспечения развития зарождающейся машиностроительной промышленности Кубы на ближайшие пять-шесть лет.

падом — Советский Союз взял на себя обязательство по поставке энергоносителей через запутанную сеть труб широкого диаметра, — но и своего рода консолидация советских отношений с глобальным Югом. Речь идет не о характере отношений: экономические отношения со странами третьего мира были столь же разнородны, как и сами члены этой обширной категории. Суть в том, что их объем и место в структуре советских экономических отношений стали неизменными величинами. Историки холодной войны любят выдвигать остроумный тезис о том, что, как только в Европе утихла биполярная вражда — процесс, завершившийся с возведением Берлинской стены, — соперничество переместилось из европейской колыбели на международную арену. Но с экономической точки зрения этот рассказ не имеет никакого смысла. Предполагаемое угасание политического конфликта в Европе на самом деле было началом континентальной экономической интеграции, в то время как экономический поворот к третьему миру имел мало общего с положительным развитием сознательной советской политики. Причины, которые привели к этому «повороту», эффективнее искать в странах глобального Юга, а не в залах Кремля. Нехватку стратегического видения Юга советское руководство восполнило своей одержимостью нормализацией отношений с Западом (см. рис. 12, 13, 14, 15).

Объем торговли с так называемыми экономически развивающимися капиталистическими странами, как их обозначали советские должностные лица, не уменьшался в абсолютном выражении (каждый следующий пирог существенно больше предыдущего), но, как показывают цифры, сокращался относительно общего объема торговли. Это означало, что торговля продолжала расти — приверженность Кремля коммерческому росту никуда не исчезла, — но более медленно, чем развивалось экономическое взаимодействие с теми странами, которые советские должностные лица называли «развитыми капиталистическими». Иначе быть и не могло: речь идет о структурной проблеме. Развивающиеся страны по определению имеют меньше возможностей для установления прочных экономических отношений. Запад оставался осью, вокруг которой вращались отношения Советского Союза с глобальным Югом. Советское руководство училось сдерживать свой гуманитарный энтузиазм и разрабатывать более ориентированный на извлечение прибыли подход.

Куба и империя изгнанных

Чем была Куба? Ее газета и по сей день не соревнуется по охвату аудитории с *El País*, не говоря уже о *Le Monde*. Это ни отвлеченная хроника *The Times*, ни несущая мессианское послание «Правда». Речь идет о газете *Granma*, названной в честь яхты, разместившей на своем борту 82 молодых повстанца, большая часть которых вскоре погибла, а меньшая выжила и захватила власть. Она собрала на острове 6 млн человек и отправилась в глубокие и чистые воды мировой экономики.

Именно там советское руководство Кубинскую революцию и обнаружило, впрочем, это может быть и не совсем так. Прежде чем выйти в море, Ф. Кастро послал своего брата Рауля на разведывательную миссию в Москву. Второе путешествие яхты «Granma» будет не таким безрассудным, как первое. Рауль задал Хрущеву вопрос, «в какой степени СССР готов» следовать своим прошлым заявлениям о помощи Кубе[3]. С момента подписания Эйзенхауэром закона о судьбоносном сокращении импортной квоты на кубинский сахар — 6 июля 1960 года — прошло всего две недели. В ответ Хрущев проявил редкое благоразумие: «Когда вы, кубинские товарищи, спрашиваете, какие дальнейшие шаги может предпринять СССР, мы хотим вам сказать: не торопитесь получить от нас точный ответ. В этом нет надобности. Мы постараемся сделать все, чтобы не допустить интервенцию против Кубы. Но мы не хотим войны. И вам война вовсе не нужна. Но нужно иметь в виду, что, защищая Кубу, можно развязать большую войну. А можно защитить Кубу и не дать вспыхнуть войне»[4].

---

[3]   Имеются в виду заверения Хрущева от 9 июля в защите Кастро в [Schoultz 2009: 126].

[4]   ГАРФ. Ф. 5446. Оп. 120. Д. 1521. Л. 105–107. Разговор имел место 18 июля 1960 года.

Рис. 12. Удельный вес отдельных стран в товарообороте СССР, 1950 год

Источник: Все 4 диаграммы рассчитаны по [Внешняя торговля 1922–1981: 26–27].

Рис. 13. Удельный вес отдельных стран в товарообороте СССР, 1960 год

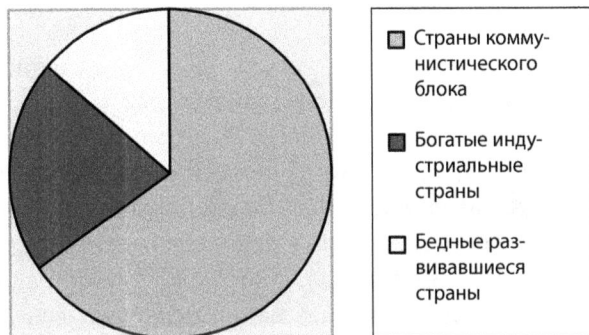

Рис. 14. Удельный вес отдельных стран в товарообороте СССР, 1970 год

Рис. 15. Удельный вес отдельных стран в товарообороте СССР, 1980 год

В планах Хрущева уже была политическая бравада, но еще не ракеты.

Это была парадигмальная конфронтация холодной войны, придавшая смысл дискурсу о биполярности, используемому американскими лидерами для победы на выборах и дисциплинирования управляемого ими свободного мира, и обеспечившая Советскому Союзу статус, которому он не мог соответствовать экономически. Речь идет о битве во всей ее очевидности. Свободные народы находились под угрозой порабощения, но маяк свободы человечества выстоит — ради свободы или справедливости, в зависимости от лагеря, к которому вы принадлежите. Хотя в дискурсе подчеркивалась манихейская эквивалентность следствий игры с нулевой суммой, видение ситуации было четко американским[5]. Большая часть 1959 года прошла для должностных лиц США в ожидании момента, когда горячие эмоции испаноязычных революционеров уступят место более рациональной политике — дружественной по отношению к Соединенным Штатам политике. Однако, вместо того чтобы следовать разумному курсу, кубинцы провели земельную реформу, запустившую процесс экспроприации земель таких крупных американских землевладельцев, как техасский скотовод Р. Клеберг, который быстро осознал, что на Кубе «господствуют и управляют агенты советского коммунизма»[6]. Сотрудники администрации Эйзенхауэра и Госдепартамента сделали это только в октябре. Об изменении политики можно судить по риторике ранее поддерживавшего Кастро в Госдепартаменте Р. Руботтома, который 23 октября пересмотрел руководящие принципы отношений

---

[5] Далеко не новая точка зрения. Много десятилетий тому назад У. Э. Уильямс справедливо отметил, что «когда-то триумфальная победа под руководством Фиделя Кастро и Движения 26 июля, Кубинская революция была обусловлена двумя факторами: с одной стороны, внутренней политикой кубинской революционной коалиции; с другой — динамическим влиянием американской власти и политики на эту кубинскую борьбу». См. [Williams 1972: 4] и [Lévesque 1976].

[6] Речь идет о Королевском ранчо Р. Клеберга — захваченных в июне землях. Его реакция воспроизводится в [Schoultz 2009: 95–96].

США с Кубой: отныне предстояло противостоять «все более "нейтралистской" ориентации во внешней политике Кубы и очевидным усилиям этой страны стимулировать нейтрализм в других странах Латинской Америки»[7]. Их беспокойство, конечно, было оправдано. Нейтрализм — это термин, обозначающий то, что американцы другого поколения могли бы назвать политикой «открытых дверей», которая приносила пользу странам, не присутствующим в определенной (ранее опекаемой США) географической зоне, в ущерб тем, кто монополизировал подобное присутствие (европейские страны). Этот термин обозначал нечто большее: «отчетливо выраженную государственническую и националистическую ориентацию, которая, если ее примут и другие латиноамериканские страны, серьезно подорвет нашу [американскую] экономическую политику и создаст препятствия для выполнения задач в Латиноамериканском регионе»[8].

Настоящий агент советского коммунизма наконец ступил на кубинскую землю 1 октября. По прошествии двух недель А. Алексеев встретился с Кастро — бородатый революционер попросил его организовать приезд на Кубу Микояна с советской культурно-технической выставкой, которая в то время экспонировалась в Мексике. Что касается более тесных отношений, то уже годы спустя Алексеев вспоминал ответ Кастро: «Нет, это слишком сложно. Зачем вам такая обуза? Это имело смысл для Насера. Прежде всего, американский империализм был далеко, а вы рядом. А мы? Мы так далеко, что помощь вряд ли осуществима. Никакого оружия. Мы ничего не просим» [Фурсенко, Нафтли 1999]. Когда три месяца спустя Микоян наконец высадился на Кубе, «нейтрализм» Кастро превратился в непоправимый проступок. Во время своего пребывания в стране Микоян заключил торговое соглашение, обязывающее Советский Союз приобрести около 20 % кубинского сахара, — сделку, к которой он обычно стремился (см. описание случая Ганы). Для раскритикованного Руботтома, пересматривающего свое мнение о Кастро, это озна-

---

[7]   Меморандум от 23 октября 1959 года [FRUS 1958–1960, 6: 636].

[8]   Меморандум от 23 октября 1959 года [FRUS 1958–1960, 6: 636–637].

чало, что «ради реализации практических задач Кастро мог подчиниться советскому правительству» [Schoultz 2009: 114]. Но если ранее исполненные надежды наблюдатели встретили эту новость истерикой, директор ЦРУ А. Даллес был доволен, уповая на то, что «в долгосрочной перспективе российская концентрация на Кубе станет очевидной для всего мира, и это будет благоприятным развитием событий для США»[9]. В течение нескольких месяцев он пытался отговорить европейские страны от продажи оружия режиму Кастро, надеясь на то, что кубинское правительство в конце концов обратится за оружием к СССР и тем самым даст зеленый свет героическому возвращению на мировую сцену ЦРУ после операций в Иране и Гватемале [Schoultz 2009: 116].

Весной 1960 года американское правительство решительно блокировало любые попытки сочувствующих американских должностных лиц добиться примирения с Кастро и планировало тайную операцию по смене режима[10]. Настоящая экономическая война — первоочередное средство — началась с указания правительства США Standard Oil, Texaco и Shell отказаться от переработки советской нефти[11]. Это случилось во время визита в Москву кубинской торговой делегации во главе с будущим министром по вопросам аграрной реформы А. Н. Хименесом, сиюминутные задачи которого в начале июня подчинились цели увеличения объема поставок советской нефти[12]. Это предполагало бы пропорциональное увеличение экспорта сахара, на который обменивалась бы нефть. Представители СССР и Кубы подписали соглашение о поставках нефти — советская бюрократия на сей раз проявила рекордную расторопность. На утренней встрече

---

[9]   Меморандум о дискуссии на заседании Совета национальной безопасности США от 21 января 1960 года [FRUS 1958–1960, 6: 749].

[10] Тема попыток примирения раскрыта в [Farber 2006: 84–85].

[11] Этот эпизод рассматривается в книге М. Х. Морли [Morley 1987: 102–107].

[12] Отчеты от 2 июня и 18 июня отчетливо демонстрируют растущее внимание к нефти со стороны кубинцев, осознавших в первой половине июня, что западные нефтяные компании будут твердо придерживаться своего отказа. См. первый отчет в РГАЭ. Ф. 413. Оп. 13. Д. 8749. Л. 37–42; второй — в РГАЭ. Ф. 413. Оп. 13. Д. 8749. Л. 78–80.

18 июня — последний день пребывания делегации в Москве — Патоличев сообщил гостям, что министерство готово удовлетворить потребность Кубы в нефти, но для этого требуется одобрение правительства. Уже к двум часам дня — еще до момента окончания встречи — соглашение было готово к подписанию[13]. Заключив гарантирующее поставки соглашение, кубинцы могли свободно захватить нефтеперерабатывающие заводы, что они 29 июня незамедлительно и сделали[14].

Последовавшая через неделю приостановка импорта сахара в США имела мало общего с ответными мерами на захват нефтеперерабатывающих заводов, как позже признал один американский чиновник [Farber 2006: 85–86][15]. Это было, скорее, частью плана по свержению режима Кастро, побудившего Рауля задать Хрущеву вопрос о готовности оказать помощь, от которой кубинцы отказались девять месяцев назад. Остальная часть истории хорошо известна. В октябре Эйзенхауэр объявил полную экономическую блокаду. В апреле 1961 года Д. Кеннеди осуществил проект Эйзенхауэра по вторжению на Кубу, приведший к катастрофическим последствиям. За этими событиями последовала

---

[13] РГАЭ. Ф. 413. Оп. 13. Д. 8749. Л. 78–80.

[14] Можно провести интересную параллель с эфиопскими событиями. Когда весной 1960 года правительство Эфиопии обратилось к советскому руководству за помощью в сельском хозяйстве, последнее предложило предоставить вместо наличных нефть. Идея заключалась в том, чтобы эфиопское правительство реализовало нефть на внутреннем рынке примерно за 15 млн долларов. Проблема была в том, что вся нефтеперерабатывающая и распределительная сеть Эфиопии принадлежала иностранцам и иностранные компании отказывались принимать коммунистическую нефть. Советский подход в случае отношений с Кубой и Эфиопией был в целом схож: общая готовность войти в дверь и начать новые отношения. Эфиопы, однако, оказались не готовы пойти на решительный шаг, на который пошел Кастро. См. РГАНИ. Ф. 5. Оп. 30. Д. 332. Л. 33–36.

[15] Советский Союз получил 700 000 тонн сахара, образовавшихся в результате приостановки закупок, при прогнозируемой — включая доставку — стоимости 240 млн рублей, из которых около 104 млн рублей должны были поступить в форме «товаров, покупаемых за твердую валюту». Здесь не рассчитывается стоимость перепродажи этого сахара. Из РГАЭ. Ф. 4372. Оп. 63. Д. 85. Л. 183.

американская политика покушений и экономического саботажа, которую историк Ларс Шульц метко назвал «спонсируемым государством терроризмом», и внезапное заявление Кастро о своей марксистско-ленинской принадлежности [Schoultz 2009: 170–212]. Новообретенная вера Кастро, однако, не помешала формированию глубокой и продолжительной неприязни кубинских лидеров к своим советским коллегам после развязки в конце 1962 года Кубинского ракетного кризиса, который произошел в результате попыток осуществления берлинской цели Хрущева и был разрешен на условиях последнего и без консультаций с кубинским правительством[16]. Эта советско-кубинская идеологическая конвергенция не могла ни ослабить личной напряженности, ни уменьшить роль либеральной мировой экономики, по-прежнему структурирующей коммерческие предпочтения кубинского правительства. Эти два элемента будут и впредь мешать советско-кубинским отношениям.

И все же американское эмбарго быстро привело яхту «Granma» к советским берегам. Пока действует эмбарго, она не уплывет от них далеко, однако наследие полувековой зависимости от своего американского соседа преследовало управляющую этой яхтой изгоев команду. На протяжении первой половины 1960-х годов требования этой команды были направлены на поддержание тяжелой и обрабатывающей промышленности, оставленной Соединенными Штатами на острове, который был умеренно процветающим по сравнению с его латиноамериканскими соседями — и, вероятно, не более бедным, чем его новый коммунистический благодетель. Это выглядело так, будто инопланетная цивилизация ушла и оставила свою технику разлагаться в знойной Кубе. Автобусы разрушались в ожидании 1250 советских двигателей, которые позволили бы им снова ехать по дороге[17]. А когда на Кубе начали ломаться американские холодильники,

---

[16] Автор опирается на наиболее убедительное и подробное описание политики Хрущева, данное в [Фурсенко, Нафтли 2018]. Попытка Кастро сблизиться с Соединенными Штатами после кризиса описывается в [Patterson 1994: 261–262].

[17] РГАЭ. Ф. 413. Оп. 13. Д. 9006. Л. 46–47.

кубинцы обратили внимание на произведенные на советских заводах компрессоры, подозрительно похожие на те, что вышли из строя[18]. Кроме того, различие между советской деловой практикой и хорошо знакомой жителям Кубы практикой капиталистов мало способствовало смягчению напряженности. Специалисты в различных областях задерживались в пути, и отправленные на Кубу советские машины простаивали из-за отсутствия инженеров, способных объяснить их принцип работы. Советские эксперты иногда сидели без дела из-за отсутствия переводчиков, в то время как кубинские должностные лица постоянно напоминали квалифицированным кадрам о необходимости своевременного выполнения контрактов[19]. Кубинцы вспоминали эффективный менеджмент американских компаний, которые когда-то управляли кубинской промышленностью[20].

В то время, когда были предприняты меры по исключению Кубы из мировой экономики, Советский Союз работал над улучшением позиции в ней. Поэтому Куба не провалилась в черную дыру альтернативной экономической вселенной — ее сахар

---

[18] РГАЭ. Ф. 413. Оп. 13. Д. 9007. Л. 8–9.

[19] Председатель комиссии по выездам за границу А. Долуга в ЦК КПСС, 7 апреля 1961 года (РГАНИ. Ф. 5. Оп. 14. Д. 20. Л. 17–18). В количественных данных этого документа можно найти 300 кубинских руководителей, ожидающих специалистов по методам труда и хронометражу. Кубинцы послали в ГКЭС пять телеграмм, чтобы ускорить дело, но из 12 необходимых специалистов прибыл только один. Кроме того, в никелевой промышленности, второй по значимости на Кубе после сахарной, не хватало 33 специалистов и десяти переводчиков, которые записались на работу на Кубу, но так и не прибыли. Это, вероятно, было связано с вторжением в залив Свиней, хотя в качестве возможного фактора можно рассматривать утрату популярности испанского языка в Советском Союзе по сравнению с концом 1930-х годов, обусловившую отсутствие большого числа испаноязычных переводчиков, желающих поехать на Кубу. РГАНИ. Ф. 5. Оп. 14. Д. 20. Л. 19–21.

[20] Темы эффективности североамериканской стратегии решения технических проблем промышленности и негативных последствий внезапного отъезда более 6500 техников и менеджеров с острова освещаются в [Pérez 1990: 250–252]. См. также комментарии министра экономики Р. Боти по поводу управления кубинской промышленностью «на расстоянии» и отсутствия кубинских технических ноу-хау после ухода американских техников в [Karol 1970: 224–225].

вернулся на глобальный рынок благодаря продолжающемуся расширению советского участия в глобальном экономическом обмене. Поскольку большая часть коммунистического блока была должна Советскому Союзу, последний мог взамен сахара выдавать жителям островного государства кредиты, которые Куба могла затем использовать для приобретения товаров в странах, входящих в коммунистический блок; любая страна советского блока могла использовать вырученные от экспорта на Кубу деньги для погашения долга перед Советским Союзом[21]. Поскольку блок уже был обеспечен сахаром, образовывающийся в результате обмена избыток оказывался на мировом рынке. Это привело аналитика ЦРУ в 1963 году к выводу, что «проблемы Кастро и советские расходы на поддержку Кастро в значительной степени компенсируются резким ростом цен на сахар. Увеличение цен за последний год, если брать 75 % планируемого производства сахара в 1963 году, примерно равно предполагаемой экономической помощи, которую СССР должен оказать Кубе в 1963 году. Поэтому можно сказать, что свободный мир поставляет деньги, которыми Советский Союз поддерживают Кастро»[22].

Но Советский Союз не устраивал кубинцев в качестве коммерческого посредника, и правительство Кастро не оставляло попы-

---

[21] Импорту из более развитых стран блока — таких, как Чехословакия и Восточная Германия, — как правило, отдавалось предпочтение по сравнению с импортом из СССР. Причина этого объясняется в меморандуме ЦРУ «Экономическая поддержка режима Кастро со стороны Блока», 27 апреля 1961 года. NSF Box 51, JFK Library. Предпочтения восточно-центральноевропейской помощи становятся очевидным при подсчете проектов сотрудничества: по состоянию на 1963 год советский блок должен был осуществить 116 проектов помощи. Из них 27 приходились на СССР, 29 — на Чехословакию, 27 — на Восточную Германию, 14 — на Румынию, 11 — на Польшу, 6 — на Венгрию и 2 — на Китай. В РГАЭ. Ф. 4372. Оп. 65. Д. 405. Л. 1.

[22] Меморандум о кубинской политике, 25 апреля 1963 года. NSF Box 51, JFK Library. Цена значительно выросла из-за ограниченного предложения, отчасти обусловленного вынужденным уходом Кубы с мирового рынка. За этим выводом следует тезис о том, чтобы США «нарушили нормальное функционирование рынка сахара, если это возможно», поскольку последний был чувствительным рынком, «организованным посредниками и поддающимся манипулированию».

ток получить к мировому рынку более предпочтительный прямой доступ. Оно постоянно нарушало договорные обязательства перед Советским Союзом, предпочитая продавать сахар, предназначенный для Советского Союза, странам, предлагающим за него твердую валюту. Это требовало внесения в советские планы производства и реализации сахара существенных корректив; эта ситуация наблюдалась с самого момента установления отношений. В 1960 году ожидаемый груз — 20 % от 1,8 млн тонн сахара — не добрался до советских портов, что привело к «значительному уменьшению запасов сахара-сырца на сахарных заводах» и затруднило запланированную массовую переработку сахара в начале 1961 года[23]. В следующем году Госплану пришлось пересмотреть таблицы «затраты — выпуск», чтобы покрыть новый 15%-й дефицит — все это происходило в начале года[24]. В соответствии с соглашением 1964 года Куба должна была обеспечить поставку в СССР 3 млн тонн сахара до 1966 года, но вместо этого поставила чуть больше половины этого количества, несмотря на то что в год окончания соглашения кубинцы произвели почти 5 млн тонн. Еще одно соглашение два года спустя дало те же результаты [Бекаревич 1971: 207][25]. Советский Союз, несмотря на все его притязания на роль сверхдержавы, часто был для Кубы последним местом, где можно реализовать сахар, который не удалось продать в других местах.

Неэффективность организационной деятельности обеих сторон также приводила к задержкам поставок сахара и нефти, с которыми страны не могли справиться долгое время[26]. К сере-

---

[23] ГАРФ. Ф. 5446. Оп. 95. Д. 1017. Л. 78–79.

[24] ГАРФ. Ф. 5446. Оп. 96. Д. 1161. Л. 43. Распоряжение датировано 19 февраля 1962 года.

[25] Хотя большую часть клиентов кубинцы нашли в Европе, они не пренебрегали имеющими запасы конвертируемой валюты странами — такими, как Египет и Марокко.

[26] Примеры 1962–1964 годов можно посмотреть в ГАРФ. Ф. 5446. Оп. 96. Д. 1165. Л. 90 (задержка поставок нефти); ГАРФ. Ф. 5446. Оп. 98. Д. 1440. Л. 64 (задержка поставок сахара); ГАРФ. Ф. 5446. Оп. 98. Д. 1443. Л. 117 (обещание кубинцев изучить организацию работы в портах).

дине 1960-х годов кубинские лидеры предприняли более разумные экономические шаги, отказавшись от всеобъемлющего централизованного планирования в пользу планирования отдельных секторов экономики [Mesa-Lago 1994: 43–52]. Советское руководство со своей стороны определило спектр задач, решаемых в рамках торговых отношений с островом, и отказалось от некоторых проектов помощи, которые посчитало нецелесообразными. Длительное сотрудничество советских специалистов с кубинцами и формирующиеся в результате его привязанности поставили перед советским руководством новую проблему — дисциплины и лояльности советских агентов на острове. Примерно в это же время в ЦК КПСС стали поступать сообщения о «недостатках в работе с иностранцами»[27]. Советский советник из ГКЭС при кубинском министре экономики Боте, например, подсказал ему, как сломить сопротивление советской стороны и получить больше грузовых машин[28]. Далее он допускал безответственные заявления о коллективизации и давал советы по строительству железных дорог, которые противоречили советским интересам. Он даже передал министру секретную информацию об отсутствии интереса советского руководства к дальнейшему развитию никелевой промышленности острова, являющейся основным источником дохода Кубы[29].

Реальная привлекательность СССР, таким образом, имела мало общего с ее описанием в меморандумах Госдепартамента США. По общему признанию, Советский Союз пригласили в дебри экономического и культурного наследия, которое он не смог понять. Во время своей первой поездки в Советский Союз в 1961 году У. Ластра, входивший в состав кубинской делегации, которая вела переговоры по экономическим вопросам, был угощен довольно приятным лакомством. Обратив внимание на маленький блестящий колокольчик испаноговорящего гида,

---

[27] РГАНИ. Ф. 5. Оп. 30. Д. 482. Л. 67–79 (О некоторых недостатках в организации работы с иностранцами по научно-техническому обмену, 11 мая 1965 г.).

[28] РГАНИ. Ф. 5. Оп. 30. Д. 482. Л. 67–79.

[29] РГАНИ. Ф. 5. Оп. 30. Д. 482. Л. 67–79.

успокоившего кубинскую делегацию, Ластра вновь переключился на одно из величайших достижений советского потребления; конечно, оно демонстрировало кубинцам потребительскую культуру, которую может принести с собой социализм. Как позднее вспоминал Ластра, его угостили советским мороженым только после того, как дали краткую справку[30]. Историк Л. Перес утверждал, что наиболее значимым фактором в формировании кубинской идентичности в XX веке была близость Кубы к Соединенным Штатам [Pérez 1990: 226–233]. Эта «беспрецедентная близость» принесла кубинцам богатство, так как богатые американцы инвестировали в кубинское сельское хозяйство и в 1950-е годы превратили остров в одно из популярных туристических мест. Полвека взаимодействия, однако, также привели к экономическому неравенству между Гаваной и остальной частью страны, а также к североамериканским нормам потребления, которые были недостижимы для государства, находившегося во власти изменчивых цен мирового рынка на сахар. Лучи потребительского рога изобилия тускло сияли, преломляясь североамериканскими посетителями, для которых Куба «была местом для медового месяца, площадкой для отдыха, борделем, казино, кабаре, портом свободы — местом для интрижек, кутежей и пьянства» [Pérez 1999: 490]. Ластра, высокообразованный экономист из городской «мелкобуржуазной» среды, работавший до революции в американских компаниях в Гаване, не был впечатлен советским мороженым. Кубе, однако, придется довольствоваться таким уровнем потребления в течение следующих трех десятилетий.

Египет: политическая экономия неудавшегося альянса

Полтора десятилетия назад Уэстад утверждал: «Уже давно известно, что союзы, которые создавал СССР во время холодной войны, не были эффективными. Первая советская "империя" — китайско-советский альянс — просуществовала всего около

---

[30] Интервью с У. Ластра, 12 марта 2004 года, Гавана, Куба.

десяти лет. Срок существования второго союза — альянса с такими странами третьего мира, как Афганистан, Ангола, Эфиопия, Гвинея, Ирак, Мозамбик, Никарагуа, Сирия, Вьетнам и Йемен, — был примерно таким же. Даже то, что Ю. Андропов называл "особым союзом", — альянс с Кубой, — на протяжении большей части своего существования представляло собой спорадическое взаимодействие». СССР не мог и даже не пытался воспроизвести структурные связи, которые связывали промышленно развитые экономики друг с другом и с мировой экономикой (к ним Уэстад относит взаимовыгодную торговлю, инвестиционные модели и устойчивый технологический обмен). В рамках биполярной конструкции холодной войны «альянс» неизбежно становится соотносительным понятием; в расколотом на две части мире каждый лагерь будет искать союзников в геополитической игре с нулевой суммой, в то время как некоторые страны могут оставаться нейтральными[31]. Но оправданно ли в этом случае говорить об эквивалентности? Микоян так не думал — и был прав. В 1958 году он сказал посетившему СССР марокканскому высокопоставленному лицу: «Мы не стоим на той позиции, что дружба с Советским Союзом должна наносить ущерб сотрудничеству с другими странами»[32]. Он имел в виду, конечно, США. Микоян мог или не мог быть добрее американских госслужащих, и он, безусловно, не был либералом,

---

[31] Хотя неясно, верят ли историки в нейтралитет. Описывая поездку Хрущева в ООН в 1959 году, Нафтали и Фурсенко, например, отмечают, что в конечном счете «с одним знаменательным исключением, ни один из союзников Советского Союза в третьем мире — Индия, Гана, Гвинея, Объединенная Арабская Республика — не поддержали требования Хрущева заменить Хаммаршельда „тройкой"». См. [Фурсенко, Нафтали 2018: 357]. Примечательно, что единственным исключением была Куба. Четыре страны, представленные здесь в качестве советских союзников, постоянно заявляли о своем нейтралитете. У этих четырех стран не было другой возможности отблагодарить за советскую политическую поддержку, кроме как на форуме Организации Объединенных Наций. Но тот факт, что они этого не сделали в одном из немногих случаев, когда могли это сделать, похоже, не заставляет Фурсенко и Нафтали задуматься.

[32] ГАРФ. Ф. 5446. Оп. 120. Д. 1315. Л. 113.

но его подход к международной торговле, в отличие от американского, не носил эксклюзивный характер. Причина такого различия проста: Соединенные Штаты — с Англией, а иногда и Францией в качестве младших партнеров — были гегемонистской державой, и нарушение установленных ими границ повлекло бы за собой быстрое возмездие[33]. Советский Союз, в свою очередь, не располагал средствами, позволившими бы ему контролировать страны в рамках гегемонистской конфигурации, и поэтому не мог понять, как это сделать (вне досягаемости его армий на непосредственной периферии или, конечно, за пределами Восточной Европы).

Первая волна деколонизации пришлась на 1940-е — начало 1950-х годов; многие обретшие независимость страны, движимые политическими и экономическими обстоятельствами, заинтересовались преимуществами обмена с СССР. И вот вторая волна, представленная в основном африканскими странами, постучалась в советскую дверь или была точно так же загнана в нее. Отдельные представители этих стран предложили установить непосредственные отношения немедленно. Когда в феврале 1957 года — еще и года не прошло с момента обретения независимости — марокканский временный поверенный во Франции пришел в советское посольство в Париже для переговоров, он объявил, что марокканское правительство «очень хочет развития советско-марокканских торговых отношений», но в настоящее время они обременены наследием экономической и институциональной зависимости от Франции и французского блока[34]. Французы навязывали Марокко посреднические услуги в бартерной торговле 1957 года с СССР: она должна была проходить в рамках ежегодного франко-советского торгового соглашения[35]. Тем не менее они пригласили представителей Советского Союза на апрельские торговые переговоры, проходящие в Рабате. СССР

---

[33] Я позаимствовал наиболее удачную формулировку Камингса из [Cumings 1999: 205–226].

[34] РГАНИ. Ф. 5. Оп. 30. Д. 224. Л. 54–58.

[35] РГАНИ. Ф. 5. Оп. 30. Д. 275. Л. 31.

подчинился, но мало что выиграл. Марокканцы нуждались в нефти и зерне: потребность в последнем появилась в результате засухи в стране[36]. Они настаивали на участии Советского Союза в предстоящей международной выставке в Касабланке, что позволило бы марокканскому бизнесу сравнить советские тракторы с западными[37]. В качестве платы за нефть марокканцы предложили цитрусовые[38]. Советскому руководству придется довольствоваться фактом приобретения нового партнера, а цитрусовые фрукты ждали своего часа.

Более непосредственные связи с Марокко и марокканскими фирмами окончательно установились в следующем году, когда в апреле 1958 года по настоянию Марокко было подписано соглашение о прямой торговле[39]. Торговля с Марокко была внушительной по объему и постоянной, поскольку политические события никогда ей не препятствовали, но вместе с тем представляли собой малозначимый фактор для ее развития[40]. Возможно, именно поэтому Марокко так и не попало в составленные историками списки вдохновленных советским примером стран. Если бы они прочитали стенограмму апрельской встречи Микояна с министром торговли Марокко А. Бенкираном, они, возможно, пересмотрели бы свое мнение[41]. Последний сказал «старому большевику»: «Мы желаем изучить планирование нашей экономики и проблемы индустриализации страны. Когда у нас будут

---

[36] РГАЭ. Ф. 413. Оп. 13. Д. 7998. Л. 4–5. Как объяснил министр торговли Марокко, их страна, как правило, выступала чистым экспортером во Францию зерна, которое французы затем продавали на других рынках.

[37] РГАЭ. Ф. 413. Оп. 13. Д. 7998. Л. 14–16.

[38] РГАЭ. Ф. 413. Оп. 13. Д. 7998. Л. 17–21. Советские представители отклонили вариант с сардинами, которые СССР экспортировал сам.

[39] Произошедшая после переговоров встреча главы марокканской делегации с Микояном освещается в РГАНИ. Ф. 5. Оп. 30. Д. 274. Л. 100–110.

[40] Марокканские цитрусовые фрукты в основном обменивались на советские нефть, древесину, а по истечении определенного времени — на промышленные машины и энергетическое оборудование.

[41] Стенограмму этой встречи можно также найти в ГАРФ. Ф. 5446. Оп. 120. Д. 1315. Л. 108–119.

серьезно разработанные экономические планы, мы обратимся для их реализации к помощи дружественных иностранных государств, в частности к Советскому Союзу»[42]. На этом он не остановился. Слова Бенкирана выражали настроение всех новых независимых народов на глобальном Юге:

> Мы готовим пятилетний план, начинающийся с 1961 года. Но мы считаем необходимым иметь переходный план на 1959–1960 годы, что позволит нам исправить ошибки предыдущих планов, серьезно изучить наши богатства, возможности в капиталах и людях, а также изучить возможности иностранной помощи. Только после этого мы можем сказать, что у нас будет план национального характера. Мы понимаем, что мы должны рассчитывать на собственные силы, однако вполне возможно, что молодая страна обратится к некоторым странам за помощью[43].

Далее Бенкиран выразил надежду на то, что, когда марокканцы получат четкое представление о своих возможностях и обратятся к советским организациям, отвечающим за экономические отношения, СССР поможет Марокко. Было ли это гимном советской модели? Он также признал, что нынешний переходный план 1958 года полностью основан на последнем четырехлетнем плане, разработанном французами для управления экономикой своей колонии. Значит, зло колониального наследия? Марокканцы продолжали развивать свою экономику в течение следующих десятилетий под привычной рубрикой пятилетних планов — факт, который оставил историков холодной войны равнодушными, — как и должно быть.

Отношения с Марокко были настолько простыми, насколько отношения с Египтом — сложными. Последний был клубком дипломатических, геополитических, региональных и экономических сил, для распутывания которого потребовалось бы долгая

---

[42] ГАРФ. Ф. 5446. Оп. 120. Д. 1315. Л. 111.
[43] ГАРФ. Ф. 5446. Оп. 120. Д. 1315. Л. 113.

научная работа[44]. Экономические идеи и принуждения переплетались в данном случае с социально-политическим контекстом, опережающим все другие по скорости изменения. Кроме того, советско-египетские отношения не были свободны от влияния глобальной экономики. Таким образом, Египет во многом повторил путь Советского Союза и других стран глобального Юга, приводящий к знакомым возможностям, напряженности и результатам.

Как мы уже видели, нехватка твердой валюты вынудила египетских лидеров обратиться с предложением торговли к советскому руководству, еще когда был жив Сталин. Более открыто артикулирующее антизападную позицию правительство взяло бразды правления в Египте в результате возглавляемого М. Нагибом военного переворота против короля Фарука, произошедшего в июле 1952 года. Однако британские войска, оккупировавшие Суэцкий канал, продолжали препятствовать установлению какого-то подобия независимости Египта. Несмотря на постоянные антиимпериалистические выступления, Нагиб оказался преданным хранителем египетских прерогатив. Лишь спустя год он обратился к руководству СССР с предложением обмена советского оружия и промышленных товаров на египетский хлопок. Он объяснил свою осторожность принявшему египетский заказ советскому посланнику:

> Я искренне желал бы установления тесного культурного сотрудничества между Египтом и СССР, но скажу откровенно, что меня могут заподозрить англичане и американцы, которые в ответ на это могут раздавить меня и смести мой режим. А для того, чтобы оказать им сопротивление, Египет

---

[44] Один из ключей к пониманию этого клуба также рассматривается в рамках традиционного нарратива холодной войны: прокси-война между Египтом и Саудовской Аравией в Йемене за лидерство в арабском мире, которая проглотила все египетские амбиции. Этот тема находится в центре одной из лучших интерпретаций событий, представленной в книге Д. Ферриса [Ferris 2012]. Наиболее четкое описание американской внешней политики в регионе, укладывающееся в рамки парадигмального противостояния холодной войны, можно посмотреть в книге С. Якуба [Yaqub 2004].

не имеет пока ни сил, ни возможностей. Поэтому я вынужден делать и антикоммунистические заявления, хотя и не имею определенного представления о коммунизме.

Нагиб продолжал: «Я вынужден "вести игру с американцами и англичанами и между двумя блоками"» [Наумкин 2003, 1: 191]. Политический курс Египта не поменялся и в последующие годы — даже после того, как Г. А. Насер сверг и арестовал Нагиба в январе 1955 года.

Правительство Насера продолжало вести игру, целью которой, как и для всех бедных стран, было не столько столкновение противоборствующих сторон, сколько заключение оптимальной сделки с доминирующими западными странами. Так, президент Египта обратился с просьбой о продаже оружия в июле 1955 года к советскому руководству, рассчитывая тем самым ускорить принятие решения относительно поставок вооружения американцами. Когда в августе в Судане вспыхнули вооруженные беспорядки и в результате израильского налета в Газе был убит египетский офицер, Насер встревожился по поводу предполагаемых колебаний США перед лицом британо-израильского заговора с целью подорвать египетское влияние в Судане и на Ближнем Востоке[45]. Вскоре египтяне полностью изменили формат отношений с Советским Союзом. Посол Египта в Москве М. аль-Куни в августе 1955 года заверил советское руководство в том, что Египет хочет сохранить «наилучшие отношения с Советским Союзом и вести независимую внешнюю политику, чего Египет не мог делать во времена английского господства»[46]. В этот раз речи выражали реальные намерения. Египтяне понимали, что подвергают риску отношения с англосаксонскими державами, но надеялись получить доступ к советской разведке, которая позволила бы выстроить грамотную линию поведения с Западом. Чтобы уменьшить давнее египетское беспокойство по поводу ведения дел с СССР, советский собеседник аль-Куни сказал:

---

[45] Эта история изложена в [Фурсенко, Нафтали 2018: 61–77].

[46] РГАНИ. Ф. 5. Оп. 30. Д. 123. Л. 46.

«Египет может быть уверен, что Советский Союз не крокодил, могущий неожиданно разверзнуть свою пасть и проглотить Египет»[47]. Советским дипломатам часто придется давать такие заверения в течение многих лет[48]. В следующем месяце обе стороны завершили знаменитую «чешскую оружейную сделку»[49].

С этого момента советско-египетские отношения будут усиливаться и ослабевать в зависимости от региональных амбиций Насера, иногда пересекающихся с европейскими, а затем и американскими задачами в регионе. Насер стал, если использовать слова историка Ферриса, «консультантом Советского Союза по арабским делам, гидом для впервые попавших в лабиринт восточной политики» [Ferris 2008: 8]. Смелая перерисовка Насером геополитической карты Ближнего Востока, вкупе с покупкой советского оружия, не вызвала ожидаемого гнева западных стран, — напротив, осенью Насер заручился обязательствами представителей США и Великобритании в отношении строительства дамбы в южном городе Асуан, что стало ключом к рационализации египетского сельского хозяйства и индустриализации его экономики[50]. Это обязательство длилось шесть месяцев. Непрекращающееся давление Насера на Соединенные Штаты с целью добиться лучших условий сделки завело его слишком далеко — к признанию КНР. Ответный выход Америки из проек-

---

[47] РГАНИ. Ф. 5. Оп. 30. Д. 123. Л. 47.

[48] Тема искреннего страха Насера перед советской подрывной деятельностью раскрывается в [Фурсенко, Нафтали 2006: 62].

[49] Сталин отказался от аналогичной сделки с Нагибом в феврале 1953 года, вероятно опасаясь, что его используют в качестве инструмента давления на Соединенные Штаты. Но советское руководство оставило дверь открытой, чтобы посмотреть, серьезно ли египтяне относятся к сделке. Нагиб не прошел тест, Насер — прошел. См. примечание Вышинского в [Наумкин 2003, 1: 182].

[50] Тонкая игра Насера — с использованием разведывательного аппарата — на страхах американцев перед советским проникновением в Египет с целью получения обязательства от США по строительству плотины с поразительной точностью воспроизведена в [Фурсенко, Нафтали 2018: 85–87]. Советскую оценку проекта, его преимуществ и характеристик, данную в период участия в проекте СССР, в апреле 1958 года, можно найти в РГАНИ. Ф. 5. Оп. 30. Д. 272. Л. 232–236.

та в течение лета и осени 1956 года подготовил почву для Суэцкого кризиса — последнего удара по тому, что историк Дж. Дарвин назвал «британской имперской системой мира» [Darwin 2009].

Постоянные колебания египетского правительства создавали негативный фон для советско-египетского сотрудничества по вопросу строительства Асуанской плотины. В 1954 году руководство СССР согласилось помочь Египту в строительстве плотины, но впоследствии египтяне отказались выдавать визы советским специалистам, которых планировали отправить для проведения предварительных работ[51]. После отпора Америке в 1956 году Насер перестал «вести игру», а решил реализовать проект с использованием национальных ресурсов. Только экономический спад после Суэцкого кризиса убедил его возобновить переговоры с Советским Союзом, настойчиво предлагающим финансирование строительства плотины в 1958 году. Это не последний раз, когда СССР возьмется в странах глобального Юга за проект, от которого отказались Соединенные Штаты. Отказ западных стран финансировать строительство Асуанской плотины, однако, был наименее важным следствием Суэцкого кризиса. Большую опасность несла экономическая блокада, которая лишила Египет доступа к привычным европейским рынкам, а также к традиционным источникам финансирования. Еще до кризиса был разработан ряд руководящих принципов для экономической политики, направленной против режима Насера. В меморандуме от 28 марта Даллес изложил план действий по возвращению Насера в объятия Америки. Затягивание переговоров по Асуанской плотине было частью плана, включающего в себя также отказ в поставках оружия из любой западной страны и приостановку экспорта зерна и любой формы помощи. На случай несговорчивости Насера в ход пошли бы более агрессивные действия: манипулирование мировым рынком хлопка с целью блокирования экспорта египетского хлопка, глушение антизападных радиопередач в Каире и содействие смене режима в Сирии, ближайшем союзнике Египта [Yaqub 2004: 42–43]. Это не последний раз, когда

---

[51] РГАНИ. Ф. 5. Оп. 30. Д. 123. Л. 196.

давление со стороны американцев не сможет заставить непокорное правительство подчиниться, хотя Насер не планировал полного разрыва и ни одна из сменявших друг друга американских администраций никогда не допускала возможности крайней эскалации враждебности против Насера, а тем более полного разрыва.

Недружественный, амбивалентный подход Эйзенхауэра к Насеру сохранялся даже тогда, когда он готовил переход статуса лидера арабского мира от последнего к распутному королю Сауду[52]. Советскому Союзу, не обладающему собственной центростремительной силой, придется ждать следующего кризиса, который бы способствовал развитию отношений. Торговые показатели хорошо отражают эти сдвиги. После того как товарооборот между двумя странами вырос почти в четыре раза в богатом 1956 году и снова удвоился в следующем, он оставался на этом плато до 1962 года. С этого момента товарооборот еще раз удвоился в течение следующих четырех лет (см. рис. 15).

Этот период значительной по объему, но стагнирующей торговли позволил обоим правительствам узнать друг друга поближе. Преобладающим настроением было скорее напряжение, чем товарищество, которого опасался Вашингтон. Европейское экономическое давление на Египет после кризиса вынуждало тот сопротивляться и поддерживать связь с советским блоком. Египетский хлопок был перенаправлен с европейских рынков на покупку румынской и советской нефти. Эмбарго на поставки оружия в Египет подталкивало к приобретению советского оружия. Бегство британских и французских капиталов из Египта оставило поле деятельности открытым для других стран, пусть и не относящихся к коммунистическому блоку. Национальное производство упало на 5–10 %. Насер ответил на это национализацией французских и английских банков и предприятий, которую советское руководство только приветствовало, поскольку эти мероприятия «приведут к окончательному подрыву влияния

---

[52] Результаты более подробного исследования дипломатических отношений можно посмотреть в [Citino 2002].

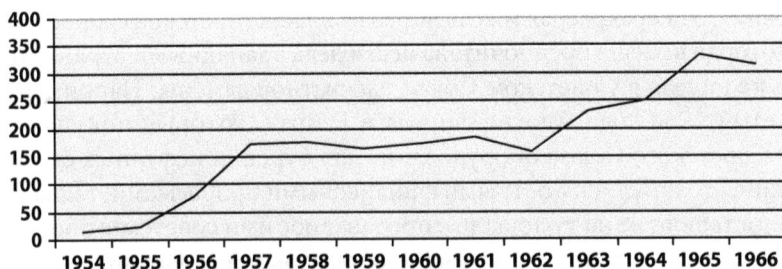

Рис. 16. Советско-египетский товарооборот (млн рублей)
Источник: [Внешняя торговля за 1918–1966: 219–221].

иностранного капитала и усилят правительственный контроль в экономике страны»[53]. Американское правительство, однако, отдавало предпочтение сценарию, в котором целенаправленное экономическое давление доведет Египет до слабого кипения; они вместе с Западной Германией стремились облегчить экономическую ситуацию в этой стране. В основе их политики лежало различие между отношением к Советскому Союзу Кастро и более теплым подходом Насера.

В условиях нестабильной экономической ситуации в Египте советское руководство пыталось проводить по отношению к Египту политику, которая «расширила бы наше влияние и лишила бы возможности США, ФРГ и другие страны занять ключевые позиции в экономике страны»[54]. Оно, однако, перестанет субсидировать Египет. Египтяне воспользовались желанием руководителей стран советского блока помочь во время кризиса, резко повысив цены на хлопок, который они продавали блоку (на 55–65% по сравнению с мировыми ценами и на 25–30% по сравнению с ценами на египетских рынках). Советские руководители преисполнились решимости: «В дальнейшем такая потеря ничем не оправдывается, и в торговых отношениях с Египтом необходимо придерживаться мировых или взаимно справедливых

---

[53] Этот экономический вывод взят из РГАНИ. Ф. 5. Оп. 30. Д. 224. Л. 73–78.

[54] РГАНИ. Ф. 5. Оп. 30. Д. 224. Л. 77.

цен»[55]. Эта прекрасная мысль не разделялась египетской стороной, которая все еще предпочитала вести дела с западными странами и не видела в Советском Союзе адекватной замены. Например, летом 1960 года многие фирмы в Египте, которые покупали у Советского Союза оборудование для бурения нефтяных скважин, столкнулись с острыми финансовыми проблемами, так как «поставили не на ту лошадь»: продаваемое ими советское оборудование не могло сравниться с оборудованием Соединенных Штатов и Западной Германии[56]. После того как старый империалистический Запад ушел из Египта, невозможность занятия новым Западом ключевых позиций в египетской экономике не была связана с политической волей Советского Союза и выходила за пределы возможностей последнего.

За непосредственно предшествующий 1962 году период трудно найти пример оживленного согласия в торговых переговорах между советскими и египетскими чиновниками — советское руководство действительно лучше ладило с египетскими бизнесменами. Представим мужчин, согревающихся в московском офисе 1 февраля 1960 года[57]. В то время как Хрущев, Насер и их окружение заявляют о дружбе и наилучших пожеланиях, этим мужчинам, представителям СССР и Египта, поручено наладить торговлю независимо от того, сближает ли она народы или нет, как, несомненно, неоднократно заявлялось в приветственных речах перед встречей:

> Египтянин: Вы должны увеличить список товаров: вы покупаете только хлопок, и в результате в прошлом году товарооборот снизился.
> Советский представитель: Вы не предоставили нам список доступных товаров.

---

[55] РГАНИ. Ф. 5. Оп. 30. Д. 224. Л. 77.

[56] РГАЭ. Ф. 413. Оп. 13. Д. 8791. Л. 62.

[57] Следующий диалог взят из РГАЭ. Ф. 413. Оп. 13. Д. 8791. Л. 2–5. Этот документ не является точной стенограммой встречи, но отчет все же, вероятно, близок к стенографическому. Так как диалог не воспроизведен дословно, цитирование не используется. Но представленный в книге фрагмент, безусловно, соответствует духу встречи и, надеюсь, передает ее важные детали.

Другой советский представитель: И главная проблема заключается в том, что ваши цены при продаже по клирингу слишком высоки: возьмите, к примеру, ваш рис.

Египтянин: Это потому, что страны вроде Югославии покупают его задешево по бартеру и потом перепродают ради дохода в твердой валюте.

Советский представитель (*«шутливо», как уверяет нас советский документ*): Но для того, чтобы предотвратить реэкспорт другими странами, вы наказываете советские организации.

Египтянин (*вероятно, откинувшись назад и сосредоточив свой взгляд на дальнем углу потолка*): Дополнительная надбавка в наших ценах объясняется разницей курсов египетского фунта на внутреннем и мировом рынках. Закупка египетских продуктов на клиринговой основе должна оставаться выгодной для советских организаций, даже когда за них приходится переплачивать. Конечно, вы бы получили скидку на наш текстиль, если бы платили твердой валютой и покупали через наш Комитет по хлопку (*и после отвлекающего маневра он подходит к сути вопроса*). Египет, несмотря на нехватку твердой валюты, вынужден покупать запчасти для приобретенной за границей техники. Есть примерно 12 000 тракторов «Фордсон», и все [наши] железные дороги в основном британского производства.

Советский представитель: Я не могу обещать приобретение товаров за твердую валюту, но Египет затягивает выдачу лицензий на импорт советских товаров.

Египтянин: Ну, в течение трех месяцев вы не покупали хлопок, и поэтому импорт из Советского Союза пришлось сократить.

Советский представитель: Мы перестали покупать хлопок, потому что египетские организации и компании резко сократили импорт товаров, в особенности нефти и нефтепродуктов, и поэтому у нас нет средств для оплаты.

Египтянин: Ну, вы практически никогда не используете большую часть кредита, который мы предоставляем, — почему бы не увеличить кредитный лимит с 1 до 5 млн египетских фунтов и не получить по нему все, что вам нужно?[58]

---

[58] Под масками советских представителей скрывались Кумыкин и Спандарьян. Египтянин — это заместитель министра экономики, имя которого по-русски транслируется как Шиати. Никакой дополнительной информации не предоставляется.

Но это предложение не позволило бы выйти из тупика. И по прошествии пяти месяцев советские представители все еще настаивали на той же бартерной цене за хлопок, так как египтяне определили цену в британских фунтах[59]. Египет отказался отступить, и обе стороны пришли к соглашению, согласно которому советские бартерные товары могли продаваться по цене, включающей надбавку, аналогичную той, которую СССР платил за египетский хлопок. Однако последнее оставляло много места для недоразумений и злоупотреблений. На сетования египтян по поводу завышенных на 25 % по отношению к мировому уровню цен на катанку — намного выше 6%-й набавки, которую Советский Союз платил за египетский хлопок в то время, — советские представители отвечали, что при нынешнем уровне цен они без проблем продают этот товар частным покупателям. Они утверждали, что нет никакой «египетской цены», а есть только рыночная[60]. В контексте инфляции и ограничения импорта западных товаров (из-за отсутствия твердой валюты) кто мог сказать, что действия советской стороны несправедливы? Как отмечали представители СССР, никто, кроме правительства, в Египте не жаловался.

Советской стороной подчеркивалось, что отношения с частной сферой зачастую выстраивались легче. Возможностей для неверного толкования политических рычагов влияния Египта на Советский Союз было меньше, поэтому подобные расчеты не мешали переговорам. Вскоре, однако, последовал стандартный поток жалоб: советские товары предлагались по завышенным ценам; некоторые поставки задерживались; другие товары не соответствовали стандартам качества; и, если иногда советские представители жаловались в египетское министерство экономики на то, что египетские фирмы, с которыми они имели дело, не получали необходимых лицензий на импорт, то это происходило из-за того, что соглашения с советскими организациями заклю-

---

[59] РГАЭ. Ф. 413. Оп. 13. Д. 8791. Л. 47.

[60] РГАЭ. Ф. 413. Оп. 13. Д. 8791. Л. 65–66. Диалог произошел 31 августа 1960 года.

чались до получения лицензий[61]. Проблемы усугублялись игрой, которую вели египетские бизнесмены с целью получения от системы лицензирования прибыли. Египетский госслужащий сообщил советским представителям, что бизнесмены часто давали им неверные рекомендации по корректировке уровня цен, а затем, развернувшись на 180 градусов, просили об аудиенции с правительственными чиновниками, чтобы указать на то, что аналогичный продукт можно получить дешевле на Западе. Импортная лицензия, дающая местному бизнесмену право на получение твердой валюты, имела гораздо большую ценность, чем эквивалентная импортная лицензия на советский продукт: доступ к конвертируемым валютам открывал возможности для валютных спекуляций и незаконных валютных переводов, недоступных в случае лицензий на бартерную торговлю со странами советского блока. В целях дальнейшей рационализации внешней торговли египетское правительство начало рассматривать возможность создания полугосударственных организаций, которые можно было бы более тщательно контролировать[62]. Подобный шаг, возможно, был резонным. В 1961 году заместителя министра внешней торговли Кузьмина поставило в тупик заявление египетского торгового атташе в Москве о том, что советские металлы слишком дороги, особенно в сравнении с японскими. Но советское руководство, будучи и импортером, и экспортером,

---

[61]　Это следует из переговоров, состоявшихся между Патоличевым и представителем египетского министерства экономики 5 октября 1960 года в Москве. См. в РГАЭ. Ф. 413. Оп. 13. Д. 8791. Л. 91–94.

[62]　РГАЭ. Ф. 413. Оп. 13. Д. 8791. Л. 91–94. Нормирование твердой валюты, наряду с волнами проводимой Насером национализации, в любом случае заставило многие частные компании подчиниться. Например, представители египетского дилерского центра по продаже тракторов обратились к советскому руководству с целью получения прав на распространение советских тракторов именно потому, что к 1961 году у компаний было мало возможностей для роста, если они имели дело только с западными товарами. Как объяснил представитель компании Коканбаеву, в контексте жестких экономических ограничений рост бизнеса в значительной степени связан с бартерными соглашениями, которые египетское правительство заключало со странами советского блока. См. в РГАЭ. Ф. 413. Оп. 13. Д. 9042. Л. 157.

тщательно следило за мировыми ценами на металлы, и Кузьмин был уверен, что японские цены, как правило, на 15% выше европейских. Он не понял, почему японские металлы являются эталоном, по которому можно судить о советских.

Летом 1961 года ситуация, казалось, улучшилась после того, как египетское правительство решило покончить с двойной системой ценообразования, предполагающей скидки, надбавки и уловки, связанные с бартером. Египтяне в конце концов предложат Советскому Союзу хлопок по ценам мирового рынка[63]. Советское руководство обещало ответить на любое снижение цен на египетский хлопок уменьшением стоимости советской продукции. Эти шаги, однако, не очень изменили позицию на египетском рынке советских товаров, по-прежнему уступающих по качеству американским, западногерманским и даже британским. Советские торговые организации также быстро завоевали репутацию организаций, оказывающих ограниченный спектр услуг гарантийного обслуживания товаров; изменение цен не исправило и эту ситуацию[64]. Но самое важное — оно не смогло предотвратить попытки Египетского государства сократить торговлю со странами советского блока в пользу увеличения торговли с Западом. В конце 1961 года от Комитета по регулированию внешней торговли Египта поступил приказ сократить товарооборот с коммунистическим блоком и увеличить закупки западных машин и оборудования[65]. Таким образом, в первой половине 1962 года обе страны снова заняли по отношению друг к другу жесткую позицию. Египетские должностные лица, игнорируя советские офисы, выпрашивали древесину, которую Египет не мог купить по причине отсутствия твердой валюты. Советский Союз не поставил товары в установленном договоре объеме. Как объяснял советский торговый представитель, эти действия были связаны с нарушением обязательств по поставке хлопка египет-

---

[63] РГАЭ. Ф. 413. Оп. 13. Д. 9042. Л. 92–93.

[64] Как сказал Коканбаев на совещании 17 января 1962 года. См. в РГАЭ. Ф. 413. Оп. 13. Д. 8790. Л. 7–8.

[65] РГАЭ. Ф. 413. Оп. 13. Д. 8790. Л. 7–8.

ской стороной[66]. Тем не менее египетские должностные лица отклонили предложение представителей СССР об обмене большего количества древесины на большее количество хлопка, — вероятно, потому, что планировали продать последний за твердую валюту. Ходили слухи о тайных продажах египетского хлопка на западных рынках, которые в значительной степени нивелировали оправдания Египта, отказывавшегося продавать больше хлопка Советскому Союзу[67]. Враждебный тон снова вернулся в торговые переговоры между представителями двух стран[68]:

Советский представитель: Почему ваша хлопчатобумажная пряжа такая дорогая?

Египтянин: Потому что наша пряжа сделана из самого высококачественного египетского хлопка, и лучше ее вы не найдете ни на одном из рынков.

Советский представитель (*на этот раз без намека на шутку*): Я впервые в жизни слышу, чтобы при описании показателей качества пряжи упоминалось сырье, из которого эта пряжа была произведена.

Египтянин: Это все правда. Американцы и европейцы это понимают, поэтому и покупают у Египта.

Советский представитель: Покажите мне эти контракты.

Египтянин: Египет никогда не просил Советский Союз показывать свои контракты, а верил советским представителям на слово.

Советский представитель: У Египта никогда не было оснований не доверять информации советских внешнеторговых организаций.

Когда официальный представитель Египта попытался перевести тему на покупку апельсинов, советский представитель заявил, что цены и в этом случае завышены. Египтянин ответил, что речь

---

[66] РГАЭ. Ф. 413. Оп. 13. Д. 8790. Л. 40–41.

[67] РГАЭ. Ф. 413. Оп. 13. Д. 8790. Л. 107–108.

[68] Они произошли 14 ноября 1962 года. Следующий диалог взят из РГАЭ. Ф. 413. Оп. 13. Д. 8790. Л. 151–152. Так как диалог не воспроизведен дословно, цитирование не используется.

идет об апельсинах более высокого качества[69]. В этот же период амбиции Насера опять возобладали над советско-египетскими отношениями и придали им новый импульс. Переворот в Йемене в конце сентября привел к формированию там республиканского правительства, тесно связанного с Насером. Тот быстро обратился за помощью к Советскому Союзу, что позволило ему отправить в Йемен огромное количество военной техники и расширить египетское влияние до невиданных ранее масштабов. Но Насер переоценил свои силы. Участие Египта в гражданской войне в Йемене, которую часто называют Вьетнамом Насера, привело к катастрофическим последствиям для египетского влияния в регионе и нанесло ущерб экономике Египта[70]. Борьба превратилась в прокси-войну между Насером и саудитами за лидерство в арабском мире. Бремя борьбы привело египтян к зависимости от советского оружия, что в итоге склонило чашу весов египетской торговли в пользу стран советского блока и создало долг, который стал проклятием для отношений[71]. Тем не менее Египет, как и Куба, продолжали бороться с зависимостью, принимая участие в мировой экономике в той мере, в какой это было возможно. Даже когда египетское правительство обратилось к СССР с просьбой о реструктуризации долга с целью уменьшения нагрузки на платежный баланс Египта, оно по-прежнему отдавало приоритет западным покупателям хлопка[72]. По-

---

[69] В данном случае советским представителем был Коканбаев, а египтянином — генерал Корра, согласно советскому документу, глава Генеральной организации внешней торговли.

[70] Война, в которой некоторые советские летчики сражались непосредственно под египетским командованием, демонстрируя общую динамику: «Египет шел впереди, Советский Союз следовал за ним, а йеменские лидеры постоянно пытались обойти египетского сторожа, чтобы иметь дело непосредственно с СССР». См. в [Ferris 2008: 32]. Попытки Ферриса провести параллели между советским вмешательством в Йемен и его вмешательством на Кубе, однако, менее убедительны.

[71] Главный тезис статьи Ферриса [Ferris 2011: 8–9].

[72] Стенограмму переговоров тогдашнего заместителя премьер-министра Египта А. М. Кайсуни с Патоличевым в Москве, произошедших 7 декабря и 11 декабря 1964 года, можно посмотреть в РГАЭ. Ф. 413. Оп. 31. Д. 102. Л. 162–164; и РГАЭ. Ф. 413. Оп. 31. Д. 102. Л. 162–164 соответственно.

следние могли посетить североафриканскую страну в сентябре и выбрать хлопок нужного качества и в нужном объеме по ценам, установленным в июле; советским представителям же разрешалось закупать его позже в соответствии со строгими квотами, установленными египетским правительством, а не требованиями советских потребителей хлопка[73]. Все это время война в Йемене медленно разрушала отношения Насера сначала с англичанами (у которых в Йемене была база), а затем с Соединенными Штатами, которые угрожали урезать поставки зерна, без которого Насер не смог бы прокормить население. Когда летом 1966 года египтяне обратились к советскому руководству с вопросом о возможности взятия СССР на себя роли США в поставках зерна, они получили уклончивый ответ. У Советского Союза также были проблемы с зерном, и в последнее время советское руководство тратило на его импорт большую часть валютных резервов. Кузьмин отметил, что советские ресурсы не безграничны[74]. Египет — в отличие от Кубы, большая страна, находящаяся в эпицентре региональной геополитической борьбы, — испытывал пределы сверхдержавы, которая была сильна в рассуждениях и проявлениях воли, однако в экономическом плане оказалась далеко не конкурентоспособна.

Отношения между Востоком и Югом обычно начинались по инициативе последнего и аналогичным образом заканчивались. Следовательно, проблема заключалась не в том, что Советский Союз не мог нести бремя ухудшающегося положения Египта. Увеличение задолженности режима Насера перед Советским Союзом и другими странами и его отчуждение от Запада создали грубую зависимость, которая препятствовала интеграции египетского общества в альтернативные экономические и культурные структуры за пределами мировой капиталистической экономики. Чем больше Советский Союз вмешивался в экономиче-

---

[73] Жалоба, озвученная на собрании 9 декабря 1964 года. РГАЭ. Ф. 413. Оп. 31. Д. 102. Л. 170–171.

[74] Даже если советская добрая воля осталась, о чем снова сказал Кузьмин. См. в РГАЭ. Ф. 413. Оп. 31. Д. 1144. Л. 8–11.

скую жизнь Египта, тем больше его презирали египетские деловые круги, сохранившие свою западную ориентацию и мечтающие о мире, в котором у Запада не было бы политических и культурных преимуществ и производного от них высокомерия. Более того, осторожная попытка советского руководства использовать эту зависимость для получения права тайного захода в египетские порты сразу же подорвала политические отношения между двумя странами [Ferris 2011]. Советский Союз пользовался на глобальном Юге влиянием не потому, что представлял собой альтернативу западному либеральному миропорядку, а потому, что помогал ослабить давление Запада, не требуя взамен каких-либо политических жертв. Нарушение этого общего принципа — принципа, громко и настойчиво провозглашаемого советским руководством во время зарубежных поездок, — немедленно лишило СССР единственного конкурентного преимущества перед западными странами. Но даже без этой политической ошибки отношения с Египтом становились все более экономически нецелесообразными. Их исход был отсрочен Насером, попытавшимся — в последнем приступе исключительного честолюбия — возглавить арабскую коалицию против Израиля в июне 1967 года. Советский Союз приложил определенные усилия по предотвращению войны, а после того, как конфликт разгорелся, — по скорейшему установлению мира, чтобы спасти то, что осталось от остова постколониальной конфигурации, находящейся в состоянии быстрого разложения[75]. Победа в той войне, вероятно, могла бы спасти отношения — вместо этого поражение нарушило их равновесие. В течение четырех лет Египет, как губка, поглощал советских солдат для управления обороной от Израиля в районе Суэца, прежде чем они были высланы преемником Насера, М. А. ас-Садатом[76]. Окончательный отказ последнего от отношений с СССР в 1972 году не повлек за собой никакого серьезного наказания. Этот разрыв ни шел ни в какое

---

[75] Такая интерпретация событий дается в книге М. Орена [Oren 2002].

[76] Вопрос советского решения об отправке войск в Египет во время войны на истощение исследуется в статье Д. Адамского [Adamsky 2006].

сравнение с отказом от сложной системы коммерческого, финансового и технологического обмена, управляемого преобладающей и ревнивой державой (сотрудничающей с не менее властными союзниками).

Полезная сверхдержава в Тропической Африке

В 1956 году, когда Британский Золотой Берег был на пути к независимости, служащие Госдепартамента США разрабатывали стратегию недопущения в этот регион Советского Союза. Должны ли Соединенные Штаты угрожать новой стране? Следует ли им подкупить руководство страны проектами помощи? Должны ли США использовать надежных региональных лидеров, чтобы оказать влияние на более независимых действующих лиц? Ответ на эти вопросы был однозначно утвердительным [Mazov 2010: 43–45]. Первый премьер-министр (позже президент) Ганы К. Нкрума также искал возможность использования мировой политической конъюнктуры в своих интересах. Вооружившись стратегией, не отличавшейся ни новаторством, ни сложностью, он быстро приступил к проведению устойчивой политики. Нкрума начал с того, что максимально быстро отправил руководству СССР приглашение на празднование независимости Ганы в марте 1957 года. В ноябре он пригласил советских лидеров в Гану на переговоры по поводу создания посольства, которые, по предположению приглашенных, должны были занять три дня, но затянулись более чем на неделю, в течение которой Нкрума показательно расхаживал по городу, приветствуя своих коммунистических гостей [Mazov 2010: 44, 48–50]. После этого он заморозил отношения с Советским Союзом на два года.

Нкрума хотел иметь на реке Вольта собственную Асуанскую плотину, которая могла бы послужить основой для индустриализации экономики страны. В качестве источников капитала он нуждался в Соединенных Штатах и Великобритании и поэтому обратился к старой теме — угрозе «коммунистического проникновения». Факт, что советское посольство открылось только

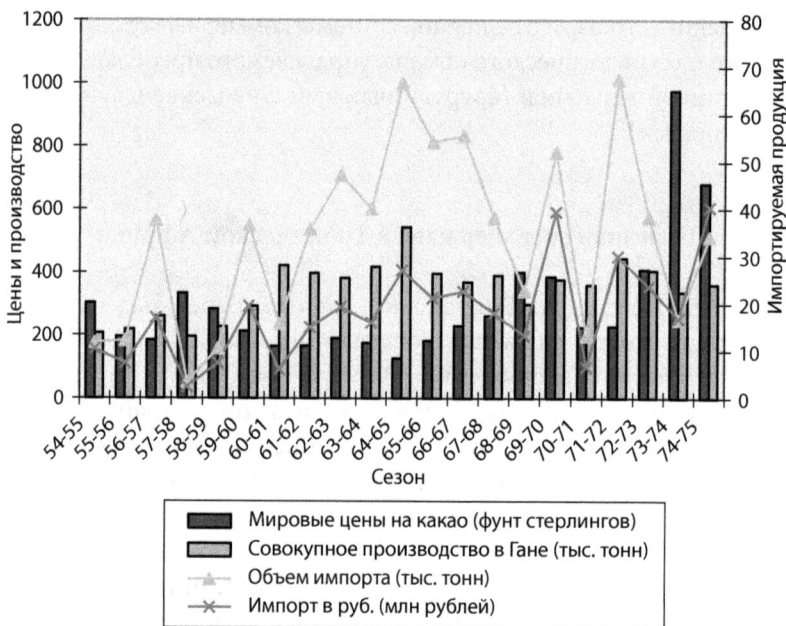

Рис. 17. Советский импорт какао из Ганы
Источник: Информация о ценах и производстве взята из [Rolfo 1980: 100–116]. Советский объем и рублевый импорт в 1961 году рассчитан по статистическим обзорам «Внешняя торговля СССР».

в августе 1959 года, нарушает стройный нарратив некоторых историков холодной войны. Если импульсы к развитию противостояния в ней исходили только от Восточного или Западного лагеря — основное предписание сверхдержавной парадигмы, — то задержка должна быть истолкована как советская прерогатива. История превращается в летопись идеологических обращений, в ходе которых неуверенным советским лидерам потребовалось два года, чтобы заново оценить и привлечь на свою сторону Нкруму в качестве прогрессивного некоммунистического лидера, даже несмотря на то, что они вроде бы много раз совершали этот идеологический маневр, например в интересах Насера [Лундестад 2002]. Действительно, хотя Гана стала независимой в 1957 году, первое торговое соглашение было подписано только в июне

1959 года[77]. Нет никаких оснований, однако, предполагать, что советское руководство изменило свое отношение к Нкруме. В декабрьском докладе ЦК 1959 года, после установления отношений с Ганой, Нкрума описывался как мелкобуржуазный политик, а не как потенциальный идеологический или даже политический союзник[78]. Трудно представить иную оценку, учитывая, что Нкрума обратился к Соединенным Штатам и Израилю с предложением торговли и с просьбой помощи. Кроме того, советское руководство не разделяло твердое убеждение западных аналитиков в склонности ганцев приписывать значительную роль в зарождающемся процессе индустриализации государству. Оно не было впечатлено интенсивным использованием в Гане планирования. Советское руководство не увидело в нем ни одного признака благоприятных идеологических наклонностей африканского руководства. Как отмечалось в советском докладе, большая часть государственного и иностранного капитала, использовавшегося при строительстве промышленных проектов, задействовалась через правительственную холдинговую компанию Ганы — преемницу организации, созданной в 1951 году под британской колониальной юрисдикцией с той же целью[79]. Должностные лица Ганы обращались также к странам советского блока и Китаю. Но, как отмечалось в том же докладе, несмотря на эти шаги по направлению к социалистическому миру, «внешняя политика Ганы имеет ярко выраженную прозападную ориентацию»[80].

Нет, советское руководство не изменило свое мнение. Независимость Ганы открыла возможность приобретения какао на бартерных условиях, а не за твердую валюту, и это было для Советского Союза достаточным основанием для пробуждения интереса к развитию отношений независимо от того, представляла ли Гана важную арену революционной борьбы или нет.

---

[77] РГАНИ. Ф. 5. Оп. 30. Д. 336. Л. 37–38.

[78] РГАНИ. Ф. 5. Оп. 30. Д. 305. Л. 263–278.

[79] РГАНИ. Ф. 5. Оп. 30. Д. 305. Л. 265.

[80] РГАНИ. Ф. 5. Оп. 30. Д. 305. Л. 278.

Вопреки основным нарративам холодной войны национальные устремления Ганы не были значительными: экономическая модернизация и индустриализация на основе планирования, реконструированное и мощное государство и большая экономическая независимость [Westad 2005: 91–93][81].

Так какие события 1959 года сблизили Гану с СССР? Ответ состоит из двух частей. Во-первых, изменились три особенно важных показателя экономического благополучия Ганы: мировые цены на какао, производство этой культуры в Гане и ее запасы в СССР — и, предположительно, спрос на него. Как показано на рис. 16, падение цен на какао в первой половине 1960-х годов совпало с устойчивым ростом советского импорта какао из Ганы. Как упоминалось ранее, независимость Ганы означала, что Советскому Союзу больше не нужно было тратить на лондонских сырьевых рынках драгоценную твердую валюту и, кроме того, с целью создания условий для устойчивого торгового взаимодействия он мог оказывать промышленную помощь — удачное совпадение интересов двух государств. Советские закупки какао быстро выросли с 2 % мирового импорта в 1958 году до примерно 8 % десять лет спустя [Hanson 1971: 67]. Как уже должен был догадаться читатель, процесс не был гладок. Так, в июне 1959 года ганцы отказались заключать бартерные соглашения с СССР и настаивали на твердой валюте в качестве единственной формы оплаты. Год спустя, когда цены упали еще ниже, они были готовы пересмотреть свою позицию и принять щедрые условия Советского Союза[82].

Во-вторых, ответ связан с проектом плотины на реке Вольта. Нкрума недвусмысленно дал понять, что дистанция по отношению к Советскому Союзу будет сохраняться до тех пор, пока

---

[81] Риторика лидера Ганы является парадигмальной для бывших колоний. Хотя, затрагивая эту тему, историки склонны упоминать лидеров подозрительного движения неприсоединения, практически все «прозападные» лидеры, которых обходят при этом вниманием, — например, Л. С. Сенгор из Сенегала, — разделяли те же самые устремления.

[82] РГАНИ. Ф. 5. Оп. 30. Д. 336. Л. 38. Согласно соглашению, в первый год (1960 год) оплачиваться советскими промышленными товарами должно было 10 % какао, во второй год — 20 % и так далее, пока в 1964 году это число не достигло бы 50 %.

в реализации проекта не будет достигнут прогресс. Взяв над ганцами руководство, Эйзенхауэр в конце концов решил, что капитал для этого проекта должен прийти из частного сектора [Mazov 2010: 53]. Это практически обеспечило приглашение на ганский рынок Советского Союза. После этого Нкрума не терял времени даром, обратившись к советскому руководству с предложением финансировать строительство плотины. Он в действительности хотел, чтобы специалисты из СССР проверили предложение американской компании *Kaiser Aluminum* и, возможно, даже сотрудничали с ней[83]. Тактика давления Нкрумы сработала. Компания *Kaiser Aluminum* использовала короткий период улучшения отношений между США и Ганой весной 1961 года, чтобы лоббировать осуществление проекта западными странами. Летом администрация Кеннеди дала согласие на финансирование этого проекта Всемирным банком, работающим в тандеме с американским и британским правительствами [Mazov 2010: 200–201].

Несмотря на ухудшение отношений между Соединенными Штатами и Ганой после 1961 года, советскому руководству не удалось добиться значительного прогресса в укреплении связей с этой страной. Оно было хорошо осведомлено об играх, которые вел Нкрума. Когда двухдневное приглашение Микояна в Гану в начале 1962 года, по настоянию ганской стороны, внезапно превратилось в девятидневный официальный визит (который Микоян сократил до семи дней), советское руководство не было так уж озадачено. В посвященном визиту докладе чересчур подробно пояснялось:

> Такое резкое изменение отношения президента Ганы к визиту, хотя оно и необычно для международной практики, становится понятным, если принять во внимание отсутствие у Нкрумы четкого политического курса и его постоянное лавирование между лагерем империализма и лагерем социализма с целью получить больше выгоды, играя на их противоречиях[84].

---

[83] РГАНИ. Ф. 5. Оп. 30. Д. 336. Л. 35.

[84] ГАРФ. Ф. 5446. Оп. 120. Д. 1728. Л. 84.

Так или иначе, Микояна со всеми почестями встретили в аэропорту Аккры, и армянин, не теряя времени впустую, попытался наладить между Ганой и Советским Союзом более открытые и доверительные отношения. В частности, Микоян попросил ганцев «не стесняться» сообщать представителям СССР о недостатках советской экономической и технической помощи[85].

Следующие несколько лет взаимодействия, должно быть, принесли Микояну большое удовлетворение. Торговые переговоры были пропитаны неприкрытыми взаимными обвинениями и ожесточенными спорами. Одним из главных пунктов этих споров была цена. Гана предлагала какао с 15–20%-й надбавкой к текущим ценам лондонских оптовых рынков, которую советская сторона была готова заплатить за вступление в новые отношения, обещающие уменьшение расходов в твердой валюте[86]. Вопрос заключался в размере наценки. Ганцы со своей стороны с самого начала постоянно проводили сравнения, принуждая советскую сторону доводить цены до уровня коммунистического блока, а также западных стран[87]. Это не означает, что мир был для Ганы открытым рынком. К 1962 году страна не располагала значительными валютными резервами — в ее распоряжении были лишь деньги, вырученные от продажи какао на западных рынках, где цены, как правило, были низкими и падали практически на протяжении всего срока пребывания Нкрумы на посту лидера. Получение в этих условиях нефти требовало частичной переориентации торговли ганцев на советский блок[88]. Тем не менее когда речь шла о промышленном оборудовании, последние настаивали на тестировании приобретенного у СССР оборудования перед следующим заказом и в основном использовали это оборудование в дополнение к тому, что было куплено в Англии и Западной Германии[89].

---

[85] ГАРФ. Ф. 5446. Оп. 120. Д. 1728. Л. 87.

[86] РГАЭ. Ф. 413. Оп. 13. Д. 9448. Л. 3–5.

[87] РГАЭ. Ф. 413. Оп. 13. Д. 9448. Л. 23–25.

[88] РГАЭ. Ф. 413. Оп. 13. Д. 9448. Л. 31–32.

[89] РГАЭ. Ф. 413. Оп. 13. Д. 9448. Л. 90–92.

Выбиваясь из общего ряда, Гана, однако, не смогла улучшить свое финансовое положение благодаря интенсификации отношений с советским блоком. За поставки ганского какао Советский Союз и другие социалистические страны рассчитывались — наличными или другими товарами — медленно, что порождало ситуацию хронической задолженности СССР перед Ганой на протяжении нескольких лет. Это подталкивало к проведению периодических встреч, на которых лидеры стран коммунистического блока подвергались критике со стороны должностных лиц Ганы[90]. Постоянные напоминания о долге сочетались с обычными жалобами на отсутствие обслуживания советских товаров, отсутствие каких-либо советских усилий по продвижению своей продукции на рынках Ганы и пренебрежение со стороны СССР к адаптации товаров к влажным тропическим условиям Ганы — все это создавало серьезные препятствия на пути реализации советских товаров на ганском рынке[91]. Стандартный ответ советских должностных лиц заключался в том, что они были обмануты чиновниками правительственных министерств и представителями частных компаний, отказывавшимися платить за советские поставки[92]. Это, конечно, имело мало общего со структурными проблемами, которые больше всего беспокоили Гану, но это также мало способствовало укреплению доверия к советским чиновникам[93].

Если советские отношения с Египтом стимулировались политическими амбициями Насера и сдерживались экономическими реалиями, то в ганско-советском взаимодействии наблюдалась

---

[90] См. речь главы банка Ганы, созвавшего всех представителей коммунистического блока 6 ноября 1962 года, в РГАЭ. Ф. 413. Оп. 13. Д. 9448. Л. 97–102. Жалобы, высказанные через год советскому торговому представителю в Аккре, можно посмотреть в РГАЭ. Ф. 413. Оп. 13. Д. 9822. Л. 74–77.

[91] РГАЭ. Ф. 413. Оп. 13. Д. 9448. Л. 97–102.

[92] См., например, РГАЭ. Ф. 413. Оп. 13. Д. 9822. Л. 51–53.

[93] В декабре 1963 года ганцы жаловались на увеличение советского долга Гане до 1,5 млн ганских фунтов, в то время как советские представители сетовали на то, что им задолжали 700 000 ганских фунтов частные фирмы. См. в РГАЭ. Ф. 413. Оп. 13. Д. 9822. Л. 74–77.

обратная тенденция: политический выбор был обусловлен ограничениями мирового экономического развития, советскими технологиями и ресурсами[94]. Она была очевидна в 1965 году, в период максимального сбора урожая в Гане и минимальных цен на какао в мире. Неслучайно возглавляемая министром финансов Ганы К. Амоако-Аттой делегация прибыла в Москву с целью узнать, могут ли они продать больше какао, чем было изначально запланировано, и сделать это по более высокой цене[95]. Советские представители, вероятно, были более лояльны к такого рода просьбам, чем крупные, такие, как Cadbury, ориентированные на прибыль компании, которые покупали большую часть ганского урожая какао. По прошествии семи лет СССР все еще боролся за закрепление своего присутствия и обеспечение коммерческих выгод в стране, которая продолжала ориентироваться на Запад (практически извиняясь за сам факт отношений, Атта сказал советским руководителям, что Гана хотела бы больше походить на Соединенные Штаты, но резервы страны были уничтожены сохраняющимися низкими ценами на какао). В ответ министр послушал лекцию о преимуществах торговли с Советским Союзом, в которой не задействована твердая валюта[96]. В тот год Советский Союз действительно купил большую часть богатого урожая Ганы и по более высоким ценам, чем западные страны могли себе позволить.

Исследуя советский импорт какао, экономист Хэнсон поставил под сомнение конкурентоспособность советской торговли — выходящая за рамки простого вопроса о цене проблема. Так, какао-бобы могли быть относительно однородным товаром, а оборудование, которое Гана получала взамен, — явно нет [Hanson 1971: 69]. Хэнсон утверждал, что обмен не был равным. Во-

---

[94] Более привычный нарратив о холодной войне, в котором советская политика «скрывала сверхдержавную логику» игры с нулевой суммой, одной из задач которой было установление контроля над странами глобального Юга, можно посмотреть в [Mazov 2010].

[95] РГАЭ. Ф. 7733. Оп. 56. Д. 501. Л. 2–4.

[96] РГАЭ. Ф. 7733. Оп. 56. Д. 501. Л. 2–4.

первых, чтобы создать условия для переговоров с СССР, Гане пришлось отказаться от строгих ограничений на импорт предметов роскоши. Во-вторых, советские поставки, при помощи которых оплачивался этот импорт, еще предстояло реализовать, а на это требовалось время, в результате чего предполагалось образование общего профицита с Советским Союзом в размере 45 млн долларов, что отрицательно сказалось на стесненном в средствах и преследуемом кредиторами правительстве Ганы. И наконец, советское оборудование, возможно, было переоценено — старый бич бартерной торговли. Ганцы, вероятно, рассматривали этот обмен в целом как выгодный, поскольку коммерческие отношения, которые Нкрума построил с СССР, пережили его свержение в 1966 году, когда ему на смену пришло открыто прозападное правительство[97]. В конце концов, советский спрос, даже если он удовлетворялся на бартерных условиях, приводил к увеличению мирового спроса, а следовательно, и мировых цен. Хэнсон пришел к выводу, что «советский импорт сырьевых товаров действительно может работать в более "западном" ключе, чем предполагалось», по крайней мере в случае Ганы[98]. Гана, в отличие от Индонезии, которая практически отказалась от советской помощи после переворота Сухарто, продолжала закупать советское промышленное оборудование, чтобы выполнить свои экономические задачи. Советский Союз не монополизировал внешнюю торговлю Ганы, как было в случае с Кубой, имеющей

---

[97] Об инициативе нового правительства Ганы по восстановлению контактов и торговли с Советским Союзом после полугодового перерыва из-за переворота см. РГАЭ. Ф. 413. Оп. 31. Д. 1116. Л. 4–6.

[98] То есть он избегает оценки, для вынесения которой требовались бы признать политическое измерение советской внешней торговли. См. в [Hanson 1971: 77]. Он приходит к этому выводу после изучения советских темпов «измельчения», или темпов использования какао-бобов, которые действительно были связаны с его запасами и темпами импорта, а в конечном счете — и с внутренним спросом. Когда в конце 1960-х годов цены начали расти, увеличившись после 1973 года в разы, Советский Союз вернулся к моделям закупок до 1960 года, то есть до того, как цены резко упали, что лишний раз подтверждает вывод Хэнсона о том, что спрос напрямую связан с запасами, хотя в 1970-х годах спрос был намного выше.

монокультурную экономику, но, с другой стороны, первая никогда не страдала от такой же политической и экономической враждебности Запада. Со временем советский рынок какао оказался удобным средством для решения проблем с платежным балансом Ганы, но ее крупнейшим потребителем оставалась более или менее дружественная Западная Европа. Можно задаться вопросом, какую экономическую систему выбрали бы кубинцы, если бы обладали той же политической и экономической свободой, что и Гана.

Гвинея представляет собой противоположный Гане пример. У лидеров обеих стран было видение панафриканского движения, которое соответствовало советскому антиимпериалистическому дискурсу, но кремлевские чиновники не приписывали такому месту, как Гвинея, стратегической роли. Взаимодействие с бедной западноафриканской страной не помогло бы сэкономить в процессе приобретения дефицитного товара твердую валюту, что могла предложить располагающая запасами кофе Гана. И все же отношения Гвинеи с Советским Союзом были более тесными. Это парадоксальное взаимодействие завело обе страны в период холодной войны в тупик. Стремление Гвинеи к независимости в 1958 году и ее последующий поворот в сторону Советского Союза были ориентированы на противостояние, подобно траекториям Индонезии и Египта, а также Кубы, проследовавшей по ней годом позже. Это был союз, скрепленный не магнетизмом советской власти, а отторгающей от себя гегемонистской политикой Запада. В отличие от Ганы, Гвинея относилась к переговорам с СССР серьезно. Отношения между двумя странами установились быстро. Но без экономической основы, на которой можно было бы построить прочные связи, поддерживать их могла бы только чрезвычайно враждебная политическая обстановка. В ее отсутствие они быстро переросли во взаимную неприязнь, и обе страны понесли экономические потери.

В 1957–1958 годы Французская империя переживала полномасштабный политический кризис; правительства сменяли друг друга в сложной обстановке войны Алжира за независимость. В начале лета 1958 года Ш. де Голль был официально назначен премьер-министром и, не теряя времени, предложил новую конституцию, которая легла в основу Пятой республики. Осенью был созван общеимперский референдум с целью ратификации проекта этой конституции, и де Голль недвусмысленно дал понять, что будущие дружественные отношения между Францией и любой заморской территорией возможны лишь в случае голосования жителей колоний за этот проект. По общему мнению, А. С. Туре, лидер Гвинейской демократической партии, предпочел бы подчиниться, однако гвинейское движение за немедленную, безоговорочную независимость не было похоже ни на одно антиколониальное движение. Только за две недели до референдума он наконец уступил студентам, молодежным организациям и профсоюзу учителей и высказался за голосование «против» [Schmidt 2007: 161–162]. Гвинея была единственной колонией, проголосовавшей против новой конституции, и гнев де Голля последовал за этим голосованием немедленно[99]. Вопреки надеждам Туре на заключение с Францией соглашения и сохранение места в зоне франка французское правительство запланировало полный уход из Гвинеи, прекращение всех видов помощи и торговых отношений, а также установление экономической и дипломатической блокады — о введении аналогичных ограничений оно хотело попросить своих союзников по НАТО[100].

Исход финансового и человеческого капитала, от которого пострадала в то время Гвинея, нанес ущерб ее экономике, но это было только начало. Французы приостановили выдачу всех кредитов и помощь в целях развития — единственным совместным проектом, работа над которым не прекращалась, остался порт для экспорта алюминия в интересах Франко-Американского консорциума. Все остальное лучше всех описала историк Э. Шмидт:

---

[99] Голоса разделились неравномерно. В голосовании принимали участие 85 % зарегистрированных избирателей. Результаты таковы: 94 % проголосовали «против» и только 4,7 % одобрили новую конституцию.

[100] Согласно Шмидт, «лишь небольшое число работников по договору в частном секторе и 150 французских государственных служащих, включая 110 учителей, остались в Гвинее после обретения независимости». См. в [Schmidt 2007: 170].

Помимо экономических санкций, технические службы были выведены из строя, а оборудование уничтожено. Телефонные провода были перерезаны даже в главном правительственном здании. Краны в порту Конакри исчезли. Военные лагеря лишились своего оборудования, а больницы — медикаментов. Солдаты в Далабе сожгли свои казармы. В Середу исчезли формулы производства хинина. Бейл покинули французские врачи с запасами лекарств из больниц и совершенно новыми автомобилями медицинского центра, которые были отправлены на Берег Слоновой Кости. Наконец, вывески всех государственных зданий были разбиты — жест, полный мелочности и символизма [Schmidt 2007: 171–172][101].

В этом горниле выковывались советско-гвинейские отношения. В то время, когда Куба постучала в советскую дверь, руководством СССР уже была отрепетирована речь, которой будут встречать подвергнутые остракизму государства.

Первой задачей, которую предстояло решить, было замещение французской экономической помощи и кредитов, которых гвинейцы лишились, займами любой страны, которая могла бы их предоставить. Одним из первых доноров была Гана[102]. Гвинейское правительство раскинуло свою сеть широко: осенью 1959 года Туре совершил поездку в Соединенные Штаты, Англию, Западную Германию, а также в Чехословакию и Советский Союз. Он заверил свой народ и международных лидеров, что намерен проводить внешнюю политику строгого нейтралитета[103]. Предыдущая гвинейская делегация прибыла в Москву летом с целью получить

---

[101] Она также отмечает, что курс кораблей, перевозивших продовольствие и медикаменты, были изменен; вместе с тем французские спецслужбы накачали страну фальшивой валютой, создавая широкую панику.

[102] Гана предоставила 10 млн ганских фунтов стерлингов в рамках соглашения о создании Союза африканских государств — недолгая и неудачная попытка реализации идеи панафриканизма, — основанного обеими странами в ноябре 1958 года, к которому позже присоединилась Мали. Туре позже вернет долг, предоставив Нкруме убежище и сделав его почетным президентом Гвинеи после свержения того в 1966 году.

[103] РГАНИ. Ф. 5. Оп. 30. Д. 305. Л. 287.

от СССР кредиты и безвозмездные субсидии — последние просили редко, поскольку делать подарки Советский Союз не любил, а предпочитал давать ссуды под 2,5 %, которые возвращались либо местной продукцией, либо твердой валютой[104]. Тем не менее гвинейская делегация успешно убедила советское руководство предоставить их стране субсидии, хотя неясно, в какой степени ее ожидания оправдались. СССР согласился предоставить 140 млн рублей кредита на обычных условиях помощи, направленной на реализацию неуказанных проектов. Что касается субсидий, то советское руководство согласилось на выделение около 7,5 млн рублей на строительство радиостанции, экспорт двадцати четырех автомобилей — четырех «Волг» и двадцати джипов ГАЗ-69 — и отправку для создания крупного государственного рисового хозяйства нескольких тракторов и специалистов[105].

Энтузиазм по поводу новых отношений был недолгим. Резкий рост экспорта в Гвинею в 1961 году, достигший 24,5 млн рублей благодаря соглашениям о помощи, вскоре сменился сокращением поставок до 7–10 млн в течение всего десятилетия. Показатели торговли говорят сами за себя: кофе, ананасы и бананы из Гвинеи на сумму от 3 до 5 млн рублей — это все, что мог закупить для поддержания отношений Советский Союз[106]. Он не смог предотвратить развал гвинейской экономики в начале 1960-х годов. Исключение Гвинеи из зоны франка привело к появлению чеканившегося в Чехословакии неконвертируемого гвинейского

---

[104] РГАНИ. Ф. 5. Оп. 30. Д. 309. Л. 86–90. По крайней мере, именно это услышал переводчик, когда водил гвинейцев по Баку. Между собой они часто обсуждали необходимость возвращения в Гвинею с «конкретными результатами», особенно в плане получения от СССР субсидий. Стоит обратить внимание на то, что гвинейцы также не проявили особого желания общаться с французскими коммунистами, которые в то время были в Крыму, отметив, что ни один из этих коммунистов никогда не был в Гвинее и что они занимали в колониальных вопросах ошибочную позицию.

[105] РГАНИ. Ф. 5. Оп. 30. Д. 305. Л. 290–291. Предварительный список возможных проектов помощи см. в РГАНИ. Ф. 5. Оп. 30. Д. 305. Л. 289–293.

[106] См. статистические обзоры «Внешняя торговля СССР».

франка, что изолировало экономику Гвинеи от экономики ее соседей. Это, однако, не заставило страну переориентироваться на коммунистический блок. Например, в 1963 году гвинейцы выполнили лишь около 30 % своих контрактных поставок товаров в Советский Союз[107]. Взаимное доверие, никогда не отличавшееся особой прочностью, дало трещины. Рассмотрим следующий диалог. Министр торговли Гвинеи И. Барри сетовал на то, что советские представители подсчитывали гвинейские товары в советских портах, что часто приводило к потере 20–30 тонн бананов. Он сообщил советскому торговому представителю, что в результате этого Гвинея в среднем теряла 5 % своих бананов и около 3 % своих ананасов. Контракты заключались на условиях «свободно на борту» (FOB), до того, как товары были погружены на суда в гвинейских портах, а не на основе стоимости, страхования и фрахта (CIF), при которых расходы по доставке несет экспортер. Барри утверждал, что Гвинея не могла позволить себе иметь в советских портах представителя, который встречал бы эти поставки и пересчитывал бы их вместе с советскими должностными лицами. Если советская сторона хочет вести бухгалтерский учет таким образом, то контракты должны заключаться на условиях CIF. Контраргумент напрашивался, и представитель СССР его немедленно озвучил: если гвинейцы сочтут это более выгодным, то советская сторона ничего не имеет против, но тогда Гвинее придется оплачивать доставку твердой валютой, что она не должна была делать в случае контракта на условиях FOB. Он обратил внимание на то, что Гвинейское экспортное агентство вело с советскими импортными организациями переговоры об оплате транспорта товарами, в то время как контракты с любой другой страной предполагали использование твердой валюты. Барри в гневе покинул встречу с советским представителем, пообещав «изучить этот вопрос»[108].

Ситуация не улучшилась и в 1964 году В этом году план по гвинейскому экспорту опять был выполнен лишь на 30 %, даже

---

[107] РГАЭ. Ф. 413. Оп. 31. Д. 69. Л. 15–18.

[108] РГАЭ. Ф. 413. Оп. 31. Д. 69. Л. 19–20. Встреча состоялась 15 февраля 1964 года.

несмотря на увеличение долга перед Советским Союзом. Как объяснили гвинейские должностные лица, проблема заключалась в том, что через черный рынок товары постоянно «утекали» в Мали и Сенегал, где гвинейцы могли продавать их за твердую валюту, а не за малоликвидные гвинейские франки[109]. Гвинея не была Египтом (тем более европейской страной!), где чиновники были достаточно проницательны для того, чтобы предпринять необходимые меры, которые могли бы помочь справиться с внешней экономической агрессией. Даже импортируемый из Советского Союза сахар вывозился через границу для продажи за твердую валюту[110]. Шло время, а режим Туре по-прежнему не соответствовал своим прогрессивным принципам. С каждым годом советскому руководству все сложнее было вести с Гвинеей дела. Темпы поставок не увеличились. Гвинейцы не намерены были отвечать по финансовым обязательствам перед Советским Союзом, они не предпринимали никаких действий, когда проблемы требовали срочного решения[111].

К 1965 году гвинейцы также скорректировали свои ожидания как в отношении того, что мог дать СССР, так и в отношении того, на что была способна экономика Гвинеи. В том же году правительство Гвинеи сократило импорт, чтобы поддержать равновесие между последним и тем, что страна фактически могла экспортировать[112]. Могло сложиться впечатление, что гвинейцы вообще намереваются разорвать отношения, если принять во внимание попытку вернуть три самолета Ил-18, которые они купили ранее для *Air Guinea*. Небольшой пассажиропоток не мог оправдать расходы на обслуживание само-

---

[109] РГАЭ. Ф. 413. Оп. 31. Д. 69. Л. 38–40.

[110] РГАЭ. Ф. 413. Оп. 31. Д. 69. Л. 86–90.

[111] Как в апреле 1965 года, когда после срочного запроса из Гвинеи советское руководство перенаправило туда танкер только для того, чтобы узнать, что нефть в порту выгружает французский танкер «Total» (очевидно, несмотря на эмбарго). Советские представители в течение двух дней пытались связаться с кем-нибудь в правительстве, чтобы прояснить ситуацию. См. в РГАЭ. Ф. 413. Оп. 31. Д. 584. Л. 114–115.

[112] РГАЭ. Ф. 413. Оп. 31. Д. 584. Л. 96–104.

летов, и в любом случае они не могли конкурировать с западными самолетами[113]. Даже после внесения коррективов в планы Гвинея не выполнила свою часть сделки. В 1965 году, знаменательном году умеренных, но реалистичных ожиданий, она имела дефицит платежного баланса с СССР и гвинейские должностные лица выслушивали новые претензии по поводу нарушенных экспортных обещаний[114]. В следующем году советское руководство объявило о приостановке поставок до тех пор, пока не будут внесены годовые платежи[115]. Порожденный пароксизмом мести возмущенного французского государства, советско-гвинейский роман быстро достиг своего пика, а потом вступил в длительный период нарастающего разочарования, закончившийся разрывом.

Однако было бы неправильным утверждать, что это разочарование просто следствие неадекватного торгового обмена. Рассмотренные отношения, как и большая часть других установленных Советским Союзом в эти годы, были обусловлены внутренними делами советского партнера, которые, конечно, в большей степени были связаны с либеральной мировой экономикой, чем с любой альтернативной системой, которую мог предложить СССР. И советское влияние на внутренние дела Гвинеи было далеко не положительным. Недавно появившиеся государственные предприятия, многие из которых были построены при содействии советской стороны, страдали от безудержной коррупции, принося в казну незначительный доход. Между тем путеводной звездой государства оставались бокситовые, алюминиевые компании и плантации, принадлежащие иностранцам, что гаран-

---

[113] РГАЭ. Ф. 413. Оп. 31. Д. 584. Л. 60–66. Позже гвинейцы передумали и уточнили, могут ли они вернуть только один самолет. В случае возвращения всех трех в парке «Air Guinea» остался бы один самолет, что шло вразрез с представлениями гвинейцев о национальном перевозчике, согласно которым последний должен иметь на балансе хотя бы два летательных средства.

[114] РГАЭ. Ф. 413. Оп. 31. Д. 1117. Л. 45–46.

[115] Глава африканского отдела Министерства внешней торговли уведомил об этом посла Гвинеи на встрече, состоявшейся 7 сентября 1966 года. См. в РГАЭ. Ф. 413. Оп. 31. Д. 1117. Л. 47–49.

тировало их существование при правительстве Туре[116]. Неудивительно, что вместо того, чтобы заключать с СССР новые соглашения об осуществлении проектов «под ключ», увеличивающих задолженность страны и приводящих только к безудержной коррупции, президент Гвинеи обратился к руководству совместных с западными фирмами предприятий с предложением разрабатывать ресурсы Гвинеи. Так, руководителям предприятия с участием калифорнийской фирмы *Harvey Aluminium Corporation*, поддерживаемой правительством США, был отправлен запрос на создание промышленного комплекса в регионе Боке[117].

Некоторые выводы советских должностных лиц

Советским институтам и подходам к иностранной помощи явно не хватало стойкости и способности к длительному воздействию в тех регионах мира, где они действовали. Проблема была проанализирована сотрудниками ГКЭС еще в 1961 году, но ситуация могла бы исправлена только в случае полного пересмотра модели экономического взаимодействия. В докладе ГКЭС отмечались тенденции, которые стали заметны уже тогда и которые подорвали политическую эффективность советской помощи, что, в свою очередь, остановило продуктивное развитие торговли с третьим миром. Было очевидно, что западные компании использовали в своих интересах финансируемые СССР проекты — часто потому, что нормой в странах третьего мира была смешан-

---

[116] Боксит в действительности был единственным товаром, который мог бы спасти отношения с СССР, но правительство Гвинеи не хотело поставлять этот товар в счет покрытия долгов. Вероятно, это было причиной наиболее ожесточенных споров между ними, поскольку гвинейцы обычно отказывались от выполнения обязательств по поставке бокситов. Примеры давления советских представителей с целью обеспечения поставок можно найти в РГАЭ. Ф. 413. Оп. 31. Д. 69. Л. 2–11, 19–20, 38–40, 86–90, 135–137; РГАЭ. Ф. 413. Оп. 31. Д. 584. Л. 93–95, 96–104, 145.

[117] Убедительная критика политической экономии Туре дается в [Kaba 1977: 36–41].

ная экономика. В Индии, например, западные компании лобби-
ровали использование нефтяных месторождений, открытых
советскими специалистами[118]. Несмотря на хорошую репутацию,
заработанную этими разведывательными работами, советская
сторона не смогла извлечь из них выгоду, экспортируя для нефтяной промышленности Индии конкурентоспособное оборудование и тем самым подарив западным нефтяным гигантам возможность проникнуть на рынок, который они рассматривали как
неприбыльный еще несколько лет назад[119]. И это лишь один
пример из множества упущенных возможностей, связанных
с отсутствием в советской внешней торговле стратегического
планирования. Построенная Советским Союзом в Афганистане
авторемонтная мастерская, быстро ставшая убыточной, перешла
под контроль (западных) немцев. Более известный пример — это
отель в Бирме, строительство которого финансировалось за счет
советских субсидий и который был передан под управление
консорциума западных компаний[120]. Согласно рекомендациям
авторов доклада, будущая помощь должна предоставляться
только после тщательного рассмотрения прибыльности проекта
и качества конечного продукта — в противном случае сохраняется риск ее использования западными компаниями.

В других случаях реализация проектов имела мало общего
с реальными экономическими потребностями страны-реципиента, увеличивая ее задолженность, а не обеспечивая экономическое развитие. В Лаосе и Камбодже советские специалисты,
вероятно по просьбе должностных лиц, ищущих легкий путь
к богатству, проводили дорогостоящую разведку нефтяных
месторождений. Реальность, однако, такова, что эти страны

---

[118] РГАНИ. Ф. 5. Оп. 30. Д. 371. Л. 228.

[119] Опасения советской стороны и заверения Индии о хорошей репутации СССР
можно найти в РГАЭ. Ф. 4372. Оп. 66. Д. 439. Л. 23–30. Для индийцев чрезвычайно важно было подготовить для своей нефтяной промышленности
как можно больше специалистов, а западные компании, вероятно, не слишком стремились к этому.

[120] РГАНИ. Ф. 5. Оп. 30. Д. 371. Л. 228.

мало использовали нефть и не имели вспомогательной отрасли промышленности и инфраструктуры для создания экономически жизнеспособной нефтяной промышленности[121]. Из-за не принесшей результатов помощи, выданной под щедрые 2,5 % годовых, эти бедные страны вынуждены были нести значительные затраты.

Более важной проблемой, по мнению сотрудников ГКЭС, была нехватка в странах третьего мира технически компетентных специалистов, необходимых для того, чтобы в полной мере воспользоваться советской помощью, что слишком часто делало эти страны уязвимыми для «хищнических действий» западного бизнеса[122]. Служащие Комитета отмечали, что официальные лица многих из этих стран устали сотрудничать с Советским Союзом в вопросе подготовки технических кадров, опасаясь подвергнуться идеологической индоктринации. Они рекомендовали сделать все возможное, чтобы погасить эти страхи перед подрывной деятельностью, сохранение которых может привести к смене исполнителей проектов, как это произошло в Ираке[123].

Все вышеперечисленное было рекомендациями по выработке более эффективного подхода к оказанию помощи. К началу 1960-х годов намечался более фундаментальный пересмотр последнего. Дни спонтанных попыток оказания помощи внезапно оказавшимся в нужде странам третьего мира — Гвинее, Индонезии и Египту и др. — были сочтены. Некоторые ученые отмечали

---

[121] РГАНИ. Ф. 5. Оп. 30. Д. 371. Л. 229.

[122] Схожим образом описывали ситуацию с такими бедными странами, как Индия, которые часто обращались к Советскому Союзу за помощью в подготовке кадров, чтобы они могли создать конкурентоспособную, более независимую промышленность с национальной спецификой. См. в РГАЭ. Ф. 4372. Оп. 66. Д. 439. Л. 23–30.

[123] РГАНИ. Ф. 5. Оп. 30. Д. 371. Л. 230–231. Последняя рекомендация ГКЭС заключалась в улучшении пропагандистской работы по распространению информации о щедрости советского экономического сотрудничества с бывшими колониями — это был вызов, который Советский Союз был готов принять и сделал это довольно успешно, если судить по тревоге западных стран по этому поводу.

ужесточение советских критериев оказания помощи. Согласно Валкенир, это произошло примерно в 1964 году, до отстранения Хрущева. Микоян уже намекал на переоценку практики оказания помощи на XXII съезде партии в октябре 1961 года, и вскоре сотрудникам научных учреждений было поручено более тщательно проанализировать эффективность советской помощи. Такая тенденция, по словам Валкенир, закрепилась после свержения Хрущева, когда «стремление к экономической выгоде стало важным критерием» [Valkenier 1983: 12]. Экономист Ф. Хольцман, вероятно, был ближе всего к истине, предположив, что в системе оценки советской помощи и торговле всегда присутствовал важный экономический критерий, хотя он стал более выраженным в эпоху Брежнева [Holzman 1974: 349–363].

В 1961 году у сотрудников ГКЭС уже были сомнения по поводу прямолинейной политики помощи Советского Союза. Например, не рассматривался вопрос о форме предоставления помощи, которая способствовала бы активизации торговли между Советским Союзом и страной-реципиентом. В Индии советские специалисты строили нефтеперерабатывающие заводы, не оговаривая увеличения поставок в эту страну сырой нефти; к тому же управление этими заводами перешло в руки *Royal Dutch Shell*. В Турции стекольный завод, построенный рабочими СССР, попал в зависимость от американского сырья. В Камбодже, Индонезии и Бирме советские специалисты строили больницы, не настаивая на том, что советская сторона будет поставлять медикаменты[124]. Кроме того, бартерным спискам не было уделено должного внимания. Они часто оставались расплывчатыми, в результате чего советское руководство принимало товары, которые не были в СССР дефицитными благами. Показателен случай с египтянами, настоявшими на погашении долгов овощами. В докладе ГКЭС утверждалось:

> При определении объектов, в строительстве которых СССР будет оказывать слаборазвитым странам содействие, необходимо учитывать не только их запросы по строительству

---

[124] РГАНИ. Ф. 5. Оп. 30. Д. 371. Л. 235.

индустриальных и других объектов, но и наши интересы в получении из этих стран нужных для нашего народного хозяйства товаров[125].

Что касается Индонезии, например, советское руководство было заинтересовано в каучуке и олове, и все же оно не оказало никакой помощи, которая могла бы увеличить производство этих товаров. В 1961 году в офисах ГКЭС, кажется, мало задумывались о старых марксистских сентенциях по поводу эксплуататорской торговли — чистая национальная выгода, а не экономическая независимость партнеров или репутационные приобретения была главной целью советской внешней торговли на протяжении 1960-х годов.

В Индии, например, советское руководство предприняло попытки пересмотреть старые отношения, которые сослужили ему хорошую службу. Запрос индийской частной компании о помощи в строительстве завода, который будет производить 4 млн роликовых подшипников в год, был поддержан советским торговым представителем в Индии, но не сотрудниками Госплана в Москве. К 1963 году П. Истерн был агентом «Станкоимпорта» в Индии уже почти десять лет; четыре завода по производству роликовых подшипников уже строились там с иностранной помощью, что, по мнению торгового представителя, означало, что у иностранных компаний не возникнет проблем и с проектом Перриса. Несмотря на предупреждения торгового представителя о том, что такой ответ навредит отношениям «Станкоимпорта» с индийской фирмой, Госплан решил, что советские ресурсы лучше потратить на строительство подобного завода в Советском Союзе и экспорт роликовых подшипников в случае необходимости в Индию[126].

В том же году, когда *BG India* обратилась в «Проммашэкспорт» с просьбой о помощи в строительстве завода, который должен был производить 253 тыс. электрических счетчиков в год, ответ

---

[125] РГАНИ. Ф. 5. Оп. 30. Д. 371. Л. 236.

[126] РГАЭ. Ф. 4372. Оп. 65. Д. 413. Л. 111.

руководства был столь же прагматичным. Фирме требовалась помощь в организации строительства, трансфер советских технологий и технологической документации[127]. Госплан, однако, придерживался экономически трезвого подхода. Советский Союз уже произвел достаточное количество электрических счетчиков, которыми можно снабдить Индию, и передача технологий только помешала бы такому экспорту[128].

Нет никаких сомнений в том, что политика играла важную роль в планировании внешней торговли, и в пользу этого тезиса всегда можно привести много примеров; менее ясна доля этих случаев в общем объеме торговых операций, осуществляемых в настоящее время. Хольцман справедливо утверждал, что капитал, вложенный во внутреннюю советскую экономику, почти всегда давал бы более высокую норму прибыли, чем процентная ставка в 2,5%, которую СССР получал в рамках программ помощи, — более того, возможно, до трети товаров, поставляемых в рамках последних, в любом случае было приобретено странами третьего мира, если бы они не предоставлялась в качестве помощи [Holzman 1974: 350–353]. Подобные соображения, однако, тогда нельзя было услышать в Кремле. Речь шла об экономической зависимости бывших колоний, и считалось, что до тех пор, пока эта зависимость существует, Советский Союз не сможет воспользоваться плодами справедливой и взаимовыгодной торговли, которую он надеялся вести с развивающимися странами. Результатом стало увековечение привычного коммерческого существования под безжалостным давлением враждебного и экономически подавляющего Запада как для Советского Союза, так и для его партнеров.

Эта задача-максимум так и не была реализована, потому что экономики третьего мира в большинстве своем оставались смешанными и всегда были восприимчивы к западным кнутам и пряникам. Кроме того, советское руководство было хорошо осведомлено о недостатках поставляемых на рынки третьего

---

[127] РГАЭ. Ф. 4372. Оп. 65. Д. 413. Л. 109.

[128] РГАЭ. Ф. 4372. Оп. 65. Д. 413. Л. 110.

мира товаров, спрос на которые спустя десять лет после того, как СССР впервые вышел на эти рынки, несколько снизился[129]. К середине 1960-х годов доля торговли со странами третьего мира в общем объеме советской внешней торговли стабилизировалась на уровне около 10–13 %, в то время как доля торговли с Европой, Японией и Соединенными Штатами продолжала расти[130]. Это было трудно предсказать, но оказалось, что выгодный обмен между Советским Союзом и странами третьего мира имел естественный предел.

---

[129] РГАНИ. Ф. 5. Оп. 30. Д. 371. Л. 233–234.

[130] Это, повторяюсь, происходило в контексте общего роста торговли, включающей торговлю со странами третьего мира. Следует лишь отметить, что после первоначального энтузиазма и установления непосредственных экономических связей между Советским Союзом и бывшими колониями торговля с Западом с середины 1960-х годов росла более быстрыми темпами.

Заключение: наследие Микояна

Немногие сейчас стучатся в дверь Кремля в поисках финансовой и дипломатической поддержки. Российская Федерация пользуется налаженными Советским Союзом каналами поставок военной техники, обеспечивающими ей верхнее место в списке стран, экспортирующих оружие. Речь идет о наследии отношений Советского Союза со странами глобального Юга. Если автору книги удалось достигнуть цели, то читатель должен склониться к позиции, согласно которой наследие отношений СССР с богатыми западными странами более значимо. Так оно и есть. Сейчас, когда книга готова отправиться в печать, сидящее в Кремле руководство пытается рационализировать нефтегазовую промышленность, находящуюся в состоянии стагнации, несмотря на то, что она остается основным источником дохода правительства и основной опорой его власти. Оно же пребывало у этой власти восемь лет, в течение которых возвращало ее опору из рук так называемых олигархов, взявших контроль над ней с 1990-х годов, под государственное управление. Эти олигархи, в свою очередь, были непосредственными бенефициарами политической экономии, практикуемой Советским Союзом в период распада. Когда в начале 1990-х годов внутренние цены были либерализованы, Кремль необъяснимым образом сохранил контроль над ценами на экспортные товары. Те немногие удачливые люди, которые покупали эти товары по субсидированным внутренним ценам и продавали их по мировым, становились безмерно, незаслуженно богатыми. Но это было всего лишь продолжением практики, которая осуществлялась под руководством Министерства внешней торговли (и которая приносила непосредственную пользу Кремлю) десятилетиями. Сходство 1980-х и 1990-х годов заключается в роли, которую играл сырьевой сектор внешней торговли, почти в одиночку эффективно создававший огромные богатства в условиях деградации национальной экономики.

Если мы продолжим отделять зерна от плевел, то обнаружим, что олигархи воскресли и боролись с поздними арендаторами в Кремле за то, что было тем самым источником внутренней власти, в доступе к которому было отказано М. С. Горбачеву в начале его пребывания на посту. Когда в 1986 году цены на энергоносители резко упали, исключив доходы, с помощью которых можно было управлять патронажными сетями, которыми до него так искусно пользовался Брежнев, консервативный реформатор Горбачев стал «радикальным реформатором Горби» и разрушителем Советского Союза. Таким образом, Горбачев пострадал от мировой экономики в той же степени, в какой Брежнев от нее приобрел. Еще до того, как цены на энергоносители резко выросли в 1973 году в результате нефтяного эмбарго ОПЕК и снова — в 1979 году, после Иранской революции, Советский Союз уже начал строительство инфраструктуры, которая облегчила бы экспорт огромных ресурсов страны. Нефтяные потрясения 1970-х годов положили начало крупнейшему со времен промышленной революции перемещению богатства из богатого мира в бедные страны, и Советский Союз, возможно, был самым большим бенефициаром [Коткин 2018: 27–53][1]. За это пришлось платить. Советский Союз, наряду с другими странами, способствовал глобальной инфляции, которая омрачила это десятилетие и которая в СССР приняла форму усилившегося дефицита — парадоксальный результат, который частично вызвал к жизни умеренно реформаторский курс Ю. В. Андропова в начале 1980-х годов и политику его протеже Горбачева. И то,

---

[1] У Коткина этот тезис, возможно, формулируется в менее категоричной форме. Как отмечает автор, речь шла не только о продаже нефти, но и о продаже оружия одномоментно разбогатевшим нефтедобывающим государствам по всему миру.

что Советский Союз мог участвовать в этой беспрецедентной передаче капитала, — заслуга одного человека, роль которого в советской истории, как правило, преуменьшалась в пользу его более зловещих коллег. Это было в большей степени наследием Микояна.

Знаменитое замечание Ленина о том, что капиталисты продают петлю, на которой можно повеситься, часто раздавалось в залах Кремля, даже когда справедливость его оправдывалась паутиной нефтяных и газовых труб, которые обездвижили и подорвали те самые институты, которые Ленин помог создать и которые казались такими эффективными в 1930-х годах. Прагматичный, насмешливый, добродушный армянин принял наследие самого Ленина в 1925 году, когда его назначили наркомом внешней и внутренней торговли — должность, созданная для лучшего управления новым объединением внутренних и внешних рынков, предназначение которого — погоня Советского Союза за поддержанием золотого стандарта. Микоян подходил для этой работы, несмотря на его собственные опасения[2]. Он был, безусловно, сталинским человеком, но также имел представление о либеральном экономическом управлении, что означало приверженность к золотому стандарту. С этого года Микоян руководил внешней торговлей Советского Союза на протяжении четырех десятилетий. Он покинул свой пост в 1930-х годах, когда международная торговля аннигилировала и перестала быть значимым фактором в советских программах развития. Он вернулся на свой пост сразу после того, как импорт стал источником жизненной силы советских военных для сопротивления нацистам и оставался на нем, если не брать в расчет странный период, во время которого Сталин по непонятным причинам пытался отстранить его от руководства. Сталин умер, не успев добиться успеха, и Микоян стал ориентиром во всем, что касалось внешнеэкономического обмена, пока наконец не ушел в отставку в декабре 1965 года, оставив после себя торговую культуру и схе-

---

[2] Тема нежелания Микояна занять этот пост раскрывается в политической биографии, написанной М. Ю. Павловым [Pavlov 2010].

мы практического взаимодействия на всех уровнях бюрократии, которые сохранялись до 1980-х годов.

В немалой степени фигура Микояна свидетельствует в пользу преемственности подхода Кремля к внешней торговле в течение первых четырех десятилетий существования Советского Союза. Другие аспекты советской политической экономии прошли через множество перипетий и поворотов, но вполне оправданно утверждать, что член советского Политбюро, дольше всех продержавшийся на посту, проводил самую устойчивую политику за весь период советской истории. Конечно, в истории советского экономического обмена было много поворотов, но большая их часть были порождена внешними, а не внутренними причинами. Первые попытки приспособиться к международной финансовой и торговой системе пропали даром в буре Великой депрессии, в результате чего молодое государство вынуждено было развиваться как автаркия, что, к сожалению, стало в западном воображении одной из его определяющих характеристик. Крах либерального мирового порядка, истинный виновник вышеописанных событий, был столь же неожиданным, что и успех два десятилетия спустя.

Взирая на мир в перспективе его биполярности, предполагающей игру с нулевой суммой, мы можем прийти к выводу, что появление Советского Союза на мировой арене с середины 1950-х годов является свидетельством провала другого лагеря, ослаблением «свободного мира». Один из тезисов книги прямо противоположен: возвращение СССР — это успех США. Соединенные Штаты навязали своим европейским союзникам видение мира, свободного от империй, обеспечивая в то же время на старом континенте стабильность, основанную на сотрудничестве и постепенном размещении десятков тысяч американских солдат на европейской земле. Освободившись наконец от бремени защиты от самой себя, Западная Европа — вместе со своими бывшими колониями — сулила смиренному Советскому Союзу освобождение от нежелательных экономических ограничений.

Мировая экономика быстро определила место СССР в своей экономической и технологической иерархии. Опыт Советского

Союза в области развития под руководством государства и его склонность к бартеру представляли подлинный интерес для стран глобального Юга. В поисках *modus vivendi* с мировым либеральным порядком эти бедные страны рассматривали Советский Союз как источник технологий и технических ноу-хау, паллиативное средство против жестких валютных ограничений (по причине готовности Советского Союза к бартеру) и, что более важно, рычаг давления, с помощью которого можно добиться от встревоженного Запада лучших условий. Аналогичным образом богатый, индустриально развитый мир также быстро принял меры в отношении вновь появившейся на мировой арене державы. Часто прискорбный опыт работы с произведенными в СССР товарами вскоре привел к переключению внимания на советские энергоносители, которые в течение 1960-х годов стали основной категорией экспорта Советского Союза. В данном отношении показателен пример Японии. К 1970 году она стала самым важным капиталистическим торговым партнером Советского Союза, но спустя определенный промежуток времени советско-японские отношения, по сравнению с отношениями с остальным промышленно развитым миром, уже стагнировали — именно потому, что Япония не смогла заключить контракт на поставку энергоносителей. После отказа от планов строительства туда трубопровода одна только древесина не смогла обеспечить рост, сопоставимый с коммерческим ростом, связанным с поставками в Западную Европу[3].

При анализе советской внешней политики даже в странах глобального Юга было бы ошибкой уходить слишком далеко от Западной Европы. Общепринятым является мнение, согласно которому деколонизация, судя по всему, подтверждает марксистско-ленинскую доктрину: «мир шел нашим путем» и все с этим связанное. Конечно, советские лидеры придавали большое зна-

---

[3]   Десятилетия спустя, после того как Кремль вновь вернулся к идее строительства трубопровода через Сибирь, проект был возобновлен. Но японцы опоздали. Китай тоже поднял голову после лишений XX века и успешно конкурировал за трубопровод с Японией.

чение исторической неизбежности социализма, и его очевидное продвижение в бедных регионах мира открывало возможность для пропагандистской работы, которую нельзя было упустить. Но такой ход событий также сделал бессмысленным марксизм-ленинизм. Как все знают, социализм был тем, что строили рабочие, — этим объясняется советская фантазия о создании в бедных странах промышленной инфраструктуры, которая поддерживала бы то, что в СССР называли «кадрами». В частном порядке советские лидеры были менее оптимистичны в отношении характера руководства в этих регионах[4]. Кроме того, отсутствие прогресса в продвижении социализма на Западе абсолютно никак не объяснялось советскими лидерами и в большей части историографических источников о холодной войне. Тем не менее именно экономический успех послевоенных государств всеобщего благосостояния — успех, который привел к маргинализации коммунистических движений в Европе, — определил поворот Советского Союза к росту потребления. И этот поворот потребовал интенсификации экономических отношений с Западом. Обращаясь к теме конкуренции в странах третьего мира, ученые, занимающиеся холодной войной, забывают о том, что активные действия Европы и Америки способствовали коренному изменению мировоззрения советских чиновников и отказу от триумфальных взглядов, сформированных в 1930-х годах[5]. Более того, исключая Европу из отношений между Востоком и Югом и концентрируясь на соперничестве между США и Советским Союзом, историки холодной войны должны брать в качестве отправной точки период установления дипломатических отношений или поездок Хрущева за границу. В этом нарративе упускается наследие европейского господства в бывших колониях просто потому, что история холодной войны должна соответствовать биполярной «смирительной рубашке». «Мужественному» Советскому

---

[4] Речь идет о Хрущеве. С его видением дел в странах третьего мира можно ознакомиться в [Хрущев 2016, 2: 275–398].

[5] О чем свидетельствует меняющийся вектор работ Института мировой экономики и международных отношений (ИМЭМО).

Союзу бездоказательно приписывается роль инициатора отношений, а пассивный третий мир предстает в качестве объекта ухаживания. Именно так видел ситуацию безнадежно расистский Государственный департамент США, и, к сожалению, не все историки холодной войны распознают этот расизм при работе с материалами, подготовленными этой организацией.

Что представлял бы собой более всеобъемлющий анализ, включающий Европу и мировую экономику? Мы могли бы начать с суждения, сформулированного ранним Уэстадом после пяти или шести лет изучения недавно открытых архивов в Москве: «С точки зрения экономического развития, военной мощи и рабочих альянсов мы обнаруживаем, что биполярный нарратив, возможно, не предоставляет наилучшее объяснение событий холодной войны и что Соединенные Штаты сформировали ядро расширяющейся системы, о которой мы все еще знаем слишком мало» [Westad 1997: 270–271][6]. В рамках этого нарратива, конечно, не объясняются причины, обусловливавшие слабость советского экономического положения в третьем мире. На каждом шагу эти отношения ограничивались и опосредовались приливом и отливом мировой экономики, в которой доминировал экономически преобладающий Запад. Что касается «расширяющейся системы» Уэстада, мы на самом деле знаем больше, чем он предполагал. В центре исследовательского поля международной политической экономии, к ресурсам которой обращался автор книги, как раз находится этот вопрос.

Например, более двух десятилетий назад политический экономист Стивен Краснер привел аргументы в пользу тезиса об активных попытках развивающихся стран согласовать свои цели с мощной либеральной системой, построенной Соединенными Штатами и Европой после Второй мировой войны [Krasner 1985]. Он сконцентрировал внимание на усилиях стран третьего мира по обеспечению национального контроля и богатства путем

---

[6] В конце концов Уэстад, к сожалению, вновь вернулся к биполярной парадигме, которая легла в основу его гораздо более влиятельной работы — книги «Глобальная холодная война».

обновления международных режимов, которые узаконивали авторитарное, а не рыночное распределение ресурсов. Краснер проанализировал деятельность стран третьего мира в таких институтах, как Всемирный банк, МВФ, региональные банки развития и Организация Объединенных Наций, а также изучил национальные правила, касающиеся транснациональных корпораций, и политические рычаги этих стран в различных соглашениях, таких как Морское право, создание системы Договора об Антарктике и международном режиме судоходства. С таким же успехом он мог бы идентифицировать советскую внешнеэкономическую политику как еще один инструмент в арсенале международных политических действий стран третьего мира. Советский Союз позволял этим странам убежать от капризов мировой экономики и был рычагом, который делал западные страны более толерантными к антилиберальным целям развивающихся стран.

Относительная экономическая слабость Советского Союза и бедных стран, однако, позволяла мировым рыночным силам сдерживать, а иногда и подрывать зарождающиеся экономические отношения, хотя стоит отметить, что периодически они способствовали расширению последних. Некоторые мировые экономические события рассматриваются в этой книге как катализаторы заметного роста советских экономических отношений с третьим миром. Во-первых, мировая экономическая депрессия 1930-х годов и Вторая мировая война привели к подрыву доверия к рыночным механизмам как основе экономического обмена в большей части стран третьего мира, а также содействовали установлению определенной степени национальной независимости, которая послужила основой для стратегий ИЗИ, принятых в той или иной степени в большей части стран Юга. Наследие колониализма, способствующее государственному авторитарному правлению и оставившее многие регионы в состоянии острой экономической зависимости от бывших метрополий и мировых рынков, также сделало Советский Союз привлекательным вариантом, когда речь шла о диверсификации экономических отношений и реализации стратегий, благоприятствующих развитию под руководством государства. Во многих регионах эта привлекательность была усилена резким падением цен на сырьевые товары после окончания корейской войны в 1953 году, которое привело к дестабилизации национальных правящих элит.

Враждебность Запада часто была основным двигателем экономических отношений Советского Союза с такими странами, как Индонезия, Египет, Гвинея и Куба, каждая из которых предпочитала экономический обмен с Западом и возвращалась к Советскому Союзу, когда им в этом было отказано. Советские институты помощи и торговли, однако, не смогли в конечном счете извлечь из этих возможностей выгоду и вовлечь эти страны в экономические и политические сети, которые могли бы гарантировать дальнейшее советское экономическое присутствие. В то время советская помощь и торговля не осуществлялись с учетом какой-либо конкретной стратегии, по крайней мере до тех пор, пока многолетний опыт работы на Юге не научил советских чиновников понимать реалии их места в мировой экономике. Согласно архивным материалам, основными мотивами СССР были политическая репутация и ослабление давления Запада как на Советский Союз, так и на его экономических партнеров. Конечно, каждая страна обладала своими собственными отличительными чертами, и многие мотивы сосуществовали. Но имеется не так уж много доказательств, подтверждающих представление о том, что советская экономическая политика была направлена на какое-то конкретное и немедленное торжество коммунистических принципов. Принимая во внимание, что во многих из упомянутых стран коммунисты активно подвергались репрессиям (Египет) или не имели шансов прийти к власти (Бирма), это поверхностное предположение, все еще лежащее в основе литературе о холодной войне, выглядит еще более странным. Экономическая интеграция в международное сообщество наций, по-видимому, была единственной краткосрочной и среднесрочной целью советской внешнеэкономической политики в странах третьего мира.

Здесь кроется проблема нарратива-мема холодной войны. Благодаря ему американские должностные лица мыслят мир и свои действия в рамках героического повествования о мужестве и конфронтации, который не лишает их возможности заявлять о форс-мажорных обстоятельствах в том случае, если действия США идут вразрез с идеалами, которые они якобы призваны защищать, — обычное дело в небелом мире. Эти лица действовали в созданном ими экономическом мире, как и подобает доминирующей структуре, чьи функции они выполняли. Дискурсивный универсум — то есть биполярный нарратив, который они построили вокруг нее и который некритически восприняло большое количество историков, — служил цели дисциплинирования политики и социальных устремлений стран по всему миру, а также удовлетворял потребность американцев в саморепрезентации. Равновесие сил также казалось достигнутым с точки зрения ядерного паритета, особенно к концу 1960-х и началу 1970-х годов, что прибавляло убедительности нарративу о биполярном противостоянии. Последний, однако, исказил почти все другие аспекты международного контекста. Если посмотреть на экономику, то, как отметил Уэстад два десятилетия назад, биполярность исчезает.

Это верно не только в отношении экономической мощи, но и в отношении построенной вокруг нее идеологии. Дихотомия между либеральным капитализмом, отстаиваемым США, и советским коммунизмом становится бессмысленной, если более глубоко изучить глобальные экономические события. Либеральный капитализм не стоял на повестке дня в странах глобального Юга нигде, и даже богатые страны выбрали собственные формы более или менее либерального экономического управления. Эксперименты с командной экономикой, аналогичной советской, в некоторых странах представляют больший интерес, но в большинстве из них не предпринималось попыток ее последовательного воплощения. Скорее, институционализация различных подходов к политической экономии была обусловлена историческими траекториями, оформившимися в период, предшествующий дискурсу холодной войны. Азиатские тигры, например, следовали не североамериканским либеральным моделям, а скорее политической экономии Японской империи первой половины века, которая стала еще более привлекательным образцом после своих ошеломляющих экономических успехов в послевоенный период [Cumings 1984][7]. При исследовании других регионов биполярный дискурс, прагматично используемый как Госдепартаментом США, так и Кремлем, также ведет нас ложным путем. Индия, Египет, Нигерия и другие региональные державы претворили в жизнь динамичные экономические модели, которые в большей степени связаны с конъюнктурными реалиями, их собственной экономической отсталостью и внутренней политикой, чем позволяют признать идеологические рамки холодной войны между сверхдержавами. То, что посвященные ей нарративы, воспроизводящие позицию официальных лиц США, пытались описать в рамках упрощенной теории «двух лагерей», на самом деле имеет мало общего с идеологическими пристрастиями и гораздо больше связано с тем, осмелилась ли страна позволить Советскому Союзу играть роль в своей внешней торговле. Тот факт, что Индия или Гана становится центральным персонажем господствующего повествования о холодной войне, а Аргентина или Сенегал — нет, имеет мало общего с экономическими стратегиями, которые они использовали, и идеологическими позициями, которые они демонстрировали, поскольку они были в целом похожи (или, по крайней мере, гораздо больше похожи друг на друга, чем на две прототипические модели дис-

---

[7]   После этой работы Камингс постепенно пришел к более тонкому пониманию Азиатского региона времен холодной войны. В своем исследовании биполярного противостояния холодной войны Камингс описывает азиатские войны как антиколониалистский вызов американским планам навязать политическую экономию, основанную на восстановлении японского промышленного потенциала и его воссоединении с бывшими имперскими колониями. Китайская революция и корейская война разрушили эти планы. Соединенные Штаты навязали Азии разделение и поддерживали его в течение всего XX века. Эти антиколониалистские потрясения в регионе не прекращались до окончания войны в Индокитае, после чего Китай начал включаться в мировую экономику и холодную войну. Обратите внимание на избыточность Советского Союза в этом гораздо более точном описании современной азиатской истории. Окончанию холодной войны в Европе в период финансовых кризисов Восточной Европы предшествовала активная фаза в Азиатском регионе, в который конфликт был принесен американскими бомбардировщиками. См. [Cumings 2010: 211–221].

курса о холодной войне). Учитывая скудость литературы, посвященной дуплету «третий мир — холодная война», эта проблема будет сохраняться до тех пор, пока историки холодной войны не воздадут этим странам должное.

Настойчивые утверждения западных должностных лиц о том, что Советский Союз схож с Западом во всем — за исключением, конечно, того, что он является злом, — было неожиданным подарком для советских чиновников. Сталин использовал метафору двух лагерей, не бывшую в обороте до речи А. Жданова, произнесенной в 1946 году, чтобы инициировать консолидацию власти, которую разрушила тотальная война. Но эта метафора уже была частью его *modus operandi*, по крайней мере после шахтинских процессов 1928 года или убийства Кирова в 1934 году. Он снова использовал ее, чтобы связать земли, в которые его армия вошла во время войны, и много раз после этого в этом несчастном регионе. Дискурс холодной войны в большей степени, чем все другие, был политической удачей, даже если он также приписал стране статус, который ее экономика не могла поддерживать. Цена, которую СССР заплатил за поддержание этого фасада сверхдержавы, была огромной — хотя речь и не идет, как некоторые полагают, об имперском перенапряжении, — но и легитимность, даруемая дискурсом холодной войны за рубежом, была значительной. Что еще более важно, сохранение состояния, которое Калдор назвала «воображаемой войной», помогло поддерживать в пределах двух империй дисциплину, которая, согласно британской исследовательнице, «определяла характер блоков и придавала смысл чувству принадлежности к Востоку и Западу» [Kaldor 1990: 4][8]. В то же время советская коммерческая политика свидетельствовала о приспособлении и неизменном желании участвовать в западном либеральном мировом порядке, из существования которого Кремль извлекал огромную материальную выгоду.

Обсуждаемая в начале этой книги академическая география производства статистики холодной войны также становится понятной, когда холодная война рассматривается как дискурсив-

---

[8] В этой книге Калдор использует идею «дисциплинарной технологии» М. Фуко.

ная конструкция, а не всеобъемлющая реальность второй половины XX века. Единодушие советских и североамериканских экономистов, которые работали над созданием нереалистичного статистического портрета Советского Союза, не случайно. Не случайно и то, что несогласные с не соответствующей фактам господствующей точкой зрения голоса прозвучали на периферии — в Великобритании и внутри Советского Союза. Видимость паритета во всех сферах была мизансценой, требующейся для развертывания драмы холодной войны. И не было более заинтересованных в одурманивании аудитории действующих лиц, чем главные герои.

Но более взвешенный взгляд на советскую экономику, учитывающий ее специфическую роль и ограничение, дает менее эпический, но более последовательный нарратив. Он также позволяет создать подлинно глобальную историю, рассматривающую различные регионы мира с учетом всех их сложностей и противоречий, не упрощая картину холодной войны до манихейского противостояния. В первую очередь сейчас требует пересмотра понятие «автаркия». Идея о том, что Советский Союз стремился быть самостоятельным, альтернативным универсумом, сосуществующим с либеральным мировым порядком, превратила страну в пятно Роршаха. Эта отделенная стеной страна ушла от (цивилизованного/рационального?) мира, чтобы вновь вернуться спустя определенный промежуток времени. Но Советский Союз никуда не уходил. Он следовал траектории мировой экономики и участвовал во всех мировых экономических тенденциях — мы не должны удивляться, обнаружив, что он участвовал также и в мировых культурных тенденциях. Необходимо признать, что Советский Союз не только важная составляющая мирового порядка, но и заядлый и восторженный его участник.

Библиография

Источники

Архивные источники

Государственный архив Российской Федерации (ГАРФ): Ф. Р-5446: Совет министров СССР; Ф. А-403: Совет народного хозяйства РСФСР

Российский государственный архив новейшей истории (РГАНИ): Ф. 2: Пленумы ЦК ВКП(б) — КПСС (1941–1991 гг.); Ф. 5: Аппарат ЦК КПСС (1949–1991 гг.)

Российский государственный архив экономики (РГАЭ): Ф. 7: Государственный научно-экономический совет (Госэкономсовет) Совета министров СССР 1959–1962 гг.; Ф. 84: Микоян Анастас Иванович (1895–1978); Ф. 99: Научно-исследовательский экономический институт (НИЭИ) Госплана СССР Совета министров СССР; Ф. 413: Министерство внешней торговли СССР (Минвнешторг СССР); Ф. 4372: Государственный плановый комитет Совета министров СССР (Госплан СССР); Ф. 5240: Народный комиссариат внешней и внутренней торговли (Наркомторг) СССР. 1925–1930; Ф. 7733: Министерство финансов СССР (Минфин СССР). 1917–1991; Ф. 8045: Министерство морского флота. 1939–1953 гг.

Российский государственный архив социально-политической истории (РГАСПИ)

E. John F. Kennedy Presidential Library

National Security Files

Советские журналы и газеты

За рулем

Мировая экономика и международные отношения

Правда

Экономическая газета

Мемуары

Байбаков 1993 — Байбаков Н. Сорок лет в правительстве. М.: Республика, 1993.

Гринспен 2017 — Гринспен А. Эпоха потрясений. Проблемы и перспективы мировой финансовой системы / Пер. с англ. В. М. Ионова, С. Сурина, Т. Ю. Гутман. М.: Юнайтед Пресс, 2010.

Микоян 1999 — Микоян А. И. Так было. М.: Вагриус, 1999.

Чуев 1991 — Чуев Ф. Сто сорок бесед с Молотовым: Из дневника Ф. Чуева. М.: ТЕРРА, 1991.

Хрущев 2016 — Хрущев Н. С. Хрущев Никита Сергеевич. Воспоминания: В 2 кн. М.: Вече, 2016.

Bohlen 1973 — Bohlen Ch. E. Witness to History, 1929–1969. New York: W. W. Norton & Company, 1973.

Сборники документов и статистические публикации

Ближневосточный конфликт. Из документов Архива внешней политики Российской Федерации. 1947–1967: В 3 т. / Отв. ред. В. В. Наумкин. М.: МФД, 2003.

Внешняя торговля 1922–1981 — Внешняя торговля СССР. 1922–1981: Юбилейный статистический сборник / Министерство внешней торговли. М.: Финансы и статистика, 1982.

Денежная реформа 1921–1924 гг.: создание твердой валюты. Документы и материалы / Сост. Л. Н. Доброхотов, В. Н. Колодежный, В. С. Пушкарев. М.: РОССПЭН, 2008.

Как ломали НЭП. Стенограммы пленумов ЦК ВКП(б) 1928–1929 гг.: В 5 т. Пленум ЦК ВКП(б) 4–12 июля 1928 г. / Ред. В. П. Данилов, О. В. Хлевнюк. М.: МФД, 2000.

Внешняя торговля за 1918–1940 — Министерство внешней торговли. Внешняя торговля СССР за 1918–1940 гг. Статистический обзор. М.: Внешторгиздат, 1960.

Внешняя торговля за 1956 — Министерство внешней торговли. Внешняя торговля СССР за 1956. Статистический обзор. М.: Внешторгиздат, 1958.

Внешняя торговля за 1958 — Министерство внешней торговли. Внешняя торговля СССР за 1958. Статистический обзор. М.: Внешторгиздат, 1959.

Внешняя торговля за 1960 — Министерство внешней торговли. Внешняя торговля СССР за 1960. Статистический обзор. М.: Внешторгиздат, 1961.

Внешняя торговля за 1962 — Министерство внешней торговли. Внешняя торговля СССР за 1962. Статистический обзор. М.: Внешторгиздат, 1963.

Внешняя торговля за 1963 — Министерство внешней торговли. Внешняя торговля СССР за 1963. Статистический обзор. М.: Внешторгиздат, 1964.

Внешняя торговля за 1964 — Министерство внешней торговли. Внешняя торговля СССР за 1964. Статистический обзор. М.: Внешторгиздат, 1965.

Внешняя торговля за 1965 — Министерство внешней торговли. Внешняя торговля СССР за 1965. Статистический обзор. М.: Внешторгиздат, 1966.

Внешняя торговля за 1966 — Министерство внешней торговли. Внешняя торговля СССР за 1966. Статистический обзор. М.: Внешторгиздат, 1967.

Внешняя торговля за 1970 — Министерство внешней торговли. Внешняя торговля СССР за 1970. Статистический обзор. М.: Международные отношения, 1971.

Внешняя торговля за 1918–1966 — Министерство внешней торговли. Внешняя торговля СССР. Статистический сборник. 1918–1966. М.: Международные отношения, 1967.

Письма И. В. Сталина В. М. Молотову. 1925–1936 гг. Сборник документов / Сост. Л. Кошелева, В. Лельчук, В. Наумов и др. М.: Россия молодая, 1995.

Президиум ЦК КПСС 1954–1964: черновые протокольные записи заседаний: стенограммы, постановления: В 3 т. Т. 1. Черновые протокольные записи заседаний: стенограммы / Глав. ред. А. А. Фурсенко. М.: РОССПЭН, 2004.

Хлевнюк, Дэвис 2001 — Сталин и Каганович. Переписка. 1931–1936 гг. / Сост. О. В. Хлевнюк, Р. У. Дэвис, Л. П. Кошелева и др. М.: РОССПЭН, 2001.

Стенограммы заседаний Политбюро ЦК РКП(б)-ВКП(б). 1923–1938 гг.: В 3 т. / Ред. М. С. Астахова, А. Ю. Ватлин, Г. В. Горская. М.: РОССПЭН, 2007.

CIA, Handbook of Economic Statistics. Washington, DC, 1975.

Handbook of Economic Statistics. Washington, DC, 1991.

Origins of the Cold War. The Novikov, Kennan, and Roberts 'Long Telegrams' of 1946 / Ed. by K. M. Jensen. Washington, DC: United States Institute of Peace Press, 1993.

National Council of Applied Economic Research. Foreign Exchange Crisis and the Plan. Occasional Papers. No. 1. New Delhi: Asia Publishing House, 1957.

FRUS — US Department of State. Foreign Relations of the United States Diplomatic Papers, 1944. Vol. 4. Washington, DC: US Government Printing Office, 1966.

Foreign Relations of the United States Diplomatic Papers, 1945. Vol. 5. Washington, DC: US Government Printing Office, 1967.

Foreign Relations of the United States, 1947. Vol. 3. Washington, DC: US Government Printing Office, 1972.

Foreign Relations of the United States, 1952–1954. Vol. 1. Washington, DC: US Government Printing Office, 1983.

Foreign Relations of the United States, 1955–1957. Vol. 8. Washington, DC: US Government Printing Office, 1987.

Foreign Relations of the United States, 1958–1960. Vol. 6. Washington, DC: US Government Printing Office, 1991.

Foreign Relations of the United States, 1958–1960. Vol. 7. Part 2. Washington, DC: US Government Printing Office, 1993.

Foreign Relations of the United States, 1961–1963. Vol. 9. Washington, DC: US Government Printing Office, 1995.

Foreign Relations of the United States, 1961–1963. Vol. 13. Washington, DC: US Government Printing Office, 1994.

Whitney, Thomas P. (Ed.) — Khrushchev Speaks. Selected Speeches, Articles, and Press Conferences, 1941–1961 / Ed. by T. P. Whitney. Ann Arbor: The University of Michigan Press, 1963.

World Trade Organization. International Trade Statistics 2008. Geneva: WTO Publications, 2008.

Словари и справочники

Экономика Кубы: Статистический справочник / Отв. ред. А. Д. Бекаревич. М.: ИЛА АН СССР, 1971.

Литература

Аллен 2013 — Аллен Р. С. От фермы к фабрике: новая интерпретация советской промышленной революции / Пер. с англ. Е. Володиной. М.: РОССПЭН, 2013.

Бранденбергер 2017 — Бранденбергер Д. Кризис сталинского агитпропа: Пропаганда, политпросвещение и террор в СССР, 1927–1941 /

Пер. с англ. А. А. Пешкова, Е. С. Володиной. М.: Политическая энциклопедия, 2017.

Вейнер 2013 — Вейнер Т. ФБР. Правдивая история / Пер. с англ. В. В. Найденова. М.: Центрполиграф, 2013.

Вильямс 1960 — Вильямс В. Э. Трагедия американской дипломатии / Пер. с англ. И. Е. Киселевой, Н. К. Матвеевой, С. А. Панафидина. М.: ИМО, 1960.

Гершенкрон 2015 — Гершенкрон А. Экономическая отсталость в исторической перспективе / Науч. ред. А. А. Белых, пер. с англ. А. В. Белых. М.: Изд. дом «Дело», 2015.

Голубев 2008 — Голубев А. В. «Если мир обрушится на нашу Республику»: советское общество и внешняя угроза в 1920–1940-е гг. М.: Кучково поле, 2008.

Грегори 2008 — Грегори П. Политическая экономика сталинизма / Ред. А. М. Маркевич; пер. с англ. И. Кузнецова, А. М. Маркевича; послесл. Р. М. Нуреева. М.: РОССПЭН, 2008.

Дэй 2013 — Дэй Р. Б. Лев Троцкий и политика экономической изоляции / Ред. А. А. Белых; пер. с англ. А. В. Белых. М.: Изд. дом «Дело», 2013.

Ергин 2018 — Ергин Д. Добыча: всемирная история борьбы за нефть, деньги и власть / Пер. с англ. А. Кватковского и др. М.: Альпина Паблишер, 2018.

Зубок 2011 — Зубок В. М. Неудавшаяся империя. Советский Союз в холодной войне от Сталина до Горбачева / Пер. с англ. М. Ш. Мусиной. М.: РОССПЭН: Фонд «Президентский центр Б. Н. Ельцина», 2011.

Киндлбергер, Алибер 2010 — Киндлбергер Ч. П., Алибер Р. Мировые финансовые кризисы. Мании, паники и крахи / Пер. с англ. Н. Вильчинского, В. Ильина, О. Липуна. СПб.: Питер, 2010.

Корнаи 2000 — Корнаи Я. Социалистическая система: политическая экономия коммунизма / Пер. с англ. Б. М. Болотин, С. В. Казанцев. М.: Вопросы экономики, 2000.

Коткин 2001 — Коткин С. Новые времена: Советский Союз в межвоенном цивилизационном контексте // Мишель Фуко и Россия. СПб.: Летний сад; Изд-во Европейского ун-та в Санкт-Петербурге, 2001. С. 239–315.

Коткин 2018 — Коткин С. Предотвращенный Армагеддон. Распад Советского Союза, 1970–2000 / Пер. с англ. И. Христофорова. М.: Новое литературное обозрение, 2018.

Крупянко 1982 — Крупянко М. И. Советско-японские экономические отношения. М.: Наука, 1982.

Кумыкин 1967 — Кумыкин П. М. 50 лет советской внешней торговли. М.: Международные отношения, 1967.

Лиакват 2010 — Лиакват А. Повелители финансов: банкиры, перевернувшие мир / Пер. с англ. Т. Гутман, Н. Захарович. М.: Альпина Паблишерз, 2010.

Лундестад 2002 — Лундестад Г. Восток, Запад, Север, Юг: основные направления международной политики, 1945–1996 / Пер. с англ. В. А. Галкин, М. Л. Коробочкин. М.: Весь Мир, 2002.

О'Коннор 1993 — О'Коннор Т. Э. Инженер революции: Л. Б. Красин и большевики, 1870–1926 / Пер. с англ. А. В. Чудинова и др. М.: Наука, 1993.

Осокина 1999 — Осокина Е. А. За фасадом «сталинского изобилия»: распределение и рынок в снабжении населения в годы индустриализации. 1927–1941. М.: РОССПЭН, 1999.

Павлов 2010 — Павлов М. Ю. Анастас Микоян. Политический портрет на фоне советской эпохи. М.: Международные отношения, 2010.

Поланьи 2002 — Поланьи К. Великая трансформация: политические и экономические истоки нашего времени / Пер. с англ. А. Васильева и А. Шурбелева; ред. С. Е. Федоров. СПб.: Алетейя, 2002.

Рейнхарт, Рогофф 2011 — Рейнхарт Кармен М., Рогофф Кеннет С. На этот раз все будет иначе: восемь столетий финансового безрассудства / Пер. с англ. Д. Стороженко. М.: Карьера Пресс, 2011.

Сигельбаум 2011 — Сигельбаум Л. Машины для товарищей. Биография советского автомобиля / Пер. с англ. М. И. Лейко. М.: РОССПЭН; фонд «Президентский центр Б. Н. Ельцина», 2011.

Столяров, Певзнер 1984 — Столяров Ю. С., Певзнер Я. А. СССР — Япония: проблемы торгово-экономических отношений. М.: Международные отношения, 1984.

Таубман 2008 — Таубман У. Хрущев / Пер. с англ. Н. Л. Холмогоровой. М.: Молодая гвардия, 2008.

Фурсенко, Нафтали 1999 — Фурсенко А. А., Нафтали Т. Адская игра / Пер. с англ. М. Тер-Оганян, Е. Фомичева. М.: Гея итэрум, 1999.

Фурсенко, Нафтли 2018 — Фурсенко А. А., Нафтли Т. Холодная война Хрущева. Тайная история противника Америки / Пер. с англ. О. Р. Щелоковой, В. Т. Веденеевой. М.: Политическая энциклопедия, 2018.

Ханин 1991 — Ханин Г. И. Динамика экономического развития СССР. Новосибирск: Наука, 1991.

Ханин 1993 — Ханин Г. И. Советский экономический рост: анализ западных оценок. Новосибирск: Экор, 1993.

Ханин 2002 — Ханин Г. И. Десятилетие триумфа советской экономики. Годы пятидесятые // Свободная мысль — XXI. 2002. № 5. С. 72–94.

Хлевнюк, Горлицкий 2011 — Хлевнюк О. В., Горлицкий Й. Холодный мир. Сталин и завершение сталинской диктатуры / Пер. с англ. А. А. Пешкова. М.: Фонд «Президентский центр Б. Н. Ельцина»; РОССПЭН, 2011.

Холловэй 1997 — Холловэй Д. Сталин и бомба: Советский Союз и атомная энергия. 1939–1956 / Пер. с англ. Б. Б. Дьякова, В. Я. Френкеля. Новосибирск: Сибирский хронограф, 1997.

Черкасов 2004 — Черкасов П. П. ИМЭМО. Институт мировой экономики и международных отношений. Портрет на фоне эпохи. М.: Весь Мир, 2004.

Шумпетер 1995 — Шумпетер Й. А. Капитализм, социализм и демократия / Пер. с англ.; предисл. и общ. ред. В. С. Автономова. М.: Экономика, 1995.

Эрлих 2010 — Эрлих А. Дискуссии об индустриализации в СССР. 1924–1928 / Пер. с англ.; под научн. ред. А. А. Белых. М.: Дело, 2010.

Adamsky 2006 — Adamsky D. 'Zero-Hour for the Bears': Inquiring into the Soviet Decision to Intervene in the Egyptian–Israeli War of Attrition, 1969–70 // Cold War History. 2006. Vol. 6. № 1. P. 113–136.

Ahlberg 2007 — Ahlberg K. L. 'Machiavelli with a Heart': The Johnson Administration's Food for Peace Program in India, 1965–1966 // Diplomatic History. 2007. Vol. 31. № 4. P. 665–701.

Ahmad 1995 — Ahmad A. Postcolonialism: What's in a Name? // Late Imperial Culture / Ed. by R. de la Campa, E. A. Kaplan, M. Sprinker. London: Verso, 1995. P. 11–32.

Allen 1997 — Allen R. C. Agricultural Marketing and the Possibilities for Industrialisation in the Soviet Union in the 1930s // Explorations in Economic History. 1997. Vol. 34. № 4. P. 387–410.

Allen 2003 — Allen R. C. Farm to Factory. A Reinterpretation of the Soviet Industrial Revolution. Princeton: Princeton University Press, 2003.

Åslund 1990 — Åslund A. How Small is Soviet National Income // The Impoverished Superpower. Perestroika and the Soviet Military Burden / Ed. by H. S. Rowen, Ch. Wolf, Jr. San Francisco: Institute for Contemporary Studies Press, 1990. P. 13–61.

Åslund 2001 — Åslund A. Russia // Foreign Policy. 2001. Vol. 125. № 4. P. 20–25.

Bach 2003 — Bach Quintin V. S. Soviet Aid to the Third World. The Facts and Figures. Sussex: The Book Guild Ltd., 2003.

Baykov 1946 — Baykov A. Soviet Foreign Trade. Princeton: Princeton University Press, 1946.

Behrman 1959 — Behrman J. N. State Trading by Undeveloped Markets // Law and Contemporary Problems. Part 2. 1959. Vol. 24. № 3. P. 454–481.

Berend 1998 — Berend I. T. Decades of Crisis. Central and Eastern Europe before World War II. Berkeley: University of California Press, 1998.

Berend 2006 — Berend I. T. An Economic History of Twentieth-Century Europe. Economic Regimes from Laissez-Faire to Globalization. Cambridge: Cambridge University Press, 2006.

Bergson 1958 — Bergson A. Russia Turns to Economic Competition // Challenge. 1958. Vol. 6. № 5. P. 50–54.

Bergson 1961 — Bergson A. The Real National Income of Soviet Russia since 1928. Cambridge: Harvard University Press, 1961.

Berliner 1957 — Berliner J. S. Factory and Manager in the USSR. Cambridge: Harvard University Press, 1957.

Bhagwati, Desai 1970 — Bhagwati J., Desai P. India Planning for Industrialization. Industrialization and Trade Policies since 1951. London: Oxford University Press, 1970.

Bhagwati, Srinivasan 1975 — Bhagwati J, Srinivasan T. N. Foreign Trade Regimes and Economic Development. India. New York: Columbia University Press, 1975.

Birman 1980 — Birman I. The Financial Crisis in the USSR // Soviet Studies. 1980. Vol. 32. № 1. P. 84–105.

Birman 1988 — Birman I. The Imbalance of the Soviet Economy // Soviet Studies. 1988. Vol. 40. № 2. P. 210–221.

Boden 2008 — Boden R. Cold War Economics: Soviet Aid to Indonesia // Journal of Cold War Studies. 2008. Vol. 10. № 3. P. 110–128.

Breslauer 1982 — Breslauer G. W. Khrushchev and Brezhnev as Leaders. Building Authority in Soviet Politics. London: George Allen & Unwin, 1982.

Calleo 1982 — Calleo D. P. The Imperious Economy. Cambridge: Harvard University Press, 1982.

Cardoso, Faletto 1969 — Cardoso F. H., Faletto E. Dependencia y desarrollo en América Latina; Ensayo de interpretación sociológica. Mexico: Siglo Veintiuno Editores, 1969.

Carr, Davies 1969 — Carr E. H., Davies R. W. Foundations of a Planned Economy, 1926–1929: In 2 vols. Vol. 1. New York: The Macmillan Company, 1969.

Chernow 1990 — Chernow R. The House of Morgan. An American Banking Dynasty and the Rise of Modern Finance. New York: Grove Press, 1990.

Citino 2002 — Citino N. J. From Arab Nationalism to OPEC. Eisenhower, King Saud, and the Making of U.S.–Saudi Relations. Bloomington: Indiana University Press, 2002.

Clark 1939 — Clark C. A Critique of Soviet Statistics. London: Macmillan & Co., 1939.

Clark 1957 — Clark C. The Conditions of Economic Progress. New York: St. Martin's Press, 1957.

Clarkson 1973 — Clarkson S. Non-Impact of Soviet Writing on Indian Thinking and Policy // Economic and Political Weekly. 1973. Vol. 8. № 15. P. 715–724.

Cox, Kennedy-Pipe 2005 — Cox M., Kennedy-Pipe C. The Tragedy of American Diplomacy? Rethinking the Marshall Plan // Journal of Cold War Studies. 2005. Vol. 7. № 1. P. 97–134.

Cumings 1984 — Cumings B. The Origins of the Development of the Northeast Asian Political Economy: Industrial Sectors, Product Cycles, and Political Consequences // International Organization. 1984. Vol. 38. № 1. P. 1–40.

Cumings 1999a — Cumings B. Still the American Century // Review of International Studies. 1999. Vol. 25. Special issue. P. 271–299.

Cumings 1999b — Cumings B. Parallax Visions. Making Sense of American–East Asian Relations. Durham: Duke University Press, 1999.

Cumings 2010 — Cumings B. The Korean War. A History. New York: The Modern Library, 2010.

Curtis 1977 — Curtis G. L. The Tyumen Oil Development Project and Japanese Foreign Policy Decision-Making // The Foreign Policy of Modern Japan / Ed. by R. A. Scalapino. Berkeley: University of California Press, 1977. P. 147–174.

Darwin 2009 — Darwin J. The Empire Project. The Rise and Fall of the British World System, 1830–1970. Cambridge: Cambridge University Press, 2009.

Davidson 1992 — Davidson B. The Black Man's Burden. Africa and the Curse of the Nation-State. New York: Times Books, 1992.

Davies 1980 — Davies R. W. The Socialist Offensive. The Collectivisation of Soviet Agriculture, 1929–1930. Cambridge: Harvard University Press, 1980.

Davies 1989 — Davies R. W. The Soviet Economy in Turmoil, 1929–1930. Cambridge: Harvard University Press, 1989.

Davies 1989 — From Tsarism to the New Economic Policy. Continuity and Change in the Economy of the USSR / Ed. by R. W. Davies. Ithaca: Cornell University Press, 1991.

Davies, Harrison, Wheatcroft 1994 — The Economic Transformation of the Soviet Union, 1913–1945 / Ed. by R. W. Davies, M. Harrison, S. G. Wheatcroft. Cambridge: Cambridge University Press, 1994.

Desai 1972 — Desai P. The Bokaro Steel Plant. A Study of Soviet Economic Assistance. Amsterdam: North-Holland Publishing Company, 1972.

Dohan 1969 — Dohan M. R. Soviet Foreign Trade in the NEP Economy and Soviet Industrialization Strategy. PhD dissertation. MIT, 1969.

Dohan 1976 — Dohan M. R. The Economic Origins of Soviet Autarky, 1927/8–1934 // Slavic Review. 1976. Vol. 35. № 4. P. 603–635.

Dunmore 1984 — Dunmore T. Soviet Politics, 1945–53. New York: St. Martin's Press, 1984.

Eichengreen 1992 — Eichengreen B. Golden Fetters. The Gold Standard and the Great Depression, 1919–1939. Oxford: Oxford University Press, 1992.

Eichengreen 2007 — Eichengreen B. The European Economy since 1945. Coordinated Capitalism and Beyond. Princeton: Princeton University Press, 2007.

Eichengreen 2008 — Eichengreen B. Globalizing Capital. A History of the International Monetary System. Princeton: Princeton University Press, 2008.

Ekbladh 2010 — Ekbladh D. The Great American Mission. Modernization and the Construction of an American World Order. Princeton: Princeton University Press, 2010.

Ellman 2000 — Ellman M. The 1947 Soviet Famine and the Entitlement Approach to Famines // Cambridge Journal of Economics. 2000. Vol. 24. № 5. P. 603–630.

Ericson 1990 — Ericson R. E. The Soviet Statistical Debate: Khanin versus the TsSU // The Impoverished Superpower. Perestroika and the Soviet Military Burden / Ed. by H. S. Rowen, Ch. Wolf, Jr. San Francisco: Institute for Contemporary Studies Press, 1990. P. 63–92.

Evans 1979 — Evans P. Dependent Development. The Alliance of Multinational, State, and Local Capital in Brazil. Princeton: Princeton University Press, 1979.

Farber 2006 — Farber S. The Origins of Cuban Revolution Reconsidered. Chapel Hill: The University of North Carolina Press, 2006.

Ferris 2008 — Ferris J. Soviet Support for Egypt's Intervention in Yemen, 1962–1963 // Journal of Cold War Studies. 2008. Vol. 10. № 4. P. 5–36.

Ferris 2011 — Ferris J. Guns for Cotton? Aid, Trade, and the Soviet Quest for Base Rights in Egypt, 1964–1966 // Journal of Cold War Studies. 2011. Vol. 13. № 2. P. 4–38.

Ferris 2012 — Ferris J. Nasser's Gamble. How Intervention in Yemen Caused the Six-Day War and the Decline of Egyptian Power. Princeton: Princeton University Press, 2012.

Frieden 2006 — Frieden J. A. Global Capitalism. Its Fall and Rise in the Twentieth Century. New York: W. W. Norton & Company, 2006.

Gaddis 1997 — Gaddis J. L. We Now Know. Rethinking Cold War History. New York: Oxford University Press, 1997.

Gaddis 2005 — Gaddis J. L. The Cold War. A New History. New York: The Penguin Press, 2005.

Gatrell 2005 — Gatrell P. Russia's First World War. A Social and Economic History. Harlow: Pearson / Longman, 2005.

Gerschenkron 1945 — Gerschenkron A. Economic Relations with the USSR. New York: Committee on International Economic Policy, 1945.

Gerschenkron 1974 — Gerschenkron A. The Rate of Growth in Russia: The Rate of Industrial Growth in Russia, Since 1885 // The Journal of Economic History. Vol. 7. Supplement: Economic Growth: A Symposium. 1974. P. 144–174.

Gilpin 1987 — Gilpin R. The Political Economy of International Relations. Princeton: Princeton University Press, 1987.

Gleason 1995 — Gleason A. Totalitarianism. The Inner History of the Cold War. Oxford: Oxford University Press, 1995.

Goland 1994 — Goland Y. Currency Regulation in the NEP Period // Europe-Asia Studies. 1994. Vol. 46. № 8. P. 1251–1296.

Gordon 2003 — Gordon A. A Modern History of Japan. From Tokugawa Times to the Present. Oxford: Oxford University Press, 2003.

Gorlizki 1995 — Gorlizki Y. Party Revivalism and the Death of Stalin // Slavic Review. 1995. Vol. 54. № 1. P. 1–22.

Gregory 1994 — Gregory P. R. Before Command. An Economic History of Russia from Emancipation to the First Five-Year Plan. Princeton: Princeton University Press, 1994.

Grossman 1960 — Grossman G. Soviet Growth: Routine, Inertia and Pressure // The American Economic Review. 1960. Vol. 50. № 2. P. 62–72.

Gustafson 1989 — Gustafson Th. Crisis amid Plenty. The Politics of Soviet Energy under Brezhnev and Gorbachev. Princeton: Princeton University Press, 1989.

Hanson 1970 — Hanson Ph. The Soviet Union and World Shipping // Soviet Studies. 1970. Vol. 22. № 1. P. 44–60.

Hanson 1971 — Hanson Ph. Soviet Imports of Primary Products: A Case-Study of Cocoa // Soviet Studies. 1971. Vol. 23. № 1. P. 59–77.

Hanson 1984 — Hanson Ph. The CIA, the TsSU and the Real Growth of Soviet Investment // Soviet Studies. 1984. Vol. 36. № 4. P. 571–581.

Hanson 2003 — Hanson Ph. The Rise and Fall of the Soviet Economy. An Economic History of the USSR from 1945. New York: Longman, 2003.

Hara 1998 — Hara K. Japan–Soviet/Russian Relations since 1945. A Difficult Peace. London: Routledge, 1998.

Harris 1999 — Harris J. R. The Great Urals. Regionalism and the Evolution of the Soviet System. Ithaca: Cornell University Press, 1999.

Harris 2007 — Harris J. R. Encircled By Enemies: Stalin's Perceptions of the Capitalist World, 1918–1941 // The Journal of Strategic Studies. 2007. Vol. 30. № 3. P. 513–545.

Harris 2005 — Harris S. In Search of Ordinary Russia. Everyday Life in the NEP, the Thaw, and the Communal Apartment // Kritika. 2005. Vol. 6. № 3. P. 583–614.

Harrison 1993 — Harrison M. Soviet Economic Growth since 1928: The Alternative Statistics of G. I. Khanin // Europe-Asia Studies. 1993. Vol. 45. № 1. P. 141–167.

Harrison 1996 — Harrison M. Accounting for War. Soviet Production, Employment and the Defence Burden, 1940–1945. Cambridge: Cambridge University Press, 1996.

Harrison 2002 — Harrison M. Coercion, Compliance and the Collapse of the Soviet Command Economy // Economic History Review. 2002. Vol. 55. № 3. P. 397–433.

Haslam 1983 — Haslam J. Soviet Foreign Policy, 1930–1933. The Impact of Depression. New York: St. Martin's Press, 1983.

Haslam 2011 — Haslam J. Russia's Cold War. From the October Revolution to the Fall of the Wall. New Haven: Yale University Press, 2011.

Hewett, Gaddy 1992 — Hewett E. A., Gaddy C. G. Open for Business. Russia's Return to the Global Economy. Washington: The Brookings Institution, 1992.

Heywood 1999 — Heywood A. Modernising Lenin's Russia. Economic Reconstruction, Foreign Trade and the Railways. Cambridge: Cambridge University Press, 1999.

Holzman 1974 — Holzman F. Foreign Trade under Central Planning. Cambridge: Harvard University Press, 1974.

Hough 1969 — Hough J. The Soviet Prefects. The Local Party Organs in Industrial DecisionMaking. Cambridge: Harvard University Press, 1969.

Hough 1986 — Hough J. The Struggle for the Third World. Soviet Debates and American Options. Washington, DC: Brookings Institution, 1986.

Jackson 2001 — Jackson I. The Economic Cold War. America, Britain and East-West Trade, 1948–63. New York: Palgrave, 2001.

Jacobson 1994 — Jacobson J. When the Soviet Union Entered World Politics. Berkeley: University of California Press, 1994.

Jasny 1961 — Jasny N. Soviet Industrialization, 1928–1952. Chicago: University of Chicago Press, 1961.

Jentleson 1986 — Jentleson B. W. Pipeline Politics. The Complex Political Economy of East-West Trade. Ithaca: Cornell University Press, 1986.

Johnson 1982 — Johnson Ch. Miti and the Japanese Miracle: The Growth of Industrial Policy, 1925–1975. Stanford: Stanford University Press, 1982.

Judt 2005 — Judt T. Postwar. A History of Europe since 1945. New York: The Penguin Press, 2005.

Judt, Snyder 2012 — Judt T., Snyder T. Thinking the Twentieth Century. New York: Penguin Press, 2012.

Kaba 1977 — Kaba L. Guinean Politics: A Critical Historical Overview // The Journal of Modern African Studies. 1977. Vol. 15. № 1. P. 25–45.

Kahin, Kahin 1995 — Kahin A. R., Kahin G. Subversion as Foreign Policy. The Secret Eisenhower and Dulles Debacle in Indonesia. New York: The New Press, 1995.

Kaldor 1990 — Kaldor M. The Imaginary War. Understanding the East–West Conflict. Oxford: Blackwell, 1990.

Karol 1970 — Karol K. S. Guerillas in Power. The Course of the Cuban Revolution / Trans. by A. Pomerans. New York: Hill & Wang, 1970.

Kenwood, Lougheed 1992 — Kenwood A. G., Lougheed A. L. The Growth of the International Economy, 1820–1990. An Introductory Text. London: Routledge, 1992.

Keohane 1980 — Keohane R. The Theory of Hegemonic Stability and Changes in International Economic Regimes, 1967–1977 // Change in the International System / Ed. by O. R. Holsti, R. M. Siverson, A. L. George. Boulder: Westview Press, 1980.

Kim 2002 — Kim Byung-Yeon. Causes of Repressed Inflation in the Soviet Consumer Market, 1965–1989: Retail Price Subsidies, the Siphoning Effect, and the Budget Deficit // Economic History Review. 2002. Vol. 55. № 1. P. 105–127.

Kindleberger 1973 — Kindleberger Ch. P. The World in Depression, 1929–1939. Berkeley: University of California Press, 1973.

Kohli 2004 — Kohli A. State-Directed Development. Political Power and Industrialization in the Global Periphery. Cambridge: Cambridge University Press, 2004.

Kolko, Kolko 1972 — Kolko J., Kolko G. The Limits of Power. The World and the United States Foreign Policy, 1945–1954. New York: Harper & Row, 1972.

Kornai 1980 — Kornai J. Economics of Shortage: In 2 vols. Amsterdam: North-Holland Publishing Company, 1980.

Krasner 1985 — Krasner S. D. Structural Conflict. The Third World against Global Liberalism. Berkeley: University of California Press, 1985.

Krugman 1994 — Krugman P. The Myth of Asia's Miracle // Foreign Affairs. 1994. Vol. 73. № 6. P. 62–78.

LaFeber 1997 — LaFeber W. The Clash. U.S.–Japanese Relations throughout History. New York: W. W. Norton, 1997.

Latham 1997 — Latham R. The Liberal Moment. Modernity, Security and the Making of Postwar International Order. New York: Columbia University Press, 1997.

Leffler 1992 — Leffler M. P. A Preponderance of Power. National Security, the Truman Administration, and the Cold War. Stanford: Stanford University Press, 1992.

Leffler 2007 — Leffler M. P. For the Soul of Mankind. The United States, the Soviet Union, and the Cold War. New York: Hill & Wang, 2007.

Leffler, Westad 2010 — The Cambridge History of the Cold War: In 3 vols. / Ed. by M. P. Leffler, O. A. Westad. Cambridge: Cambridge University Press, 2010.

Lévesque 1976 — Lévesque J. L'URSS et la Révolution Cubaine. Montreal: Presses de la fondation nationale des sciences politiques, 1976.

Maddison 2001 — Maddison A. The World Economy. A Millennial Perspective. Paris: Development Centre of the Organization for Economic Cooperation and Development, 2001.

Marer 1985 — Marer P. Dollar GNPs of the USSR and Eastern Europe. Baltimore: The Johns Hopkins University Press, 1985.

Martin 1990 — Martin W. The Making of an Industrial South Africa: Trade and Tariffs in the Interwar Period // The International Journal of African Historical Affairs. 1990. Vol. 23. № 1. P. 59–85.

Mastny 1996 — Mastny V. The Cold War and Soviet Insecurity. The Stalin Years. New York: Oxford University Press, 1996.

Mastny 2010 — Mastny V. The Soviet Union's Partnership with India // Journal of Cold War Studies. 2010. Vol. 12. № 3. P. 50–90.

Mazov 2010 — Mazov S. A Distant Front in the Cold War. The USSR in West Africa and the Congo, 1956–1964. Stanford: Stanford University Press, 2010.

McKinnon 1987 — McKinnon R. I. Food as a Diplomatic Weapon: The India Wheat Loan of 1951 // Pacific Historical Review. 1987. Vol. 56. № 3. P. 349–377.

McKinnon, Kenich 1997 — McKinnon R. I., Kenichi O. Dollar and Yen. Resolving Economic Conflict between the United States and Japan. Cambridge: MIT Press, 1997.

Mee 1984 — Mee Ch. L. The Marshall Plan. The Launching of Pax Americana. New York: Simon and Schuster, 1984.

Mehrotra 1990 — Mehrotra S. India and the Soviet Union. Trade and Technology Transfer. Cambridge: Cambridge University Press, 1990.

Mesa-Lago 1994 — Mesa-Lago C. Breve historia económica de la Cuba socialista. Políticas, resultados y perspectivas. Madrid: Alianza Editorial, 1994.

Miller 1965 — Miller M. Rise of the Russian Consumer. London: Merrit & Hatcher Ltd., 1965.

Milner 1999 — Milner H. V. The Political Economy of International Trade // Annual Review of Political Science. 1999. Vol. 2. P. 91–114.

Morley 1957 — Morley J. W. The Japanese Thrust into Siberia, 1918. New York: Columbia University Press, 1957.

Morley 1987 — Morley M. H. Imperial State and Revolution. The United States and Cuba, 1952–1986. Cambridge: Cambridge University Press, 1987.

Mukherjee 2002 — Mukherjee A. Imperialism, Nationalism and the Making of the Indian Capitalist Class, 1920–1947. New Delhi: Sage Publications, 2002.

Narinsky 1947 — Narinsky M. M. New Evidence on the Soviet Rejection of the Marshall Plan, 1947: Two Reports // Cold War International History Project. March 1994. Working paper No. 9. Woodrow Wilson Center.

Nove 1977 — Nove A. The Soviet Economic System. A Note on Growth, Investment and Price-Indices // Soviet Studies. 1981. Vol. 33. № 1. P. 142–145. London: Allen & Unwin, 1977.

Nove 1992 — Nove A. An Economic History of the USSR, 1917–1991. London: Penguin Books, 1992.

Oppenheim 1989 — Oppenheim S. A. Between the Right and the Left: G. Ia. Sokolnikov and the Development of the Soviet State, 1921–1929 // Slavic Review. 1989. Vol. 48. № 4. P. 592–613.

Oren 2002 — Oren M. Six Days of War. June 1967 and the Making of the Modern Middle East. New York: Oxford University Press, 2002.

Patterson 1994 — Patterson T. G. Contesting Castro. The United States and the Triumph of the Cuban Revolution. New York: Oxford University Press, 1994.

Pechatnov 1995 — Pechatnov V. O. The Big Three After World War II: New Documents on Soviet Thinking about Post War Relations with the United States and Great Britain // Cold War International History Project. July 1995. Working paper No. 13. Woodrow Wilson Center.

Pérez 1990 — Pérez L. A. Cuba and the United States. Ties of Singular Intimacy. Athens: The University of Georgia Press, 1990.

Pérez 1999 — Pérez L. A. On Becoming Cuban. Identity, Nationality and Culture. New York: The Ecco Press, 1999.

Plokhy 2010 — Plokhy S. M. Yalta. The Price of Peace. New York: Penguin Books, 2010.

Pollock 1941 — Pollock F. State Capitalism: Its Possibilities and Limitations // Studies in Philosophy and Social Science. 1941. Vol. 9. № 2. P. 200–255.

Quigley 1972 — Quigley J. "Foreign Trade Agencies Abroad: A Note." Law and Contemporary Problems. 1972. Vol. 37. № 3. P. 465–473.

Reiman 1987 — Reiman M. The Birth of Stalinism. The USSR on the Eve of the "Second Revolution." Bloomington: Indiana University Press, 1987.

Rigby 1990 — Rigby T. H. Political Elites in the USSR. Central Leaders and Local Cadres from Lenin to Gorbachev. Aldershot: Edward Elgar Publishing, 1990.

Roberts 2006 — Roberts G. Stalin's Wars. From World War to Cold War, 1939–1953. New Haven: Yale University Press, 2006.

Roh 2010 — Roh K. D. Stalin's Think Tank. The Varga Institute and the Making of the Stalinist Idea of World Economy and Politics, 1927–1953. PhD dissertation. University of Chicago, 2010.

Rolfo 1980 — Rolfo J. Optimal Hedging under Price and Quantity Uncertainty: The Case of a Cocoa Producer // The Journal of Political Economy. 1988. Vol. 88. № 1. P. 100–116.

Ross 1995 — Ross K. Fast Cars, Clean Bodies. Decolonization and the Reordering of French Culture. Cambridge: MIT Press, 1995.

Rotter 2000a — Rotter A. J. Comrades at Odds. The United States and India, 1947–1964. Ithaca: Cornell University Press, 2000.

Rotter 2000b — Rotter A. J. Feeding Beggars: Class, Caste and Status in Indo-US Relations, 1947–1964 // Cold War Constructions. The Political Culture of United States Imperialism, 1945–1966 / Ed. by Christian G. Appy. Amherst: The University of Massachusetts Press, 2000.

Sanchez 2003 — Sanchez O. The Rise and Fall of the Dependency Movement: Does it Inform Underdevelopment Today? // Estudios Interdisciplinarios de America Latina. 2003. Vol. 14. № 2. P. 31–50.

Sanchez-Sibony 2010 — Sanchez-Sibony O. Soviet Industry in the World Spotlight: The Domestic Dilemmas of Soviet Foreign Economic Relations, 1955–1965 // Europe-Asia Studies. 2010. Vol. 62. № 9. P. 1555–1578.

Schenk 1998 — Schenk C. R. The Origins of the Eurodollar Market in London: 1955–1963 // Explorations in Economic History. 1998. Vol. 35. № 2. P. 221–238.

Schmidt 2007 — Schmidt E. Cold War and Decolonization in Guinea, 1964–1958. Athens: Ohio University Press, 2007.

Schoultz 1998 — Schoultz L. Beneath the United States. A History of U.S. Policy Toward Latin America. Cambridge: Harvard University Press, 1998.

Schoultz 2009 — Schoultz L. That Infernal Little Cuban Republic. The United States and the Cuban Revolution Chapel Hill: The University of North Carolina Press, 2009.

Smith 2012 — Smith M. B. Peaceful Coexistence at All Costs: Cold War Exchanges between Britain and the Soviet Union in 1956 // Cold War History. 2012. Vol. 12. № 3. P. 537–558.

Sontag 1975 — Sontag J. P. The Soviet War Scare of 1926–27 // Russian Review. 1975. Vol. 34. № 1. P. 66–77.

Soutou 2001 — Soutou G.-H. La guerre de Cinquante Ans. Le conflit Est–Ouest, 1943–1990. Paris: Fayard, 2001.

Spaulding 1997 — Spaulding R. M. Osthandel and Ostpolitik. German Foreign Trade Policies in Eastern Europe from Bismarck to Adenauer. Providence: Berghahn Books, 1997.

Spulber 2003 — Spulber N. Russia's Economic Transitions. From Late Tsarism to the New Millennium. Cambridge: Cambridge University Press, 2003.

Stent 1981 — Stent A. From Embargo to Ostpolitik. The Political Economy of West German–Soviet Relations 1955–1980. Cambridge: Cambridge University Press, 1981.

Stone 2000 — Stone D. R. Hammer & Rifle. The Militarization of the Soviet Union, 1926–1933. Lawrence: University Press of Kansas, 2000.

Stone 1996 — Stone R. W. Satellites and Commissars. Strategy and Conflict in the Politics of Soviet-Bloc Trade. Princeton: Princeton University Press, 1996.

Sung-Beh 1975 — Sung-Beh Ch. "Japanese Soviet Economic Relations." Soviet and Eastern European Foreign Trade. 1975. Vol. 11. № 4. P. 3–29.

Suri 2003 — Suri J. Power and Protest. Global Revolution and the Rise of Détente. Cambridge: Harvard University Press, 2003.

Treml 1980 — Treml V. G. Foreign Trade and the Soviet Economy: Changing Parameters and Interrelations // The Impact of International Economic Disturbances on the Soviet Union and Eastern Europe. Transmission and Response / Ed. by E. Neuberger, L. D'Andrea Tyson. New York: Pergamon Press, 1980.

Treml 1981 — Treml V. G. The Inferior Quality of Soviet Machinery as Reflected in Export Prices // Journal of Comparative Economics. 1981. Vol. 5. № 2. P. 200–221.

Treml 1983 — Treml V. G. Soviet Dependence on Foreign Trade // NATO Economics Directorate, External Economic Relations of CMEA Countries. Their Significance and Impact in Global Perspective, Colloquium 1983. Brussels: NATO, 1983.

Valkenier 1983 — Valkenier E. K. The Soviet Union and the Third World. An Economic Bind. New York: Praeger, 1983.

Verdery 1996 — Verdery K. What Was Socialism, and What Comes Next? Princeton: Princeton University Press, 1996.

Verma, Rahul 2010 — Verma S., Rahul A. Does the Indian Economy Support Wagner's Law? An Econometric Analysis // Eurasian Journal of Business and Economics. 2010. Vol. 3. № 5. P. 77–91.

Wade 1990 — Wade R. Governing the Market: Economic Theory and the Role of Government in East Asian Industrialization. Princeton: Princeton University Press, 1990.

Westad 1997 — Westad O. A. Secrets of the Second World: The Russian Archives and the Reinterpretation of Cold War History // Diplomatic History. 1997. Vol. 21. № 2. P. 259–271.

Westad 2005 — Westad O. A. The Global Cold War. Third World Interventions and the Making of Our Times. Cambridge: Cambridge University Press, 2005.

Wiles 1982 — Wiles P. Soviet Consumption and Investment Prices, and the Meaningfulness of Real Investment // Soviet Studies. 1982. Vol. 34. № 2. P. 289–295.

Wilhelm 2003 — Wilhelm J. H. The Failure of the American Sovietological Economics Profession // Europe-Asia Studies. 2003. Vol. 55. № 1. P. 59–74.

Woo-Cumings 1999 — The Developmental State / Ed. by M. Woo-Cumings. Ithaca: Cornell University Press, 1999.

Wood 1994 — Wood R. E. From the Marshall Plan to the Third World // Origins of the Cold War. An International History / Ed. by M. P. Leffler, D. S. Painter. London: Routledge, 1994.

Woodruff 2008 — Woodruff D. M. The Politburo on Gold, Industrialization, and the International Economy, 1925–1926 // The Lost Politburo Transcripts. From Collective Rule to Stalin's Dictatorship / Ed. by P. R. Gregory, N. Naimark. New Haven: Yale University Press, 2008.

Yaqub 2004 — Yaqub S. Containing Arab Nationalism. The Eisenhower Doctrine and the Middle East. Chapel Hill: The University of North Carolina Press, 2004.

Zaleskii 1980 — Zaleskii E. Stalinist Planning for Economic Growth, 1933–1952. Chapel Hill: University of North Carolina Press, 1980.

Zhang 2001 — Zhang S. Economic Cold War: America's Embargo against China and the Sino-Soviet Alliance, 1949–1963. Washington, DC: Woodrow Wilson Center Press, 2001.

Zimmermann 2002 — Zimmermann H. Money and Security. Troops, Monetary Policy, and West Germany's Relations with the United States and Britain, 1950–1971. Cambridge: Cambridge University Press, 2002.

Zubok, Pleshakov 1996 — Zubok V., Pleshakov C. Inside the Kremlin's Cold War. From Stalin to Khrushchev. Cambridge: Harvard University Press, 1996.

Предметно-именной указатель

в Австралии, приостановка 73
червонцы и 56, 58
международная приостанов-
ка 74
НЭП и, 56–58, 71
Идемицу Кейсуке 286, 287
Идемицу Сазо 286, 287
Израиль, арабская коалиция
против 328
импорт какао 330, 332, 336
импорт фенола 164
импортозамещающая инду-
стриализация (ИЗИ) 222–226,
231, 359
в развивающихся странах
226, 359
в Латинской Америке 222,
224, 225
Институт мирового хозяйства
и мировой политики (ИМ-
ХиМП) 127, 128
ликвидация 128
Институт мировой экономики
и международных отношений
(ИМЭМО) 127, 128, 357
инвестиции. См. иностранное
инвестирование.
Индия 18, 19, 50, 51, 85, 173, 183,
184, 186, 187, 189, 194, 195,
198–204, 207, 221, 222, 226,
228–246, 286, 310, 346–350,
362. См. также Неру Джавар-
харлал
Бхилайский сталелитейный
завод 195, 199, 200
Бокаро, сталелитейный
завод 195
при британском правле-
нии 229

экономические модели 362
экономический протекцио-
низм в 231
пятилетние планы в 221, 222,
231–234
валютный кризис 233
зерновой кризис в 232
Великая националистическая
коалиция в 235
системы лицензирования
импорта/экспорта в 232, 243
стратегия импортозамеще-
ния 184
Индийский национальный
конгресс и 231
индустриализация экономики
в 232, 234, 235
инфраструктура средств
массовой информации
в 237, 238
производственные техноло-
гии в 242
советская экономическая
помощь 202, 204, 233, 234,
242, 243
экономическая помощь США
234, 241, 242
во время Первой мировой
войны 230
Индонезия 51, 162, 173, 187, 191,
198, 199, 207–213, 220, 221, 243,
337, 338, 347–349, 360
как голландская колония
191, 207
системы лицензирования
импорта/экспорта в 212
инфляция в 212, 213
советская торговля с 191,
207–213,

Список диаграмм и таблиц

Содержание

Научное издание

Оскар Санчес-Сибони
КРАСНАЯ ГЛОБАЛИЗАЦИЯ
Политическая экономия холодной войны
от Сталина до Хрущева

Директор издательства *И. В. Немировский*
Заведующая редакцией *М. Вальдеррама*

Ответственный редактор *И. Знаешева*
Дизайн *И. Граве*
Редактор *А. Тюрин*
Корректоры *М. Левина, А. Нотик*
Верстка *Е. Падалки*

Подписано в печать 07.12.2021.
Формат издания 60 × 90 $^1/_{16}$. Усл. печ. л. 25,5.
Тираж 500 экз.

Academic Studies Press
1577 Beacon Street, Brookline, MA 02446 USA
https://www.academicstudiespress.com

ООО «Библиороссика».
190005, Санкт-Петербург, 7-я Красноармейская ул., д. 25а

Эксклюзивные дистрибьюторы:
ООО «Караван»
ООО «КНИЖНЫЙ КЛУБ 36.6»
http://www.club366.ru
Тел./факс: 8(495)9264544
email: club366@club366.ru

Книги издательства можно купить
в интернет-магазине: www.bibliorossicapress.com
e-mail: sales@bibliorossicapress.ru

12+

www.ingramcontent.com/pod-product-compliance
Lightning Source LLC
Chambersburg PA
CBHW070404100426
42812CB00005B/1633